Understanding
International
Logistics

제5판

국제물류의 이해

박명섭 · 허윤석

法文社

해외시장 확대에 따라 무역이 증대하고 제조업은 전 세계로 진출했다. 이에 따라 물류업도 더욱 글로벌화되고 있다. 그런데 최근 급격하게 확산된 팬데믹(pandemic)으로 인하여 무역, 제조 및 물류업계는 다양한 도전과 변화에 직면하게 되었다. 특히, 세계 공장 역할을 수행하던 중국의 마비는 글로벌 공급망 붕괴를 야기해 세계 경제에 대한 전망을 더욱 암울하게 만들었다.

국가 간 무역 갈등 심화, 감염병 확산 등 글로벌 위기 요인으로 인하여 전 세계 무역 규모 또한 전년 대비 최소 10% 이상 하락할 것으로 전망되고 있다. 물동량만 줄어드는 것이 아니라 국가별·지역별로 강화된 방역 조치에 따라 통관 시스템 관련 각종 규제와 검사가 증가하여 통관 지연 및 비용 상승 등의 변화가 예상된다.

이로 인하여 글로벌 물류 시스템에 대한 또 다른 변화의 흐름이 나타나고 있는데, 특히 4차 산업혁명의 대표적인 기술들이 물류 산업에 도입되면서 시장 환경 변화에 선제적으로 대응하고 있다.

세계적인 IT 자문기관 가트너(Gartner)가 발표한 2020년 물류 산업에서 촉망을 받는 기술과 가장 많이 도입되고 있는 기술들을 보면 4차 산업혁명으로 익숙한 AI, 사물인터넷(IoT), 빅데이터(Big Data), 블록체인(Block Chain) 등이 거론되었다. 그리고 SCM 솔루션 분야에 있어서 인공지능과 관련된 시장은 2026년까지 약 17조원까지 성장할 것으로 전망하고 있으며, 그 중에서도 클라우드 서비스를 제공할 수 있는 SCM과 관련된 시장이 약 3조원으로 급성장할 것으로 예상하였다.

이제는 기존 물류 산업에서 요구되었던 노동력, 즉 인력과 수작업에 의존하던 방식에서 벗어나, IoT, AI, 빅데이터 등 첨단 기술을 활용하고 있으며, 로봇 솔루션을 고도화하여 딥러닝(Deep Learning) 기반에 물류 동선 및 재고를 최적화하여 물류 생산성을 제고시키고 있다. 즉, 물류 자동화·무인화를 더욱 가속화하면서 최대한 인력을 배제하는 방식으로 산업과 시장이 진화하고 있다.

비대면 경제가 성장하면서 운송 및 물류 시장도 대량 생산, 대량 운송 방식에서 다품종 소량 생산 및 운송 방식으로 변화하고 있으며, 글로벌 공급망에서도 변화에 신속하게 대응하면서 재고 등을 최소화 할 수 있는 JIT(Just In Time)와 같은 물류 및 재고 전략들이 다시금 각광을 받고 있다.

이러한 변화에 국제물류도 선제적으로 대응해야 한다. 하지만 본서에서 지속적으로 강조하고 있듯이 물류의 기본은 동일하다. 경제성, 신속성, 안전성을 어떻게 유지하고 제고할 수 있느냐가 가장 중요한 요인이다.

2003년 초판 출간 이후, 개정 제4판을 발간한 지 5년이 지났다. 오늘날 국제물류는 글로벌 물류(Global Logistics), 최첨단 정보기술 물류(IT Logistics), 친환경 물류(Green Logistics), 보안물류(Security Logistics), 막힘 없는 물류(Seamless Logistics), 통합물류(Integrated Logistics) 등의 특성을 갖추어야 한다.

국제물류 서비스가 수요와 공급의 측면에서 빠르게 변화하고, 국제물류 산업도 이에 부응하면서 진화하고 있다. 이런 점을 반영하기 위해 또다시 개정판을 출간하게 되었다. 이 책을 통해 국제물류의 기능, 시스템, 최신동향, 비즈니스 변화, 그 대응방법 등을 배울 수 있기를 바란다.

끝으로 이번 개정 작업을 도와 준 성균관대학교 이재호 박사에게 심심한 사의를 표한다. 그리고 이 책을 출간해 주신 법문사 사장님과 편집부 김제원 이사님께도 심심한 감사의 뜻을 전한다.

2021년 8월

박 명 섭 · 허 윤 석

현대 역사학자인 Doanld Engels는 그의 저서 『Alexander the Great and Logistics of the Macedonian Army』에서 알렉산더를 '물류 전문가'로 설명하고 있다.

당시 모든 군대조직은 전투장비, 보급품의 공급을 위하여 상당히 큰 규모의 보급부대를 두었으며, 이러한 보급부대 운용에 투입된 인적자원이 전투부대를 초과하거나 이에 상응하는 정도였다. 그러나 알렉산더가 이끄는 마케도니아군에서는 전쟁물자 보급을 위한 수레 사용이 엄격히 제한되었으며, 병사들은 자신의 장비와 보급품들을 스스로 휴대하도록 훈련받았다.

이에 따라 마케도니아군은 소규모의 보급부대를 운용하게 되어 어느 군대보다도 신속한 이동성을 확보하게 되었으며, 이와 함께 전투 시 상당한 수준의 기동성 또한 보유하게 되었다. 달리 말하면 알렉산더는 물류구조 혁신을 통하여 신속한 이동성과 기동성이라는 자신만의 독특한 무기를 확보하였던 것이다.

이와 같은 전쟁물자 보급 프로세스의 혁신을 통하여 상대보다 적은 자원의 투입으로, 즉 소수의 병력으로 적군을 위협하거나 제압시킬 수 있었다. 이는 전쟁물자보급 프로세스에서 불필요하거나 가치를 창출하지 못하는 활동을 제거하여 최소한의 경영자원 투입으로 최대의 전투성과를 창출하게 되었던 것이다.

한마디로 물류는 선(實線: 운송, 點線: 물류정보)과 점(點: 항만, 공항, 터미널, 역, 물류센터, 창고, ICD 등)으로 구성된다. 선에서 일어나는 운송과 물류정보, 점에서 일어나는 하역, 보관, 유통가공, 그리고 선과 점에서의 활동을 위한 포장 등이 물류의 여섯 가지 핵심기능이다.

국제물류도 그 구조는 더 복잡할 뿐 기본은 동일하다. 이 점이 많을수록 선이 많아지며, 선이 많아지면 그 선의 굵기는 가늘어지므로(물류효율 저하), 점을 통합하는 것이 필요하다. 하지만 점이 작아지면 선이 굵어져 물류효율이 개선될 수 있지만, 그 선에서 문제가 발생하면 불상사가 발생한다.

물류는 서비스다!

인터넷으로 책을 주문하면 택배로 배달 받는다. 배달 받는 그 시점에 책 구입자는 그 서점에 대해 나름대로 평가한다. 책의 포장 상태, 배달의 시간, 배달원의 태도, 복장 등에서 서점의 서비스 품질뿐 아니라 책의 품질에 대해서도 평가한다. 그 서점과 택배업체와는 별개의 기업인데도 말이다. 그만큼 이제 물류서비스는 제품의 품질과 기업의 서비스 수준을 결정하는 핵심 요인이라고 할 수 있다. 물류서비스를 어떻게 제공하느냐에 따라 기업의 경쟁력이 정해지는 시대이다. 정말 세월의 흐름과 함께 물류의 환경도 많이 변했다. 아마존이 미국, 캐나다, 영국 등에서 드론(소형무인비행기) 택배 시험을 하고 있다. 일본도 지바 시내 약국에서 고층 아파트의 베란다까지 드론으로 약과 일용품을 배달하는 등, 지바시가 세계 최초의 드론 택배 도시가 될 가능성이 높다.

향후 경제가 선진화될수록 물류서비스 산업은 더욱 발전할 것이다. 특히 국제무역의 분야를 보면, 무역의 인위적인 장벽인 관세는 WTO와 FTA 등을 통해 계속 줄고 있으며 심지어 없애려면 없앨 수 있는 요인이다. 하지만 자연적인 장벽인 국제물류비는 없앨 수가 없다. 계약과 결제 등은 전자적으로 이루어질 수 있지만, 물건을 전자적으로 보낼 수는 없다. 그만큼 신속, 정확, 안전, 안심 그리고 친환경 물류서비스가 요구되고 있다.

기업이든 사람이든 우리는 시간, 공간, 인간 이 세 개의 간(間)을 어떻게 메우느냐에 고심하며 살고 있다. 물류는 공간과 시간에 관련된 분야인 것으로 보인다. 공간의 극복을 다루는 운송, 시간의 극복을 다루는 보관과 물류정보가 그것이다. 하지만 물류기업이 더욱더 성장하기 위해서는 공간과 시간의 극복을 위한 경영도 중요하지만, 기업내부 종사자 사이뿐 아니라 고객과의 소통을 통한 인간 극복의 경영이 그 기본이 되어야 한다.

1984년에 해운론 강의를 시작으로 여태 운송, 물류 및 SCM 강의와 연구를 해왔다. 1998년『운송물류론』이라는 제목으로 처음 출간된 이래 여러 차례 개정판을 거듭해 왔는데, 이제 또 다시 개정판을 발간하게 되었다.

이번 개정 작업을 도와 준 경남대 최병권 교수, 제주대 허윤석 교수, 목포해양대 김성국 교수, 제주한라대 박우 교수, 홍란주 박사, 이재성 박사, 최두원 박사 및 주세환 박사 그리고 법문사 편집부 최문용 차장에게 심심한 감사의 뜻을 전한다.

2016년 3월 1일

박 명 섭

말라카는 1400년경 수마트라 섬 팔렘방의 왕자 페라메스와라가 적에게 패한 뒤 바다를 건너와 세운 나라였다. 당시 말라카는 한적한 어촌에 지나지 않았으나 파라메스와라는 이 지역을 가장 훌륭한 항구로 발전시키기로 결심했다.

그는 선주들과 무역업자들에게 자국 항구를 이용해 달라고 설득하는 한편, 순풍이 불기만 기다리며 무료하게 나날을 보내는 선원들을 위해서 멋진 창고와 숙소를 지었다. 1403년부터 1430년 사이에 말라카는 발전의 전기를 맞이하면서, 16세기 초에는 동남아시아에서 가장 훌륭한 항구이자 상업중심지로 인정받게 되었다.

말라카는 인도양의 몬순 계절풍과 중국해의 무역풍이 교차하는 말레이시아 반도 끝에 자리 잡고 있어, 항해하던 선박들이 휴식을 취하고 화물을 옮겨 실을 수 있는 천혜의 항구였다. 인도양 연안 지역과 교역하기를 원하는 중국 무역상들은 말라카에서 휴식을 취하면서 아라비아, 페르시아, 인도, 말레이, 인도네시아에서 온 수백 명의 상인들과 물품을 교환했다.

말라카가 환적항으로 발전하면서 동아시아 지역에서 경쟁력을 유지하던 중국 해운업자들도 함께 성장했다. 말라카의 성장은 인도양 해운업의 성장에도 기여했다.

이상은 화물의 흐름을 통해 세계경제의 흥망사를 파헤친 『CARGOES: HOW BUSINESS CHANGED THE WORLD』의 역서(김유신 역, 『부의 이동』, 21세기북스, 2008, pp. 45-49)에 소개되어 있다. 이는 600년이 지난 오늘날 국제물류의 중심지로 발전하고자 하는 우리나라에게 시사하는 바가 매우 크다.

그 때나 지금이나 국제물류전략의 기본은 큰 차이가 없다. 정책입안자의 의지와 능력, 항만이나 공항의 입지와 물류설비를 포함한 하드웨어적인 측면, 국제비즈니스 활성화를 위한 항만지역의 소프트웨어적인 시스템이나 제도의 구축 그리고 국제물류 전문가 양성을 위한 휴먼웨어적인 전략이 필수적임은 그 때나 지금이나 무슨 차이가 크게 있겠는가?

국제물류의 대상이 되는 화물이 훨씬 더 다양해졌고 더 많아졌다는 것이 큰 차이점 중의 하나이다. 40톤짜리 발전기 장비라든지, 길이 5미터 몸 둘레 약 1미터의 동물원 비단구렁이도 이미 2007년에 항공기로 수송되기도 했다. 2009년에는 부산 신항이 무인자동화 야드 크레인을 가동했다. RFID 도입 그리고 2011년 세계최대 규모의 여객기 A380의 취항 뿐 아니라 물류기술의 혁신이나 발전의 예는 향후 계속 등장할 것이다. 이런 물류기술발전으로 인해 물류경영, 물류정책 및 물류법규 등도 많은 영향을 받을 수밖에 없다.

경영에 있어 가장 중요한 것은 원활한 흐름(Flow)이 아닐까? 돈의 흐름: 재무관리, 정보의 흐름: MIS · 비즈니스 커뮤니케이션, 사람 마음의 흐름: 마케팅 · 조직 · 인사, 화물의 흐름: 유통 · 물류. 이런 기술발전으로 기업경영이나 국가경영에 있어서 물류분야의 발전이 타 분야의 발전을 견인해 나가는 시대를 맞이하고 있다.

1998년 6월에 초판으로 발간된 『운송물류론』(인터넷 · 사례중심)을 여러 차례 개정판(국제물류의 이해)으로 발간했는데, 이번에 다시 최신 내용으로 대폭 수정 · 보완한 책이 본서이다. 그 사이 국제물류를 둘러싼 환경과 기법 등이 많이도 바뀌었다. 이러한 시기에 여러 제자들의 도움에 힘입어 새 책을 내게 되어 참으로 다행스럽게 생각한다.

성균관대, 영국 리버풀대 그리고 일본 코베대에서 연구한 결과물의 하나가 1998년의 초판이었다. 당시 국제물류 분야의 국내 교재가 없어 내용 구성에 고심하다, 내용의 틀을 나름대로 만들었는데 이 책에서도 그것을 그대로 유지하고 있다.

근래 들어 운송, 물류, 공급사슬관리 분야의 전공과목도 대학에 많이 개설되어 있다. 본서가 이 분야의 학생 및 사회인에게 국제물류에 대한 지침서로서 도움이 되길 기대한다.

끝으로 이번 개정 작업에 도움을 준 경남대 최병권 교수, 조성우 강사 및 최두원 조교를 포함한 성균관대 무역학과 대학원생 여러분에게 감사의 말을 전한다. 그리고 본서의 출간을 맡아준 법문사 배효선 사장님과 최문용 차장에게도 심심한 사의를 표한다.

2011년 8월

박 명 섭

국제물류의 핵심은 해운과 항만이라 할 수 있다. 우리나라 항만 정책은 문제점이 많다고 지적도 받았던 투 포트 시스템이라 해 왔는데, 이제는 트리포트도 아니라 멀티 포트 시스템이라는 말까지 나오고 있다. 선택과 집중이 아니라, 자리만 있으면 돗자리 까는 형의 항만개발이라는 생각이 들 정도다.

이런 가운데, 최근 국토해양부는 물동량 감소에 따른 항만공급 과잉 현상을 해소하기 위해 우리나라 국제물류의 메카라고 할 수 있는 부산 신항 건설을 최대한 연기하기로 했다. 세계 경제위기의 탓이다. 2006년 기본계획 수립 때 전망했던 물동량이 과다하다는 예측에 의거하고 있다. 이 수정 예측이 틀리지 않길 기대한다. 선석 당 항만 건설기간은 보통 5년 정도이며, 비용은 2,000억 원 정도이다. 장기적인 건설기간과 엄청난 금액이 드는 만큼 항만수요예측은 신중에 신중을 기해야 할 것이다.

2006년 1월 3개 선석이 처음 개장한 이후 4년도 안되어 북 컨테이너 부두 13개 선석이 모두 운영에 들어갔다. 이는 부산항 내에서의 북항과 신항 간의 치열한 물동량 유치 경쟁이 도래하였음을 의미한다. 부산항 내에서의 물류 중심축의 이동에 따른 선사, 터미널 운영사, 하주 등의 전략뿐 아니라 노무인력 공급에서도 큰 변화가 있을 것이다.

정책을 입안하는 연구기관과 정부 부처는 해운, 항만 환경에 대한 올바른 이해와 함께 비전 있는 시책들을 추진하는 것이 시급하다. 동북아 허브항을 내세우며 건설되는 국내 컨테이너 항만이 중심항 경쟁에서 도태되면 국가 경제에 막대한 손실을 입힐 수 있는 현실을 직시해야 한다.

세계를 하나로 묶는 Global Logistics, 최첨단 정보기술을 활용하는 IT Logistics, 9 · 11 이후 더욱 강화된 보안 기준에 맞춰야 하는 Security Logistics, 교토의정서 발효 이후 환경친화성을 요구하는 저탄소 배출의 Green Logistics, 물류산업에서의 다양한 규제를 완화한 Open Logistics, 물류기지 내에서 뿐 아니라 물류기지 간에 막힘없이 물 흐르듯 해야 하는 Seamless Logistics, 다양한 물류기능을 통합하거나 운송모드를 통합하는 Integrated Logistics 등으로 표현될 만큼 이제 여러 측면에서 물류를 검토해야만 한다. 따라서 경영학, 무역학, 경제학, 상학, 산업공학, 법학 및 정책학 등의 다양한 측면에서 물류를 검토하고 있을 만큼 학제간의 연구도 절실한 분야가 물류이다. 게다가 현장을 모르고 이론에 치우친 강의와 교재는 공허한 분야 또한 물류 분야이다.

그동안 꾸준한 독자 여러분의 사랑에 힘입어 보정판을 내게 되었다. 기존의 틀은 유지하면서 최근의 국제물류 트렌드를 반영하는 최신 사례를 소개하였고, 오탈자를 수정했다. 이번에도 도움을 준 성균관대 대학원 무역학과 국제물류 트랙의 여러분께 감사드린다.

2009년 7월
박 명 섭

세계경제는 WTO체제의 정착과 정보통신기술의 발전 등으로 인해 일류 경쟁력을 가진 국가와 기업만이 생존하는 무한경쟁시대를 맞고 있다. 기업도 전 세계를 대상으로 생산, 물류네트워크를 가지고 초국가적 글로벌 경영 활동을 하며 자원조달부터 생산 · 판매 등 전 과정을 공급사슬관리(SCM)의 개념하에 종합관리를 하고 있다. 이에 따라 효율적인 국제물류관리가 기업경쟁력의 중요한 요소로 부상하고 있다.

우리나라의 21세기 국가경제정책 방향은 고도의 개방형 통상국가를 지향하는 동북아 물류 · 비즈니스 중심화 전략이다. 이는 우리나라의 경제구조를 지식기반 고부가가치산업 중심으로 고도화시키고, 국내외 기업이 자유롭게 비즈니스 활동을 수행할 수 있는 기반을 조성함으로써 동북아 경제권의 산업 · 물류 · 비즈니스 중심지로 성장시킨다는 미래지향적 전략이다.

동북아 물류 · 비즈니스 중심화 전략의 핵심은 산업구조의 고도화와 국제물류 중심지화, 국제 비즈니스 거점화 등 세 가지로 이들 전략은 상호 연관관계를 갖고 국가 경쟁력 강화에 영향을 미친다. 산업구조의 고도화는 국제물류시스템을 통해 국부로 실현될 수 있으며, 국제물류 중심지화는 국제교역 · 물류산업 · 금융 · 투자 · R&D 등 비즈니스산업의 활성화를 촉진하고, 비즈니스 거점화는 국가산업 및 물류체계의 고도화를 주도한다.

그러나 우리의 동북아 물류 · 비즈니스 중심화 전략은 대외적으로는 중국 · 일본 · 대만 등과의 극심한 경쟁에 노출돼 있다. 또 대내적으로도 전략 추진을 위한 국가 역량의 집중이 이루어지지 못하는 등 갖가지 문제를 노출하고 있다.

중국 · 일본 · 대만 등은 이미 1990년대 초반에 자국을 동북아 경제권의 물류 · 비즈니스 중심국으로 성장시킨다는 국가전략을 채택, 적극적인 투자와 산업구조 개편에 나서는 등 국가 역량을 집중해 왔다. 특히 역동적인 경제성장을 거듭하고 있는 중국은 '아시아 경제권 산업 · 해운 · 물류중심화 정책'을 채택, 적극적인 개방정책과 함께 산업, 물류 인프라 개발에 나서고 있다. 상하이는 100대 다국적기업의 80% 이상이 투자하고 있으며, 3천3백여개의 금융 및 관련 업체들이 비즈니스 활동을 수행하는 등 이미 동북아 물류중심지로 부상했다.

이같은 대외 여건에도 불구, 우리나라의 국제물류 · 비즈니스 중심화 전략은 아직 걸음마 단계를 벗어나지 못하고 있는 것이 현실이다. 물류에서 가장 큰 비중을 차지하는 운송의 핵은 선(線: 운송노선)과 점(點: 항만, 공항)이다. 이 선과 점에서 비효율이 발생하면 국제물류는 실패할 수밖에 없다.

본서는 이전의 『글로벌 운송물류론』에 비해 최신의 내용을 반영하고 이해를 증진시키기 위해, 많은 부분이 추가, 삭제 및 수정되었다. 하지만 체제는 그대로 유지하고 있다. 본서는 크게 4부로 구성되어 있다.

제 1 부의 '물류의 의의와 관리'에서는 물류의 개념, 물류 활동의 구성요소 및 물류관리 등을 다룬다. 여기서는 국제물류의 기초인 물류의 기본 원리와 개념의 파악에 치중한다.

제 2 부의 '국제물류와 국제운송'에서는 국제해상운송, 국제항공운송 및 국제복합운송 등을 다룬다. 여기서는 국제물류의 선(link)에 해당하면서 국제물류의 가장 핵심인 다양한 국제운송에 대해 살펴본다.

제 3 부의 '국제물류기지'에서는 항만, 공항 및 터미널 등을 다룬다. 여기서는 국제물류의 점(node)인 다양한 국제물류기지를 설명한다.

제 4 부의 '국제물류와 경영 · 정보'에서는 수출기업의 국제물류, 다국적기업의 국제물류 및 국제물류와 EDI 등을 다룬다. 여기서는 기업의 국제화 과정에서 요구되는 국제물류관리의 방향과 정보시스템 등을 고찰한다.

국내외의 물류관련 잡지, 일간지 및 기타 서적에 실린 국제물류 관련 기사를 사례연구 자료로서 발췌 · 인용하여, 이들 사례가 해당되는 각 절의 '생각합시다'라는 항목에서 독자에게 소개한다. 이는 국제물류의 현실적인 문제에 대한 이해를 제고함과 동시에 각 사례의 문제에 대한 해답을 각자나 그룹이 함께 찾게 함으로써 국제물류에 관한 초보적인 사례연구의 기회를 독자들이 갖게 하는데 그 목적이 있다.

이 책을 만들면서 여러 사람들의 도움을 받았다. 특히 자료 정리, 교정 등의 일로 열심히 도와 준 최병권(성대 강사), 정수영, 김수진(한국해양수산개발원 연구원), 김범식 및 고수환 군과 성균관대 대학원의 국제물류론 강좌에서 좋은 의견을 제시한 여러 제자들에게 심심한 사의를 표한다.

끝으로 이 책의 출간을 맡아주신 법문사 배효선 사장님과 편집부의 최복현 전무님, 그리고 최문용 씨께 고마움을 전한다.

2003년 6월

박 명 섭

차 례

제 2 부   국제물류와 국제운송

제 3 부　국제물류기지

제9장　항　만　183

제 **1** 부

물류의 의의와 관리

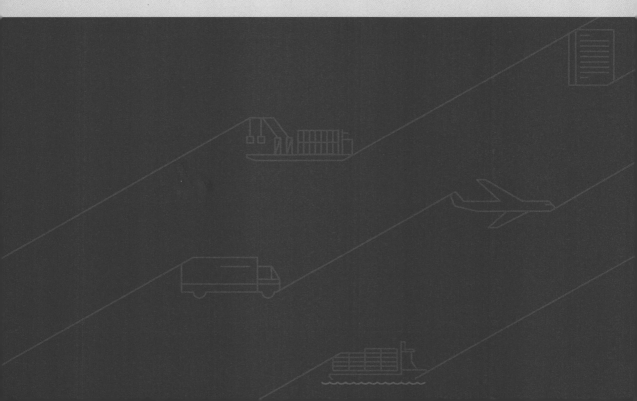

제 1 장 　물류의 개념

제 1 절 　유통의 역할과 활동

1 유통의 역할

　　원시사회에서는 생산지가 소비지이자, 소비지가 곧 생산지였다. 즉, 자급자족이 주된 경제활동이었던 시기에는 생산지와 소비지가 완전히 일치하였다.

　　하지만 물물교환(barter)이 활성화되고 다양한 형태의 거래가 발생하면서 생산지와 소비지가 분리되기 시작되었다. 그 시대 부족 집단들은 생산 및 채집 활동 등을 통하여 수확한 특산품들과 재고품들을 근거리에 있는 다른 부족들과 접촉하여 교환하기 시작하였다. 이를 통하여 재고품들을 처리하고 동시에 필요한 물품을 수월하게 확보할 수 있게 되었다. 그리고 부족 생활을 위해 필수적인 물품들을 생산하기 위하여 소비되었던 시간과 노동력 등의 자원들을 특화된 일부 물품 생산에만 집중할 수 있게 되었다.

　　생산지와 소비지의 분리는 기술 발달 등 환경 변화로 인하여 인근 지역, 인접 국가 더 나아가 원거리 국가로 활동 범위가 더욱 확대되었으며, 그 결과 국제간 물품과 서비스 등을 거래하는 상거래 활동인 무역을 통하여 세계 각국에서 생산된 물품들이 전 세계 곳곳으로 이동하여 소비되고 있다. 즉, 현대사회에서는 생산지와 소비지가 분리되는 것이 일반적이다.

생산지와 소비지 사이에는 공간과 시간적인 격차가 있으며, 생산지 생산량과 소비지 수요량에도 차이가 발생할 수 있다. 따라서 이러한 생산지와 소비지의 공간적(장소적), 시간적, 양적인 격차를 메우는 것이 유통의 역할이다. 일반적으로 유통 기능은 다음과 같은 세 가지 사회적 기능으로 구성되어 있다.

① 장소적 조정기능
② 시간적 조정기능
③ 수급 조정기능

장소적 조정 기능은 생산지와 소비지 사이에 존재하는 공간적 격차를 해소하기 위하여 운송 활동을 이용하여 분리된 공간을 연결하기 위한 유통의 기능이며, 시간적 조정기능은 원거리 이동으로 인하여 발생하는 시간적 격차와 소비지에서 소비 수요가 발생할 때까지 소요되는 격차를 운송 활동과 보관 활동 등을 통하여 격차를 해소하는 기능이다. 또한, 수급 조정기능은 생산량(공급량)과 소비량(수요량)을 조정하는 것으로, 경제적인 성격을 지닌 유통 기능이다. 예컨대 자연조건에 의해 생산량(공급량)이 좌우되는 농산물과 같은 상품의 경우 도매 시장에서 원활하게 경제적 활동이 진행되면서 수요량 조정과 함께 가격조정이 이루어진다.

만약 유통 중 수급 조정기능이 원활하게 작용하지 않으면 가격 변동이 빈번히 발생하여 지나친 물품 부족 또는 과잉으로 인한 불안정한 경제 상황이 초래하게 된다. 따라서 유통은 경제의 원활한 순환에 있어서 아주 중요한 역할을 담당하고 있다.

이러한 거시적 시장 상황과 더불어 우리 일상생활에서도 다양한 역할을 담당하는 유통을 찾아볼 수 있다. 일상생활을 영위하는 데 가장 중요한 상품 중 하나인 식료품은 일반적으로 근처 식료품점이나 슈퍼마켓에서 쉽게 구매할 수 있다. 게다가 편의점이 많이 생겨나 한밤중에도 허기를 채울 수 있다. 식료품뿐 아니라 기타 생활필수품들도 마찬가지로 아주 편리하게 구매할 수 있는 사회적 구조가 형성되면서 주변에서 다양한 활동들이 가능해지고 있다. 이 사회적 구조는 일반적으로 유통기구라 정의할 수 있으며, 이를 어떻게 활용할 수 있는지에 따라서 일상생활을 보다 안정적으로 유지할 수 있게 된다.

2 유통의 구성

유통은 생산된 상품을 소비자에게 도달하게 하기 위한 활동이다. 일반적으로 생산된 제품은 우선 생산자 공장에 있는 창고에 적재된 후 판매 활동을 위하여 도매업자 등에게 운송된다. 도매업자 창고에서 일시적으로 보관된 상품은 소매업자가 진행하는 판매 활동을 위하여 소매업자 창고나 매장으로 입고되고 판매 전략에 따라 매장으로 이동된 후 최종적으로 소비자에게 판매되어 도달하게 된다. 즉, 유통 활동은 다수의 관련 담당자를 연결하고 활용하는 분업화된 시스템을 구축하고 있다는 특징을 가지고 있다. 하지만 때로는 생산자와 소매업자 양자에 의한 직접적인 분업 시스템을 활용하기도 한다. 이런 도매업자 등과 같은 유통업자들이 배제된 양자 시스템은 주로 유럽이나 미국 등에서 찾아볼 수 있다.

영국 Marks and Spencer, 독일 Aldi, 스위스 Migros 그리고 미국 COST-CO(Kirkland) 등과 같은 유통업체들은 기존 시장에서 유통되고 있는 전국적인 시장 수용성을 가지는 제조업자 상표(NB: national brand)를 배제하고 모든 취급상품을 유통업자 상표(PB: private brand)로 조달하면서 새로운 유통 활동을 만들고 있다. 이들 대형소매 기업들은 취급품목이 한정된 전문점과는 다르며, 다수 품목을 유통업자 상표로 개발하여 매출액을 신장시키면서 영업이익을 극대화하고 있다. 이들 유통기업은 이미 도매기능을 자체적으로 가지고 있을 뿐만 아니라 제조업자 특유의 기능인 상품 개발 분야까지도 지배하고 있다.

최근 스웨덴 H&M, 스페인 ZARA, 미국 GAP, 일본 유니클로, 우리나라 에잇세컨즈(8 seconds) 등과 같은 SPA(Speciality store retailer of Private label Apparel) 브랜드의 경우 도매업자를 완전 배제하고 제조업자 혹은 소매업자가 의류에 대한 기획·디자인, 생산·제조, 유통·판매까지 전 과정을 자사에서 진행하고 신속하게 전달할 수 있는 단일의 유통구조를 구축함으로써 비용 절감 및 빠른 시장변화에 대응하는 것을 가능하게 하고 있다.

이처럼 유통에 관련된 활동들을 간단하게 정리하면 크게 두 그룹으로 분류할 수 있다.

① 거래·판매에 관계하는 활동(상적 유통 활동): 세일즈 활동, 마케팅 활동, 구매 활동, 판매촉진 활동, 수주처리 활동 등

② 상품의 물리적 이동 · 관리에 관계하는 활동(물적 유통 활동) : 보관 활
동, 운송 · 배송 활동, 포장 활동, 하역 활동, 재고 관리 활동 등

과거 이 두 활동은 개별 활동으로서 인식되어 개별적으로 전개되는 경향이
많았다.

즉, 기업에서는 매출에 직접 영향을 미치는 판매 활동을 우선 지원했고, 물
적 유통 활동은 판매 부분의 지시에 의거 전개가 되었다. 즉, 물적 유통 활동
(물류)는 판매 활동인 상적 유통 활동을 후방에서 지원하는 그림자 같은 활동
으로 존재하고 있었다. 그러나 최근 물적 유통 활동에 대한 이러한 사고방식
은 상적 유통 활동 전체와 물적 유통 활동 전체가 하나의 시스템으로 유기적으
로 연계되면서 크게 변화하기 시작했는데, 기업 유통 시스템으로서 로지스틱
스(logistics) 시스템이 각광을 받기 시작하면서 기업 경영 전략 도출에 있어 물
적 유통 활동의 중요성이 제고되고 있다. 이런 물적 유통 활동을 하나의 시스템
으로 전체를 관리할 수 있게 시스템을 구현할 수 있게 된 것은 기술발전에 의한
정보시스템 발달이라 할 수 있다. 즉, 정보시스템 발달이 상적 및 물적 유통 활
동을 하나의 유통 시스템으로 결합시켰다고 볼 수 있다.

제 2 절 **물류의 정의와 목표**

1 물류의 정의

기업 물류는 자재 조달(조달 물류)에서 제품 생산 단계(생산 물류)를 거쳐
제품 판매(판매 물류)까지 모든 물류 활동을 포함하는데, 기업 물류 활동 상황
에 따라 기업 물류를 완성품이 소비자에게 도달될 때까지 제품 물류로 한정하
는 경우도 있다(그림 1-1 참조).

우리가 사용하고 있는 「물적 유통」 또는 「물류」라는 용어는 미국의 Physical
Distribution(PD)을 번역한 것이다. 종래 물류의 정의는 다음과 같다.

그림 1-1   물류경로

구 매 부 문   생 산 부 문   판 매 부 문

원자재 공급자 → 조달물류 → 원자재 창고 → 고유의 생산공장 → 제품창고 → 제품물류 → 수요자

"물류란 유형 · 무형의 일체의 財의 폐기 · 환원을 포함한 것으로서 공급 주체와 수요 주체를 연결한다. 시간과 공간의 극복 및 부분적인 형질의 변형에 의한 효용 창출과 관련하는 물리적인 경제 활동으로 구체적으로는 운송 · 보관 · 포장 · 하역 · 유통 가공 · 물류 정보 활동들이 있다."

미국에서 사용되고 있는 물류의 용어로서는 PD 이외에, business logistics, physical supply, materials management, market supply, logistics of distribution, rhochrematics 등이 있다.[1]

PD라는 용어는 본래 마케팅 물류비용(physical cost)을 적정하게 유지하고 절감하고자 하는 노력을 가리키고 있는데, 오로지 자재 조달하는 매입자 관점에서는 materials logistics가 사용되는 때가 많다.

Rhochrematics는 워싱턴 대학의 브루워 교수(S.H. Brewer)와 존슨 교수(R.A. Johnson)가 1960년대에 물류 공학 관점에서 처음 사용한 용어이다. 이것은 물적 유통 경영 과학(Science of the Management of Material Flows)을 의미하는데, materials management와 physical distribution의 전 영역을 포함하고 있다.

---

1 日通總合研究所, 物流の知識, 동양경제신보사, 1994, pp. 1~3.

Logistics라고 하는 용어가 문헌상에 최초로 나타난 것은 1897년으로 프랑스어의 logistique에서 파생된 단어이다. 그 어원은 loger로 영어의 quarter, lodge와 똑같이 숙영(宿營)을 의미하는 단어이다. 군대 숙소를 준비하거나 식량의 운반을 담당하는 사관을 영어에서는 quartermaster이며, quarter는 숙영을 의미하고 있다.[2]

무기의 발달과 전쟁의 대규모화로 인하여 19세기 들어 보급 관련 업무는 후방에서의 시설건설, 보급 루트의 개설과 방어, 병원의 운영 등으로 확대되었으며, 그것들을 전체로서 효율적으로 관리하는 것이 필요해졌다. 이로 인해 종래의 quartermaster의 직무보다도 한층 더 고차원의 개념이 요구되어 로지스틱스(logistics)라는 용어가 탄생하게 되었다.

로지스틱스는 병기, 피복의 운반, 감시에 해당하는 기능보다도 한층 더 고차원적인 개념으로 활용되었는데, 전장(戰場)에서 후방에 위치하면서 전선의 부대를 위해 필요한 물자를 공급 및 보충하고, 후방 연락선의 확보를 임무로 하는 「보급」, 「후방」 혹은 「병참」보다는 광의의 개념으로 활용이 되었다. 제2차 세계대전 중 미국의 육군에서 널리 사용되었던 로지스틱스(Logistics)는 전후(戰後) 시장에도 도입이 되면서 기업에서도 채용되게 되었다.

Business Logistics는 조달, 보관, 운송, 배송 등 모든 물류 문제에서 체계적·논리적 사고를 요구하게 되는데, 현대 사회에서 이를 담당하는 「로지스테이션」(육군의 보급 담당 장교)에 해당하는 것이 「물류 매니저」이다.

물류의 첫 번째 목표는 가능한 빨리 보내는 것이었고, 이것이 곧 서비스의 향상이었다. 하지만 최근에는 물류서비스 향상이 빠르면 빠를수록 좋다는 것을 의미하지 않는 경우도 많아지고 있다. 예컨대, 편의점과 같이 매장의 재고를 최소 한도로 억제하고 있는 경우 「필요한 타이밍에 보내준다」는 것을 매도인에 대해 요구하고 있다.

「필요한 타이밍」도 「빠르다」와 마찬가지로 시간적 서비스이지만 보다 자세하게 설명을 하면 수요가 발생하여 운송해야 하는 그 시점에 가장 빠르게 전달함으로써 수요 발생과 물품 전달까지 격차를 최소한으로 줄이는 것이라 할 수 있다. 이러한 의미에서 시간적 서비스는 현대 물류에 있어 매우 중요한 목표라 할 수 있다.

2　谷光太郎, ロジスティクス, 同文書院, 1993, pp. 8~9.

시간적 서비스와 견줄 수 있는 현대 물류의 또 다른 중요한 목표는 가능한 비용을 삭감하는 것이다. 비용이란 상품을 보관하는 비용이나 포장·하역하거나 운송하는 비용 등으로 물류과정에서 발생하는 전체의 물류비용을 의미한다. 특히, 전체 물류비용에서 많은 비중을 차지하는 비용은 운송비용과 배송 비용으로 운송활동이 물류활동의 중심이라 할 수 있다.

가능한 빨리, 가능한 타이밍을 맞추기 원하는 매수인 측 요청에 부응하기 위해 시간적 서비스를 향상시키고자 노력하면 할수록 매도인의 운송 비용은 상승하게 된다. 더욱이 최근 매수인이 「소량 다빈도 납품」서비스를 요청하는 경향이 많아지면서 서비스 만족도를 높이기 위해 불가피하게 운송 노선과 거리가 향상하게 됨에 따라 비용 상승 결과를 초래되는 상황에 노출되고 있다. 따라서 물류 활동은 한편에서 서비스 향상을 목표로 하지 않으면 안되지만 서비스 향상이라는 목표를 높은 수준으로 실현하고자 하면 할수록 비용은 이에 비례하여 상승하게 되어 비용 상승에 따른 매도인의 수익은 점진적으로 낮아지게 된다.

오늘날 물류 환경은 서비스 만족을 위한 물류비용을 상승시키는 방향으로 변화하고 있기에 현대 물류 목표는 서비스의 향상과 비용 삭감이라는 이율배반적인 목표를 물류 혁신으로 실현해야만 한다. 여기에 물류 혁신의 어려움이 있다.

2 물류와 로지스틱스의 차이점

1) 세 가지 해석의 차이점

물류와 로지스틱스의 차이가 자주 거론된다. 이 차이를 아는 것은 물류를 이해하는 데 있어 중요한 요점이 되므로 여기서 자세하게 설명한다.

물류와 로지스틱스의 차이에 대해서는 일반적으로 세 가지의 해석이 있다.

〈제1의 설〉 차이는 대단한 것이 아니다. "물류를 근사하게 바꾸어 말하는 것뿐이다"라는 해석이다. 이 설(說)은 상당히 뿌리 깊게 자리 잡고 있지만 물론 잘못된 설이다. 이와 같은 이해를 하고 있으면 로지스틱스는 물론 물류도 보이지 않게 된다.

〈제2의 설〉 로지스틱스가 물류보다 영역이 넓다는 설로서 이것도 신봉자가 많은 해석이다. 이 방법을 간단하게 말하면, 물류는 공장에서 완성된 제품 또는 매입한 상품을 고객에게 배송하는 활동인 것에 비해, 로지스틱스는 원재료 및 부품 등의 조달 또는 상품의 매입까지를 포함한다는 것이다. 즉, 로지스틱스는 원자재·부품, 상품 등의 조달에서 고객에게 납품하기까지의 일관된 시스템으로 보는 개념이 된다. 이 제2의 설은 틀린 것은 아니다. 하지만 유감스럽게도 이것은 왜 지금 로지스틱스가 커다란 관심을 모으고 있는가라는 점에 대한 설명으로는 조금 미흡하다. 그래서 〈제3의 설〉이 등장한다.

2) 시장 부조화가 초래한 커다란 낭비

지금 기업과 고객, 즉 시장과의 접점에서 일어나고 있는 것, 즉 '매상손실'과 '비용증대'는 기업에 있어서 간과할 수 없는 문제이다. 이 문제의 온상이 재고이다. '기업이 물건을 생산하거나 매입하여 발생된 재고'와 '시장이 요구하는 재고'간에는 커다란 차이가 발생한다. 즉, 시장이 필요로 하는 재고가 부족 상태이며, 시장이 필요로 하지 않는 재고가 과잉되는 상황이다. 재고가 있으면 팔리지만, 재고가 없기에 매상손실을 초래하고, 반대로 팔리지 않는 재고를 많이 보유하여 불필요한 비용이 발생한다.

3) 시장 변화에 생산·매입을 조화시킨다.

이러한 낭비는 시장에서의 매기(買氣)를 보지 않고 마음대로 생산하거나 매입하는 것에서 발생한다. 그래서 시장의 매기에 맞추어 생산 및 매입, 물류를 하려는 발상이 대두된다. 이것이 로지스틱스의 기본을 이룬다.

시장의 매기를 맞추기 위해서는 시장에서의 판매 동향을 파악하는 것이 필요하며 이 동향에 맞추어 생산 및 매입을 해야 한다. 이것을 실무적으로 행하기 위한 구체적인 방법이 '적정재고 유지관리'이다.

시장 판매 동향은 출하, 즉 재고 감소 형태로 구체적으로 파악할 수 있다. 또한, 생산·매입이라는 것은 재고의 증가형태로 나타난다. 그래서 재고가 감소한 만큼 보충하기 위한 생산 및 매입을 하는 메커니즘을 조성하여 시장과 동시 병행하여 움직이게 한다. 물론, 생산설비 및 매입처와 거래조건 등의 제약, 시장을 예측하지 못하는 변동 등이 있으므로 반드시 적정한 재고 유지를 할 수 있는 것은 아니지만, 그래도 커다란 손실 발생을 감소시킬 수 있다.

4) 로지스틱스는 물류의 상위개념

지금 실무세계에서 다루어지고 있는 로지스틱스란 이러한 '시장과 생산·매입의 동기화(同期化)를 도모하기 위한 관리'를 말한다. 이것이 〈제3의 설〉이다.

이 설에서 로지스틱스와 물류를 동일한 형태로 취급하는 것은 잘못이다. 로지스틱스 관리 영역에는 생산·매입 그리고 물류가 있다. 즉, 물류의 상위개념으로서 이해하지 않으면 시대에 뒤쳐지게 된다.

제 3 절　물류 활동 담당자와 제품 가치

1 물류 활동 담당자

물류 활동은 많은 사람들이 맡고 있지만, 크게 나누면 다음 두 가지의 물류 담당자 그룹이 맡고 있다.

① 화주 그룹
② 물류 전업 그룹

화주 그룹은 상품의 소유권을 가진 생산자(생산업자), 도매업자 및 소매업자 등이다. 한편 물류 전업 그룹은 화주로부터 운수 활동을 위탁받은 트럭 운송회사, 철도회사, 선박회사, 항공회사 등 운수업자, 그리고 화주로부터 보관을 위탁받은 창고업자 등이다.

물류 활동은 화주 기업이 독자적으로 수행하거나, 물류 전업 기업에게 완전위탁하거나 독자와 위탁의 병용 등 여러 가지 방식으로 수행되고 있다.

운수업이나 창고업은 화주 기업으로부터 물류 활동을 위탁받는, 소위 물류의 대리행위자이다. 그 의미에서 「물류 기능」의 수행자는 화주 기업이고, 운송업이나 창고업은 아무래도 화주로부터 위탁받는 「물류 활동」의 직접 행위자라고 말할 수 있다. 즉, 물류는 기능적으로는 화주 기업이 수행자이고 활동적으로는 운수 기업이 수행자이다.

화주 기업 측면에서 물류 기능의 담당에 관해 살펴보자. 유통 기능은 일반적으로 생산업자, 도매업자, 소매업자의 3자에 의해 수행되고 있다. 따라서 물류 기능도 이 3자 분업에 의해 수행되고 있는

것이 일반적이다. 즉 생산업자는 도매업에 대해, 도매업은 소매업에 대해, 그리고 소매업은 소비자에 대해, 각각 물류 기능을 수행하고 있다. 구체적으로는 각 단계에서 주로 보관과 운송(배송)을 담당하고, 제3자 보관과 운송(배송)의 분업에 의해 생산된 상품은 소비자에게 보내어진다.

슈퍼마켓이나 편의점은 배달 활동을 하거나 하지 않는 곳도 있지만, 보관 활동은 모든 곳에서 수행되고 있다. 왜냐하면 매장 상품은 진열과 동시에 보관되고 있기 때문이다. 백화점의 경우 점두(店頭)에서 상품을 소비자에게 넘기는 경우와 택배로 배송하는 두 가지가 있는데, 택배의 경우는 보관과 배송 두 가지 물류 기능을 백화점이 수행하는 것이 된다.

그런데 택배 활동은 백화점의 차량과 사원을 보낸다기보다 택배업자 등이 백화점으로부터 위탁받아 행하고 있는 것이 일반적이다. 즉 백화점 택배 행위는 백화점에 의한 물류 기능 수행인데, 실제 물류 활동은 택배업자에게 위탁되고 있다.

소규모 소매업은 독자적으로 물류 활동을 수행하지만, 백화점과 같이 큰 소매업은 그 물류 활동을 위탁하는 경우가 많다. 이것은 생산업자와 도매업자 경우에도 마찬가지다. 특히 대형 생산업자가 공장 창고에서 도매업자 창고로 상품을 대량으로 운송하는 경우는 장기 계약한 위탁 운수업자에 의한 경우가 대부분이다. 그리고 대형 생산업자는 보관에서도 자사 창고를 사용함과 동시에 창고업자에게 보관을 위탁하는 경우가 적지 않다. 이와 같이 대기업이 운수업이나 창고업에 물류 활동을 위탁하는 것은 물류기능을 효율적으로 수행하고자 하는 목표에서 비롯되고 있다.[3]

---

3 宮下正房 外, 전게서, p. 21.

2 물류와 제품 가치

제품 가치가 공장에서만 만들어진다고 하는 것은 낡은 사고방식이다. [그림 1-2]의 (I)은 기업에게 이익을 가져다주는 것은 생산 부문만이라고 하는 사고방식이다.

이 방식에 의하면 판매 부문과 물류 부문은 단지 경비를 사용할 뿐 아무런 가치도 창출하지 않으며 기업의 이익 창출에 직접적으로 공헌하는 것은 아니라는 것이다. 단 물류 활동을 합리화함으로써 물류비를 삭감할 수 있으면, 그 감소분만큼 이익을 증가시킬 수 있다고 생각하고 있다.

이것이 물류는 「제3의 이윤원」이라고 하는 설명의 근거이다. 이 설은 물류를 아주 소극적인 태도에서 보고 있다.

이 방식에서 진보한 것이 [그림 1-2]의 (II)이다. 이 설에서는, 물류 활동은 단지 물류비를 소비하고 있는 것만이 아니라, 가치도 창출하고 있으므로 기업 이익의 창출에도 공헌하고 있다고 생각한다. 앞에서 물류의 정의 속에는 다음과 같은 기술이 있었다. "…공급 주체와 수요 주체를 연결하여, 공간과 시간의 극복 및 부분적인 형질의 효용 창출에 관한 물리적인 경제 활동인데…"라고 하였다.

그림 1-2 물류비의 재인식

(I) 낡은 사고방식	(II) 가치사슬 사고방식
물류비	이 윤
판매비	물류비
이 윤	이 윤
제조원가	판매비
	이 윤
	제조원가

장소적인 격리를 극복함으로써(운송의 업무), 또한 시간적인 격리를 극복함으로써(보관의 업무) 가치를 창출하게 된다. 또한 부분적인 형질의 효용 창출이라고 하는 것은 유통가공을 가리킨다. 유통과정에서 재포장하거나 약간의 손질을 하거나, 고객의 니즈에 맞춰 조정함으로써 가치를 부가하고 있다.

물류 가치 창출에 있어 주요한 부분은 공간과 시간의 격리를 극복함에 있기에 이 설은 「격리 이론」(gap theory)이라고도 부른다. 그리고 이 설은 원재료 중간재 제품 도매업 소매업 고객으로 순차적으로 제품이 만들어지고, 유통업자에 의해 고객에게까지 도달되는 과정에서 점점 가치가 증가해 간다고 하는 설과 근거를 같이 한다. 이처럼 가치가 증대해가는 과정을 「가치 사슬」(value chain)이라 부르고 있다.

제 2 장

물류활동의 구성 요소

제 1 절 운송 · 배송활동

　　물류 거점 간 상품 이동을 운송 혹은 배송이라고 한다. 일반적으로 장거리 대량 상품 이동을 운송이라 부르고, 단거리 소량 상품 이동을 배송이라고 한다. 거리와 운송 물량으로 운송이나 배송으로 구별해서 사용하기도 하지만, 몇 킬로 혹은 몇 킬로그램으로 구분하는지는 확실하지 않다. 일반적으로 지역 간, 도시 간 상품 이동을 운송으로 하나의 지역 내 혹은 도시 내에서 상품을 운반하는 것을 배송으로 불러도 좋을 것이다.

　　운송 혹은 배송이 이용하는 수단은 자동차, 철도, 선박, 항공 중 하나 혹은 둘 이상의 결합이 된다. 역내 배송은 거의 자동차가 이용되지만, 지역 간 운송은 기업의 물류 거점 입지, 운송되는 상품 특성, 단위, 계약조건 등을 고려하여 합리적인 운송 수단을 선택한다.

　　화물을 운송하는 경우 어떤 운송 수단을 선택하는가는 물류합리화 관점에서 아주 중요하다. 운송 수단에는 제각기 특색을 가지고 있어 운송 서비스 특색 및 내용을 충분히 파악하여 최적 수단을 선택하고, 각 수단을 합리적으로 조합하여 물류를 보다 원활하게 수행하는 것이 필요하다.

　　운송 수단의 선택은 개별운송의 구체적인 조건에 의거하여 검토해야 할 점이 많기에 선택에 있어서 일률적인 기준을 설정하는 것은 곤란하다. 하지만 일반적으로 말할 수 있는 각각의 장·단점을 살펴보면 다음과 같다.

1 철도 운송

1) 장 점
- 대량 상품을 일시에 효율적으로 운송하는 데 적합하다.
- 대량이며 운임에 대한 부담이 작은 상품의 중·장거리 운송에서는 운임이 싸고 경제적이다.
- 기후 영향을 비교적 받지 않는 운송이 가능하다.
- 궤도 운송이기 때문에 사고가 적고, 안전도가 높다.
- 거점 간 직행 운송 방식이므로 거점과 그 주변 지역에서는 유리하다.

2) 단 점
- 근거리 운송의 운임은 비교적 높다.
- 긴급 시에 배차 관계로 운송이 불가능한 경우가 있다.

2 자동차 운송

1) 장 점
- 문전에서 문전까지의 일관 서비스에 적합하며, 언제라도 이용할 수 있어 적시성과 융통성이 높다.

- 소·중량 상품의 근거리 운송에서는 운임이 싸고 경제적이다.
- 운송 도중 하역이 거의 필요 없기 때문에 하역 포장은 비교적 간단하다.

2) 단 점

- 대량 운송에는 적절하지 않다.
- 장거리 운송은 운임이 일반적으로 높다.

3 선박 운송

1) 장 점

- 운임에 대한 부담이 작은 대량 상품의 원거리 운송에 적합하며 싸고 경제적이다.
- 원재료 등 벌크 화물을 대량 운송하는 경우, 특히 전용선에 의한 운송 및 하역의 합리화가 가능하고 효과적이다.

2) 단 점

- 운송 속도가 타 기관에 비해 느리다.
- 항만에서 하역비 등이 비교적 높다.
- 기후에 의해 하역이나 항행이 좌우되기 쉽다.
- 운송의 안정성과 정확성의 면에서 철도나 자동차에 비해 떨어진다.

4 항공 운송

1) 장 점

- 운송 속도가 아주 빠르다.
- 운임에 대한 부담이 큰 소량 상품의 중·장거리 운송에 적합하다.
- 포장이 비교적 간단하다.

2) 단 점

- 고운임으로 운행되기에 저가격 상품의 운송에는 부적합하다.
- 중량 제한이 있다.
- 공항에 가까운 도시 이외에는 이용이 어렵다.

한편 화물 운송의 질적 수준 향상뿐만 아니라 생력화(省力化) 및 효율

표 2-1　　운송 수단 현대화 추세

	전용운송	협동일관운송	기타
철도운송	물자별 적합운송 • 전용차의 증강(곡물, 시멘트, 자동차, 철강, 생선식료품) • 물자별 적합기지의 정비(석유, 액체화학제품, 시멘트, 철강, 자동차, 종이, 곡물, 비료) • 전용선의 증가	컨테이너 운송 • 컨테이너의 증강 • 컨테이너 전용차의 정비 • 컨테이너 기지의 정비 • 해상컨테이너의 철도운송체제의 정비 팔레트 운송(종이, 판유리, 기기공업품, 염화비닐, 화학공업품) • 전용화차의 정비 임항철도의 정비	고속운송 • 화물영업거점역 집약 • 급·직행열차 • 지역간 급행열차 • 고속화차의 개발(시속 110km/h) 화차의 대형화 화물정보시스템의 정비
자동차운송	특수용도차의 증가(탱크차, 덤프차, 콘크리트 믹서, 냉장·동차) 전용터미널의 정비	해상 컨테이너의 자동차 운송체제의 정비 일반터미널의 정비 유통단지의 정비	자동차의 대형화, 트레일러화
해상운송 (외항해운) (내항해운)	전용선 운송(석유, 철강석, 석탄, 곡물) 전용터미널의 정비 석유운송기지의 정비 전용선 운송 바지운송(석유제품, LPG, 석탄, 시멘트, 석탄, 철강, 자동차, 화학약품)	해상컨테이너 운송 • 컨테이너선의 증강 • 외항 컨테이너 전용부두의 정비 • 내항 컨테이너 운송 • 카페리	선박의 고속화, 대형화, 자동화
항공운송		항공화물의 컨테이너화 • 공항화물취급기지의 정비	항공기의 대형화 화물전용기

자료: 日通總合研究所, 物流の知識, 동양경제신보사, 1994, p. 113.

화 등을 추진하기 위해 각 운송 수단이 행하고 있는 근대화 시책을 살펴보면 〈표 2-1〉과 같다.

5 운송 방식의 선택

제품 운송에 적합한 운송 방식을 선택할 때에 필요한 결정요인으로는 대상 화물의 특징이 중요하다. 이 특징의 주요 내용은 다음과 같다.

1) 직접적 특징

- 제품수명, 진부화, 부패의 속도
- 밀도 또는 그 역수
- 상품 가격

2) 간접적 특징

- 1일 판매량과 매상고
- 계절성
- 고객의 규모와 위치
- 시장 점유율과 경합

이들에 관해 간략하게 살펴보면 다음과 같다.

- **상품주기, 진부화, 부패 속도**

제품수명, 경제적 진부화의 속도가 빠른 상품과 부패하기 쉬운 상품에 빠르고 신뢰할 수 있는 운송이 필요한 것은 당연하며, 온도 관리나 특별한 상품 관리를 요하는 상품도 급격하게 증가하고 있다.

- **밀도 또는 그 역수**

중량, 용적과 용적/중량의 비율은 중요한 요소인데, 이에 따라 필요한 운송의 종류를 결정하는 경우가 많다. 선박 운송에서는 밀도의 역수인 용적비를 적화계수로서 널리 사용하고 있다. 예컨대 석탄, 모래와 제조품은 운송 경제 관점에서 비교하면 전혀 다른 특성을 가지고 있다.

- **상품 가격**

가격은 두 가지 요인에 영향을 미치고 있다. 상품 가격이 높으면 높을수록, 재고 보존의 의욕은 급속하게 감소한다. 그 결과 빠른 상품회전이 요청되며, 고속이고 신뢰할 수 있는 운송이 선택된다.

고부가가치 상품은 유통 도중에 운송업자에게 상품에 대한 고도의 주의를 요구한다. 컴퓨터나 반도체와 같은 하이테크 상품은 특별한 화물 취급 서비스를 필요로 한다.

일반적으로 가치/중량 비율이 높을수록 고운임의 운송 방식이 사용되는 것은 항공 화물의 종류를 보면 명백히 알 수 있다.

- ● 1일 판매량과 매상고

회전율이 큰 상품은 다빈도 배달을 필요로 하고, 더구나 대량 운송도 많아진다. 하지만 운송 방식의 선택에 있어서는 엄격한 서비스 요건을 만족시키는 것이 아니면 안 된다. 배달의 약속이 지켜지지 않으면 판매 손실이 일어난다.

- ● 계절성

냉동식품이나 통조림 식품 등은 1년 내내 소비되지만, 그 수확은 제한된 계절에 행해진다. 한편 초콜릿은 이른 봄의 발렌타인데이를 중심으로 소비가 집중한다. 이 경우 운송의 요청은 명료하다. 즉 수확기에는 거래와 처리 가공이 집중하기 때문에, 그 시간적 지체를 최소로 하기 위해 빠르고 빈번한 서비스가 요구된다.

초콜릿은 공장에서 저장 창고까지의 냉장 운송과 고객 창고로 배송, 이어서 소매점으로 급송이 요구된다. 생선 식품과 꽃도 신선도의 확보와 높은 판매 가격을 유지하기 위해서 산지에서 시장으로 곧잘 항공 운송으로 이루어진다.

- ● 고객의 규모와 위치

고객이 밀집해 있는 경우는 대형 운송기관에 의한 운송이 가능하나, 고객이 흩어져 있어 판매액이 감소하면 문제가 발생한다. 지방으로의 배송은 아주 비싸기 때문에, 생산업자는 우선 고객으로부터의 최소 수주량을 높이는 시책을 택하고, 나아가 운송 방식 대체와 제도적 대책을 궁리한다. 그러한 안들을 살펴보면 다음과 같다.

① **물류 자회사 이용**: 혼재화물 취급설비로써 비교적 저가격 운송을 제공할 수 있다.
② **도매업자와의 협력**: 도매업자는 제조업자와 경합하지 않고 보완적인 활동을 통해 적절한 운임으로 공동 업무를 수행한다.

- ● 시장 점유율과 경합

시장 독점적 상품은 심한 경합조건에 있는 상품에 비하면 보다 낮은 서비스 수준에서 물류에 임할 수 있다. 이것은 운송할 때의 배려 사항이 시장 경쟁의 성질과 밀접하게 관계하고 있음을 시사하고 있다.

어떤 운송 방식이 합리적인지 결정하기 위해 비용—편익 분석을 활용하면 정확성을 기할 수 있다. 즉 특정 운송 방식의 영향을 검토할 때에는, 물류 믹스의 다른 요소에 미치는 효과도 잊어서는 안된다. 운송수단이 빠를수록 유통재고는 저수준에서 확보되고, 빠른 재고보충은 원격지 시장에서의 재고를 크게 감소시킬 수 있는 등, 운송수단의 결정은 시스템 내의 재고 수준에 큰 영향을 미친다. 마찬가지로 운송수단의 신뢰성이 높을수록, 고객의 재고 보유량도 작아진다. 마지막으로 운송수단의 선택은 창고나 배송 센터의 요건과 유닛(unit)화의 가능성에 영향을 미친다. 이들 모든 요인을 고려할 때 비용—편익 분석에 의거한 최소 비용의 운송 방식이 무엇인지를 알 수 있다.

제 2 절　보관활동

1 의　의

생산과 소비(혹은 판매) 사이에는 많든 적든 시간적 격차가 있게 마련인데, 이 수요와 공급의 시간적 조정이 보관 활동의 주요 기능이다. 달리 표현하면 상품의 시간적 효용을 높이는 기능이 보관이다. 보관은 시간적 격차의 조정뿐만 아니라 가격과도 관련이 있기 때문에, 수급 조정을 목적으로 하는 '시간조정'과 '가격조정'의 두 가지 기능을 가지고 있다고 할 수 있다.

보관 활동은 보통 창고에서 행해지는 경우가 많은데, 영업소와 같은 창고 이외의 장소에서도 행해지고 있다. 그리고 창고는 보관 이외의 작업(예컨대 포장, 분해)도 수행되기 때문에 보관 활동과 창고 활동은 반드시 일치하지는 않는다.

대량생산과 대량소비가 이루어지는 오늘날에는 과학적인 수요 예측 하에서 계획적으로 생산하고 고객에 대한 판매촉진과 서비스 강화를 위해 신속하게 배송할 필요에서 창고의 기능도 크게 변하고 있다. 즉 계획적으로 생산된 제품을 일시적으로 보관함과 동시에 원활한 유통을 위해 포장 혹은 간단한 가공 등 소위 유통 · 가공을 행하거나 고객의 주문에 부응하여 즉시 출고, 배송하는 체제로 나아가고 있다.

전자의 저장을 주로 행하는 종래의 창고를 보관창고(storage warehouse)라 하고, 후자와 같이 물류 근대화와 함께 나온 창고를 유통창고(distribution warehouse)라 부르고 있다. 물류 근대화에 있어서 이러한 유통창고는 창고 기능 변화의 대표적인 예로 상품의 보관 기간이 짧고, 상품의 입출고가 빈번하다는 특징이 있다. 그리고 상품의 적절한 재고 관리와 배송 작업을 행하거나, 경우에 따라 유통가공 업무를 행하거나, 상품의 유통 과정에서 주요 거점, 고객 서비스를 위한 기지로서의 중요성이 증가하고 있다. 이를 위해서는 창고를 건설하는 장소, 즉 입지도 유통을 위한 거점으로서 유효한 장소가 선택되고 있다. 이들은 유통센터 혹은 배송센터라고도 불리고 있다.

경제 규모의 확대에 따른 물류량 증대로 인해 창고 설비도 상품의 특성(크기, 중량, 온도 등)에 맞춘 전용 창고가 증대되고 있으며, 이런 전용화는 창고 기능의 변화를 보여주는 현상이라 할 수 있다.

그러므로 유통 창고로서 기능을 발휘하기 위해, 상품의 입·출고 정보, 배송 정보, 보관 중인 상품의 정보 등 컴퓨터의 보급과 함께 유통에 관한 정보처리의 기능도 부각되어 유통 거점으로서 역할은 점점 중요해지고 있다. 더욱이 이 컴퓨터에 의한 정보처리 기술과 입·출고 작업의 자동기계화 기술이 결부된 소위 자동화 창고가 증가하고 있다.[1]

전통적으로 창고 업무는 지금까지 회사의 원자재, 반제품 및 완성품을 보관함으로써 제조와 마케팅의 양자를 보조하는 기능으로서 역할을 해 왔다. 이 점에서 창고 기능은 창고 이외의 회사 니즈를 만족시켜 왔지만, 조직을 개선하거나 조직의 유효도를 제고시키는데 있어서 경영 관리자의 관심을 모으면서 지지를 받은 것은 아니었다.

그런데 최근 경제 동향이 변화하였기 때문에(운송비 증대, 금리 인상, 설비 확장비와 대체비 증가 등), 많은 회사에서는 운송망과 물류 정책을 평가하고 바로잡지 않으면 안 되었다. 물류 관리자는 지금까지는 운송과 재고 관리 경제성을 추구하는데 그쳤다. 그러나 종합적 물류의 중요성을 강하게 자각하기 시작한 일부 관리자는, 창고 업무는 물류 시스템의 중요하고 불가결한 일부분이며, 타 업무와 마찬가지로 중요한 개선 기회를 제공할 수 있음을 실감하게 되었다.

---

1 日通總合研究所편, 物流の知識, 동양경제신보사, 1994, pp. 69~84.

2 창고 기능과 재고 관리

1) 창고 업무 진화

　역사적으로 공장은 원재료 조달지 가까이에 배치되어 있었는데(예컨대 곡물이나 수산물의 가공 공장), 이것은 1년 중 혹은 계절마다 생산 중, 제조시설의 가까이에 제품을 보관하기 위해서 창고가 필요했기 때문이다. 그러나 철도 노선이나 주요 철도 시설이 확장됨에 따라, 제조 시설에서 먼 곳에 독자적으로 제품을 보관하거나, 소비 인구가 증대하고 있는 도시 가까이에 제품을 보관하는 방식이 도입되게 되었다. 그리고 간선 도로망이 보급되고 트럭의 운송 능력이 증대되었기 때문에, 주요 시장으로 통하는 주요 고속도로 가까이에 창고가 입지하게 되었다. 그러나 이 경향은 절대적인 것은 아니었다. 예컨대 일부 지방 회사(도매업자와 소매업자)는 주요한 대도시권 판매 시장의 중심지에 창고를 설치하였다. 더욱이 회사가 합병에 의해 성장하는 경우에는, 합병 회사는 기존의 창고 시설을 각 시장에 존속시켜 두는 것이 상례이기 때문에, 창고망이 더욱 복잡해지는 경우가 많았다.

　트럭 운송이 증대함과 동시에 판매기능과 마케팅 기능이 회사의 발전 방향을 지배하기 시작했다. 그 전까지는 현장이 보관 서비스와 하역 서비스를 실시하고, 창고 업무에 관한 전략적인 의사 결정은 물류 관리자가 내렸다. 그런데 물류 관리가 독립적인 학문으로 성장하면서, 물류비는 회사 제품을 판매하기 위한 주요한 비용 항목이면서 관리 · 통제가 가능한 것으로 인식됨에 따라 사정이 바뀌게 되었다. 특히 물류비에 대한 인식이 제고되었기 때문에, 판매와 시장 침투력을 최대한으로 확보하면서 운송비와 재고 유지비를 최소한으로 억제할 수 있는 장소에 창고와 배송 센터를 배치하고자 하는 변혁이 추가되었다. 오늘날에는 다각적인 목적(시장진출 목적과 화물 혼재 목적)에서 창고의 입지를 결정하는 것이 현실적인 문제가 되어왔기 때문에, 기업들은 최적 형태의 창고 업무를 실현하고자 부단히 노력하고 있다.

2) 창고 기능

　창고비는 중요한 비용이며 더구나 회피 가능한 원가이기 때문에, 모든 회사는 창고 업무를 필요로 하는 이유와 창고 업무를 실시하는 방법을 중시해야 한다. 배송망이 닿는 곳에서 창고기능에 의해 제품원가가 인상되기 때문에, 일

표 2-2	배송의 방법이 원가증가에 미치는 영향의 예

첫번째 예		두번째 예	
공장창고와 배송센터를 사용하는 경우	단위비용	고객에게 직송하는 경우	단위비용
	(단위:원)		(단위:원)
원자재 메이커		원자재 메이커	
원재료　　입하운송	2,000	원재료　　입하운송	2,000
공장창고 원재료	1,000	공장창고 원재료	1,000
제조공정		제조공정	
공장창고 완성품	1,000	공장창고 완성품	1,000
시설간　　운송	3,000		
배송센터	3,000	출하운송	3,000
출하운송	1,000		
창고비와 운송비의 합계	11,000	창고비와 운송비의 합계	7,000

부의 창고 작업을 중지하면 제품 원가의 일부를 삭감할 수 있다. 마찬가지로 완성품을 조립 공장에서 고객에게까지 직송하면 〈표 2-2〉에서 알 수 있듯이, 공장 창고와 중간 창고의 쌍방에서 요구하는 창고비를 삭감할 수 있다. 이외에도 다른 지역의 재고 부족을 메우기 위해, 창고 간 이송을 행하면 고비용의 제품 하역이 발생할 수밖에 없다. 이와 같이 배송 경로를 변경하고자 할 때 의도하는 창고 기능을 분명히 하지 않으면 안 된다.

중요한 창고 기능은 다음과 같다.

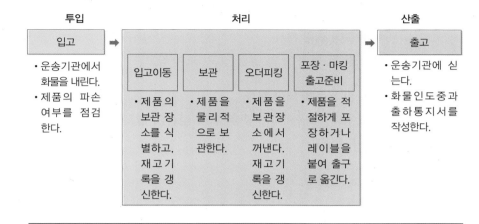

그림 2-1 창고 활동의 요약

투입	처리	산출
입고	입고이동 / 보관 / 오더피킹 / 포장·마킹 출고준비	출고

입고
- 운송기관에서 화물을 내린다.
- 제품의 파손 여부를 점검한다.

입고이동
- 제품의 보관 장소를 식별하고, 재고 기록을 갱신한다.

보관
- 제품을 물리적으로 보관한다.

오더피킹
- 제품을 보관장소에서 꺼낸다. 재고 기록을 갱신한다.

포장·마킹 출고준비
- 제품을 적절하게 포장하거나 레이블을 붙여 출구로 옮긴다.

출고
- 운송기관에 싣는다.
- 화물인도중과 출하통지서를 작성한다.

① 저장

② 혼재

③ 생산 물류

④ 배송

⑤ 예측 불능 사태에 대한 대응 계획

　　창고 업무는 제품을 입고하기 위해 이동하고 보관하는데 필요한 입고 처리 과정에서 시작하여, 출고제품의 출고에 관련된 과정에 이르는 하나의 물적 시스템으로 생각할 수 있다. 이러한 물적 시스템에서는 ① 물적인 흐름을 관리하고, ② 입고 이동과 출고 이동 간에 재고품이 분실되지 않도록 노력하고, ③ 창고 내에서 실시하는 모든 활동을 기록하는 등 통제를 한다. 이들 창고 활동은 [그림 2-1]과 같이 나타낼 수 있다.[2]

3) 창고의 종류

　　보관 활동은 창고가 주체가 되는데, 그 종류는 다양하다. 타인의 물품을 위탁받아 창고에 넣고 보관하는 것을 업으로 하는 경우, 그 창고는 영업 창고라고 한다. 창고는 물품을 저장 및 보관하기 위한 시설인데, 건물을 위시하여 공터, 선박, 차량 등이 이용된다. 선박과 차량은 운송을 위한 공작물이지만, 어느

---

2 西澤修, 保管費の會計と管理, 白桃書房, 1987, pp. 9～13.

곳에 머무르면서 보관을 위해 사용하면 창고의 역할을 하게 된다. 창고를 용도, 구조, 보관 물품, 입지 등의 관점에서 분류하면 다음과 같다.

- **용도에 의한 분류**

자가 창고, 영업 창고, 공공 창고, 보세 창고

- **보관 물품에 의한 분류**

원료 창고, 제품 창고, 냉장 창고, 정온(定溫) 창고, 위험품 창고, 농업 창고, 야적 창고

- **구조에 의한 분류**

평거(平屋) 창고, 다층 건물 창고, 자동화 창고, 사일로(Silo)

- **입지에 의한 분류**

항만(부두) 창고, 내륙 창고, 역 창고, 터미널 창고, 도시 창고, 공장 창고

4) 재고 관리

재고 관리란 일반적으로 유통과정에서 상품의 수량적인 관리를 말한다. 따라서 본래는 유통과정에서 유통 재고 전체가 관리 대상이 되어야 하는데, 현실 재고 관리는 각 거점의 관리가 중심이 되고 있다.

유통에서 각 거점이란 생산업자의 재고(공장, 창고, 유통창고), 도매업의 창고, 소매업의 창고인 매장 등이다. 소매업 매장에서는 진열 단계의 상품도 재고이며, 매장 상품을 수량적으로 관리하는 것도 재고 관리가 된다. 따라서 소매업 재고 관리는 물류 문제뿐만 아니라 상품 취급상 중요한 문제이기도 하다.

생산업자 경우 생산계획이나 판매계획과 연계하여 재고량을 결정하고 그 재고 정책에 의거하여 재고를 관리한다. 그리고 도매업의 경우 소매업자가 수주계획과 판매계획에 의거하여 제품구입을 수행한 후 남은 상품 일정량이 재고가 되는데, 이를 효과적으로 관리하게 된다.

따라서 생산업자도 도매업도 재고 관리는 상품의 보관 활동과 밀접하게 관련하고 있기에 물류 활동 일환으로서 대처하고 대응하게 된다.

도매업이든 소매업이든 유통업자로서 재고 기능을 충분히 수행하는 것은 사회적으로도 요구되고 있다. 유통업자가 재고 기능을 충분히 수행하는 것은 최종적으로 소비자 물자 부족을 발생하지 않도록 하기 위한 조건이기 때문이

다. 또한 수급을 조정하여 가격안정을 도모하는 의미에서도 재고 기능은 중요하다.

그런데 재고 기능을 충분히 달성하기 위해서는 재고량을 충분히 보유하는 것이 주요 조건 중 하나이다. 그러나 재고를 보유한다고 하는 것은 재고 비용이 발생하여 자금유동성에 문제를 야기시키는 것이 되고, 그 자금의 금리 부담도 초래하게 된다. 그리고 재고를 두는 스페이스 코스트나 하역 등도 재고량이 많을수록 비경제적으로 된다.

이러한 비용적인 관점에서 접근하면, 재고는 가능한 한 제로에 가깝게 하는 것이 현명하다. 그러나 그렇게 작은 재고량으로써는 고객으로부터의 급격한 주문 증가에 대처할 수 없으며, 품절이나 판매기회 손실 등의 문제가 발생하게 된다. 또한 재고 기능, 수급 조정기능이라는 사회적으로도 요구되고 있는 기능도 수행하지 못하게 된다.

따라서 「적정량의 재고 확보」가 중요하며, 그것을 위해 과학적으로 더욱 면밀한 재고 관리가 요구된다. 이를 위해 오늘날에는 정보시스템을 활용되고 있다. 정보시스템에 의한 재고 관리는 재고 관리만이 독립적으로 처리되는 것이 아니고, 수주처리, 발주처리, 배송처리 등 다른 활동과 연계된 정보시스템 하에서 행해진다. 이러한 재고 관리시스템의 목표는 제품 하나 하나의 재고를 데이터하 하여 보다 체계적으로 관리하는 수준까지 고도화시키는 것이다.

이것을 단품 관리 시스템이라고 부르는데, 슈퍼마켓과 같은 대형 소매점에서는 POS(Point Of Sales)[3] 시스템을 활용한 단품 관리 시스템을 많이 도입하고 있다. 단일제품 수준에서 재고 관리가 가능해진 대형 소매점은 최소수준의 재고 유지를 지향하고, 그 결과 역으로 도매업의 재고 관리나 납품 비용 상승을 야기하는 문제가 발생하기도 한다. 하지만 데이터를 기반으로 한 정보시스템의 구축은 재고 관리를 더욱 고도화함으로써 상품의 재고상태를 파악하는 것은 물론이고 각종 전략계획과 합리화계획 등에 이르기까지 다양하게 활용되고 있다.

---

3 이것은 Point of Sales의 약어로서, 「판매시점 정보」로 번역된다. POS의 대표적인 예는 슈퍼마켓이나 편의점의 계산대에서 볼 수 있다. 상품에 붙어 있는 바코드의 태그를 '삐삐……'라고 하는 소리와 함께 읽어 들이는 것이 POS 사용의 현장이다. 3,000점 내지 4,000점의 다수 품목을 판매하는 슈퍼 등에서는 재고를 보유하지 않고 언제 구입하는가를 정하는 것이 아주 중요하다. 확실히 POS는 유통에 있어서의 JIT(Just In Time)이라 할 수 있다.

상품의 운송 및 보관 활동에 수반되어 발생하는 반·출입 작업을 하역이라고 한다. 더욱 구체적으로 하역 활동을 구분하면, 예컨대 도매업의 경우 생산업자로부터 상품이 운반되어 온 것을 차에서 "내려", 창고 내 특정 장소로 "이동하고", 소매점으로부터의 주문에 응답하여 "끄집어내어", "분류하고", "화물을 정리하여", 배송차에 "싣는다"고 하는 일련의 작업이 하역 활동이다.

하역은 그 발생 장소에 의해 「창고 하역」, 「항만 하역」 등으로 구분되고, 운송 수단에 의해 「화차 하역」, 「선박 하역」 등으로, 화물의 형태에 의해 「벌크 화물 하역」, 「케이스(case) 하역」, 「팔레트(pallet) 하역」, 「컨테이너 하역」 등으로 구분되고 있다. 이와 같이 하역은 다양한 유형을 보여주며, 운송, 보관 및 유통 가공 등을 연결하는 역할을 하고 있다.

근래 물류센터가 근대화 및 고도화 되면서 하역에서도 특히 「분류」나 「picking」의 중요성이 높아지고 있다. 분류에는 입하되어 적입된 화물을 형상 또는 중량이 미리 정해진 보관 장소에 따라 분류하는 「입고 분류」, 그리고 주문이나 배송 방면 등에 따라 하는 「출고 분류」가 있다.

「picking」이란 주문이나 기타 작업 지시 정보에 따라 상품을 보관 장소에서 끄집어내어 화물을 정리하는 작업이다.

과거에 하역은 많은 사람들의 노동에 의존해 왔다. 따라서 하역을 어떻게 합리화하고 기계화·생력화(省力化)할 것인가에 대해 많은 노력이 행해져 왔다. 하역을 효율적으로 행하기 위해서는 팔레트화(palletization)나 컨테이너화(containerization) 같은 유닛 로드(unit-load)화를 도모하고, 하역의 기계화와 노동력의 감소, 즉 생력화를 실현하는 것이 바람직하다.

유닛화의 목적을 요약하면 다음과 같다.

- 취급단위를 어느 정도 크게 해서 작업 능률을 올린다.
- 운반의 간편성을 제고시킨다.
- 취급단위를 균일하게 하여 작업의 표준화를 도모한다.
- 개별화물에 손이 닿지 않도록 하여 물품의 보호 효과를 향상시킨다.

포장활동

포장은 내용물의 보호, 하역의 편의, 유니트화, 상품의 구분 표시 등을 목적으로 하고 있다. 많은 경우 포장은 생산 공정의 최후에 위치하고, 그 이후는 물류 공정이기 때문에 생산과 물류의 접점에 있다.

포장은 개장(個裝), 내장(內裝), 외장(外裝)으로 분류되는데 그 각각을 살펴보면 다음과 같다.

① 개　장

낱개 물품에 대한 포장이다. 물품의 상품 가치를 높이기 위해 혹은 물품을 보호하기 위해 적절한 재료, 용기 등을 물품에 덧붙인 상태 혹은 덧붙이는 기술이다. 그리고 상품에서는 표시 등 정보 전달의 매체로도 이용할 수 있다.

② 내　장

포장 화물 내부에 하는 포장이다. 물품에 대해 물, 습기, 광열, 충격 등이 가해지지 않도록 적절한 재료, 용기 등을 물품에 덧붙인 상태 혹은 덧붙이는 기술이다.

③ 외　장

포장 화물 외부에 하는 포장이다. 물품 또는 포장 용품을 상자, 포대 등의 용기에 넣고(용기에 넣지 않은 경우에는 그대로 묶음) 기호, 화인 등을 덧붙인 상태 혹은 덧붙이는 기술이다.

포장은 위와 같이 분류하는 방법 이외에 상업포장과 공업포장으로 분류하는 방법도 있다. 상업포장은 위의 개장에 해당하는데, 조금이라도 상품을 매력적으로 하고 소비자 구매 의욕을 환기하기 위한 포장이다. 따라서 상업포장 개념은 상품을 보호한다고 하는 물리적인 기능보다도 마케팅적 기능을 중시하고 있다.

공업포장은 운송포장이라고도 하는데, 생산거점에서 마지막의 판매거점까지 상품을 정리하여 안전하고 확실하게 보내기 위한 포장이다. 따라서 위의 외장이 여기에 해당하는데, 내장도 공업포장 일부라고 볼 수 있다.

물류에 있어서 포장이란 공업포장이 중심이 된다. 그런데 물류 활동에 있어서 포장은 다음과 같은 조건이 필요하다.

- 상품의 외형이나 품질을 손상시키지 않고, 상품을 소매점까지 도달시켜야 한다.
- 보관하기 쉽고, 하역이 용이하고 움직이기 쉬운 상태의 포장이 필요하다.
- 창고에서 공간을 많이 차지하지 않고(보관 효율적), 적재에도 효율적이고(적재 효율적), 결과적으로 물류비용을 가능한 한 감소시킬 수 있는 포장이 중요하다.

물류비용을 감소시키기 위해서는 포장은 가능한 한 작게, 가볍게, 싼 포장재료로 행해야 한다. 그렇다고 상품의 보호와 운송 중 안전이 보증되지 않으면 안 된다.

따라서 물류상 포장은 서로 모순된 조건을 충족하도록 기술혁신이나 포장자재의 개발 등이 필요한데, 다음과 같은 방향으로 진전이 이루어졌다.

- 상품 기획의 단계에서 물류합리화가 고려되고, 상품 1단위의 형태와 크기가 공업 포장과의 정합성을 지니도록 표준화되었다.
- 포장기술, 포장자재의 혁신으로써 쉬링크 포장[4]과 스트렛치 랩 방식 등이 개발되었다.

---

4 물품을 단독 혹은 복수로 집합하여 열수축 필름으로 덮고, 이것을 가열하여 필름을 수축하고, 물품을 강하게 고정 보존·유지하도록 한 포장이다. 팔레트 로드 전체를 수축 포장한 것은 특히 팔레트 쉬링크 포장이라고 한다. 팔레트 로드의 화물붕괴를 방지하는 확실한 방법이다.

● 포장의 간소화, 무포장화가 진행되었다. 소위 무포장 운송이라고 불리는 것이다. 생산재 · 중간재에서의 상품은 포장하지 않은 채, 소비재에서는 상업포장(개장)인 채로 물류 활동을 해버리는 것을 말한다. 이를 위해 액체와 입체(粒體)의 상품은 탱커, 플렉시블 컨테이너, 사일로(silo) 등을, 고체는 박스, 팔레트, 각종 컨테이너, 통상자 등을 사용하고 있다.

여기서는 물류합리화의 대표 방식인 unit load system이 그 추진력을 발휘하고 있다. unit load system이란 상품을 일정한 단위, 예컨대 팔레트 단위, 컨테이너 단위로 통합하고, 문전에서 문전까지 일관운송하고 보관하는 시스템이다. 이 시스템의 도입은 포장비용 및 인건비의 삭감을 통해 물류비용 삭감을 가능하게 하고 있다.

한편 포장은 폐기와 회수의 문제도 충분히 고려하지 않으면 안 된다. 불필요한 과잉 포장이나 부적절한 포장 재료 사용은 회수나 폐기에 많은 비용을 발생시킬 뿐만 아니라, 자연 환경을 오염시키는 원인이 되고 있다. 재활용 가능한 용기와 자연 환경에 용이하게 환원되도록 포장 재료를 개발하고, 그러한 포장재를 적극적으로 선택해야 한다.

제 5 절　유통가공

유통가공이란 유통단계에서 행해지는 제품의 간단한 가공이나 조립, 재포장, 주문에 맞추는 조정 등의 작업을 의미한다. 예컨대 식육, 선어 등을 고객 주문에 따른 해체, 조정, 가전제품의 조립, 진열된 의료품의 가격표 부착이나 옷걸이 걸기 등이 여기에 해당한다.

이러한 일상 생활적인 것 이외에도, 예컨대 스테인리스나 유리 등을 주문에 따라 절단하는 작업 등 생산재의 분야에서도 유통가공은 중요한 작업이다.

이들 활동은 고객 니즈를 충족시키기 위하여 수행하는 것으로 이러한 활동의 결과, 상품 부가가치는 증대하고, 고객의 편리성은 향상한다. 그런 의미에서 기업으로서는 마케팅 활동과 깊은 관련을 지니고 있다.

표 2-3	유통가공 목적, 종류 및 실행 장소
목 적	① 판매촉진(고객 니즈에의 적합) ② 생산효율지원(계획, 대량생산지원) ③ 물류합리화(운송 루트화, 타이밍 조정, 식별정보 부가)
종 류	소분류, 가격표 부착, 레이블 부착, 선별, 마킹, 조립분해, 설치, 배선, 절단, 표면가공, 열처리, 가열, 냉각 등
실행장소	유통센터, 운송중, 점포, 판매시점 등

유통가공은 제품의 형태에 가공을 가하기 때문에 생산활동이며, 물류 활동에 넣어서는 안 된다는 의견도 있다. 하지만 물류 시스템 설계에 있어서 중요한 요인이 되기 때문에, 물류의 구성 요소에 포함시키는 것이 일반적이다.

유통가공은 본래 소매점이나 도매상 등 고객에게 가까운 장소에서 행해져 왔다. 그런데 대형 소매점 체인 등이 등장하고 유통혁신이 진행되자 이러한 유통가공 작업은 서서히 물류센터 등으로 모아지고, 기계화가 도모되고 있다. 그 결과 유통가공활동은 물류 시스템의 중요한 요소로서 포함되게 되었다. 최근에는 정보 시스템과 자동기기 등을 포함하여, 하이테크 공장과 같은 유통가공센터도 등장하고 있다.

그러나 본래 유통가공은 수작업이 아주 많이 드는 작업으로서, 물류 가운데서도 비용이 많이 발생하는 활동 중 하나이다. 그럼에도 불구하고 이 활동의 비중을 증대하고 있다. 이는 유통가공이 상품 가치나 고객의 편리성을 올리는 측면도 지니고 있어 고객으로부터 더욱 요구되고 있기 때문이다. 또한 수작업을 수반하는 유통가공 활동을 모아서 효율화하면 그 자체가 물류 활동의 부가가치를 제고시키는 측면도 가지고 있어 향후 그 비중은 늘어날것으로 예상된다.

제 6 절 　물류정보

물류정보는 기업의 물류 활동에 의거하여 발생하는데, 물류의 제 기능인 운송, 보관, 하역, 포장 및 유통 가공을 원활하게 하기 위해 필수불가결한 것이다. 물류정보를 물류 활동에서의 역할로 분류하면, 다음 5가지가 포함된다.

① 수주 정보
② 재고 정보
③ 생산 지시 정보(구입지시 정보)
④ 출하 정보
⑤ 물류관리 정보

주문한 상품이 고객에게 도달할 때까지의 전통적인 과정을 생각해 보자.

우선 영업사원이 주문을 받는데, 전화 또는 팩스로 영업소에 주문이 들어온다. 영업소에서는 컴퓨터를 통해 재고가 있는지 없는지를 조회하고, 있으면 그 상품을 대상으로 매상 전표, 납품 전표, 청구서, 수령서 등이 발행됨과 동시에 출고 지시서가 발행된다. 이 출고 지시서에 의거하여 창고에서는 주문 상품을 피킹(picking)하여 검품하고 납품 전표, 청구서와 함께 배송 트럭에 적재하여 고객에게 납품시킨다. 한편 상품이 출하되면 재고는 감소하기 때문에 상품 부족이 발생하지 않도록 재고량을 관리하고, 필요에 따라 매입 발주를 행한다. 이들 업무는 모두 수주를 출발점으로 하는 (상품의 흐름으로서의) 거래 및 물류 업무에 부수적으로 발생하고 있는 일련의 업무이다.

일반적으로 기업의 물류 활동은 고객 주문을 통한 수주처리로부터 시작한다. 따라서 수주 정보는 모든 물류 활동 기본이 되는 정보이다. 이어서 수주 정보에 대해 현재 있는 상품의 재고 정보를 맞추어 본다. 상품이 재고가 부족한 경우 생산업자는 생산 지시 정보를 통해 생산 수배를 하고, 도매업은 매입 지시 정보를 통해 매입 수배를 행한다. 한편 재고의 출하 준비를 위해 출하 정보에 의거하여 반출 장소로 옮겨 출하한다. 더욱이 물류 관리 부문이 물류 활동을 관리·통제할 수 있도록 납품 완료 통지, 물류비용, 창고·차량 등 물류 시설·기기의 가동률 등을 물류 관리 정보로서 수집할 필요가 있다.

물류정보는 다음과 같은 특징을 지니고 있다.

● 정보의 절대량이 많다.
● 물류 수요가 클 때와 보통일 때의 정보량에 차이가 많다.
● 정보의 발생원, 처리장소, 전달처가 광역적으로 분산되어 있다.
● 화물과 정보에서 흐름의 동시성이 요청된다.
● 상류(商流) 등 타부문과의 관련성이 높다.

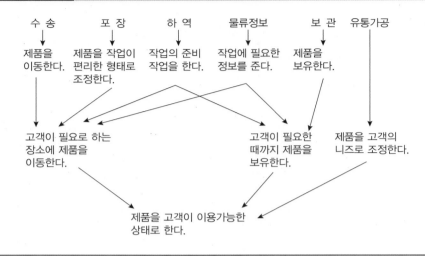

| 그림 2-2 | 물류경로 |

수송 — 제품을 이동한다.
포장 — 제품을 작업이 편리한 형태로 조정한다.
하역 — 작업의 준비 작업을 한다.
물류정보 — 작업에 필요한 정보를 준다.
보관 — 제품을 보유한다.
유통가공

고객이 필요로 하는 장소에 제품을 이동한다.

고객이 필요한 때까지 제품을 보유한다.

제품을 고객의 니즈로 조정한다.

제품을 고객이 이용가능한 상태로 한다.

　　한편 기업에 있어서 물류 시스템은 기업 활동, 즉 구입 · 생산 · 판매에 수반하는 물류의 작업 시스템과 이것을 관리하는 정보 시스템을 연계한 것이다. 소위 물류 정보 시스템은 이 정보 시스템을 가르치는데, 기업의 거래활동을 추진하기 위해 수주에서 출하까지의 물류기능들을 관리하고 효율화하는 것이다. 본래 물류정보 시스템은 기업 내의 다른 정보 시스템, 즉 판매관리와 생산관리의 정보 시스템과는 공통되는 면이 많다. 따라서 물류정보 시스템 목표는 판매관리 정보 시스템과 일치한다.

　　물류정보 시스템의 목표는 첫째로 고객 서비스의 향상이다. 즉 주문을 받은 상품을 신속 · 정확하게 보내는 것이다. 둘째의 목표는 총 물류비용의 삭감이다. 이것은 물류 활동에 관계하는 낭비를 배제하고, 원활하고 효율적인 물류 시스템을 운용하여 총비용을 삭감하는 것이다. 그러나 이 두 목표에는 상호 배반되는 요소가 포함되어 있다. 즉 고객 서비스의 향상과 비용 삭감은 상충관계(trade-off)에 있다. 비용의 삭감에 힘을 쏟으면 고객 서비스에 약간의 희생을 초래하지 않을 수 없고, 반면에 고객 서비스의 대폭적인 향상은 물류비용을 인상시킨다. 따라서 물류정보 시스템은 물류 기능들을 관리하면서, 이 점을 적절하게 조화시키는 역할을 맡는다고 할 수 있다.

　　이상에서 물류 활동의 6가지 구성 요소를 살펴보았다. 운송, 보관, 포장, 하역, 유통가공 및 물류정보는 각각 부분적 기능을 행하고 있다. 이러한 부분적

기능을 결합하여, 물류에서 요구되고 있는 전체적 기능을 창출할 수 있다. 전체적 기능이란「제품을 고객이 이용할 수 있는 상태로 한다.」는 것이다. 이와 같이 운송, 보관, 포장, 하역, 유통가공, 물류정보는 물류 목적을 달성하기 위한 수단이다.[5]

---

5 阿保榮司, 物流, 세무경리협회, 1996, p. 33.

제**3**장 물류관리

기업이 물류관리를 하는 목적은 물류비용의 절감이다. 하지만 비용이 절감되다고 해서 모든 문제가 해결되는 것은 아니다. 물류관리의 첫 번째 역할은 고객과 약속한 물류서비스를 틀림없이 제공하는 것이다.

최근 '납입률(納入率)'이라는 말이 자주 사용된다. 이것은 고객으로부터의 주문에 대한 충족도를 나타내는 지표로서 주문이 있는 상품 중 약속대로 배달된 상품의 비율을 가리킨다.

이 납입률을 떨어뜨리는 원인의 하나로서 물품부족이 있다. 주문이 있어도 상품이 없으면 약속대로 배달할 수 없다. 또한 작업실수도 납입률을 떨어뜨리는 커다란 요인이 된다. 상품 및 납품의 수량을 잘못 파악하면 약속대로 배달을 하지 못하게 된다. 배달은 정상적으로 되었지만 상품이 파손되어 있다면 배달하지 않은 것과 같다.

이처럼 고객과 약속한 대로 물류서비스를 제공하는 것이 물류관리의 커다란 역할이다. 이 때문에 재고 관리, 작업관리, 배송관리가 이루어지고 중요해지는 것이다.

물류관리의 두 번째 역할은 동일 서비스를 가능한 저비용으로 이루어지게 하는 것이다. 물품부족을 초래하지 않으면서도 재고는 가능한 적게 가져가면서, 실수 없이 작업을 효율화 하는 것이 필수적이다.

　이 저비용 물류를 위해 본서에서 거론하고 있는 로지스틱스화 및 물류의 시스템화 등의 도모가 작업의 효율화에 연결된다.

　이처럼 소정의 물류서비스를 제공하는 것을 전제로 물류비용을 어떻게 절감할 것인가 라는 과제가 물류담당자에게 부여된다.

제 2 절　물류 시스템

　물류의 기본은 물류 활동의 조합이다. 그리고 그 활동은 채널(유통경로) 속의 다양한 장소, 예컨대 공장 · 지점 · 도매업의 창고(depot) · 소매업의 상품센터 · 점포 등에서 행해진다. 또한 그 활동을 실시하거나 관리하는 주체도 다르다. 그리고 각 활동의 관계는 보완적이기도 하고 상충적이기도 하다. 이러한 활동을 조합하여 하나의 경영 기능체로서 본 것이 물류 시스템이라 할 수 있다. 그렇다고 단지 활동을 조합한 것만을 물류 시스템이라고 볼 수는 없다.

　물류 문제라고 하면, 「물류거점을 어떻게 배치하는가?」, 「물류관리 조직은 어떻게 운영할 것인가?」, 「물류비용을 파악하여, 비용 관리를 하자.」, 더욱이 「경영 전략과 마케팅 전략에 적합한 물류의 운영은?」, 「물류 서비스 수준을 설정하자.」 등을 들 수 있다.

　이것은 중요한 물류 문제인 「물류 활동을 어떻게 조합하여 어떻게 실시하는가?」하는 것을 결정하는 전제 조건이기도 하다. 확실히 물류 현장에서는 이러한 전제 조건하에서 각 활동을 조합하여 실시하게 된다.

　물류 관리는 크게 세 영역으로 나눌 수 있다.

❶ 어떠한 체제로 물류 활동이 행해져야만 하는가?
❷ 물류 활동을 어떠한 기준으로 해야만 하는가?
❸ 계속적인 흐름으로서의 물류를 어떻게 전체적으로 관리하는가?

　①에 관해서는 물류관리 조직의 자세 혹은 물류 채널과 물류거점의 배치 등

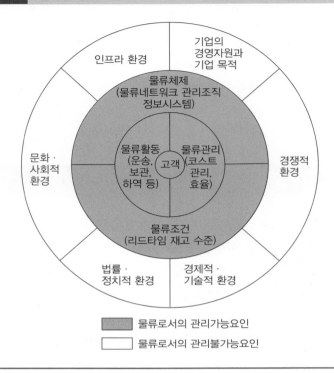

그림 3-1   물류관리의 모델

물류로서의 관리가능요인

물류로서의 관리불가능요인

자료: 宮下正房 · 中田信哉, 物流の知識, 일본경제신문사, 1996, p. 41.

이 여기에 해당될 것이다. ②에 관해서는 생산과 구입 · 판매의 요구에 의거하여 「물류 서비스 정도의 설정」과 「물류비용의 원가계산」, 「물류예산 관리」 혹은 「물류효율 관리」 등이 여기에 해당된다.

즉 물류 시스템이라고 하는 것은 협의로는 물류 활동에 대한 관리이지만, 광의로는 물류체제, 물류기준, 물류활동의 모든 것을 구성요소로 한 것을 가리킨다. 이 광의의 물류 시스템 전체의 관리가 물류관리이다. 이것의 구성을 살펴보면 [그림 3-1]과 같다.[1]

물류 시스템이라는 용어가 비교적 광범위하게 사용되게 된 배경은 다음과 같이 요약할 수 있다.

● 물류의 기능별로 각각 독립적으로 발휘해 왔던 기기와 장치의 기능이 최

---

1 宮下正房 · 中田信哉, 物流の知識, 일본경제신문사, 1996, pp. 39~42.

근들어 현저하게 고도화되고 복잡해졌다. 기술의 진보·환경 변화에 수반한 설비·기기가 진부화하고, 취급상품의 변화가 빠르기 때문에 물류 시스템의 수명주기가 단축되는 경향이 있다.

● 통신기술, 제어기술, 컴퓨터 기술 등에 힘입어, 기기·장치 등이 상호 연결됨으로써 독립적으로 발휘했던 기능보다 더욱더 고도화, 대규모화, 광역화, 최적화되었다.

● 물류기지의 집약화 등 대규모화의 요청에 대해, 새로운 시스템이라는 사고방식 없이는 개발관리가 어렵고 혼란이나 효율저하 등의 문제가 발생한다.

제 3 절   물류 네트워크

물류 네트워크라는 개념은 물류의 가장 기초적인 부분을 의미한다. 왜냐하면 수급의 시간적·공간적 격차를 메우거나 혹은 생산 지점에서 시장으로 재화를 보내기 위해서는 기능적으로 분업화되거나 혹은 공간적으로 분산된 거점(node)을 네트워

크로써 연결할 필요가 있으며, 그러한 구조가 있어야 비로소 「물류」의 기능이 발휘되기 때문이다. 하지만 물류 네트워크에 관한 명확한 정의는 없다.

한편 생산 거점에서 시장까지의 간선 운송은 철도나 선박 등의 대량 운송 수단을 이용하고, 시장에서의 역내 운송은 영업활동에 부수한 활동으로서 존재하고 있다. 하지만 물류라는 기능이 통합되고 물류 시스템화가 진전되면 상물(商物)[2]의 분리가 전제가 된다. 당연히 물류거점과 영업거점이 분리된다. 그

---

2 물류합리화의 관점에서 상류(商流)경로와 물류경로를 분리하는 것을 말한다. 상류와 물류는 표리일체의 관계에 있기 때문에 종래 동일한 경로를 흐르는 것이 많았다. 그러나 로트화된 화물을 최단의 경로로 운송하는 것이 유리한 물류에 있어서, 복잡다양한 상류경로는

때 물류센터를 핵심으로 한 물류거점망을 어떻게 형성하는가 하는 문제가 발생한다.

간선 운송의 경우에 "door to door(문전(門前)배달)"운송의 요구가 많아지고, 고속도로망 발달과 함께 트럭 운송으로 바뀌고 있다. 트럭 운송은 기타 공공 운송기관과 달리 화주의 의사를 반영하는 자유도가 높기 때문에, 물류거점 형성과의 관계에서 자사 물류망 형성에 관한 의사결정 대상에 들어간다. 이렇게 하여 물류 네트워크라는 개념이 부각되고 있다.

물류 네트워크는 물류단계와 거점위치라는 두 가지 측면을 지니고 있다. 통상 고객은 지역적으로 분산되어 있다. 이들 고객에 대해 요구된 납기 내에 상품을 보내기 위해서는 시장 구역 내에 일정 재고를 분산배치 하여야 하는데, 여기에 전방(前方)의 물류거점이 배치된다. 이어서 생산거점과 전방의 거점간을 연결한다. 대체로 하나의 생산거점에서 시장 요구를 만족시킬 수 없기 때문에, 복수의 생산거점과 복수의 전방 물류거점을 연결하고 이 사이에 소수 집약 거점을 설치하면 효율이 올라간다. 이때 이 후방(後方) 거점을 데포(depot)라고 한다.

이 물류센터와 데포는 물류에서 역할이 다르다. 이것은 물류단계의 측면에서 본 것이다. 한편 물류센터도 데포도 어떤 구역 내에 분산 배치되므로 위치의 측면에서 볼 수도 있는데, 이들 거점을 연결한 것이 물류 네트워크이다.

하지만 이들 거점 형성의 본질은 재고배치에 있다. 고객과의 거래조건을 만족시키면서도 재고를 적극적으로 압축하고자 하는 재고배치를 추구할 때에, 물류 네트워크의 본질이 분명해진다.[3]

그러나 제품 물류라는 좁은 의미가 아니라 광의의 물류를 고려하면, 물류 네트워크는 조달, 생산, 판매 등의 거점을 포함한 네트워크이다. 즉 다음과 같은 사항이 해당된다.

- 원재료 등을 어디에서 조달하고, 그것을 위한 거점을 어디에 배치하는가?
- 생산을 어디에서 행하고, 그것을 위한 거점(공장)을 어디에 배치하는가?
- 시장을 어디에 설정하고, 그것을 위한 물류거점을 어디에 배치하는가?

합리화를 방해하는 요인이 되는 경우가 많다. 이러한 물류합리화에 대한 상류측의 장해를 제거하기 위한 하나의 방안이 상물분리이다.

3 中田信哉, 物流のしくみ, 일본실업출판, 1997, pp. 64~65.

이렇게 생각하면 물류 네트워크라고 하는 것은 「조달 네트워크」, 「생산 네트워크」, 협의의 「물류 네트워크」가 조합된 것임을 알 수 있다. 물론 이것들이 개별적으로 설정되는 것은 아니고, 세 가지의 네트워크가 통합된 형태로 완성된다.

이 통합의 연결에 기본이 되는 것은 원재료 · 부품 · 제품에 관해, 이들의 채널을 횡단한 형태로 이루어지는 재고의 배분이다. 전체로서 가장 효율적이고 동시에 시장 전략상 효율적이고 또한 기업의 전략에 적합하도록 배분시키지 않으면 안 된다.

여기서 자동차 생산업자를 예로 들어보자. 우선 자동차의 기본적인 설계, 개발은 A국에서 행한다. 여기에 의거하여 각 부품의 조립은 B, C, D국 등에서 행한다. 이들 부품을 E국으로 모으고, 여기서 완성품으로 만든다.

이 자동차의 주요 시장은 F국, G국이기 때문에 E국에서 전용선으로 F, G국으로 운송한다. F, G국에서는 계획적인 재고가 이루어지고, 각 국내의 (협의의) 물류 네트워크에서 시장으로 출하한다. 이러한 물류 네트워크의 두뇌 부분은 A국의 본부에 있고, 이 곳의 계획에 의한 지시에 의해 각 국에서는 원재료의 조달을 행한다. 시장에서의 재고계획과 그것에 의거한 생산계획, 조달계획도 A, B, C, D, E, F, G국을 결합한 네트워크 전체를 대상으로 하는 계획에 의거하지 않으면 안 된다.

이러한 물류 네트워크를 갖춘 자동차 생산업자는 없지만, 이것에 가까운 유형은 곧 등장할 것이다. 조달거점과 생산거점이 전체 계획 속에서 통합됨으로써 물류 네트워크가 완성된다.[4]

제 4 절   물류비용 관리

1 물류비용 관리의 의의

물류를 기업경영의 한 부분으로 인지하여 관리하고자 한다면, 그것의 공통

---

4 中田信哉 外, 物流戰略の實際, 일본경제신문사, 1995, pp. 191~193.

기준이 되는 것은 '비용(cost)'이다. 원래 물류라는 개념이 일반에게 널리 알려지고 부각된 계기는「물류의 합리화ㆍ현대화에 의한 비용 삭감」때문이었다.

즉 처음부터 물류에 관해서는「비용 절감을 위해」혹은 필요한 최소의 비용으로 필요한 물류 활동을 하는 체제가 전면에 등장하였다. 그러나 물류 개선은 단지 비용 절감만을 위한 것이 아니고, 최근「고객 서비스 향상」이나「기업 전략에 대한 지원」,「마케팅 전개의 수단」과 같은 것이 목적으로 되었다. 그래도 비용 문제라고 하는 것은 물류에 있어서 최대의 주제인 것은 말할 필요가 없다.

당초에는 단순하게 활동상의 비용 절감이 도모되었다. 즉 작업개선에 의한 생력화(省力化)[5]의 실현, 대량 운송기관의 채용, 배송경로의 조정, 포장의 간소화 등 개별 수단에 의해 각 활동단계의 비용 삭감이 고려되었다. 그러나 각 개별활동의 개선에는 한계가 있고, 한 가지 활동의 비용 삭감은 도리어 다른 활동의 비용 증가로 연결되는 것도 있었다. 그 결과 물류 시스템 전체의 비용 절감이 요구되게 되었다.

여기서 문제가 된 것이「물류비용이 전체비용에서 어느 정도 차지하는가?」하는 것이다. 기업의 재무회계에서 보면, 물류비라고 하는 것은 지불 운임, 지불 창고비, 지불 자재비와 같은 지불 물류비만 있는 것이 아니다. 이것들은 물류비의 일부일 뿐이다. 그런데 물류 활동에 드는 모든 비용을 검토하는 것이 물류의 원가계산이다. 물류의 각 활동별로 비용항목마다 하는 계산이다. 이것에 의해 실제로 드는 물류비 전체를 알거나, 각 활동간의 관계도 명확하게 된다. 또한 물류비 예산 통제도 도입할 수 있으며 물류개선 성과의 평가도 가능해진다.

이와 같이 선진기업에서는 독자적으로 물류비의 산정을 행하고 있다. 그러나 여기에는 문제가 있다. 첫째, 물류비의 산정이라고 하는 것은 어렵고, 시간과 비용이 들기 때문에 중소기업에서는 상당히 어려운 작업이라는 것이다. 둘째, 각 기업이 독자적인 기준으로 계산을 하고 있기 때문에, 기업간의 비교가 불가능하다는 것이다.

물류비용의 산정은 물류관리의 기본이다. 이것에 의해 물류는 기업 가운데 어떤 위치에 있는지를 알거나, 물류 활동이 어떻게 행해지고 있는지도 알 수 있

---

5 생력화(elimination of labor, labor-saving efforts, labor reduction, 省力化)란 생산성의 향상을 목표로 하여 생산공정에서 가공의 능률화나 공정간의 공작물 운반의 능률화를 도모하기 위해서 될 수 있는 한 작업을 기계화하고, 사람의 손을 필요로 하는 작업을 생략하는 것. 研究社(2008),『新和英中辭典』, http://www.kenkyusha.co.jp

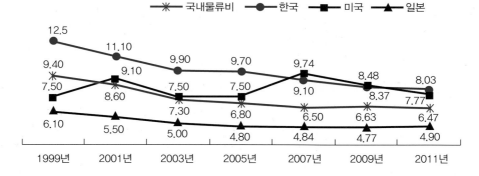

| 그림 3-2 | 주요국 기업물류비 비교 |

─✳─ 국내물류비 ─●─ 한국 ─■─ 미국 ─▲─ 일본

주1: 일본의 기업물류비는 자국내 물류비만을 기준으로 산출한다.
주2: '2007년 기업물류비'(2008년도 기업물류비 실태조사)에서는 개정된 기업물류비 산정지침에 의거하여 국제(수출)물류비를 제외한 국내물류비만을 조사하였으므로, 기업물류비 실태조사(1997, 1999, 2001, 2003, 2005)의 매출액 대비 물류비(%)와 국내 물류비 비중을 고려하여 수출물류비를 포함한 기업물류비를 통계기법을 이용하여 추세 분석한 추정치이다.
자료: 2011년도 기업물류비 실태조사 보고서.

다. 또 한 가지의 물류 개선이 물류비용 전체를 어느 정도 인하시키는지도 알 수 있으며, 어떤 물류 분야에서 인건비와 운임 등이 비용 증가를 초래하고 있는지도 알 수 있다.

기업물류비 수준을 나타내는 주요 지표의 하나인 '매출액 대비 물류비'란 운송·하역·보관·포장 등 물류 활동으로 지출된 비용이 매출액에서 차지하는 비율을 백분율로 나타내는 것이다. 이것은 기업의 물류 활동이 얼마나 합리적이고 경제적으로 운영되고 있는지를 보여준다.

전국의 제조업과 도소매 업체를 대상으로 1999년 첫 조사 이후 격년으로 조사한 「기업 물류비 실태조사 보고서」는 물류정책기본법에 의하여 2011년을 기준으로 9,322개 업체를 대상으로 조사하였다.[6] 이후 잠시 사업이 중단되었다가 2017년 대한상공회의소에 의해 사업이 재개되었으며, 2019년 '2018년 기업물류비 실태조사'를 시행하여 보고서를 발표하였다.

2018년도 우리나라 기업물류비(%)는 6.5%로 2016년도의 7.2% 보다 0.7%

---

6 2007년도 기업물류비 실태조사부터 국토교통부(구 국토해양부) 「기업물류비 산정지침」에 의거하여 조사하고 있으며, 2007년도, 2009년도 기업물류비와 동일한 산정방식으로 보관비에 재고부담이자(일본과 동일하게 재고자산의 10%)가 포함되어 있다.

감소한 것으로 나타났다. 연도별로 살펴보면, 2001년도 11.10%, 2003년도 9.90%, 2005년도 9.70%, 2007년도 9.10%, 2009년도 8.37%, 2011년도 8.03%로 지속적으로 감소하고 있어 물류비 절감효과가 지속적으로 이루어지고 있는 것으로 조사되었다.

주요국의 기능별 물류비는 기업물류비 정의, 계산범위, 계산방법 등과 조사대상, 조사방법 등의 차이로 상호 비교가 곤란하나 추세를 살펴보면, 우리나라는 운송비 비중이 증가 추세에서 2005년도를 기점으로 감소추세를 보였지만, 2011년도의 급격한 유가상승으로 인하여 대폭적으로 증가하는 현상을 보이기도 하였다. 한편, 보관비와 밀접한 관계가 있는 물류비의 감소원인으로는 재고감소, 물류 자동화 · 공동화 · 정보화, 물류아웃소싱(2PL, 3PL 등) 등도 보관비의 감소에 영향이 미쳤을 것으로 보인다.

주요국 기업물류비를 비교해 보면, 2018년 우리나라의 국내 물류비(6.5%)는 정부의 노력과 기업의 체계적인 물류관리로 지속적으로 감소하고 있지만 일본은 2015년 기준 9.07%로 상대적으로 높게 나타나고 있으며, 미국은 2016년 기준 7.5%로 조사되었다.

기업물류비가 지속적으로 하향추세를 보이는 것은 사회간접자본 확충과 물류 인프라로 인한 물류표준화, 물류자동화, 물류정보화, 물류비관련 정부정책, 물류상품화의 인지도 향상, 물류의 공동화와 아웃소싱 등의 물류체질 개선에 따른 물류관리 혁신의 노력의 결과가 반영된 것이라 생각할 수 있다. 하지만 아직도 기업 규모에 따른 편차가 많이 존재하고 국가 물류비가 상대적으로 높게 조사되고 있어서 향후에도 물류 체질 개선을 위한 노력이 요구되고 있는 실정이다. 이를 위하여 전사적인 차원에서 물류효율화 내지는 통합화를 위한 물류비 관리시스템의 필요성이 있는 것이다. 물류비의 분류체계는 발생 형태별로는 자가물류비와 지불물류비, 영역별로는 조달 · 사내 · 판매, 기능별로는 포장 · 운송 · 보관, 관리목적별로는 변동물류비 · 고정물류비 등으로 분리된다.

현재 주기적으로 기업물류비를 조사하여 발표하고 있는 기관으로는 대한상공회의소 등이 있으며, 한국교통연구원에서는 국가물류비를 중심으로 조사하여 발표하고 있다.

주요국의 매출액 대비 기능별 물류비 비율(%) 중 운송비율과 보관비율을 살펴보면, 우리나라의 운송비가 미국이나 일본 등 물류경쟁국에 비해 높게 나타나고 있으므로, 유가정책, 도로 · 항만 등의 정부정책과 물류의 규모경제화,

표 3-1 2018년도 우리나라 기업물류비(기능별)

기업구분별(1)	기업구분별(2)	기업구분별(3)	2018							
			사례수(개)	기능별 물류비 (%)						
			사례수(개)	운송비(%)	보관비(%)	하역비(%)	포장비(%)	물류정보비(%)	물류관리비(%)	계
전체	소계	소계	1,436	59.5	20.9	4.7	6.7	0.7	7.6	100
종업원규모별	대기업	소계	206	58.3	23.2	3.5	5.7	1.2	8.1	100
	중소기업	소계	1,230	59.7	20.5	4.9	6.9	0.7	7.5	100
업종별	제조업	소계	1,299	59.3	20.7	4.9	7.0	0.7	7.4	100
		대기업	177	57.4	23.3	3.9	6.1	1.1	8.3	100
		중소기업	1,122	59.6	20.3	5.0	7.2	0.6	7.3	100
	도소매업	소계	137	60.9	22.5	2.6	3.9	1.5	8.7	100
		대기업	29	63.6	22.7	0.7	3.2	2.5	7.4	100
		중소기업	108	60.1	22.4	3.1	4.1	1.3	9.0	100
	음식료품	소계	105	56.9	19.1	1.7	12.5	1.7	8.1	100
	담배제조	소계	3	22.7	40.0	26.3	4.3	1.3	5.3	100
	섬유 · 의복	소계	99	59.9	18.7	9.1	8.4	0.4	3.5	100
	가죽 · 가방 · 마구 · 신발	소계	43	56.5	14.1	7.5	14.4	1.1	6.4	100
	목재 · 나무 · 가구	소계	62	58.2	20.3	3.8	8.0	0.8	8.9	100
	펄프 · 종이 · 인쇄 · 출판	소계	70	57.6	22.1	7.9	6.2	0.6	5.6	100
	코크스 · 석유 · 석탄	소계	19	59.2	24.5	4.5	2.0	0.8	9.1	100
	화합물 · 화학 · 고무 · 플라스틱	소계	141	59.9	20.0	4.8	6.6	0.7	8.0	100
	비금속광물	소계	75	63.4	20.4	3.2	4.0	0.3	8.7	100
	제1차금속	소계	88	62.5	22.6	7.1	3.7	0.2	3.9	100
	금속가공	소계	124	60.1	22.1	3.8	6.0	0.5	7.5	100

기업구분별(1)	기업구분별(2)	기업구분별(3)	2018							
			사례수 (개)	기능별 물류비 (%)						
			사례수 (개)	운송비 (%)	보관비 (%)	하역비 (%)	포장비 (%)	물류 정보비 (%)	물류 관리비 (%)	계
업종별	전자부품 · 영상 · 음향 · 통신장비	소계	80	55.4	21.4	8.7	7.6	1.1	5.8	100
	의료 · 정밀 · 광학기기 · 시계	소계	74	59.6	22.4	2.3	5.9	0.3	9.6	100
	전자장비	소계	79	59.2	19.7	2.2	7.3	1.4	10.3	100
	기타기계 · 장비제조	소계	124	59.0	21.9	2.7	6.4	0.2	9.8	100
	자동차 · 트레일러 · 운송장비	소계	63	60.8	22.6	4.8	5.7	0.1	6.1	100
	기타제품제조	소계	50	61.5	18.3	5.7	6.0	0.5	8.1	100
	도매 · 상품중개업	소계	137	60.9	22.5	2.6	3.9	1.5	8.7	100
매출액 규모별	500억 미만	소계	1,134	59.8	20.4	5.0	6.8	0.6	7.4	100
	500억 이상~1,000 억 미만	소계	67	58.3	20.6	3.7	8.5	1.2	7.8	100
	1,000억 이상 ~3,000억 미만	소계	90	60.4	20.7	3.8	6.2	1.0	7.8	100
	3,000억 이상	소계	145	56.6	25.3	3.1	5.7	1.2	8.2	100

자료: 산업통상자원부, 「기업물류비실태조사」

전문화 및 체계화 등 기업정책에 보다 많은 관심과 노력을 가져야 할 것으로 보인다.

여하튼 물류 실태를 비용 측면에서 파악하는 것이 물류관리의 기본이 된다. 물류 개선 목적으로 사전 및 사후의 평가를 위해 「물류비의 목적별 계산」을 수행하고, 물류 예산제도를 도입함으로써 일별로 물류관리가 가능해질 것이다.

오늘날 컴퓨터에 의한 시뮬레이션 기술의 도입과 관리 회계기법에 힘입어 복잡한 물류비용 관리와 이를 이용한 물류관리가 이루어지고 있다.

한편 물류비용을 정확히 파악하기 위해서는 [그림 3-3]과 같은 과정을 밟

그림 3-3 　물류비용의 정확한 파악

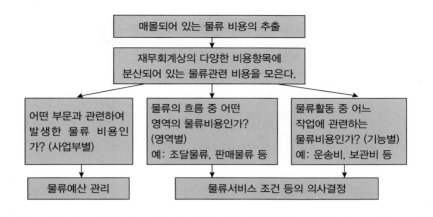

을 필요가 있다.

　물류비용 파악이 가능하면, 보다 심도있게 관리·이용할 목적으로 표준원가를 설정하고 이것을 실제 원가와 비교함으로써 의사결정의 참고로 하거나 예산 관리를 행할 수도 있다.

　한편 물류비용에는 위에서 설명한 개별기업 경영관리라는 미시적 측면뿐만 아니라 사회적인 거시적 물류비용이라고 하는 측면도 있다.

　물류비용 데이터를 예산관리에 활용하면 물류개선과 연결되며, 물류서비스에 활용하면 불필요한 부분을 알 수 있게 된다.

　기업경영에 있어서 물류의 중요성이 인식되지 않는 이유는 물류비용이 파악되지 않기 때문이라고 말하고 있다. 물류개선에는 여러 부문의 협력이 불가피하므로 우선 최고경영자에게 중요성을 인식시키는 것이 필요하다. 따라서 우선은 '전체비용'을 파악하는 것에서 시작된다.

　다음은 '예산관리'이다. 올해에는 1회에 얼마로 몇 개의 입출고를 한다. 내년은 몇 개의 입출고가 예정되므로 얼마가 필요하다는 식으로 예산을 산출한 후 이것을 실적과 비교해 본다. 이렇게 하면 무엇이 어떻게 되어, 비용이 어떻게 변화했는가를 조금씩 알 수 있게 된다. 예산이 있으면 실적과의 차이를 설명할 수 있어야 한다. 이를 설명하기 위해서 비용을 보다 상세하게 파악하게 되면 문제점을 알 수 있으므로 물류개선은 더욱더 진전될 것이다.

　최근 문제가 되고 있는 것은 '과잉서비스'이다. 물류의 어느 서비스에 얼마

표 3-2 물류비용 산정항목의 예

				물류유통비						정보유통비	물류관리비	합계
				포장비	운송비	보관비	하역비	유통가공비	계			
기업물류비	자사지불물류비	자가물류비	재료비	자재비 연료비 소모공구·기구·부품 기타 계								
			인건비	임금·급료·수당 복리후생비 기타 계								
			용역비	전력료 가스대 수도료 기타 계								
			유지비	수선비 소모재료비 조세공과 임차료 보험료 기타 계								
			일반경비									
			특별경비	감가상각비 사내금리 계								
		자가물류비 합계										
		위탁물류비										
	자사지불물류비 합계											
	타사 지불물류비											
	기업물류비 총계											

주: 자가물류비 합계=재료비+인건비+용역비+유지비+일반경비+특별경비, 자사지불 물류비 합계=자가 물류비 합계+위탁물류비, 기업물류비 총계=자사지불물류비 합계+타사지불 물류비

자료: 宮下正房, 物流の知識, 日本經濟新聞社, 1996, p. 49.

가 소요되는지를 모르기 때문에 팔기 위해 과잉서비스를 제공한 것이다. 또한 과잉서비스를 요구받아도 이것을 거절할 수 없게 된다. 이것이 기업에 있어서는 물류비용을 상승시키고 경영을 압박하는 원인이 된다. 국가 전체로서는 필요 이상의 트럭이 운행함으로써 교통정체 및 환경악화 등 외부 경제악화를 초래한다. 물류뿐 아니라 관리의 기준이 되는 것은 비용이다. 물류선진기업의 경우에 공통적인 것이 '비용활용의 능숙함'을 들 수 있다.

2 물류원가 계산

물류비 관리의 가장 기본이 되는 것은 물류비의 실태를 정확하게 파악하는 것이다. 이를 위해서는 물류원가 계산이 필수불가결하다. 물류원가 계산방식에는 관리회계방식의 물류비 계산과 재무회계방식의 물류비 계산이 있다.

관리회계방식 물류비산출이란 물류관리의 목표를 효과적으로 달성하기 위한 활동에 관여하는 인재, 자금, 시설 등의 계획 및 통제에 도움이 되는 회계정보의 작성을 목적으로 한다. 이 경우 기능별·적용별의 업무 평가나 계획입안이 가능한 것이 기본으로 되어 있다.

재무회계방식에서는 기업활동의 손익과 재무상태를 정적으로 명확하게, 회계제도 속에서 물류 활동에 소비된 비용을 추출하여 물적유통비의 기간결과를 파악하는 것이다.

관리회계방식의 물류비 산출방식은 물류 활동의 관리와 의사결정에 필요한 회계정보를 입수하는 것으로부터 물류 활동을 관리 목적에 따라 기능별로 나눠 각각의 기능영역에 있어서 발생한 비용을 집계해 나가는 방식인데 이와 같은 기능별·적용별로 발생한 비용을 물류비라 하는 것이다.

재무회계의 산출방식은 형태별 항목 중에 물류 활동에 소비된 비용이 혼합되어 계산되고 있기 때문에, 이것을 항목마다 배부기준을 근거로 하여 산정한다. 각각의 형태별 비용항목의 물류부분을 집계해서 물류비의 당해 회계기간의 총액으로 한다.

관리회계 산출방식의 장점은 기능별로 발생한 비용을 집계하기 위해 업무마다 비용을 파악할 수 있으므로, 예산대비의 차이가 회계상과는 관계없이 명확하게 된다는 것이다. 이 때문에 관리통제가 유효하게 행해질 수 있으며 물류활동의 개선안과 개선항목을 보다 명확하게 파악할 수 있다.

반면, 단점은 확실히 기능별로 자세히 기록되어 있지만, 기록하는 것 자체에 복잡함이 수반되면 현실적으로 행하기에는 상당한 사무적인 절차가 필요하게 된다는 점이다.

현재 많은 기업에서 사용하고 있는 회계제도인 재무회계의 장점은 물류비의 기능별 파악은 할 수 없더라도 분류항목에 따라서 비용을 파악할 수 있다는 것이다. 때문에 새롭게 물류비 계산절차를 만드는 어려움이 없고 당장 필요한 물류비 파악이 가능하다. 반면에 단점은 관리회계에 의한 물류비의 파악과 같이 기능별로 자세히 기록되지 않은 데서 구체적인 업무의 평가와 개선목표가 세워지기 힘들다는 것이다. 따라서 재무회계방식은 별도의 물류원가계산의 제도확립이 필요하지 않기 때문에 물류관리의 초기단계에 있는 기업이라든가 물류원가 계산시스템이 확립되어 있지 않은 기업 등에서 적용할 경우에 유용하다.

그렇다면 이러한 장·단점을 가진 물류원가계산의 실제적 단계는 어떠한가? 제1단계는 물류원가계산의 목표를 회사의 물류비 관리목표에 의거하여 명확하게 하는 것이다. 왜 물류원가계산을 하며, 물류원가계산을 통해 산출된 정보는 어떻게 활용할 것인가와 같은 물류원가계산의 니즈를 명시해야 한다는 의미이다.

제2단계에서는 물류원가계산을 위해 물류 활동에 의해 발생한 기본적인 원가자료를 원가계산 대상별로 식별하고 입수하여야 한다. 이 단계에서는 회계자료를 중심으로 물류 활동에 관련된 발생형태별 또는 지불형태별로 물류비 자료가 입수되므로, 물류부문에서 발생한 업무자료량을 비롯하여 물류인원의 기능별·제품별 등의 작업시간, 또는 제품별·지역별운송거리, 창고의 제품별·지역별 입출고횟수, 상하차의 작업인원수 이외에 회계부문에서의 지원도 필요하다.

이처럼 발생형태별 물류비가 계산되면 제3단계에서는 원가계산 대상별로 물류비를 계산하기 위해 물류비의 배분기준과 방법을 선정하여야 한다. 영역별·기능별·제품별·지역별 등과 같은 원가계산 대상별로 물류원가 계산을 실시하기 위해서는 우선 물류비를 직접비와 간접비로 구분한 후 직접 물류비는 원가계산 대상별로 직접 일정액을 부과하고, 간접 물류비는 적절한 배분기준과 배분방식에 의하여 물류비를 원가계산 대상별로 일정액을 배분해야 한다.

제4단계에서는 제2단계에서 계산된 발생형태별 물류비 중 직접 물류비는 전액을 해당 원가계산 대상에 직접 부과하고 간접 물류비는 선정된 배분방법과 배분기준에 의거해서 물류비의 일정액을 원가계산 대상별로 배분 및 집계하여 합산한다.

이상과 같은 물류원가 계산을 체계적이고 전사적으로 실시하기 위해서는 기업 물류 활동의 특성에 맞는 물류비 산정기준을 제도화시키는 것이 바람직하다.[7]

③ 물류비용 트레이드 오프(trade-off)

물류 활동에서는 총물류비를 생각할 필요가 있는데, 이 경우 트레이드 오프(trade-off)의 관계를 고려하지 않으면 안 된다. 트레이드 오프란 일반적으로 예컨대 물가의 등귀(騰貴)와 실업률의 관계에서처럼 한쪽을 추구하면 다른 쪽을 희생할 수밖에 없다고 하는 딜레마를 말한다. 한 부문의 높은 비용은 다른 부문의 낮은 비용과 이익 증대에 의해 상쇄되는 활동 관계간의 상호작용, 즉 이쪽이나 저쪽의 선택에 의해 종합적 최적화를 고려하는 것이다. 트레이드 오프의 사고방식에 의한 물류합리화는 물류 활동에서 인터페이스하고 있는 활동 상호간, 나아가 기업 활동과 외부요인과의 관련에서 총비용 접근에 의해 총물류비의 절감을 도모하는 것이다.

물류 활동에는 다음과 같은 트레이드 오프가 존재한다.[8]

- 물류 서비스와 물류 비용의 트레이드 오프
- 물류 서비스를 구성하는 각 개별기능간(운송, 보관, 하역, 포장, 유통가공, 정보)의 트레이드 오프
- 물류 비용을 구성하는 각 개별 비용간의 트레이드 오프
- 각 개별 기능과 각 개별 비용간의 트레이드 오프

[그림 3-4]는 트레이드 오프 모델을 단순화한 것이다. 총비용 접근은 물류 담당자에게 있어서 작업비의 감소, 시스템의 단순화, 재고비의 감소, 포장의 개량, 최적처리 등을 중심과제로 하고 있다. 담당자로서는 어떤 공급활동의 비용 증가를 다른 활동의 비용감소로 상쇄하지 않으면 안 된다.

---

7 물류매거진, 1997년 7월호, pp. 81~83.
8 山上 徹, 交通サービスと港, 成山堂, 1989, pp. 89~93.

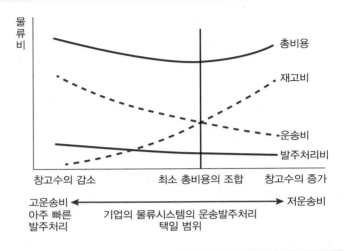

그림 3-4　운송비 · 재고비 · 발주 처리비의 트레이드 오프

물류비

총비용

재고비

운송비

발주처리비

창고수의 감소　　　최소 총비용의 조합　　　창고수의 증가

고운송비　　　　　　　　　　　　　　　　　저운송비
아주 빠른　　　기업의 물류시스템의 운송발주처리
발주처리　　　　　　　택일 범위

자료 : Larry J. Rosenbery, Marketing, Englewood Cliff, N.J.: Prentice-Hall, 1977, p. 25.

　　[그림 3-4]의 우측은 재고비용이 높고, 운송 비용은 낮고 저렴하지만 늦은 발주처리를 나타내고, 좌측은 상대적으로 낮은 재고비, 고액의 운송비이지만 신속한 발주처리를 나타내고 있다. 최소 총비용 시스템은 중간의 창고 입지수와 고(저)가격 운송 서비스의 조합에 의해 달성되게 된다. 예컨대 보관, 재고의 분산화는 총운송비를 떨어뜨리는 반면 보관 · 재고비를 증가시키는 것을 나타내고 있다.

4　최적 발주량과 재고

　　기업이 재화를 발주하고, 창고에 보관하는 경우 발주비와 보관비가 든다. 이 양면에서의 발주비 · 보관비를 전체적으로 최소로 하는 최적 발주량을 결정할 수 있다. 이것과 관련하여 다음과 같은 압력이 발생한다.

- 발주 횟수를 늘리면 발주 비용이 증대하기 때문에 보다 큰 묶음(lot)을 구하려고 하는 압력
- 재고의 평균수준을 높이면 재고유지비용이 증대하기 때문에 보다 작은 묶음(lot)을 구하려고 하는 압력

따라서 발주량은 이 재고유지 비용과 발주비용의 합이 최소가 되는 것이 바람직한데, 이 발주량을 "경제적 발주량"(EOQ; Economic Order Quantity)라고 부른다. 경제적 발주량은 경제 로트 사이즈(ELS; Economic Lot Size)라고도 한다.*

이 경제적 발주량을 구하기 위해서는 우선 「재고유지 비용」과 「발주 비용」을 알 필요가 있다.

연간 재고유지 비용은 다음 식으로 나타낼 수 있다.

재고유지 비용 = 연평균 재고량 × 단가 × 연간 재고유지 비율

여기서, 연평균 재고량 = 발주량 × $\frac{1}{2}$,

재고유지 비용 = 발주량 × 단가 × $\frac{연간 재고유지 비율}{2}$ (식 ①)이 된다.

다음 발주비용을 살펴보면 다음의 식으로 나타낼 수 있다.

발주비용 = 1회당 발주비용 × 연간 발주횟수

이 경우, 연간 발주횟수 = $\frac{연간 사용량}{발주량}$이기 때문에

발주비용 = 1회당 발주비용 × $\frac{연간 사용량}{발주량}$ (식 ②)가 된다.

전술했듯이 경제적 발주량이란 재고유지 비용과 발주비용의 합이 최소가 되는 때의 발주량인데, 그것은 재고유지 비용 = 발주 비용이 되는 때이기 때문에[9] 재고유지 비용의 식 ①과 발주 비용의 식 ②가 같아진다.

---

* 경제적 발주량을 구하기 위해서 다음의 가정이 필요하다.
· 일정한 수요 · 가격할인이 없음 · 주문량의 일시 도착 · 단일품목
그리고 이를 근거로 다음의 그림을 그릴 수 있다.

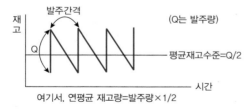

여기서, 연평균 재고량=발주량×1/2

9 최적발주 로트 사이즈로 나타낸 발주경비와 재고보관비에 관한 공식을 가지고 균형점을 구할 수 있다. 여기서 연간 평균재고량은 연간 매상고의 1/2이라고 가정한다.
X : 주문수량

그림 3-5   경제적 발주량

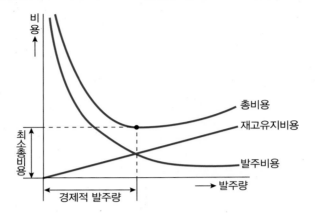

이 식을 정리하면 경제적 발주량은 다음과 같은 식으로 구해진다.

$$경제적\ 발주량 = \sqrt{\frac{2 \times 연간\ 사용량 \times 1회당\ 발주비용}{연간\ 재고유지\ 비율 \times 단가}}$$

여기서 연간 재고유지 비율은 일반적으로 20~30%정도인데, 그 내역은 이율이 13~20%, 진부화가 5~8%, 보관 경비가 1~3% 등이다.

A : 발주비(고정비) P : 연간 평균재고량($X/2$)

S : 연간 매상고(사용량) N : 연간 발주횟수 (S/X)

i : 1개당 연간 재고유지비(=연간재고유지비율×단가) TC : 총재고관련비

이 때 $TC=AN+iP$

$$=\frac{AS}{X}+\frac{iX}{2}$$

여기서 이 식을 X로 미분하여, 이것을 0과 같다고 하면 총비용이 최소가 되는 주문량을 얻을 수 있다.

$$\frac{dAS}{dX}=-\frac{AS}{X^2}+\frac{i}{2}=0$$

$\frac{AS}{X^2}=\frac{i}{2}$ (여기서 양변에 X를 곱하면 $\frac{AS}{X}=\frac{iX}{2}$, 즉 발주비용과 재고유지비용이 같게 된다.)

결국 $X=\sqrt{\dfrac{2AS}{i}}$

1 물류개선의 방법

　　물류에는 많은 부서의 업무가 관련되어 있으므로 개선은 단지 물류부문의 일로서만 충당되는 것은 아니다.

　　물류에 관계하는 조직이란 물류의 기능을 분담하고 있는 부서를 말한다. 로지스틱스 시대인 오늘날 물류시스템의 고도화로 인해 관련 부서도 늘어나고 있다. 요즘 들어 많은 기업들이 물류의 효율적인 운영을 위해 전담부서를 개설·운영하고 있다. 물류를 원활하고 효율적으로 행하는 것이 그 역할이라 할 수 있다. 물류를 고도화하는 데는 정보시스템의 힘이 필요하며, 구축에는 프로그래밍 및 시스템운용의 특수능력이 요구되므로 정보시스템부문의 협력이 불가결하다.

　　출하업무 조건을 결정하는 것은 영업이다. 수주 방법, 물류서비스 설정 및 고객과의 교섭, 캠페인 및 특가판매의 설정 등은 모두 물류에 영향을 미치고 있다. 재고량 및 입고업무에 영향을 주는 것이 생산부문과 매입부문이다. 이들은 물류작업의 효율에 영향을 미칠 뿐 아니라, 재고량이 많으면 보관비용상승의 원인이 된다. 생산부문은 '공장입지의 선정'이라는 점에서도 물류에 커다란 영향을 미친다. 거점이 소비지에서 멀면 그만큼 수송비용이 소요되기 때문이다.

　　개발부문도 물류와 관계없는 것은 아니다. 용기 및 포장크기 및 화물취급 등의 제약은 물류작업의 생산성 및 보관효율에 영향을 미친다. 자동차, 가전제품 등의 제조업체에서는 물류비용절감을 위해 부품표준화에 의한 부품수의 감소에도 노력하고 있다. 물류시스템 개선 및 재구축시에 재무부문이 관련되는 경우도 있다. 투자의 가부(可否) 및 투자가능한 금액은 여기서 판단되는 경우도 있기 때문이다. 물류개선으로 보다 큰 효율화를 이루고자 하면 이들 관계부문이 서로 협력하는 것이 중요하다.

2 로지스틱스 시대 물류조직[10]

1) 일반적인 물류조직

　기업조직은 일반적으로 라인(Line)과 스탭(Staff)으로 분류할 수 있다. 라인은 생산이나 판매 등과 같은 기업의 기본적인 능력에 직접적인 권한을 행사하거나 책임을 수행할 수 있는 부서나 사람을 의미한다. 다시 말해 조직목적 달성에 직접 기여하는 부분이라 할 수 있다. 반면 스탭은 기술적인 조언 혹은 제안 등 전문적인 지식서비스를 통해 라인활동을 도와주는 관리자를 의미하며, 조직목적 달성에 간접적으로 기여하게 된다.

　물류조직을 결정하는데 있어 경영방침 혹은 물류환경에 따라 라인조직으로 할 것인지 스탭조직으로 구성할 것인지 또는 혼합된 형태의 조직을 구성할 것인지 결정되어야 할 것이다. 즉, 물류조직은 모든 기업에 적용할 수 있는 공통되는 절대적인 형태는 존재하지 않으며, 기업의 물류특성에 맞게 최적의 물류조직 형태를 결정하여 구성하는 것이 바람직하다. 물류조직을 일반적인 형태에 따라 분류하면 크게 네 가지로 분류할 수 있다. ① 직능형 물류조직, ② 라인 · 스탭형 물류조직, ③ 사업부제형 물류조직, 그리고 ④ 그리드형 물류조직이 이에 해당한다.

① 직능형 물류조직

　직능형 물류조직은 라인부문과 스탭부문이 분리되지 않은 1950년대까지

구분	표 3-3　물류활동에서의 라인활동과 스탭활동	
구분	**라인활동**	**스탭활동**
내용	• 주문처리	• 시스템화 절차개선
	• 커뮤니케이션	• 재고분석
	• 재고관리	• 자재관리공학
	• 창고보관	• 창고배치
	• 하역	• 지역화 계획
	• 포장	• 물류예산관리
	• 수배송	• 물류전략화
	• 차량관리	

10　송계의 · 박남규, 『최신물류경영론』, 박영사, 2005, pp. 40~43.

의 전통적인 조직형태라고 할 수 있다. 이러한 형태의 직능형 물류조직에서는 물류부서를 총무부와 경리부서에, 창고부서를 판매부서에, 발송부서를 제조공장에 포함시켰다. 이 조직형태는 전사적인 물류정책과 수립이 어렵고, 물류활동이 다른 부서 활동 속으로 포함되어 업무에 대한 전문성 유지 및 물류전문가 육성이 어렵다. 그리고 조직 자체가 매우 단순하므로 미래지향적이지 못하다는 단점이 있다.

② 라인 · 스탭형 물류조직

라인 · 스탭형 물류조직은 직능형 조직의 단점을 보완하기 위해 기능을 라인과 스탭으로 나누어 세분화한 조직형태로 물류관련 작업기능(라인활동)과 지원기능(스탭활동)을 명확하게 구별할 수 있는 조직형태이다. 오늘날 현대의 많은 기업들이 라인 · 스탭형 물류조직에 근간을 두고 운영한다. 일반적으로 스탭부문에서는 물류계획 및 물류전략을 입안하고, 라인부문은 이를 직접 수행하는 역할분담이 이루어진다.

그림 3-6 라인 · 스탭형 물류조직

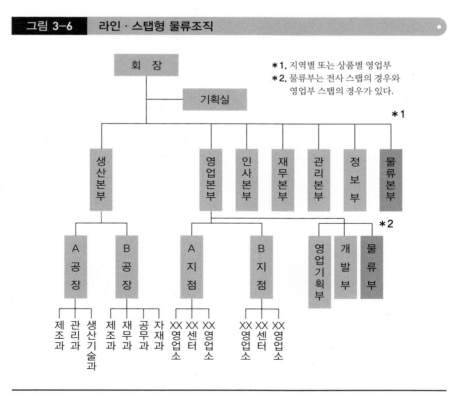

이 조직형태에서는 경영정책을 물류에 신속하게 반영할 수 있으며, 물류부문 의견이 영업부문에 반영되기 쉽다. 즉, 영업과 물류의 일체화가 가능하다. 마지막으로 생산에 필요한 원자재를 구입하는 부서와의 조정이 원활하게 이루어 질 수 있다는 장점이 있다. 하지만 이러한 형태의 조직에서는 물류의 일원적 관리가 어렵고 책임에 대한 소지를 분명하게 하지 못한다는 어려운 점이 있을 수도 있다. 그리고 물류와 영업이 혼재할 경우 물류부분이 직접 관리하기 어렵다는 점과 현장을 지나치게 의식하면 창조적인 계획 입안에 어려운 점, 만약 현장을 무시하게 되면 탁상계획이 될 수 있는 단점도 존재한다.

③ 사업부형 물류조직

기업경영의 규모가 커지는 경우 최고 경영자가 기업의 모든 업무를 직접 관리하기가 어려워진다. 따라서 각 사업단위의 업무 효율성을 극대화하고 사업성을 높이기 위해 사업부형 물류조직과 같은 조직형태를 취하게 된다. 즉, 라

그림 3-7　사업부형 물류조직

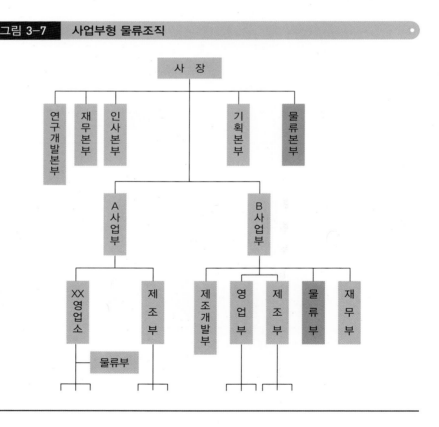

인·스탭형 조직이 확대되면서 생긴 조직형태라 볼 수 있다. 이러한 물류조직 형태는 일반적으로 상품을 중심으로 한 사업부형과 지역을 중심으로 한 지역별 사업부형으로 나누어진다. 이 유형의 특징은 하나의 조직 자체가 소규모회사 형태로 운영되며, 기본적으로 각 물류관련 조직이 독립채산제로 운영된다는 것이다.

장점으로는 독립된 형태로 운영되기 때문에 책임의 소지가 분명하고, 경영자 입장에서 차기 경영자 육성에 효과적으로 대처할 수 있다는 점을 들 수 있

그림 3-8 그리드형 물류조직

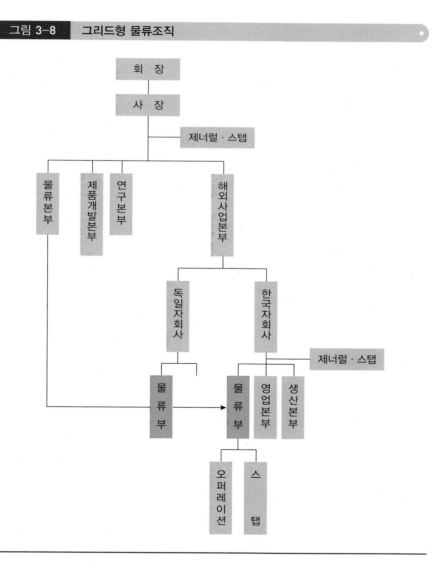

다. 하지만 사업부간의 인적 교류가 어렵고 사업부 수익이 중시되기 때문에 전사적인 설비투자나 연구개발 등의 합리성이 결여되어 경영에 있어 효율성이 떨어질 수 있으며, 전체적으로 보면 종적인 형태를 취하는 조직이기 때문에 횡적인 교류가 어렵다는 단점도 있다.

④ 그리드형 물류조직

그리드형 물류조직은 주로 다국적기업에서 많이 이용하는 조직형태로서 모회사와 자회사간에 권한위임이라는 유형으로 모회사의 스탭부문이 자회사의 해당 부문을 횡적으로 관리, 지원하는 조직형태를 말한다. 이 물류조직 형태에서는 자회사의 경우 자회사의 최고 경영자뿐만 아니라 모회사 물류본부의 지시를 받게 되는데, 전자는 단일 기업 내에서의 지시 · 명령이고 후자는 해외 자회사를 다른 해외 자회사와 보조를 맞추어 물류관리의 일원화 또는 효율화를 도모할 목적으로 한 것이다.

그리드형 물류조직은 국제적으로 전개되는 물류권한을 일원화하고 관리수준을 일정수준으로 끌어올리는 것을 목적으로 한다. 그리고 조직의 단점을 극복하기 위해 VBU(Venture Business Unit) 제도 등을 도입하기도 한다.

2) 기능특성별 물류조직

① 기능형 조직

기능형 조직은 물류 활동을 하나의 기능으로 취급하는 형태를 말하며, 타 기능과 원활한 연계가 곤란하여 물류의 최적화를 달성하기가 어려운 물류조직의 형태이다. 앞에서 언급한 바와 같이 물류는 교차 기능적인 성격이 있으므로 단일 기능의 조직형태는 효율적이지 못하다.

② 프로그램형 조직

프로그램형 물류조직은 물류를 하나의 프로그램으로 보는 형태를 취한다. 물류는 기업 전체가 참여하는 역할을 수행하며, 다른 기능들은 물류에 종속되게 된다. 비용의 최소화를 통해 이익의 최대화를 추구하며 수요창출이나 생산과정은 물류시스템에 기여하는 하나의 기능에 불과하다.

③ 매트릭스형 조직

매트릭스형 조직은 기능형 조직과 프로그램 조직의 중간 형태를 가지고 있다. 라인과 스탭 기능의 작용과 반작용의 조화를 이루면서 거미줄처럼 얽혀 있는 조직 형태이다. 평상시에는 자기 부서에서 근무하다가 특정 물류에 문제가 발생할 경우 여러 부서에서 인원이 구성되어 협업하게 된다.

④ 네트워크 조직

네트워크 조직은 다른 조직 형태와 달리 한 개의 조직단위 구조가 아니라 다수의 조직으로 구성되는 조직 형태를 의미한다. 다시 말해, 외부자원의 효과적인 활용을 통해 환경변화에 신속히 대응하려는 대규모 아웃소싱에 의한 조직을 말한다. 따라서 전통적인 계층형 피라미드 조직의 경직성을 극복하기 위한 대안적 조직 형태라고 말할 수 있다.

제 6 절 유통 역할과 활동

물류는 경제활동의 파생수요이지만 한편으로 물류 없이는 원활한 경제활동을 행할 수 없으며, 원활한 물류의 확보는 경제활동에 있어서 필수 불가결하다.

지금까지 우리나라에서는 경제성장과 함께 물류도 현저한 증가 경향을 보이고 있다. 반면에 물류의 수요에 공급이 충분히 대응할 수 없기 때문에 물류비용의 상승과 물류의 공급 부족이 초래됨에 따라 물류문제가 경제활동에 있어서 애로 요인이 되고 있다.

물류 비용의 상승과 물류공급 부족의 원인에 관해서는 다양한 원인이 있겠지만, 여기서는 공급측면과 수요측면에서의 일반적인 문제에 대해 살펴본다.

먼저 물류공급측면에서의 대응이 지체되었다고 말할 수 있다. 그것은 1980년대 들어 산업구조의 진전에 따른 제3차 산업화로, 물류공급측면에서 대응할 필요가 없었던 것이 결과적으로 공급 측면에서의 대응을 지체시켜 버렸다.

최근에는 노동력 수급 불균형하에서 운송 관련 부문에서의 심각한 구인난, 내항해운의 선복량(船腹量) 부족, 항만 인프라 등의 지체 등, 운송수단의 정비 문제가 부각되고 있다. 특히 물류 부문에서의 노동력 부족은 그 업종의 특성으로 인해 물류의 공급량 부족을 발생시키는 요인이 되고 있다.

물류의 수요 측면에서는 소비자 수요의 다양화와 기업측 재고 최소화의 동향에 따라 수요가 증대하고 있다. 그것이 경제활동의 확대를 상회할 만큼 물류를 증가시키고 있다. 이러한 변화에 관해서는 대체로 다음과 같이 말할 수 있다.

기업에 의한 수요 발굴형 제품개발과 상품의 다양화에 수반하여, 그리고 소비자 니즈에 대응하여 제품 등의 소량화, 다품종화, 납기 단축화가 진전한 결과 운송 효율이 저하되고 있다. 또한 최근의 상품은 다품종이지만 상품 수명이 짧다고 하는 리스크가 있기 때문에, 소매업자는 재고를 보유하지 않으려 하고 있다. 이에 대해 생산 분야의 기업도 적시생산(JIT, Just In Time) 방식 등을 도입하고, 그 결과 각 생산기업도 재고를 보유하지 않고 필요하면 보충하고자 한다. 이외에 공장의 집약화 등에 의한 생산지와 수요지의 격리와 생산지 간의 운송의 활발화로 인해 운송 거리가 길어지고, 더구나 편도 운송이 증가하고 있다. 더욱이 물류의 수요측에서는 과잉 서비스를 요구하고, 그것에 대해 물류의 공급측에서는 단지 수요측의 요구에 따를 뿐 물류비용의 관리에 대한 노력은 충분히 하지 못했다는 점이다.

물류수요에서는 생산업자, 소매 등의 경영시스템과 상관행 등으로 인해 그 수요는 계절과 요일, 시간에 의해 파동이나 변동을 낳고, 그것이 효율적인 물류를 방해하는 경우도 있다. 예컨대 월말에 납품의 지시가 집중되거나, 시간적으로는 이른 아침에 납품지시 시간이 집중되는 등 물류 사업자가 납입 시간을 선택할 수 없는 문제와 함께 소비자의 주말 이동에 의한 고속도로 등의 대혼잡으로 물자운송 효율이 아주 저하되고 있는 실정이다.

이러한 물류 수급의 요인에 덧붙여 다음 사항도 물류 문제를 심각하게 한 요인으로 들 수 있다. 첫째, 지가(地價) 상승의 영향이다. 대도시권을 중심으로 한 지가 상승이 물류센터나 창고 등 물류공급측면에서의 시설정비 비용을 상승시키고, 이 분야의 설비투자를 어렵게 하고 있다. 둘째, 대도시의 과밀문제이다. 대도시의 과밀은 도로의 체증을 초래하고, 이것은 대도시에 있어서 도로화물운송의 효율을 현저하게 저해시키며, 운송상의 시간적인 손실을 낳고 있다. 셋째, 환경문제의 발생이다. 물류에 있어서 환경문제로서는 크게 나누어 배송 차량으로부터의 NOX, CO_2의 배출과 상품 포장재의 소각 등으로 인한 공해발생, 배송센터 등의 소음 발생을 들 수 있다. 특히 NOX와 CO_2의 문제는 현재국제적인 환경문제로 대두되고 있다. 따라서 이러한 대도시에 있어서 지가 상승과 과밀의 존재 혹은 환경문제 등, 대도시 고유의 문제가 물류에 미치는 외부

불경제에 주목하지 않으면 안 된다.

물류 문제의 대응 방안

물류 수급격차가 증대함에 따른 비용 상승이 기업과 물가에 큰 영향을 미치고 있다. 이러한 수급격차의 해소에는 화주측과 물류측의 협력관계 속에서 수요 공급의 양면에서 대응할 필요가 있다. 대응책은 여러 가지 있으나, 우선 물류가 경제활동에서 파생적으로 발생한다는 관점에서, 경제활동 속에서 적절하게 대응해야 할 분야가 많다고 생각된다. 그리고 정책적으로 이것을 촉진시키는 방안이 있을 것이다.

1 경제 활동에서의 대응

1) 화주측과 물류측의 파트너십 확립

화주측과 물류측이 공통의 관점에서 파트너십을 확립하는 것은 물류 문제를 생각할 때 필요불가결한 전제라고 할 수 있다. 특히 최근에 물류에 대한 기업의 관심도 높고 소량 다빈도 배송 등에 대한 인식도 깊어져, 화주측과 물류측이 물류에 관해 다시 생각하게 되었다. 따라서 화주 · 물류측 쌍방이 물류를 종래의 역학 관계에 의한 거래가 아니라, 하나의 비즈니스로 인지하고 비용 등을 논의하는 것이 중요하다.

또한 물류기업이 화주측의 협력을 얻어 그 기업의 활동을 연구하고, 그것에 따른 물류 시스템을 제공할 수 있도록 노력하는 것도 중요하다. 한편 업종에 따라서는 화주와 물류 회사의 계열화가 진행되어, 파트너십이 확립되어 있는 경우도 있다. 이러한 경우는 물류 사업자의 기술 개발력 강화와 노무 대책에 대한 지원 등 화주측으로부터의 지원도 중요하다.

2) 적정한 비용 분담

종래 물류비용에 대한 화주측의 사고방식은 「물류는 당연한 서비스」이며,

물류업자와의 역학 관계에서 물류비용을 낮게 억제하고, 오로지 서비스의 고도화를 요구하는 것이었다. 그리고 물류업자도 화주측의 요구에 대해 수동적이고, 자신의 비용도 파악하기 어려웠고 비용 부담이 애매하였다. 그러나 노동력 부족에 의한 인건비 상승에 기인하여 물류비가 급등한 상황에 대해 이러한 비용의 사고방식으로는 대응할 수 없게 되었다. 앞으로는 물류측이 비용을 바르게 산정·파악하고, 화주측이 물류비를 독립 비용으로 인식하고, 물류 서비스의 수익에 따른 적절한 비용 분담을 행할 필요가 있다.

물론 비용 파악에는 원재료로부터 소매까지의 총유통 비용을 인식하고, 그 내용을 정밀히 조사하여, 화주측과 물류측간에 비용에 관한 합의를 형성하는 것이 필수적일 것이다.

3) 물류 효율화

물류 수급 불균형의 해소는 직접적으로는 물류의 공동화, 정보화, 표준화 등을 통해 물류의 수급 양면의 효율화를 도모하고, 물류 수요의 적정화 및 물류 공급의 증대를 실현함으로써 가능하다.

① 물류 공동화의 추진

공동창고와 공동 배송센터의 설치, 물류 터미널의 공동화 등 물류공동화는 공동집하, 공동배송, 혼재 등을 통한 운송 로트(lot)의 대량화에 의한 물류 수요의 적정화, 돌아오는 운송기관의 활용 및 운송 경로 중복의 회피 등에 의한 운송효율 자체의 향상에 의한 물류공급의 증대효과를 낳기 때문에, 그 추진은 물류 문제에 대한 대응에서 아주 중요하다.

특히 체증 등이 현저한 역내 물류에 관해서는 도소매·소비자 간의 공동배송이나 도시내 공동 물류거점의 정비·공동 이용, 창고의 공동화·생력화·자동화 등을 통해 대응하는 것이 효과적일 것이다.

② 물류 표준화의 추진

물류 공동화는 하드웨어(hardware)면의 공동화인데, 물류 표준화는 소프트웨어(software)면의 공동화이다. 물류 표준화는 「규격의 표준화」와 「서비스의 표준화」두 가지로 나누어진다.

「규격의 표준화」는 일관 팔렛트화(palletization)의 추진과 물류 통일 코드의 도입 등을 의미한다. 전자는 물류·하주 각사의 상호이용을 전제로 한 공통의 팔레트, 컨테이너의 개발·도입이고, 후자는 바코드의 통일·보급 등의 대책인데, 그 외에 작업환경 개선의 관점에서 화물형태의 개량(들고가기 쉽고 운반하기 쉽게), 상품의 소형화 등을 의미하는데, 이들 모두가 생산업자, 물류업자, 소비자 등의 상호 이해와 협력에 의해 촉진되어야 한다. 또한 국제적인 범용성을 높이도록 유의해야 한다.

이러한 규격의 표준화에 의해 하역작업이 신속해지고 물류의 효율화가 기대된다.

한편「서비스의 표준화」는 적정 수준의 물류 서비스 표준화를 도모하는 것으로, 과도한 물류 수요를 억제하고, 수요를 적정화하는 효과가 기대될 수 있다. 예컨대 배송 서비스에 관해 표준적인 매뉴얼을 작성하고, 배송 빈도를 미리 상품마다 지정하고, 그 이외의 우발적인 발주는 하지 않기로 하는 것을 들 수 있다.

또한 선도적인 사례 소개 등을 통해 생산업자·소매점·소비자를 계몽하는 것도 중요하다. 더욱이 생산업자·소매점 간에 POS(판매시점관리, Point of Sale)와 VAN(부가가치통신망, Value Added Network)을 중심으로 한 정보 시스템화와 규격 통일·유닛화를 행하면 양자간의 물류는 더욱 효율화될 것이다.

③ 물류정보화의 적극 추진

국제화가 진행되고, 이동의 범위와 양이 확대하고, 더구나 스피드가 요구되는 현대에 물류정보화는 불가결한 것이다. 물류기업과 화주기업 자신의 물류정보화는 각 기업이 트럭 등 운송기관의 유효한 활용과 효율적인 제품 재고관리에 의한 물류효율화를 향상시키는 동시에 물류업무의 생력화와 관리능력 향상의 효과도 기대할 수 있다. 그리고 화주~물류간 혹은 생산업자~물류~소매간의 정보화 추진은 물류 흐름의 전체적인 파악을 통해 가장 효율적인 운송을 실현할 수 있다. 따라서 EDI(전자자료교환, Electronic Data Interchange) 시스템과 물류 VAN의 구축, RFID(무선주파수인식, Radio-Frequency Identification) 기반 물류정보화 기술, 트럭 정보시스템, 선박 운송 등의 화물정보시스템 개발이 진행되어 왔다. 향후에는 드론(drone, 소형무인항공기)을 통한 배송 등 물류에 IoT(사물인터넷, Internet of Things) 기술이 결합된 스마트물류가 필수적인 요소로 활용될 것이다.

4) 물류수요의 표준화

물류수요는 계절·요일 등에 의한 변동이 크고, 그것이 특정 시기에 물류에 대한 수요를 집중적으로 불러 일으켜 비효율적인 물류 공급체제와 교통체증 등의 원인이 되고 있다. 이 물류수요의 변동성은 상관행 등에 의한 것이 많기 때문에 물류측면에서만 지엽적인 개선책을 내는 것은 효과가 적다고 본다. 하지만 다음과 같은 대책을 통해 어느 정도의 효과를 기대할 수 있을 것이다.

① 비용 개념의 도입

물류수요의 집중기에 높은 요금을 설정하는 등 실상에 맞춘 요금 등의 체계를 확립함으로써, 물류작업의 비용 개념을 생산자, 소비자에게 확고히 주지시킴과 동시에 물류수요의 평준화를 제고한다.

② 완충기능(재고 등 지원시설) 및 제도의 정비·강화·확충

생산지와 소비지 양쪽에서 창고 등의 지원시설을 정비하고, 물류공급측면에서 기본적인 잠재력을 강화함으로써 물류수요의 변동성을 줄인다.

5) 공급측면에서의 대응

① 운송기관 분담의 적정화

현재 운송기관의 분담을 보면 트럭 운송의 비율이 아주 높아, 이것이 배기가스 등의 환경문제, 운전자 부족 등의 원인이 되고 있다. 그 대응책으로서 철도, 선박으로의 전환, 즉 운송수단의 다양화(modal shift)가 고려되고 있다. 하지만 단순히 전환한다고 해도 이들 운송기관의 능력에도 한계가 있기 때문에, 각 운송기관의 특성을 살려 효과적인 분담을 검토해야 한다. 따라서 지역간 장거리를 철도나 선박으로 운송하고, 지역 내의 'door to door'부분을 자동차에 의한 도로 화물운송으로 행하는 조합이 유효할 것이다.

구체적으로는 피기 백(piggy back) 운송과 화물 터미널의 정비 등을 통한 철도와 트럭 운송의 조합, 컨테이너선의 도입에 의한 내항해운과 트럭운송과의 조합 등에 의한 육상 자동차 운송으로의 전환을 고려할 수 있다.

그리고 개별 운송기관의 문제점을 해결하는 것도 중요하다. 도로운송에서는 운송의 협동화와 터미널·창고의 확보, 운송 경로의 합리화(특히 대도시) 등, 내항해운에서는 선복량 확보, 항만하역 비용의 삭감과 고속선 등의 기술개발, 철도운송에서는 운송능력 확대, 육지 등 다른 운송기관과의 원활한 연결 등의 문제점 해결이 중요하다.

② 노동력 확보

최근 물류의 큰 문제점은 노동력 부족인데, 그 해결은 물류문제에 있어서 기본적이면서 아주 중요한 대응책이다. 그 대응책은 노동력 확보대책과 성력화 두 가지이다.

노동력 확보대책으로서는 대우 개선(노동시간, 작업환경, 임금 등), 복리 후생의 충실, 인재육성, 여성의 활용, 그리고 생력화 · 합리화 투자 및 생력화 · 자동화의 기술개발을 추진하는 것을 들 수 있다. 특히 여성의 활용을 위해서는 화물 크기의 개선, 후생 시설의 정비 등 노동 · 작업 환경의 정비가 중요하다.

6) 적시생산(JIT, Just In Time) 방식

소위 소량 · 다빈도 배송은 물류수요 증대를 위시한 물류문제의 한 요인이다. 그러나 이것은 물류 활동이 경제활동의 변화에 대응한 결과 생긴 것이라고 하는 측면이 있지만, 소량 · 다빈도 배송을 억제하는 것은 경제활동을 제약하는 것이기도 하다.

이렇게 생각하면 소량 · 다빈도 배송에 대한 대응은 그 적정화 · 효율화의 방향으로 행해야 한다. 예컨대 하나 하나는 소량이라도 공동화에 의해 운송 로트(lot) 전체를 대량화하면 반드시 비효율이 되는 것은 아니며, 다빈도에 관해서도 화주측의 재고 보완적인 관점에서만이 아니라 물류측의 배송효율의 관점도 고려하여 정보화의 추진 등을 통해 효율적인 배송시간 · 빈도 등을 결정하면 운송 효율이 커질 가능성도 있다. 이러한 효율적인 소량 · 다빈도 배송의 실현을 위해서는 물류 전체의 자세를 고려하는 관점에서 검토할 필요가 있다.

사실 JIT 방식은 단지 시간대로 배송이 행해진다고 하는 것만이 아니라, 혼재, 공동집하, 공동배송에 의해 배송방식, 혼재율 등을 검토하면 물류량을 감소시킬 수도 있다. 또한 제품의 성질상 공동운송이 곤란한 것을 제외하면, 동업종의 타회사나 이업종간에 공동 배송센터를 설치하여 화물의 혼재, 공동배송, 공동출하 등을 행할 수 있으면, JIT 방식으로 물류를 보다 효율적이고 저렴하게 행할 수 있게 된다. 더욱이 JIT (Just In Time) 방식을 행할 때에는 장기적으로 보아서 상생할 수 있도록 서로 배려하는 자세가 요구된다.

2 정책적 대응

　　상술한 물류문제에 대한 경제활동의 대응이 원활하게 수행될 수 있도록 정부의 정책적인 지원이 요망된다. 이러한 지원 방안에는 다음과 같은 것이 포함될 것이다. 물류의 비효율성에 대한 대응으로서 물류 규격의 표준화, 체계화의 추진, 물류 효율화를 위한 공동배송의 추진, 물류에 관한 정보화의 촉진, 물류 효율화를 위한 규제완화, 상관행에 대한 대응[11]을 들 수 있다. 그리고 물류수요 평준화의 추진, 운송기관 분담률 적정화의 추진 및 도로 등 관련 사회간접자본의 충실 등을 위한 정부의 정책적 지원이 필요하다. 특히 도로, 항만 등 물류 관련 인프라 정비는 물류대책에 있어서 가장 기본적이고 중요하므로 교통체증 등 현저한 문제가 발생하고 있는 도로나 자동화·생력화가 지체되고 있는 하역시설 등의 정비가 중요하다. 그리고 철도에 있어서 화물 터미널이나 선박에 있어서 항만하역 시설 등의 정비는 운송수단의 다양화(Modal Shift)의 관점에서도 중요하다.

---

11 물류 비용 계산 방식의 보급, 모델 계약서 등에 의한 물류비용 및 부담 관계를 명확히 하는 것이 여기에 포함된다.

제 **2** 부

국제물류와 국제운송

제4장 국제해상운송(I)

1 해운의 의의

　　해운 또는 해상운송이라 함은 해상에서 선박이라는 운송수단을 사용하여 사람이나 화물을 운송함으로써 그 대가인 운임을 획득하는 상행위를 말하는 것이다. 해운을 상행위의 하나라고 전제할 때 선박이라는 운반구는 상선으로 제한될 것이고, 강이나 호수 등을 통로로 하는 강운(江運)이나 수운(水運)은 해운과 구별되어야 할 것이다. 오늘날 해운활동은 육상으로 연결되어 복합운송, 종합물류 체계로 확장되고 있다.

2 해운의 기능

1) 국제무역의 발전

　　오늘날 우리가 영위하는 경제는 분업과 교환이 고도로 발달한 유통경제이다. 해상운송은 경제에 있어 생산과정의 일부로서 생산적 역할을 수

행함과 동시에 경제의 유통과정에서 유통경제의 발전을 촉진한다.

분업의 발전은 시장의 발달을 필수조건으로 하고 있으나 시장의 발달은 교통의 발달에 의해 규정된다. 특히 근대적 시장은 우선 상품 흐름의 대량성, 계속성 및 원거리성의 실현에 의해 발달한다. 따라서 국제적 분업에 입각하여 국민경제 상호의 교환현상으로서 나타나는 국제무역은 해운의 대량수송, 계속운송 및 원거리 운송기능의 발달에 의해 규정된다. 다시 말해 해운은 국제적 시장의 창출, 확대의 역할을 담당하며 국제무역의 확대발전에 중요한 영향력을 미치고 있다.

2) 국민소득 증대에 기여

해상운송은 하나의 서비스산업으로서 운임수입은 국민소득을 형성하며, 직접적인 자본 및 노동의 투입부분으로서 국민소득의 증대에 기여할 뿐 아니라 자국선 이용 시에는 외화지출을 절감시켜 외화절약 효과를 가져온다.

3) 국제수지의 개선

해상운송은 외화운임 수입뿐만 아니라 수출입 증대 등을 통한 간접적인 외화획득 및 절약효과로 국제수지 개선에 큰 기여를 한다. 이는 자국선박을 이용하여 상품을 운송하게 되면 외화를 절약할 수 있으며, 선박대여를 통하여 용선료를 획득할 수 있기 때문이다.

4) 관련산업의 육성

해상운송의 발전은 조선업, 보험업 등 관련산업과 밀접한 연관성을 가지며 이들 산업의 발전은 전후방연관효과를 나타내므로 고용증대 및 국민경제에 미치는 영향이 크다.

5) 국방력의 강화

해상운송의 육성을 통한 선박증강은 경제적인 면에서뿐만 아니라 유사시 국방력 측면에서도 큰 의의를 지닌다. 전시에 여객선 및 일반상선을 군대와 군수품의 운송에 이용하여 전쟁수행을 원활하게 함은 물론 특수선으로 개조하여 군무에 종사하게 함으로써 전력을 크게 증대시킬 수 있다.

6) 국제경쟁력의 강화

해운이 비록 무역의 파생수요(derived demand)라고 하지만 무역과 해운은 궤(軌)를 같이 하고 있다. 국제무역에 있어 국제경쟁력을 제고시키기 위해서는 물적 유통비의 절감이 절실한 만큼, 국제무역의 대부분이 해상운송에 의해 이루어지고 있음을 생각할 때, 해상운송비를 절감시켜 해운 및 무역의 국제경쟁력을 향상시키고, 나아가서 해운의 수익성을 높일 수 있도록 해운생산성을 제고하는 것이 절실하다 하겠다.

3 화물과 선박의 분류

해운의 객체인 화물과 주체인 선박을 분류하면 다음 그림과 같다(그림 4-1, 그림 4-2 참조).

그림 4-1 해상운송 화물의 분류

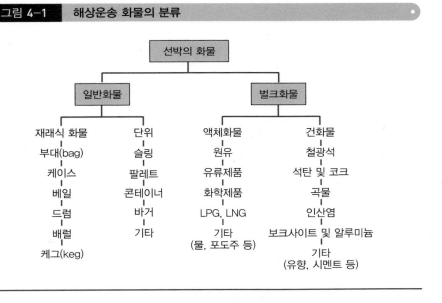

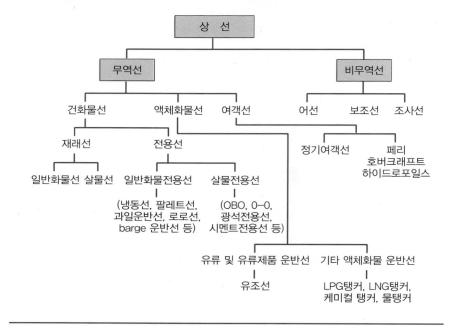

그림 4-2　세계상선의 구조

상　선

무역선

비무역선

건화물선 　 액체화물선 　 여객선

어선 　 보조선 　 조사선

재래선 　 전용선

정기여객선 　 페리
호버크래프트
하이드로포일스

일반화물선 살물선 　 일반화물전용선 　 살물전용선

(냉동선, 팔레트선,
과일운반선, 로로선,
barge 운반선 등)

(OBO, 0-0,
광석전용선,
시멘트전용선 등)

유류 및 유류제품 운반선 　 기타 액체화물 운반선

유조선

LPG탱커, LNG탱커,
케미컬 탱커, 물탱커

제 2 절　해운서비스 특성

1　서비스 생산 특성

　　서비스를 생산하는 데는 선박과 승무원 같은 유형요소들이 관여한다. 해운서비스의 무형성으로 인해 대부분의 화주들은 해운기업으로부터 화물운송 서비스를 받기 전까지는 그 기업의 서비스 품질을 확인할 수 없다. 즉, 해운기업은 화주가 그들의 서비스를 어떻게 이해하고 서비스 품질을 어떻게 평가하는지 알기 어렵다.

　　서비스가 생산된다 하더라도 해운서비스와 같은 무형재는 생산량을 계측하는 편리한 척도가 없어 운송되는 대상의 수, 무게, 용적, 운송거리 및 운송에 요하는 시간 등을 조합한 단위를 사용한다.

한편, 서비스를 사람기준(people based)과 장비기준(equipment based) 서비스로 구분하였을 때 해운서비스는 사람기준 속성범위는 낮으나 장비기준 속성범위는 매우 높다.

2 서비스 수요 특성

해운서비스는 저장이 불가능하여, 적재되지 않은 컨테이너선의 미사용 스페이스나, 용선되지 못하고 계선중인 부정기선의 용적은 보상을 받을 수 없다. 사용되지 않은 선박과 승무원은 각각 생산수단이고 잠재적인 노동력이지 해운서비스 그 자체는 아니다. 운송서비스는 생산될 때가 공급될 때이며 동시에 소비되는 시간이다. 이런 의미에서 운송서비스는 즉시재라고 말한다. 이 때문에 규칙적 일정에 따라 운항하는 정기선은 집화경쟁이 치열하게 되고, 화물단위에 맞는 부정기선의 용선이 경제성을 가지게 된다.

해운기업은 해운서비스를 필요로 하는 산업활동의 성수기 필요량을 충족시켜야 하므로, 비성수기에는 필연적으로 유휴장비가 생기거나 혹은 불완전한 가동을 피할 수 없게 된다. 해운산업에서 이와 같이 높은 불이용능력이 존재하는 것은 수요의 시간적 불균등차이 또는 장소적 불규칙성 때문이다.

3 서비스 행위 특성

일반적으로 서비스는 생산과정에서 고객이 직접 참여하므로 서비스를 제공할 동안 물리적인 출석이 요구되어 고객은 서비스 제공 장소에서 서비스가 수행될 동안 시간을 소비하게 된다. 이 경우 위치문의와 편리한 일정은 상당히 중요한 요소가 될 수 있다. 그러나 해운은 서비스 조직과 고객이 거리를 두고 있으므로 고객이 서비스 시설, 즉 선박을 볼 수 없고, 서비스 요원인 선사의 직원이나 본선의 승무원들과 대면할 필요도 없다. 이와 같은 경우에서는 서비스 행위로 인한 결과가 매우 중요하게 되고, 서비스 제공 과정은 덜 중요하게 된다.

오늘날 새로운 전자유통채널은 EDI를 통해 선적의뢰의 중간단계를 생략시키고 운송관계서류를 컴퓨터로 즉시 전송할 수 있으므로, 고객을 구태여 서비스 제공장소에 출석시키지 않고도 지속적인 서비스의 제공을 가능하게 한다.

4 화주와의 거래 지속성

화주는 해운서비스를 계속적 간격으로 구매하기도 하고 지속적으로 구매하기도 한다. 해운서비스는 일반적으로 해운기업과 화주 사이에 비공식적 관계에서 계속적인 거래를 하는 것으로 볼 수 있다. 비공식적인 서비스의 경우 해운기업은 누가 그들의 고객인지에 대한 정보를 잘 모르게 된다. 또한 지속적인 서비스가 되지 못하므로 서비스 가격결정이 일정하지 못하다. 이런 현상은 특히 부정기선 해운에서 뚜렷이 나타난다. 반면에 정기선 해운은 해운동맹을 통해 어느 정도 화주를 고정고객으로 묶어둘 수 있어 회원관계로 지속적인 서비스를 제공할 수 있다. 해운기업과 화주 사이가 회원관계인 경우에는 해운기업은 화주가 누구인지 사전에 알 수 있으므로 시장세분화를 위한 정보를 쉽게 얻을 수 있다.

5 주문성과 판단범위

해상화물운송은 서비스 제공과정에서 화주의 참여가 거의 없는 장비기준 특성을 가진 서비스이기 때문에 제공되는 서비스의 형태에 변화가 많이 없다. 특히 정기선 해운은 항로가 결정되어 있고, 운항스케줄도 사전에 확정되어 있으므로 제공되는 서비스의 형태가 어느 정도 동일하다. 이 경우 개별화주에 대한 해운기업 실무종사자의 역할은 직접적인 질문의 응답을 제외하고는 제공되는 해운서비스의 특성을 변경시키는 데 크게 참여하지 못하여 판단범위가 낮은 반면, 해운서비스 전달과정에 직접 관여하지 않는 관리층이 서비스 제공에 대한 재량권을 가진다. 그러나 부정기선 해운은 벌크화물을 소유한 화주가 독점적으로 사용하기 위해 용선계약에 의하여 선박을 용선하므로 주문성이 높다. 즉 화주(용선자)는 자신에게 가장 적합한 선박을 용선하게 된다. 이때 해운기업의 실무종사자는 서비스 특성에 관한 판단과 개별화주에게 어떻게 제공될 것인가에 대한 판단을 하여야 한다. 이들 실무자는 해운서비스 생산의 한 부분이 되면서 또한 해운서비스를 어떻게 제공하여야 할지를 결정하는 경우가 많다.[1]

---

1 김영모, "해운마케팅에서의 서비스 품질 지각에 관한 연구," 한국해양대학교 경영학박사 학위논문, 1995, pp. 34~42.

6 해운서비스의 산업 특성

　　해운서비스의 수요 특성으로는 수요 형태의 다양성에 따른 이질적 개별수요(individual demand), 수요가 구체적으로 나타나는 형태로 개별수요가 집합해서 나타나게 되는 집합수요(collective demand), 근본 수요로부터 파생되는 파생수요(derived demand), 그리고 항만, 도로, 철도 등 수송시설과 결합되어 나타나는 결합수요(combined demand)를 들고 있다.

　　또한 해운서비스의 공급특성으로는 생산과 동시에 소비되는 즉시재(instantaneous goods)이며, 귀항시 화물이 없으면 공(空)운송을 피할 수 없다는 공적운송, 왕항과 복항이 공존하는 결합생산(joint production), 복수의 개별수요를 동시에 충족하는 복합생산(multiple production), 그리고 여타 수송수단에 비해 저렴하다는 특성을 들 수 있다.

제 3 절 ｜ **해운생산성**

---

1 해운의 생산물과 양적 파악

　　우리들은 우선 해운이라고 하는 경제활동이 과연 생산일까, 생산이라고 할 수 있으면 해운의 생산물은 무엇일까라는 의문을 가질 수 있다.

　　다까마 야쓰마(高田保馬) 박사나 O. Ely의 견해에 따라 사람 또는 물(物)을 선박에 의해 해상운송한다고 하는 해운활동은 물 자체를 생산하는 활동과는 현저히 다르므로, 사와 셈페이(佐波宣平) 교수는 운송용역의 공급이라고 하였을뿐, 운송용역의 생산이라고는 아니하였다. 그러나 효용의 증가를 도모한다는 점에서는 운송과 생산사이에 구별이 없으며 마샬(Marshall, M.)은 운송을 가치의 질적창출로서의 생산 또는 생산행위로 보았다.

> ● O. Ely의 견해
> 형상적 효용(form utilities)의 창출 …… 제조업

시간적 효용(time utilities)의 창출 …… 상업

장소적 효용(place utilities)의 창출 …… 운송업

이와 같이 해운을 생산으로 보느냐에 대한 설은 다양하나, 생산을 가치의 질적 창출(物財의 형상적 변화)로 개념짓지 않고, 공간적 격리를 극복하여 타인의 욕망을 충족시켜 주기 위해 행하는 활동, 즉 가치의 전치적(轉置的) 형성도 생산에 포함시킨다는 입장을 취하면 해운도 당연히 생산이거나 생산행위인 것이다.[2]

해운의 생산물은 해상운송 서비스이다. 하지만 해상운송 서비스 자체만으로는 해운의 생산성을 측정할 수 없기 때문에 해운 서비스를 물적 혹은 가치적으로 표현하여야 한다. 가치생산성의 측정에는 총운임수입이 이용될 수 있으며, 물적 생산성의 측정에는 산출고로서 수송량뿐만이 아니라 수송거리도 함께 고려하는 톤 · 마일을 단위로 삼아야 생산성 측정이 보다 효율적이다.

화물 수송에 얼마만큼의 선복량이 필요한가는 물동량만으로는 결정할 수 없다. 해상무역량이 많아도 그 수송거리가 짧으면 일정 기간에 있어, 선박의 항해(회전율)가 많아지므로 수송에 필요한 선박이 적어도 된다. 반대로 해상무역량이 적어도 그 수송거리가 길면 일정 기간에 있어 선박의 항해수가 적기 때문에 그 만큼 수송에 필요한 선박은 많아야 한다.

그러므로 해운의 생산성을 논(論)하는 경우 생산량으로서는 수송량(ton)만을 다룰 것이 아니라 거리(mile)를 고려한 톤 · 마일이라고 하는 척도를 채택하는 것이 해운활동을 보다 잘 반영하고 있다고 볼 수 있다. 통계상 톤 · 마일의 실적은 화물수송에 종사한 항해만의 거리를 나타내고 있을 뿐이므로 부정기선, 살물선, 탱커 등의 운항에 불가피하게 수반되는 공선항해의 거리가 무시되어 있다고 하는 문제는 여전히 남아 있다.[3]

한편 항만이 수행하는 기능으로서 본선작업, 마샬링기능, 보관기능(warehousing) 및 분류기능(storing)을 들 수 있는데, 이러한 항만활동도 물(物) 자체를 생산하는 활동과는 다르나 생산을 가치의 질적 또는 전치적 창출로 볼 때 생

---

2 佐波宣平, 「交通槪論」, 1962(李顯鍾譯, 「교통경제학」, 단국대학교출판부, 1981, pp. 19~20).

3 國領英雄, "輸送力からみた海運の 生産性,"「海運經濟硏究」, 日本海運經濟學會, 1982, p. 86.

산 또는 생산행위로 볼 수 있다.

2 해운생산성의 측정

　일반적으로 생산과정은 제(諸)생산요소의 결합에 의한 기술적 변형을 통하여 생산물을 획득하는 활동으로 이루어져 있는데, 이 과정에 투입되는 여러 가지 생산요소가 생산물의 산출에 공헌하는 정도를, 이들 요소의 생산성이라고 한다. 지금 어떤 한 생산단위가 노동의 투입량 L과 자본의 투입량 K에 의하여 획득할 수 있는 생산물의 양을 Q라고 하면 이 투입산출관계는 생산함수 $Q=f(L, K)$ 혹은 $Q=M(aL+bK)$로 표시할 수 있다. 여기서 Q는 산출고(Output), L, K는 생산과정에 있어서의 투입량을, a, b는 전체 투입량 중에서 L과 K가 각각 차지하는 비중을, 그리고 M은 생산성(productivity)을 나타낸다.

　투입물로서, 예컨대 노동을 택하면 노동생산성을, 자본을 택하면 자본생산성을 측정할 수 있다. 그러나 어떤 재화 혹은 서비스를 생산하기 위해 필요한 투입물은 노동이나 자본뿐만이 아니다. 기타 제(諸)요인도 생산에 기여하고 있다. 이 경우 총요소생산성(total factor productivity)이라고 하는 것도 있으나 그 측정이 용이하지 않기 때문에 실제의 생산성 측정 작업은 산출고의 일정량과 하나 내지 그 이상의 생산요소와의 비율로서 표시되는 부분생산성에만 한정하고 있는 경향이 짙다.

　해운생산성(shipping productivity)도 물론 부분생산성이라 할 수 있다. 해운에 있어 산출고는 화물선의 경우는 톤·마일을, 여객선일 경우는 人·마일(passenger·mile)을 측정단위로 택하고 또한 투입물은 선복량(혹은 수송능력) 또는 투입비용 등을 단위로 하고 있다. 즉 해운생산성이란 선복 한 단위(dwt)당(當), 또는 투입비용 한 단위당 산출한 톤·마일로 표시할 수 있다.

1 항만의 지위

　물적유통(physical distribution)에 관련하는 이론으로서 워싱턴대학(시애
틀市)의 Stanley H. Brewer는 물적유통의 관리과학으로서 Rhochrematics를 제
창하고 있다. 그의 논문에 따르면 생산이 행해지기 위해서는 '물적유통의 순환'
을 고려하는 것이 중요하다. 물적유통에 관한 비용은 다수의 자재 생산비보다
도 과거 10년 내지 15년간에 아주 빨리 증가하고 있다. 이 물적유통에 관련하는
비용을 삭감시키기 위해서는 물적유통의 사이클, 즉 시간을 단축시키는 것이
필요하다.

　유통비의 삭감이 시장의 획득을 매개로 하여 재생산을 순조롭게 하기 위한
의도로 수송측면에서의 혁신을 가져온 것이 해륙복합운송이다. 이것은 컨테이
너 수송의 발달, 선박의 대형화, 전용화, 겸용화, 고속화 및 자동화에 힘입어
더욱 발전하게 되었다. 해륙복합운송은 유통비의 삭감이라고 하는 일반 산업
자본(주로 중화학공업)의 요청에 따라 해운자본을 축적시키고 해운경영방식
을 변혁시킨 일대 혁신이라 말할 수 있다.

　컨테이너 수송의 진전으로 더욱 발전의 박차를 가한 해륙복합운송의 합리
적 발전을 위한 필수조건으로서, 해륙복합운송의 터미널인 항만기능의 합리
화를 들 수 있다.

　또한 항만기능을 물적유통의 측면에서 추상적으로 고찰하면, 해운과 육운
이라고 하는 이종의 교통용역을 원활하게 연결하는 것을 목적으로 하는 교통
용역으로서, 즉 해륙운송의
결절점(node point)으로서
의 기능이라고 할 수 있다.
그 용역생산은 안벽, 에이프
론, 헛간(上屋), 하역기계 등
의 시설, 설비 및 항만하역
노동력의 생산요소의 통합
에 의해 이루어진다. 그리고

이러한 생산요소의 제공은 항만관리자, 혹은 항만운송사업자에 의해 이루어 진다는 의미에서 복합적인 유통기구이다.

해상운송의 발전은 오로지 해운업의 노력만으로는 달성될 수 없고, 해운 업의 노력에 균형 있는 항만의 발전이 전제되어야 한다. '균형 있는 발전'이라 는 것은 해운 및 무역으로부터의 요구를 충족시켜 주는 항만의 합리화 및 근대 화이다. 또한 해운의 규제자인 항만은, 거꾸로 그 발전의 규모와 내용에 있어서 해운과 무역의 발전으로부터 규제를 받게 된다. 이와 같이 항만기능은 직접적 으로는 해운활동과, 간접적으로는 경제의 생산 및 유통활동과의 관련에 있어 서 끊임없이 개선되지 않으면 안 된다.

2 항만의 생산성과 선주경제

해상운임의 약 50%가 선주가 통제할 수 없는 항만경비로 지출되고, 선주 의 기업노력이 항만과 같은 외부경제의 영향을 받지 않는 선박경비에만 미치 게 될 때, 해운비용의 절감에 있어 항만은 심각한 상황에 놓이게 된다. 이 선주 경제에서 차지하는 항만경비의 절반 이상이 선내 하역에 관련되는 비용이며, 더구나 그 대부분이 노동임금으로 구성되어 있음을 고려할 때, 하역의 기계화, 하역구조의 합리화 및 기타 적절한 수단에 의해 항만의 생산성을 향상시키는 것이 중요하다는 것을 재인식할 수 있다.

항만생산성은 체항시간, 또는 정박시간과 역함수의 관계에 있다. 항만생산 성이란 1톤당 항만자산액이라고 하는 금액단위라기보다는, 항만시설 단위당 취급화물량을 가리키는 단위이다. 이 경우 항만시설의 단위로서 종래 하역안 벽의 길이(m)가 사용되었으나, 컨테이너의 등장에 따른 컨테이너 부두에 있어 서는 항만시설 단위는 길이(m 혹은 km)가 아니라 면적(m^2 혹은 km^2)이 사용되 어야만 한다. 왜냐하면 컨테이너 화물의 하역 자체가 넓은 야드를 이용하지 않 으면 안 되기 때문이다.

이와 관련 비판의 여지가 없는 것은 아니다. 왜냐하면 일정 기간에 있어 항 만의 활동, 즉 하역능력을 무시하고 있기 때문이다. 일정 기간, 예컨대 1년 동 안 항만의 연간 하역능력은 연간의 항만가동일수, 하역기구, 선내인부 등의 요 인에 의해 결정된다. 그러므로 항만생산성은 특히 컨테이너 운송에 있어서는 매일 처리되는 컨테이너의 개수로 나타낼 수 있다.

항만생산성의 향상은 해상운송 비용, 나아가서는 운임의 인하, 또는 상승 억제에 극히 중요한 역할을 한다. 또한 항만생산성은 선박의 수익성에도 중요한 영향을 미친다. 예컨대 선박이 항만에 정박중일 때는 운임수입을 올리지 못하기 때문에, 연간의 정박일수가 클수록 선박의 수익성은 떨어진다. 재래 정기선의 경우 연간 가동일수의 반 정도를 항만정박에 소비해 왔기 때문에 그 수익력은 아주 약했었다. 반면 컨테이너선은 터미널 비용의 절감효과와 함께 선박회전율의 면에서 항만으로부터 받는 압박을 획기적인 하역방식으로 극복하여 수익성을 높이게 되었다.

즉, 충분한 적하가 있다고 가정하면, 연간의 해상 항해일수가 선박의 수익성을 결정하는 주요한 요소이다.

특히 컨테이너 수송에 있어서 항만생산성을 향상시키기 위해서는 항만이 꼭 수행해야만 하는 기능인 본선작업 및 마샬링 기능만을 제외하고는 보관기능, 분류기능 등은 항만도시지역보다 공간의 제약을 적게 받는 내륙지로 이전시키는 것이 바람직하다. 내륙지 항만(inland port)이라 불리는 내륙컨테이너 기지(Inland Container Depot : ICD)의 개발이 이에 해당한다.

해상운송은 선박수송만으로 이루어지는 것이 아니다. 선박에 적하를 적재시키고, 그리고 선박으로부터 양하시키는 터미널 작업과 결합되어야만 해운이 우선 완성될 수 있다. 그것은 당연한 이치이나 그렇게 이해되고 있지 않다. 오히려 전통적인 사고방식에 따르면 해운은 선박수송만을 가리키는 것으로, 항만을 별개의 것으로 취급하고 있다.

선박이 소형선 혹은 범선이었던 경우에는 해운 생산성도 낮았을 뿐만 아니라 항만도 자연 항만에 불과했기 때문에 항만문제는 그렇게 중요하지 않았으나 현대 해운에서는 그렇지 않다.

그러나 이론뿐만이 아니라 현실에 있어서도 해운과는 전혀 별개의 것, 또는 관계사업으로서 항만을 다루고 있는 경향이 짙었다. 이러한 전통적인 사고방식으로는 항만을 해운의 외적인 것으로 취급하는 것이 통상의 개념이 되고 있는바, 해운은 수차 항만과는 궤(軌)를 달리 하면서 발달을 해 왔다. 항만을 해운의 주어진 여건, 혹은 해운의 일부로 생각하는 것은 이론의 문제 혹은 개념의 문제에 지나지 않으나, 항만의 문제는 해운생산성에 있어서 아주 중요하다. 따라서 항만을 그 자체로서 생각할 것이 아니라, 해운과 연계시켜 고찰해야 할 것이며, 정책수립에서도 마찬가지일 것이다.

그러나 여기에 항만이 해운과 분리되어 경영이 이루어지고 있는 데 문제가 있다. 현재와 같이 항만이 해운과 분리된 채 경영이 이루어지는 한 해운생산성을 제고시키는 것은 어려운 문제이다. 해운생산성에 부응하는 항만생산성은 오늘날 커다란 문제로 남아 있다.[4]

제 5 절 해운성장 측정과 해운정책

1 해운성장 측정의 필요성과 제기준

해운정책을 수립하는 데 있어 자국의 해운이 요람기, 발전확장기, 구조변혁기, 불황기 및 쇠퇴기 중 어느 단계에 있는가를 파악하는 것이 선행되어야 한다는 것은 두말할 필요가 없다. 그리고 이것을 판단하는 기준이 해운성장지표이다. 물론 해운의 성장이라고 하는 것은 추상적인 개념으로, 성장지표에 대한 이렇다 하는 정설은 없다.

한편 우리나라는 국적개념에 입각하여 선복의 보유량 내지 국적선의 적취량만을 성장지표로 삼고 있는 경향이 짙었다. 그러나 이것만으로는 국제해운의 구조에 비추어 본 해운정책 수립에 만전을 기할 수 없는바, 보다 다양한 성장지표, 즉 선복보유량, 운항선복량, 수출화물 및 운임수입뿐만 아니라 해운기업의 수익, 톤·마일, 그리고 해운산업의 부가가치 등 제각기마다 의미를 부여하고 그것을 종합적으로 관찰함으로써 해운의 성장을 보다 정확히 측정할 수 있으며 나아가 보다 나은 정책수립을 할 수 있다.[5]

1) 선복보유량

해운에 있어서 가장 통상적인 사고방식은 선복보유량의 증가를 측정기준으로 하는 방법이다. 이 방식은 과거의 선박정책적인 사고에 입각한 것으로, 그 나라가 보유하는 선박은 잠재적인 군사능력이며 국제수지의 유지·개선을 위

---

4 박명섭, "해운생산성에 관한 제문제," 한국해운학회지 창간호, 1984, pp. 132∼153.
5 岡庭 博, 海運成長理論, p. 109.

한 외화획득 내지 절약을 위한 기준능력이라고 하는 관점에서 도출된 것이다.

선박의 보유량만을 고려할 때에는 단순히 톤수만의 합계가 아니라 선질, 즉 선령과 선형을 측정의 기준으로 반드시 고려해야 한다.

2) 운항선복량

국민경제적으로 또한 사(私)경제적으로도 직접 선박을 보유하지 않는 편의치적선, 한국의 경우에는 국적취득조건부 나용선 및 계열하(系列下) 선복이 출현하면 수송능력의 기준으로서, 보유선복이 아닌 지배선복, 즉 운항선복이라고 하는 사고방식이 필요하다. 더구나 이외에도 용선계약에 의해 운항하는 선복량도 포함시켜야 한다.

3) 수출화물 및 운임수입

국민경제적으로는 운송화물량을 고려할 필요가 있으나 해운업의 경영이라고 하는 측면에서는 운임수입에 중점을 두어야 할 것이다. 더욱이 이것을 수정하여 산출한 운항수익이 영업규모를 측정하는 데 보다 유효할 것이다.

4) 톤 · 마일

화물의 수송에 얼마만큼의 선복량이 필요한가는 물동량만으로는 결정할 수 없다. 해상무역량이 많아도 그 수송거리가 짧으면 일정 기간에 있어 선박의 운항수(회전율)가 많아지므로 수송에 필요한 선박이 적어도 된다. 반대로 해상무역량이 적어도 그 수송거리가 길면 일정 기간에 있어 선박의 항해수(회전율)가 적기 때문에 그만큼 수송에 필요한 선박(선복량)은 많아야 한다.

그러므로 '해운(선복)수요'라고 하는 것은 주로 해상무역량과 수송거리에 의해 결정된다.[6] 이러한 의미에서 일반적으로 사용되는 기준이 '톤 · 마일'이다.

5) 영업이익

해운산업이 아무리 성장해도 해운기업의 영업이익이 마이너스이면 해운이 성장했다고 볼 수 없다. 그러므로 상각과 금리를 공제하지 않은 해운총이익이 성장기준으로서 무시되어서는 안 된다.

---

6 織田政夫, 海運業, p. 103.

6) 부가가치

이것은 통상의 기업경영에 있어서 자주 다루어지고 있는 방법이나 다만 해운에서는 이러한 방법은 그다지 다루어지지 않고 있다.

특히 해운업에서 순수한 의미의 부가가치를 계산한다는 것은 어려운 일이다. 통상 부가가치를 계산하는 방법은 총생산액면에서 원재료사용액을 공제하면 된다.

그런데 오카니와 히로시(岡庭博)씨는 해운의 부가가치를 주로 운항이익만을 간주하고 있으나[7] 잘못된 것이라 생각된다. 운항이익뿐만이 아니라 국내선주가 선박을 국내조선소에서 건조한 경우, 국내조선산업의 총부가가치 중 총건조비에 대한 내수선 발주량의 비율에 해당되는 만큼이, 해운산업의 부가가치로 간주되어야 할 것이다.

물론 해운의 부가가치는 주로 운항이익으로 구성되어 있다고 할 수 있으나 해운산업이 관련산업에 미친 파급효과까지도 감안한 계산방식을 취해야 마땅하리라 본다.

2 해운성장 측정의 문제점

이상에서 해운성장의 제측정 기준에 관해서 살펴보았다. 그럼 여기서 어떤 기준이 해운성장의 척도를 반영하는 데 있어 진일보한 것인지에 대해 고찰하고자 한다. 이것은 유치단계에서 발전확대기에 접어들어, 이제는 구조적 모순을 겪는 우리 해운산업에 있어서 매우 뜻깊은 일이라 아니 할 수 없다.

전쟁 또는 비상시에 자국선을 보유함으로써 수송수단을 확보하는 것이 필요하다고 하는 견지에서는 자국선대의 증가라고 하는 것은 기꺼이 용납할 수 있다. 그러나 이것은 순수한 의미에서 해운이라기보다 선복정책이라고 보아야 마땅하다.

또한 국제수지라는 견지에서도 자국선 보유뿐만 아니라 외국용선까지도 포함시켜야 할 것이다. 이렇게 볼 때 확실히 자국선 보유에 구애되는 것은 낡은 사고방식이다. 그리스 선주의 발전은 그리스 국적과 무관하게 행해지고 있다. 또한 세계 최대의 보호정책을 실시하고 있는 미국에서도 그 상선대의 절반 이

---

7 岡庭 博, 前揭書, p. 102.

상을 편의치적시키고 있다. 말할 필요도 없이 편의치적은 형식뿐이며, 실질적으로는 미국해운에 소속한다는 것이 당연하다.

선복의 보유에만 집착한 나머지 수송수요에 비해 선복량이 지나치게 많으면 선복보유가 거꾸로 해운업의 수입을 떨어뜨리게 된다. 이렇게 볼 때 선복량의 증가만이 해운의 성장은 아니다.

따라서 선복보유만이 아니라 운항톤수를 해운의 규모로 생각하는 것은 확실히 진일보한 것이라고 할 수 있다.

수천년 해운의 역사에서 변하지 않는 것은 해운서비스를 창출하기 위해서 반드시 선박이 있어야 한다는 것이다. 그러나 시대와 함께 선박의 운항기술과 지배방법은 변하여 왔다. 선박지배의 방법에는 선박의 신조, 중고선의 매입을 통한 보유(공유)와 용선이 있다.[8]

해운산업에는 타산업과는 달리 중고선의 매매시장처럼, 용선을 위한 시장이 조직적으로 발달해 있다. 이러한 조직화된 용선 시장의 발달로 용선에 의한 선박의 지배가 더욱 더 용이하게 일어나고 있다.

보유에 의한 선복지배는 고정자본이 필요하나 용선에 의한 지배에 필요한 자본은 유동자본으로서 자본회전율이 보유에 의한 것보다 훨씬 빠르다. 심지어는 운임선불의 운송계약을 체결하면 운임을 받아서 용선료를 지불하면 되므로 이론적으로 무자본으로 해운경영을 행할 수 있다.[9]

그렇지만 이 방법에도 문제가 있다. 호황기에 만족할만한 선박을 용선할 수 없으며 특히 정기용선일 경우 양질의 선원을 고용할 수 없는 단점도 지니고 있다. 특히 자기보유 선복이 일정 수준이 되지 않을 경우 너무 지나치게 용선에 의존하면 해운경영의 기초는 흔들리고 불안정하게 된다.

이렇게 생각하면 현실의 운송화물이나 운임취득을 해운성장의 기준으로 간주하는 것도 한층 의미가 있다. 선복은 단지 수송력만 표시하는 데 비해 수송화물이나 운임수입은 해운활동의 실적이라는 점에서 근본적 우위가 있다. 그러나 이것에도 결점은 있다. 수송화물은 종류나 수송거리가 다르기 때문에 단순한 수송량의 합계로써 실체를 파악할 수 없다. 그러므로 수송화물보다는 이것과 수송거리를 함께 감안한 '톤·마일'이 상위기준이라 할 수 있다. 그러나 단지 수송만 가지고 효과 있는 해운활동이라고 보는 것은 의문시된다. 여기서

---

8 地田和平,「海運産業論」, p. 145.

9 上揭書, p. 160.

운임이라는 경제적 개념을 가지고 표현하면 더 나을 것이다. 그러나 이것 역시 여러 가지 문제점이 있다.[10]

운임수입도 톤수를 금액으로 바꾼 것뿐 본질적으로는 선복기준과 큰 상위가 없다. 이렇게 볼 때 여기서 생각하지 않을 수 없는 것은 수송효율 즉 이익개념이다. 다수의 인력을 사용하여 저렴한 운임으로 수송을 하면 확실히 수송화물량은 증대할 것이나 그것에는 수송효율이라고 하는 문제가 있다. 즉 설비투하자본이나 생산비를 고려하지 않고 생산량의 증가만을 과시하는 방식은 용납할 수 없는 것이다.

그렇다고 이윤만을 성장의 기준으로 하는 것은 적당치 않다. 카르텔에 의해 운임을 높이 책정하고 고율의 이윤만을 확보한다고 해서 성장이라고 볼 수 없는 것이다.

그래서 소위 부가가치라고 하는 사고방식이 등장하는 것이다. 이것에서 문제가 되는 것은 부가가치의 중심이 되는 운항이익이 경기변동이 심한 해운에서 운임의 변동에 의해 달라진다는 점이다. 다만 이 점을 조정할 수 있으면 이 부가가치에 의한 성장측정이 가장 적절하리라 생각된다.[11]

제 6 절　해운정책의 제유형

1 해운정책의 개념

해운정책이란 "경제정책과 사회정책의 개념을 초월한 국가정책의 범주 내에서 해운업이라는 일 산업의 성과를 최적수준으로 달성하고자 취하는 시책의 체계이다"라고 정의할 수 있다.[12]

---

10 예컨대 3국간 항로에 취항해서 운임을 취득하는 것은 확실히 국민경제로서는 외화취득이다. 그러나 만일 저운임으로 적자운항을 해도 과연 국민경제와 해운기업에 공헌하는 것일까, 극단적인 경우 외국선을 용선해서 3국간 항로를 적자 취항하는 경우 국민경제적 측면에서 또는 기업경영이라는 측면에서 볼 때 결코 이익이라고 볼 수 없다. 따라서 운임만으로 성장의 지표로 삼을 수 없다.
11 岡庭 博, 前揭書, pp. 107~108.
12 織田政夫, 「海運政策論」, p. 155.

그림 4-3   해운정책 체계

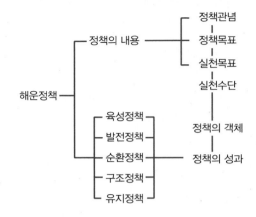

　　해운산업의 실태와 당해 산업에 대한 국민경제적 기대와의 격차가 커지면 이것을 극복하려는 정책관념이 양성된다. 그리고 이 모순상태가 국가적으로 참을 수 없는 수준까지 확대되면, 이 정책관념은 구체적인 정책목표로 승화하고 그 모순을 배제하기 위한 수단으로서 정책이 도입된다.[13]

　　이 경우 전술한 해운성장의 제기준에 입각하여 자국해운업의 현단계를 파악하는 것이 선행되어야 한다.

　　이러한 배경 하에서 발동된 일국의 해운정책은 본래 자국해운업을 국제시장에 있어서의 경쟁력과 성장을 유지하기 위해 내외의 환경기반을 정비하는 것을 주요한 실천목표로 한다.

　　이상의 해운정책체계를 도표로 나타내면 [그림 4-3]과 같다.

　　상선대의 육성 · 확충 또는 유지, 해운업의 경제안정 혹은 국제경쟁력의 강화 또는 유지 등은 해운정책체계 가운데 실천목표이지 정책목적은 아니다.

　　정책목적은 헥호프(H. Heckhoff)에 의하면[14] 국민의 취업, 무역의 촉진, 운임의 수취, 국방의 군사적 요청, 그리고 심리적 계기 등 5가지로 나눌 수 있는데 그러나 이것은 국가와 시대에 따라 다르게 나타난다.[15]

13　織田政夫, 「便宜置籍船 世界海運市場」, p. 118.

14　Heckhoff, H., Die Schiffahrt in der Aussenwirtschaftspolitik, Köln, 1938, SS. 19~20.

15　佐波宣平, 「海運理論體系」, 有斐閣, 1949, p. 202.

2 해운정책의 제유형

1) 육성정책

해운업의 요람기에 발동하는 정책으로 장래 발전가능성이 있는 유치산업 단계의 해운업이 해운 선진국으로부터의 경쟁과 다양한 환경변화 가운데서 자립발전의 힘을 갖출 때까지의 과정에 도입되는 유력한 국가지원체제로서의 정책이다.

이 정책은 항구적 성격의 것이 아니고 육성정책의 지원을 받아 발전능력을 축적한 후 얼마 안 있어 자력발전을 이룰 수 있다는 점에서 쇠퇴기의 해운업에 대한 정책과는 근본적으로 다르다.[16]

2) 발전정책

확대발전기에 있는 해운업에 도입되는 정책은, 해운업이 확대발전해가는 과정에서 발전을 저해하는 각종의 모순요인을 배제하고 계속적인 확대발전을 유지시키기 위한 정책이어야 한다.[17] 경제주체의 노력만으로 극복할 수 없는 재정적 곤란, 자금조달능력의 부족 및 자국상선대 개념에 근거를 둔 폐쇄적인 선박등록제도 내지는 국기차별규제 등으로 발전은 부득이 정체되지 않을 수 없다. 이러한 모순들의 본질적 동향은 계속 존속하므로 정책주체로 하여금 이것을 극복시키고 발전을 유지·촉진시키고자 하는 정책개념을 자각시켜야 한다.

그리고 이러한 계기에서 도입된 해운정책은 대내적인 환경정비적 성격을 띤 정책으로 잠정적이고 완만한 조성조치가 일반적이다. 예컨대 우리의 경우 해운개방정책이라든가 국기차별의 철폐를 들 수 있다.

3) 순환정책

해운불황시에 도입되는 정책이다. 자본주의 사회에서 불가피한 시장의 경기변동 또는 경기순환이라고 불리는 주기성을 지닌 파동현상이 일국의 해운업과의 관계에서 일어나는 국가적 모순을 극복하기 위해 발동되는 정책이다. 따라서 이 정책은 단기적 사명을 띠는 것을 그 기본적 특징으로 하고 있다.

---

16 織田政夫, 「海運政策論」, p. 195.
17 上揭書, p. 196.

4) 구조정책

구조변혁기에 발동하는 정책은 해운업이 시장구조의 변화와 시장의 확대변화라고 하는 외부적 압력 내지 국제경쟁력의 쇠퇴라고 하는 내부적 압력에 의해 일어나는 해운의 실태변화에서 시발된다.

그러나 이것에 의해 창출되는 모순에 있어서 전자의 외부적 압력에 의한 그것은 선복구성의 변경 혹은 선복확충계획의 변경을 초래하는 일시적 성격을 띠고 있기 때문에 이것을 동인으로 하는 정책은 비교적 단기의 조정적 조치에 의해 그 사명을 다할 수 있다. 이에 비해 후자의 내부적 압력에 의해 야기되는 모순은 국제경쟁력의 회복이라고 하는 상당히 어려운 사업을 정책적 과제로 하는 지속적 성격의 것이기 때문에 그 극복을 위한 정책은 장기적 실천을 필요로 한다.

5) 유지정책

정체 또는 쇠퇴기에 있는 해운업에 대한 정책이다. 이 정책은 항구적인 요인에 의해 국제경쟁력이 하락하고 장래 발전가능성이 없을 것으로 예상되는 해운의 실태와 그에 대한 국가적 욕구와의 괴리를 동인으로써 발동하는 정책적 실천이다. 따라서 이러한 모순요인으로서 시발되는 정책적 실천은 필연적으로 항구화(恒久化)하고 또한 보호주의정책의 색채를 강하게 띠고 있다.[18]

이상에서 볼 때 해운정책은 자국해운업의 육성, 발전, 안정, 조정, 개선 및 존속의 정책이라고 말할 수 있다.

제 7 절 해운보호정책의 수단

해운정책에는 육성정책 이외에도 여러 정책이 포함되어 있는 것이 사실이나, 이러한 분류는 국가적인 측면에서 본 해운정책의 분류이다. 그러나 1국 내에서가 아니라 국제적인 관점에서 볼 때 무역정책의 구분처럼 해운정책은 해운보호정책과 해운자유정책으로 나뉘어진다. 역사적으로 거의 대부분의 나라

---

18 上揭書, pp. 197~198.

들이 오늘날에도 가시적으로 또는 비가시적으로 해운보호정책을 채택해 왔다. 따라서 이하에서는 해운보호정책에 대해 살펴보고자 한다.

과거의 해운보호정책은 외국선에 대한 차별이 기조를 이루었는데, 국기차별(flag discrimination)이 절정에 달했던 것은 크롬웰의 항해조례(navigation law)[19]였다. 1849년 항해조례의 폐지와 함께 해운보호정책의 기조는 일시적으로 보조금으로 이행되었지만, 제1차 세계대전 이후 1국의 해운보호정책 중에서 보조금과 화물유보가 공존하기 시작하였다. 제2차 세계대전 이후에는 전통 해운국이 화물유보를 버리고 보조금을 기조로 하는 보호정책을 전개한 것에 대해, 발전도상국은 화물유보를 채택하는 형태로 양자가 공존해 왔다.

세계의 모든 항구들은 모든 국적의 선박에 대해 개방되어 있다. 따라서 명목상으로는 세계해운시장에서 순수한 자유무역이 이루어지고 있다. 그러나 자국의 해운업을 보호 · 육성하기 위해 거의 모든 나라들이 해운업에 대해 보조금과 화물유보 등의 정책수단을 발동하고 있다. 그 결과로 야기된 과도한 선복량은 오늘날 해운업의 불황에 있어서 하나의 요인이 되었다. 즉 보호수단에 의해 비교우위에 입각한 해운의 국제분업이 왜곡되는 결과가 초래되었다.

해운자유의 원칙[20]에 반하는 해운보호정책의 수단은 보조금과 국기차별(flag discrimination) 또는 우선적취제 등 크게 두 가지로 나눌 수 있다. 구체적으로 살펴보면 각각은 다음과 같은 실천수단으로 구성되어 있다.

1) 보조금[21]

① 건조 · 구입 · 개선을 위한 직접보조

② 운항비에 대한 직접보조

③ 간접보조: 저리 또는 무이자융자, 법인세의 면제 및 기타 세제상의 특전

---

19 자세한 것은 다음 문헌을 참조할 것.
Adam Smith, An Inquiry into the Nature and Causes of the Wealth of Nation, R. H. Campbell and A. S. Skinner Todd eds., Clarendon Press, Oxford, 1976, pp. 463~465 and pp. 595~599; 堀江保藏,「海事經濟史研究」, 海文堂, 1967, p. 216.

20 자세한 내용은 다음 문헌을 참조할 것.
地田知平,「海運産業論」, 千倉書房, 1978, pp. 16~17.
柴山剛分, "海運自由の原則 日本海運の立場", 海運 636號, p. 17.
高梨正夫, "海運自由の挑戰 海洋の自由", 海運産業研究所報 185號, pp. 9~10.

21 Hans Böhme, Restraints on Competition in World Shipping, Trade Policy Research Centre, London, 1978, p. 13.

（항비, 수세료, 운하통행료 등의 환급）

④ 우편수송보조

⑤ 정부물자의 수송선에 대한 할증운임 지급

2) 국기차별 또는 우선적취

① 항내에서의 우대

② 화물유보

③ 환관리에 있어서의 우대

④ 연안무역의 제한

1 해운보조

　　보조금이란 "1국의 정부가 특정의 경제목표를 달성할 목적으로 취한 ① 지급(payment), ② 부과금의 경감(remission of charge), ③ 비용 또는 시장가격 이하의 상품 또는 서비스의 공급행위"를 말한다고 정의하고 있다. 또는 대부분의 경우에 일반시장에 공급되는 상품 또는 서비스는 만약 지급 또는 납부금의 경감이 없었을 경우에는 보다 높은 가격으로 공급될 것이라고 부언하고 있다.[22] 이러한 보조금의 정의에서 해운산업에 대한 모든 형태의 정부지원을 해운보조금이라 간주할 수 있는데 그 유형은 앞에서 살펴보았다.

　　해운에 대한 전통적인 지원방식은 수십년 동안 자국해운업에 대한 보조금 지급이었다. 해운보조는 비록 자국선의 경쟁력을 제고하기 위해 자국선에만 적용된다는 점에서 차별적인 조치이지만, 명목상으로는 시장에 순응하는 (market conform) 조치이다. 해운보조는 화물유보보다 덜 제한적이다. 따라서 해운보조는 기본적으로 세계해운질서에 대해 시장경제적인 접근방법을 선호하는 나라가 채택해 왔다. 이따금 군사목적 혹은 정부의 수요를 위해 선주가 운송해야만 하는 특정의무를 보상하기 위해 보조금이 도입되기도 하였다.

　　보조금의 효과는 보조금의 지불형태에 크게 의존한다. 만일 보조금이 건조비용보조라면 그것의 주요목적은 자국해운보다 국내조선업을 지원하는 것이다. 특히 보조금이 국내에서 건조하는 내국인과 외국인 모든 선주에게 주어지

22　United Nations, *A System of National Accounts*, New York, 1982 참조(李基東 外, 「보조금 관행과 국제무역」, 산업연구원, 1987, pp. 4~5에서 재인용).

면, 해운의 국제분업에 대해 보조금은 영향을 미치지 않는다. 하지만 건조비용 보조가 전적으로 국내선주에게만 지불되면 해운에 있어서 국제분업은 영향을 받게 된다. 운항보조는 정상적으로 국내선주에게만 지불된다. 따라서 운항보조는 외국선에 대해 차별적 효과를 지니므로, 해운업을 비교우위에 입각한 국제분업으로부터 더욱 더 벗어나게 한다. 이것은 세제특전, 저리융자 및 회계조치의 경우에도 마찬가지이다. 그러나 이러한 해운보조가 국제분업에 미치는 왜곡적 효과를 평가하기란 아주 곤란하다.[23]

보조금은 직접적으로 비용의 인하(공급능력의 증대) 혹은 수입의 증대에 기여한다. 보조금의 이러한 작용은 해운시장의 내부에서 일어나기 때문에 보조금의 직접효과라 부를 수 있다. 보조금 등 보호수단의 직접효과는 시장의 공급상태에 따라 다르다.[24]

2 화물유보

과거 다수의 국가에서 화물유보를 실행했으나, 이제는 찾아보기 힘들다. 하지만 대체로 연안해운의 경우 자국선에 100%의 화물유보가 범세계적으로 적용되고 있다. 화물유보는 해운보조보다 더욱 더 직접적인 영향을 해운에 대해 미쳤다. 화물유보는 화물의 흐름에 영향을 미침으로써 그리고 해운서비스의 수요와 선박의 이용가능성 혹은 경쟁력에 영향을 미침으로써 해운서비스의 공급과도 연관이 있다. 화물유보는 자국 무역수송량의 특정 쿼터 혹은 전부를 자국선에 선적하기 위해 정부가 일방적으로 취하는 정책수단이다.

정부는 수출입업자에 의해 교섭되는 선적조건을 정함으로써 화물의 흐름을 관리할 수 있다. 일반적으로 선적조건의 문제는 거래절차상의 업무이므로 교역당사자의 의사에 속한다. 하지만 특정국은 무역품을 자국선에 선적하도록 선적

---

23 Hans Böhme, op. cit., p. 26.
24 예컨대 손실이 발생하고 있지만 능력이 완전이용의 상태에 있다면, 적취화물의 증대에 의한 수입증가를 위해 조성수단을 강구한다 하더라도 그것은 아무런 의미가 없다.

조건을 예컨대, 수입은 FOB조건, 수출은 CIF조건과 같이 강제적으로 정함으로써 화물유보를 행하기도 한다.

화물유보가 해운에 미치는 영향은 다음과 같다.[25]

- 고비용의 화물유보는 피보호선대의 화물점유율을 증대시킨다.
- 해운시장의 철저한 폐쇄로 인해 비교적 작은 "국기(國旗)에 구속되는 세분시장 (flag bound segment market)"으로 해운시장을 분할한다.
- 제3국적선이 비교우위를 지닌다 해도, 특히 50:50의 2국간 화물유보는 교역국에 속하지 않는 해운선사의 진입을 배제한다.
- 해운서비스의 공급자는 비효율적이고 고비용의 공급자로 대체된다.
- 정기선 시장에서 세분시장의 폐쇄는 화물의 흐름을 저해한다. 즉 화물유보에 의해 화물량이 너무 적기 때문에, 단위비용이 낮은 대형선이 화주의 수요를 충족시켜 주기 위한 빈도가 높고 정기적인 항해를 할 수 없다.
- 부정기선 부문에서 효율적인 선박운항이 곤란하다. 2국간 무역에서의 화물유보는 공선항해(ballast shipping)의 비율을 높게 한다. 즉 공선항해의 높은 비율로 인해 자원의 낭비를 초래하는 대규모선대가 형성된다.[26]
- 화물유보는 전적으로 인위적인 적취율을 초래한다.
- 화물유보에 의해 선주는 외국으로부터의 경쟁에서 보호를 받지만, 화주는 선박선택권이 박탈되므로 저질 혹은 고비용의 해운서비스를 강제적으로 이용해야만 한다.

요약하면 화물유보는 국제해운의 발전을 저해하고 세계해운시장에서 잉여선복을 낳게 되는데, 이들은 해운시장에서의 경쟁적 균형상태로부터의 괴리에 의한 손실을 의미한다.

---

25 Ibid., p. 27.
26 1787년 미국이 영국의 항해조례와 같은 내용의 항해조례를 제정하였을 때, 미국선이 공선으로 영국을 향해 대서양을 횡단해 가자, 곧 뒤이어 영국선이 미국산의 곡물, 면화, 담배를 만재하여 영국으로 항해하고, 영국항에 도착하자 이번에는 반대로 미국선이 영국산품을 만재하여 미국으로 향해 출항하고 그 즉시 영국선이 공선으로 미국을 향해 출항하는 기묘한 현상이 반복되었던 사실이 있다(高梨正夫, "航海條例 海運自由 原則", 海運 1962年 12月號, p. 55).

제5장

국제해상운송(II)

부정기선 해운

해운의 2대 영역은 정기선 해운과 부정기선 해운[1]으로 나누어진다. 이들은 경영상 다양한 차이가 있다. 그 중에서도 정기선에는 동맹 제도가 있는 반면, 부정기선 해운에서는 화주와 선주가 완전히 자유로운 입장에서 계약을 체결하고 이행하는 점이 근본적으로 다르다.

부정기선 해운의 경영은 이와 같이 자유계약에 의거하는데, 현실의 상관습은 자화운송(industrial carriage)이라는 부문과 해운시장에 의한 운항부문으로 크게 구별된다.

1 자화운송

석유업, 석유 화학업, 철강업, 전력업 등 대규모의 제조업에서 연간 쉬지 않고 대량의 원재료와 연료를 해외로부터 수입하여 생산하는 기업은, 생산의 안정성과 경제성을 위해 자사 또는 자회사가 연간 총소비량의 대부분

---

1 여기서는 부정기선, 전용선, 겸용선 및 탱커, 즉 대량의 건화물(dry cargo)과 액체화물만을 오로지 운송하는 선박을 총칭해서 벌크 상선대라고 한다. 이러한 화물을 운송하는 기업의 집합을 부정기선 해운이라고 한다.

을 자사 소유선 또는 장기용선으로 자기운송을 행한다. 더욱이 그것도 모자라면 특정한 복수의 오퍼레이터와 연간 몇만 톤이라는 COA(Contract of Affreightment: 장기운송계약)이나 정기용선을 계약하는 예가 많다.

이러한 운송 방식을 자화운송이라고 한다. 특정 화주나 오퍼레이터가 자유롭게 그리고 사적으로 상의하여 대량 화물의 운송계약을 정하는 것이다. 공개적으로 발표하지 않기 때문에 계약 내용은 외부에서는 알 수 없다. 그러나 기본적으로는 화주가 지정하는 선적지에서 양륙지까지 연간 일정량의 화물을 안정적으로 그리고 가장 싸게 해상운송하기 위해, 쌍방 합의하에 몇 년간 적하 및 운임을 보증하고 있다. 이를 위해 선주는 최적 선형의 신조선을 발주한다. 당초 운임은 비용에 적정이윤을 합치고, 자금조달과 배당이 가능한 정도의 이익률을 기대할 수 있는 정도이다.

2차 대전의 전후 부흥기를 지나 1960년경부터 철강회사를 위한 광석 · 석탄 전용선이나 석유 회사를 위한 VLCC(Very Large Crude Carrier) 등 초대형선이 대량 건조된 것은 상술한 구상에서 비롯되었다. 해운시장과는 관계없이 운항되는 이들 선사의 선주는 상당한 이익을 올렸다.

그러나 이들 선박도 두 번의 석유위기 이후, 사정이 그렇게 좋지 않았다. 운송에 참가하려는 선주 오퍼레이터의 수도 증가하고, 대체선의 신조 기회는 줄고, 선주간의 비용 경쟁이 격화되고, 이익이 작아졌기 때문에, 선주의 경영에 있어서 자화운송의 묘미는 감소하고 있다. 그래도 호 · 불황의 시황 변동이 격심한 시장에서의 계약에 의한 운항과 달리, 이익이 적지만 대량운송을 행하는 점이 부정기선 해운경영의 큰 매력이다.

② 시장에서의 계약 운항

자화운송에 의한 운송계약을 제외하면, 국제적으로 해상운송되는 부정기선 화물은 해운시장에서 계약된다. 선복의 수요자인 화주와 공급자인 선주 오퍼레이터가 완전한 자유 경쟁을 통해 거래하는데 합의가 이루어지면 항해용선 계약이나 정기용선 계약이 체결되고 이행된다. 그 과정에서 용선 브로커가 활약을 한다. 건화물선과 탱커는 현물(spot)의 항해용선을 중심으로 하는 시장뿐만 아니라, 장기 선물시장, 중고선 시장, 신조선 시장, 선박 해체 시장까지 영향을 미친다. 각 선종마다 부분시장으로 나누어져 있는데, 이 시장에서 전세계의 용선자와 선주가 완전한 자유경쟁을 통해 런던, 뉴욕, 도쿄에서 24시간 쉬지 않고 시장 거래를 하고 있다. 선복 이용자와 공급자는 누구라도 언제나 시장에 진입할 수 있고 또한 자유롭게 퇴출할 수 있다. 계약이 이루어진 거래는 모두 운임 또는 용선료로서 공표되기 때문에 해운 시장에 의해 세계의 선복수급 상황을 시시각각 알 수 있다.

어떠한 형태로도 시장운임을 지배하는 힘을 지닌 자는 아무도 없다. 매일 성약되는 운임은 전세계의 선주, 화주, 브로커들이 주목하고 있고, 가까운 장래의 시황이 어떻게 움직일지를 예측하고 있다. 해운시장은 해상 물동량이 급격하게 증가하면, 선복의 해상운임이 폭등하고, 그것이 피크에 달하면 순식간에 폭락하기 때문에, 선주는 오랫동안 세계적인 선복과잉에 의한 시장침체로 어려워진다. 시황이 아주 나쁜 때에는 세계적으로 계선량이 격증하고, 5년 내지 10년까지의 장기 불황이 계속되는 시황 사이클을 반복하게 된다. 오래전부터 해운업은 "시황 산업이다"라고 해왔다. 시황 순환에 관한 학설도 적지 않지만, 해운업은 역사적으로 볼 때 "high risk, high return"의 시황 산업이었다. 장래에도 이 점은 크게 변하지 않을 것으로 본다.[2]

3 계선 및 계선점

선복의 수급 불균형 즉 상대적 공급과잉에 의해 초래되는 해운 불황시에는 운임 시황이 계속 후퇴하는 과정에서 경쟁력이 없는 선박, 환언하면 운항 비용이 높은 선박의 순서대로 먼저 운임수입과 운항비용이 같아지는 손익 분기점(break-even point)에 도달한다(그림 5-1 참조).

그렇다고 해서 운항을 멈추고 계선해도 가변비인 운항비(연료비, 화물비, 항비 등)와 선박 경비의 일부(선원비, 선용품비, 윤활유비, 수선비 등)는 들지

2　小川武, "わが國バルク海運經營と國際競爭力", 海運經濟研究 第30號, 1996, pp. 33~38.

그림 5-1　　벌크선 운임의 형성

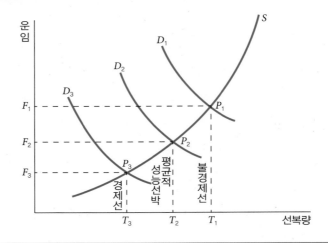

않지만, 고정적인 비용인 감가상각비와 이자 등은 발생한다. 게다가 계선 관리 비용이 든다.

　운항을 계속함으로써 발생하는 결손이 계선을 해도 발생하는 비용의 합계를 하회하는 한, 손익분기점을 하회하여 적자가 발생해도, 운항을 계속하는 것이 유리하다. 그러나 운임 시황이 더욱더 악화되면 운임은 선박에 있어 운항에 의한 결손과 계선비용이 일치하는 수준까지 떨어진다. 이러한 운항 결손과 계선비용이 일치하는 수준을 일반적으로 그 선박의 계선점(lay-up point)이라 부르고 있다. 따라서 계선점은 각 선박마다 다르다.

　여하튼 계선점 이하의 운임 수준에서 운항하는 것은 그 운항 결손이 계선비용을 상회하기 때문에 선주로서는 계선하는 것이 낫다. 따라서 운항을 계속하지 않으면 안 되는 특별한 이유가 없는 한, 이러한 경우 선주는 계선을 하게 된다. 이 경우의 계선 행동은 승무원의 하선을 필요로 한다. 승무원의 해고가 불가능한 기업으로서는 계선의 효과는 떨어질 수밖에 없다. 하선과 동시에 승무원을 해고할 수 없는 선주는 극단적으로 낮은 운임 시황이 아니면 계선할 기회가 없고 그 때까지는 극심한 적자 운항을 계속할 수밖에 없다.[3]

3　織田政夫, 『海運業界』, 教育社, 1996, pp. 265~266.

4 벌크 해운의 경쟁력

1) 가격 경쟁력

정기선 해운과는 달리 부정기선 해운의 운송계약은 원칙적으로 선적지에서 양륙지까지의 해상 운송에만 제한되고 더구나 화물이 만선에 바탕을 두고 있기 때문에, 1척 단위의 비용과 운임수입의 계산을 그리고 1항해 전부의 수입 대 비용에 대한 비교를 쉽게 할 수 있다.

운임 또는 대선료 수입은 시장에 바탕을 둔 운항하에서는 당연히 계약체결 당시의 시황에 의해 결정되고, 본선의 비용과는 관계없다. 즉시재이고 무형재인 해상운송 서비스의 상품에는 당연히 그 생산요소에 의거한 비용이 드는데, 그것을 집계하면 본선의 일정 기간의 선비와 항해에 든 운항비를 계산할 수 있다.

한편 운임, 대선료 수입은 시황 가격이다. 같은 선주, 선형, 위치의 선박이라면 같은 시점에서는 일물일가의 법칙에 의해 동일한 운임이 결정되는데, 그것은 본선에 대한 수요와 공급의 균형점에서 결정되는 시가이다.

따라서 본선의 채산성 또는 수익성은 수입에서 지출을 뺀 것으로 계산된다. 수입은 시황이 항상 변동하기 때문에, 비용이 고정되면 이익의 크기는 언제 얼마에 운임을 계약하는가에 의해 결정된다. 환언하면 운임수입이 있다고 하면, 비용이 낮은 선박이 이익이 크고, 다른 조건이 동일하면 그만큼 상대적으로 경쟁력이 크다.

이 점은 부정기선 해운기업 전체에서도 동일하다. 다수 선박을 소유하거나 혹은 용선 운항하고 있는 경우에도, 단순히 집계하면 한 기업 전체의 연간 수입과 지출을 명확히 파악할 수 있다. 그 중에서 어떤 선박이 얼마만큼 이익을 올리고 어떤 선박이 손실을 입고 있는지, 손실의 원인이 운임, 대선료의 결정이 안 좋았던지, 그 선박의 비용이 아주 높았기 때문인지는 바로 알 수가 있다. 각 선박 한 척이 이익원(profit center)이므로, 각 선박의 단순한 집계로 기업의 업적을 쉽게 알 수 있다.

본선의 비용은 H/B(Hire Base) 항목인 직접 선비(선원비, 수선비, 선용품비, 윤활유비, 선체 보험료, 선비 잡비), 간접 선비(감가상각비, 설비금리) 및 점비(일반관리비, 운전금리)로 나누어 생각할 수 있다. 운임을 구성하는 비용 항목으로서는 위의 H/B 항목 이외에 C/B(Charter Base) 항목, 즉 운항비(연료비, 항비, 화물비)가 있다.

그 중에서도 전원을 자국인으로 선원 배승하는 나라에 선적을 두는 선박과 편의치적선으로 하여 개도국 선원을 모두 배승시킨 경우에 나오는 선원비의 차이가 기타 항목에 비해 가장 크기 때문에, 선진 해운국은 선박을 해외치적(flagging out)하고 있다. 또한 선박의 총비용에서 차지하는 선원비의 비율이 높은 선박(중량 톤수가 작은 소형선)의 경우에는 전혀 경쟁력이 없다.

점비의 경우도 정도의 차는 있지만 각 선박에 할당되는 육상 종업원과 사원의 급여를 달러로 환산하면 큰 차이가 있다.

다음으로 크게 차이가 나는 것은 감가상각비와 소득세나 기타 세금으로서, 선박의 치적국뿐만 아니라 실질 소유국에서도 편의치적선은 세금의 면제뿐만 아니라 기업에 유리한 감가상각 방법의 혜택을 누리고 있다.

2) 비가격 경쟁력

다른 분야에서와 마찬가지로 부정기선 해운에서도 가격경쟁력만이 국제경쟁력의 전부가 아니다. 부정기선 해운 기업단위의 비가격 경쟁력으로서 특히 중요한 것은 다음과 같다.

① 지배 선박의 기술적 · 경제적 조건

본선의 선형, 선종, 속력, 연료소비 효율, 하역설비, 기타 본선운항의 경제성에 영향을 미치는 모든 기술적 조건을 말한다. 본선의 선종, 선형이 화물의 적양 및 적부에 기술적으로 우수하고 본선 자체의 성능 특히 경제성에 영향을 미치는 속력과 연료소비의 관계에서도 경제선(economic vessel)이 되는 것이 절실하다.

② 운항형태와 운항규모

㉠ 선박 구성, 즉 자사 소유의 자국선, 편의치적선, 순수한 외국 용선의 조합을 어떻게 하는가? 운항 선대의 선종, 선형, 척수를 어떻게 하는가?

㉡ 지배선복 중 시장 운항선과 Industrial Carrier의 비율을 어떻게 하는가?

㉢ 시장 운항 부문에 있어서 시황 예측의 활용

㉣ 시황변동과 T/C(Time Charter) In선, T/C Out선의 유리한 활용

위의 사항에 관계하는 영업전략이 운항형태이다. 이 모두는 시황 예측력, 시황 판단력, 배선능력, 운항관리력 등을 종합한 영업력이다. 이들은 1척 단위의 운임 비용을 구성하는 요소를 집계한 평균적 가격경쟁력은 아니고 현실적

으로 지배선대의 전부를 운용하고, 시황을 활용하고, 영업 노력을 집중하여 영업이익을 가장 높게 하기 위한 전략, 전술이다. 이 점에서 그들 선대의 선종, 선형 및 척수로 이루어지는 전체의 운항규모도 수익성에 큰 영향을 미친다. 부정기선 해운기업의 운항관리 능력에는 일정한 한계가 있으므로, 시황에 따라 적정규모는 변화해야 할 것이다.

③ 운송 서비스의 질

부정기선 해운의 운송에 관해서는, 종래 운임이 싸면 좋다고 하는 것이 화주의 사고방식이었다. 그러나 근년 VLCC(Very Large Crude Carrier) 등 노후 대형선이 사고를 일으키고, 환경오염과 인명사고를 많이 초래함에 따라, 화주도 선주도 지구환경과 인명에 깊은 관심을 가지게 되었다. 국제적으로 관리기준이 엄해지고 있어, 예컨대 운임을 낮추어도 기준미달선(Sub-standard Vessel)은 시장에서 배제되고 있다.

④ 금융력, 자산신용력

해운업은 설비산업으로 자본집약적 산업이다. 선박은 선원과 함께 해운 서비스의 2대 생산요소 중의 하나인데, 감가상각 자산이다. 기업마다 설비투자 계획의 내용과 자산신용력에 차이가 있기 때문에 기업별, 선박별로 차이가 나는 것은 당연하다.

⑤ 경영자의 경영 능력

부정기선 해운의 경영자는 영업전략, 재무전략, 기술전략을 통합하고, 자신의 장래 비전을 기업내에 명시하고 실행할 수 있는지의 여부가 경쟁력의 중요한 기초가 된다.[4]

---

4 小川武, 전게논문, pp. 38~44.

1　의　의

　　부정기선 해운의 운송 대상이 되는 화물과 달리, 단위당 가격이 높아, 그 취득가격(CIF)에서 차지하는 운임의 비중이 작고, 따라서 운임부담력이 큰 화물의 운송수요가 있다. 이러한 화물은 제품, 반제품, 식료품, 기타 고액상품 혹은 우편물 등으로 구성된다. 이들 화물은 상기를 잃지 않고 제3자에게 판매하지 않으면 안 되거나 혹은 기타의 이유로 인해 신속하고 안전한 운송과 빈번한 운송 서비스를 중요시 한다. 이를 위해 저운임 운송보다는 안전하고 신속한 운송과 특정 항로에서 정기적이면서 빈번한 운항 빈도의 운송 서비스를 강하게 요구한다. 이러한 운송수요의 화물은 이것을 충족하기 위해 높은 운항 비용에서 도출되는 비교적 높은 운임도 용인한다.

　　이러한 화물의 개별 운송수요는 무역거래 단위를 반영하여 아주 소량이지만, 수요 발생의 장소와 흐름이 일정하고, 물동량이 안정적이고 계속적인 흐름을 보인다. 따라서 이에 대해 운송 서비스를 제공하는 선사로서는 이들 소량 잡화물을 집합함으로써 특정 항로에서 선박의 규칙적인 반복항해가 상업적으로 가능해진다. 이러한 해상 무역화물을 대상으로 운항 스케줄과 품목별 운임률표(tariff)를 공표하고, 여기에 의거하여 특정 항로에서 정기적으로 반복 항해하는 선박의 운항형태를 정기운항이라고 하고, 여기에 종사하는 정기선의 운송 거래가 행해지는 추상적인 시장을 정기선 시장이라고 하고 있다.

　　정기선은 벌크선과 달리, 한번 특정 항로에 배선되면 항로간 이동은 거의 일어나지 않고, 당해 항로에 고정되는 것이 일반적이다. 따라서 각 정기항로는 타항로와의 결합관계가 현저하게 약한 독립된 시장 형태이다.

　　더욱이 수요측면에서 안전하고 신속하고 빈번한 운항 서비스를 요구하는 이 시장에서 공급자가 되기 위해서는 그러한 요구를 만족시키는데 충분한 척수의 정기선으로 구성되는 선대(fleet)

를 지니지 않으면 안 된다. 또한 이 거액의 선박 투자를 경제적으로 타당하게 하는 만큼의 육상 집하체제도 정비하지 않으면 안 된다. 따라서 해륙에 걸쳐 막대한 투자가 필요하다. 그 결과 각 정기항로는 공급 과점시장 형태를 보인다.

2 경쟁 형태[5]

정기선 시장은 부정기선 시장과 같은 선복 공급측면에 자동조절 작용이 없는 비탄력적인 시장이다. 이 시장은 운송수요가 정체 현상을 보일 때는, 자유경쟁하에서 일단 공급과잉에 직면하고, 종종 전체 참가기업의 존립을 위태롭게 하는 파멸적인 운임경쟁에 빠지기 쉽다.

즉 사회적 사명과 상업적 이유에서 적자 운항에 의한 결손 누적을 배선 변경과 계선 등의 임기응변적인 수단에 의해 회피할 수 없는 정기선 해운은, 개별 기업의 선복 이용률의 저하에 의한 채산악화를 집하 증가를 도모함으로써 극복하고자 한다. 이것은 결국 타선사의 점유율을 저하시키는 것을 의미하는데, 이에 대한 강력한 방법 중 하나가 바로 운임인하이다.

이러한 타선사의 점유율을 빼앗고자 하는 행동은 경쟁선사로부터 저항과 반발을 일으킨다. 이 결과 격심한 운임 인하 경쟁이 초래되게 된다. 소수의 대형선사에 의해 지배되는 정기항로는 참가기업의 역량이 비교적 비슷하기 때문에 이러한 경쟁은 상호 큰 타격을 주고 심지어는 함께 도산할 위험도 낳는다.

이러한 경쟁은 얻는 것보다 잃는 것이 많기 때문에, 결국에는 이러한 경우 파멸적인 경쟁에 도달하기 전에, 선주 상호간에 협조체제가 확립되어 상호 과도한 경쟁을 배제하기 위한 카르텔화로 나아간다.

실제 정기선 시장에는 각 항로별로 국제 카르텔인 해운동맹이 결성되어 있었다. 1875년 8월 영국/인도 항로에서 캘커타 동맹이 처음 결성된 이래, 150년이 넘은 오늘날에는 세계의 모든 정기항로에 해운동맹이 결성되어 있었다.

관계국의 독점금지법의 적용에서 제외되면서 정기항로에 결성되어 있는 이 국제 카르텔의 목적은 우선 항해수와 기항지를 협정하여 운임경쟁을 배제하고, 동맹선사 상호간의 경쟁을 제한 또는 배제함으로써 가능한 높은 운임을 장기간 확보하는 것이었다. 더욱이 왕항과 복항에서 선복수급 조건이 다르기

---

5 織田政夫, 전게서, pp. 149~158.

때문에 별도로 조직되어 있는 것이 일반적이었다.

　　이러한 동맹이 결성되어 있는 항로로 구성되는 정기선 시장의 경쟁은 당연히 이러한 조직을 지니지 않는 벌크선 시장에서 보는 경쟁과는 전혀 다른 양상을 보였다. 동맹에 가맹한 선사 상호간의 경쟁은 운임협정에 의해 운임인하 경쟁이 배제되기 때문에, 필연적으로 집하라고 하는 비가격 경쟁으로 이행한다. 소위 수량경쟁(판매경쟁)이 극심하게 전개되었다.

❸ 해운동맹의 맹외선 대책

　　그러나 동맹이 운임협정에 의해 가맹선사 상호간의 경쟁을 억제하고, 시장의 대부분을 지배할 수 있다 해도, 동맹의 시장지배력은 동맹에 참가하지 않는 소위 맹외선(Outsider)의 진출에 의해 끊임없이 위협을 받게 된다. 따라서 동맹 활동을 성공적으로 유지하기 위해서는 당해 항로에서 새로운 경쟁자를 배제할 수 있는 것이 동맹으로서는 중요했다.

　　동맹은 한편으로는 내부경쟁을 억제하면서, 다른 한편으로는 각종 '맹외선 대책'을 강구하여 시장진입 장벽을 높이고, 맹외선으로부터의 경쟁을 배제하려고 노력했다. 이 맹외선으로부터의 경쟁을 억제하는 진입장벽의 높이가 동맹의 시장지배력을 규정하며, 그리고 이 지배력의 크기가 동맹이 결정하는 운임수준에 영향을 미쳤다.

　　동맹은 맹외선의 진출을 적극적으로 억제하기 위해 이중운임제, 운임연루제 등으로 대표되는 각종 화주 구속수단이나 맹외선 대책을 강구했다.

　　그러나 모든 해운동맹이 어떠한 화주 구속수단이나 맹외선 대책을 도입할 수 있다고 하는 것은 아니었다. 공정한 경쟁과 공평한 고객 취급을 중시하고, 독점금지법을 아주 엄하게 운영하고 있는 미국은 달랐다. 미국은 현행의 「1984년 해운법」을 실시하기까지는 미국 관계 항로에서 이중운임제를, 동맹 가입에 제한을 설치해서는 안 된다고 하는 조건부로, 인정하였다. 하지만 그 밖의 다른 화주 구속수단이나 맹외선 대책수단을 금지하였다. 이 결과 미국 관계 항로의 동맹은 효과적인 맹외선 대책을 도입할 수 없기 때문에 끊임없이 맹외선으로부터의 경쟁에 의해 불안정한 상태에 있었다.

　　1970년대 말기부터 1980년대에 걸친 컨테이너 운송의 발전과 1984년의 미국 해운법의 실시로 이러한 해운동맹의 시장지배력이 현저하게 약화되는 결과가 초래되었다. 그리하여 전통적으로 유지되었던 정기항로의「협조적」과점 질서가「경쟁적」과점 질서로 이행되었고 유례없는 불안정성과 저수익성이 구조화되어 버렸다.

4 해운동맹의 폐지

1960년대 후반에 컨테이너화가 실행된 이후, 해운동맹에서 일어난 상황 변화는 해운동맹의 폐지이다. 해운동맹의 폐지는 오늘날 정기선 시장에서 보이는 새로운 형태의 기업간 협조가 출현한 기본 배경이기도 하다.

해운동맹의 폐지는 컨테이너화라고 하는 기술혁신에 의한 정기선 시장의 성격 변화와 그러한 시장이 유도한 제도적 혹은 법적인 변혁에서 비롯되었다.

1) 기술 혁신과 1984년 미국 해운법

- 컨테이너화가 서비스의 균질화를 초래하고, 대규모 투자를 행하기 위한 자본력이 있는 기업의 신규진입을 용이하게 하였다.
- 공공 컨테이너 터미널의 정비와 리스에 의한 컨테이너의 이용이 진전됨에 따라 그 필요 자본도 경감되었다.
- 컨테이너화에 의한 복합일관운송의 출현이 해로(海路) 이외의 운송경로의 활용을 가능하게 하였다.
- 종래의 항구간(port-to-port) 운송에 관해서 조차도 동맹의 시장지배력이 미치기 어려워졌다.
- 1984년 미국 해운법은 독자 행동권[6](independent action)의 의무화 등으로써 북미 정기선 시장에 있어서 해운동맹의 힘을 결정적으로 약화시켰다.

2) EU의 정기선 해운동맹 포괄면제 폐지[7]

EU는 2008년 이전까지는 타 산업에서 허용하지 않던 동맹을 정기선사들에게는 산업의 특수성과 해운업에 기여하는 공로를 인정하며 해운동맹을 허용하

---

6 동맹선사가 10일 전까지의 통고에 의해 정기선 동맹협정에도 불구하고 독자적인 운임이나 서비스를 설정할 수 있도록 하였다.
7 최병권 · 신건훈 · 이병문, "EU의 정기선 해운동맹 포괄면제 폐지와 그 영향에 관한 연구", 무역상무연구 제45권, 2010, pp. 179~185.

여 왔다. 그러나 2008년 10월부터 유럽내에 정기선 해운동맹의 공동가격설정 및 선복조절행위를 금지시킴으로써 결국 세계 최대 해운동맹 가운데 하나인 구주운임동맹이 해체되었다. EU의 정기선 해운동맹 폐지를 시작으로 미국, 호주, 일본 등도 정기선 해운동맹 폐지에 대한 논란이 가열되었으며, 인도 그리고 중국 또한 규제를 강화하였다. 특히, 중국은 2007년 8월 30일 독점금지법을 최초로 제정하며 해운동맹을 인정하지 않게 된다.

5 거대 컨소시엄의 탄생

컨소시엄의 실태는 주요 항로에서 형성되어 있는 대규모의 것에서부터 피더 항로에서 형성되는 소규모의 것까지, 참가 기업수와 협조의 내용 나아가 시장 지배력에 관해서도 아주 다양하다. 그리고 동맹 내에서 운영되는 것도 있고, 동맹 외에서 운영되는 것도 있다.

역사적으로는 1960년대 말에 영국계의 정기선을 운영하는 기업을 중심으로 하는 유럽의 선사가 컨테이너화의 개시에 따라 결성되기 시작하였다고 본다. 형성된 컨소시엄의 수는 컨테이너 운송이 선진 공업국간의 주요 항로에 도입된 1960년대 말부터 1970년대 중반 사이에 현저히 증가하였다. 그것은 컨테이너화에 수반하여 선사의 설비투자 부담이 증가하고, 그 결과 공동 배선이 중요한 시책이 되었음을 반영하고 있다.

컨소시엄의 특색은 운임측면에서 협조 행위를 포함하지 않고, 개별 참가선사의 합리화 및 서비스 질의 향상을 위한 협조를 전개한다는 점이다. 구체적으로는 배선 스케줄의 조정, 선박 스페이스의 상호융통, 항만시설의 공동이용, 수입 내지 운항이익의 공동분배, 선복조정 등이 전형적인 예이다. 운임측면에서 협조를 포함하지 않는다는 점에서는 통상의 해운동맹과 성격이 다르다. 하지만 다른 측면에서 카르텔로서의 성격이 동맹과 실질적으로 다르지 않는 경우도 있다. EU에서 컨소시엄 활동에 대한 경쟁법 적용 제외의 조건 등에 관한 위원회 규칙이 발효되어 있다. 그러나 그 취지는 컨소시엄 기능을 제한함과 동시에 각 선사의 독립성을 보증하는 것으로 그것은 종래의 해운동맹에 대한 취급과 동일하다.

컨소시엄의 중요성은 그것이 오늘날 초대형 선사(mega carrier)의 경영방법에서 필수적인 소위 범세계적 제휴(global alliance)를 구체화하는 수단이라는 점에 있다. 오늘날 범세계적 제휴는 정기선 기업간에 형성되는 광역적인 파트너십을 표현하는 일반적인 용어이다. 또한 이것의 전개는 동맹선사뿐만 아니라, 독자적인 서비스 체제를 구축해왔던 맹외선사간에도 광범위한 제휴 관계를 체결하는 움직임도 나타나고 있다.

범세계적 제휴를 체결하는 기본적인 목적은 다음과 같다. 첫째, 항로수를 증가시킴으로써 제공하는 서비스 범위의 확대와 수준의 향상을 도모하는 것에 있다. 항로수를 증가시킴으로써 전체 서비스를 폭 넓게 다양화하면서 개별 항로에서는 기항지의 중점적인 선택이 가능해진다. 반면 거점항(hub port) 이외로의 직접 기항 항로를 충실히 할 수도 있다. 즉 범세계적 제휴의 기능은 간선항로(main route)를 컨소시엄으로 커버함으로써 남는 힘을 지선항로(local route)의 독자적인 서비스 전개에 할당할 수 있다.

둘째, 선사의 투자 부담의 억제와 투자에 대한 위험의 경감도 그 목적이다. 신규로 특정 항로에 진출하고자 하는 선사로서는 이미 그 항로에서 실적이 있는 선사와 제휴하여 그 서비스 체제를 활용함으로써 신규 투자의 위험을 줄일 수 있다. 그리고 제휴측의 선사로서는 자사 설비의 가동률 향상을 기대할 수 있게 되어 양자의 이해가 일치된다. 터미널 설비의 공용화와 컨테이너의 공동 보유가 가능해지면, 정기선 기업의 경영을 압박하고 있는 비용 항목인 터미널 비용과 컨테이너 관계 비용의 절감을 기대할 수 있을 것이다.[8]

특히 1990년대 초에 결성된 북미·구주 항로의 그룹 체제가 95년부터 96년에 걸쳐 크게 재편되었다. 96년 1월 이후, 북미 항로에서 다섯 그룹, 구주 항로에서 여섯 그룹의 새로운 컨소시엄이 탄생되었다(그림 5-2 참조). 이 재편에 의해 몇 개의 거대 컨소시엄이 탄생되었다. 종래 단독 서비스를 행하고 있었던 선사도 다수가 컨소시엄을 형성하는 등, 세계의 정기 항로는 거대한 컨소시엄 간에 경쟁이 행해지는 새로운 대경쟁(mega competition)의 시대에 들어갔다.

이렇게 형성된 거대 컨소시엄의 특징으로서 아래의 4가지 사항을 열거할 수 있다.

① 상이한 지역의 유력 선사에 의한 제휴이다
동일 지역의 선사간 조합뿐만 아니라, 구주·미국·아시아라는 각 지역에

---

8 杉山武彦, "定期船市場の環境變化と海運同盟の變質", 海運經濟研究 第30號, 1996, pp. 109~122.

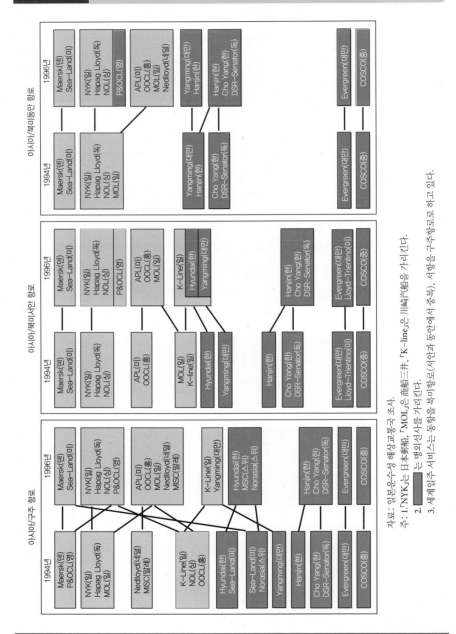

그림 5-2 구주·북미항로 그룹 재편성

자료 : 일본운수성 해상교통국 조사.
주 : 1. NYK는 日本郵船,「MOL」은 商船三井,「K-line」은 川崎汽船을 가리킨다.
　　2. ▨는 맹외선사를 가리킨다.
　　3. 세계일주 서비스는 동항을 북미항로(서안과 동안에서 중부), 서항을 구주항로로 하고 있다.

영업 기반을 둔 유력 선사 상호에 의한 제휴이다. 또한 동맹과 맹외선사의 조합
도 있다.

② 세계적 규모의 제휴이다

북미 항로뿐만 아니라 구주 항로, 더욱이 대서양 항로에 걸치는 광역적인 제휴가 행해지고 있다. 또한 간선항로뿐만 아니라, 남북 항로와 피더 항로에서 제휴도 검토되는 등 세계적인 규모로 제휴가 진행되고 있다.

③ 아시아 시장에 중점적으로 대응한 제휴이다

다수의 컨소시엄이 아시아 선사를 회원으로 포함하고, 화물이 급증하고 있는 중국의 상해, 태국의 렘챠방, 말레이시아의 포트케랑에 먼저 본선의 직접 기항을 행하는 등 성장이 현저한 아시아 시장에 중점을 둔 항로 체제가 구축되고 있다.

④ 장기적이고 포괄적인 제휴이다

제휴 내용은 컨소시엄마다 각기 다르지만, 대체로 장기계약이다. 게다가 단순한 협조 배선이 아니라, 터미널과 내륙운송 부분의 공용화, 나아가 컨테이너와 선박의 공용화까지 제휴가 검토되고 있는 컨소시엄도 있다.

이상에서와 같이 새로운 컨소시엄의 탄생에 의해 시장의 안정화 효과와 비용 절감 효과, 서비스 수준의 향상이 기대되고 있다. 그러나 현재 각 선사가 운송력의 증강과 선형의 대형화에 의한 컨테이너 1개당의 비용 절감을 목적으로

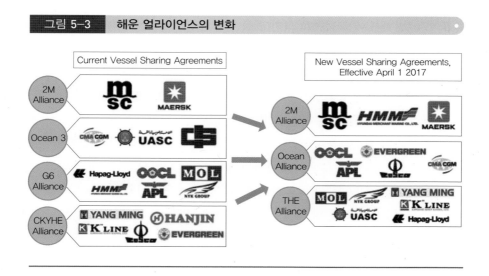

그림 5-3 해운 얼라이언스의 변화

	THE Alliance	2M	Ocean Alliance
참여 선사	Hapag–Lloyd, ONE, Yangming, 현대상선	Maersk, MSC	CMA–CGM, COSCO, Evergreen
협력 기간	~2030. 4.	~2025. 1.	~2027. 4.
선복량*	5,094,488TEU	7,930,526TEU	7,739,066TEU
현대상선 주력항로 공급량**	250,900TEU(28.0%)	242,460TEU(27.1%)	338,145TEU(37.7%)
아시아–미주	138,004TEU(30.0%)	81,905TEU(17.8%)	176,288TEU(38.3%)
아시아–유럽	112,896TEU(25.9%)	160,555TEU(36.9%)	161,857TEU(37.2%)

표 5-1 글로벌 제휴 그룹 및 참여선사 현황

주: * 운영선복량+발주선복량 합계(2019. 6, Alphaliner 기준), 현대상선 선복량 100만TEU 가정.
　　** 주간 선복 공급량(2019. 6, Alphaliner 기준).

10,000~16,000 TEU[9]급의 거대 컨테이너선을 대량으로 건조중이므로 이후 이들 선박이 서비스에 투입되게 되면 새로운 컨소시엄이 어떻게 항로 질서를 확보할지가 문제이다.

정기선 해운의 경우 초국적(transnational) 내지 무국적(stateless) 경영 체제를 확보하고 범세계적인 서비스망을 확충함으로써 선사경영의 글로벌화가 정착하고 있다. 선박에 대한 개방등록제도가 보편화되면서 다양한 형태의 선박 확보가 가능해지고 특히 제2선적제도와 국제선박등록제도는 해운경영의 글로벌화를 더욱 가속화 시키고 있다.

앞에서 살펴보았듯이 독립적인 글로벌 경영체제 구축이 불가능한 선사들은 1990년대 이후에 주요선사간 글로벌 제휴(Global Alliance)체제를 구축함으로써 전세계에 걸친 서비스망을 확보하고 있다(표 5-1 참조).

글로벌 제휴체제는 선박의 공동운항, 터미널의 공동이용, 컨테이너 및 장비의 공동사용, 육상물류망의 공유 등을 전세계에 걸쳐 실현시키는 주요선사간 전략적 제휴로 개별선사의 투자를 최소화하면서 우선 서비스 측면에서 글로벌 경영체제를 확보하는 수단으로 활용된다. 1996년 최초로 출범한 세계 정기선 해운시장의 글로벌 제휴체제는 1998년초 재편되어 글로벌 제휴그룹 및

---

9 TEU(Twenty–Foot Equivalent Unit: 20피트 컨테이너 환산)란 컨테이너의 개수를 헤아리는 단위이다. 국제표준 규격(ISO 규격)의 20피트 컨테이너를 1TEU, 40피트 컨테이너를 2TEU 혹은 1FEU라고 한다.

초거대선사에 의한 현행 체제로 정착되었다. 이들 글로벌 제휴그룹 및 초거대 선사의 선대보유 현황은 〈표 5-1〉과 같다.

최근 수년 동안 컨테이너 선사들의 얼라이언스는 시장에서의 영향력을 증대시키기 위하여 보다 더 큰 규모로 재구성되고 있으며, 이로 인하여 선사 간 인수 및 합병 등의 전략적인 경영 활동도 지속적으로 발생하고 있다. ITF(International Transport Forum)에 따르면, 세계 3대 해운 동맹의 규모는 2018년 전 세계 컨테이너 물동량의 약 80%를 차지하였으며, 이를 중심으로 시장에서의 영향력 및 협상력을 제고하고 있다고 분석했다(그림 5-4 참조).

이런 시점에서 우리나라 최대 선사인 HMM(구 현대상선)은 2020년 4월부터 세계 3대 해운 동맹(Alliance) 중 하나인 '디 얼라이언스(THE Alliance)'에 정회원사(Full Membership)로 가입하였으며, 2030년 3월까지 소속 선사들과 협력 운항을 하기로 했다. 디 얼라이언스는 현대상선의 가입으로 인해 HMM 주력 항로인 미주·구주 항로에서 28%의 점유율(주간 선복 공급량, 2019.6,

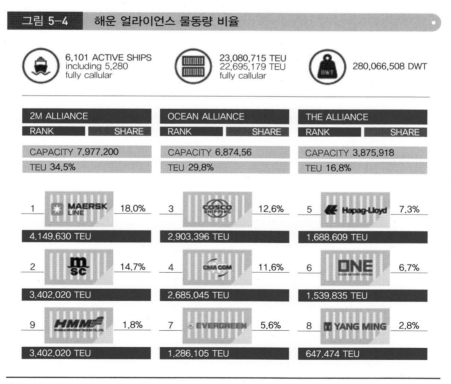

그림 5-4 해운 얼라이언스 물동량 비율

6,101 ACTIVE SHIPS including 5,280 fully callular

23,080,715 TEU 22,695,179 TEU fully callular

280,066,508 DWT

2M ALLIANCE			OCEAN ALLIANCE			THE ALLIANCE		
RANK		SHARE	RANK		SHARE	RANK		SHARE
CAPACITY 7,977,200			CAPACITY 6,874,56			CAPACITY 3,875,918		
TEU 34.5%			TEU 29.8%			TEU 16.8%		
1	MAERSK LINE	18.0%	3	COSCO SHIPPING	12.6%	5	Hapag-Lloyd	7.3%
4,149,630 TEU			2,903,396 TEU			1,688,609 TEU		
2	msc	14.7%	4	CMA CGM	11.6%	6	ONE	6.7%
3,402,020 TEU			2,685,045 TEU			1,539,835 TEU		
9	HMM	1.8%	7	EVERGREEN	5.6%	8	YANG MING	2.8%
3,402,020 TEU			1,286,105 TEU			647,474 TEU		

자료: Alphaliner TOP 100(2019).

표 5-2	The Alliance 개요	(2020년 4월, HMM 가입 이후)
구분	현행 (2M)	변경 (THE)
협력선사	Maersk(덴마크, 1위), MSC(스위스, 2위)	Hapag Lloyd(독일, 5위), ONE(일본, 6위), Yang Ming(대만, 8위)
Membership	조건부 멤버십	Full Membership
항로운영 원칙	2M 최종 결정 (HMM : 입장표명만 가능)	공동 의사결정

그림 5-5 HMM(구 현대상선)의 해운동맹(Alliance) 가입 경과

1998~2014	뉴 월드(New World)
현대상선(한국) MOL(일본, ONE 통합) APL/NOL(미국/싱가포르)	

2014~2017	G6
현대상선(한국) MOL(일본, ONE 통합) APL/NOL(미국/싱가포르)	Hapag-Lloyd(독일) NYK(일본, ONE 통합) OOCL(홍콩, Cosco 통합)

2017.4~2020.3	2M+H(부분적 협력)
현대상선(한국) Maersk(덴마크) MSC(스위스)	

2020.4~2030.3	디 얼라이언스(THE Alliance)
현대상선(한국) Hapag-Lloyd(독일) ONE(일본) Yang Ming(대만)	

Alphaliner 기준)을 차지하게 되었다.

HMM의 이번 해운동맹 정회원사 가입은 과거 '뉴월드(New World) 얼라이언스', 'G6 얼라이언스'에 이어 세 번째다. 현대상선은 해운동맹 체제가 본격화된 1990년대부터 시장을 주도하는 해운동맹에 지속적으로 가입하여 글로벌 해운선사들과 다양한 협력관계를 지속해왔다. 이번에 디 얼라이언스에서 함께하게 된 해운선사들과도 과거 뉴월드와 G6 얼라이언스에서 협력했던 경험이 있어서 원활한 협력이 이루어질 전망이다.

6 컨테이너선 초대형화

선박과 관련한 기술혁신은 고속화, 대형화, 자동화 및 전용화의 4가지 방향으로 진행되어 왔다. 선박은 수송시간 단축을 위한 방안의 하나로 운항속도의 고속화가 이루어져 일부 선종은 50노트 수준의 고속운항이 실현되는 단계에 있으며, 규모의 경제를 실현하기 위한 대형화가 지속적으로 이루어지고 있다. 그리고 수송하는 화물의 종류 또는 수송화물의 포장형태 및 방법에 따라 전용선으로 발전하고 있으며, 운항, 통신, 선내 화물처리 등에 있어서 자동화가 진행중이다.

표 5-3   컨테이너선의 단계별 대형화 추이

구분	제1세대	제2세대	제3세대	제4세대	제5세대	제6세대	제7세대	제8세대
길이(m)	190	210	210~290	270~300	290~320	305~310	355~360	365
속력(노트)	16	23	23	24~25	25	25	26.4	–
선폭(m)	27	27	32	37~41	40~47	38~40	43	55
흘수(m)	9	10	11.5	13~14	13~14	13.5~14	14.5	15
적재량(TEU)	1,000	2,000	3,000	4,000 이상	4,900 이상	6,000 내외	8,000 내외	12,500 내외
갑판적	1~2단	2단 8열 2단 10열	3단 12열 3단 13열	3단 14열 4단 16열	6단 16열	6단 17열	6단 17열	7단 22열
창내적	5~6단	6단 7열 6단 8열	7단 9열 9단 10열	9단 10열 9단 12열	–	9단 14열	9단 14열	10단 18열
시기	1960년대	1970년대	1980년대	1984년	1992년	1996년	2000년	2005년
선형	개조선	Full Container	Panamax	Post Panamax	Post Panamax	Super Panamax	Super Panamax	Ultra Panamax

자료 : 앞의 표와 동일

유조선 및 건화물선과는 달리 그동안 대형화가 미진한 컨테이너선의 초대형화가 빠른 속도로 진전되고 있다. 세계 주요 컨테이너 선사들은 컨테이너선 대형화를 통해 규모의 경제효과를 실현함으로써 고도화된 서비스체제를 구축하는 한편 저운임에 의한 물류비절감을 추구하는 화주의 요구를 충족시키고 있다.[10] 컨테이너선의 단계별 대형화의 추이를 살펴보면 〈표 5-3〉과 같다.

표 5-4	세계 20대 컨테이너 선사 선박량 및 물동량 현황(2021년 8월 기준)						
순위	선사	TEU	척수	TEU	척수	TEU	척수
1	Maersk	4,221,901	732	2,346,501	309	1,875,400	423
2	Mediterranean Shg Co	4,074,799	610	1,269,939	204	2,804,860	406
3	CMA CGM Group	2,994,363	538	1,196,544	144	1,797,819	394
4	COSCO Group	2,982,192	492	1,555,350	176	1,426,842	316
5	Hapag-Lloyd	1,782,858	260	1,056,020	112	726,838	148
6	ONE(Ocean Network Express)	1,592,173	218	500,971	69	1,091,202	149
7	Evergreen Line	1,397,365	203	682,889	116	714,476	87
8	HMM CO Ltd	842,192	80	545,134	34	297,058	46
9	Yang Ming Marine Transport Corp	625,332	87	208,744	49	416,588	38
10	Wan Hai Lines	425,221	149	243,459	85	181,762	64
11	Zim	419,743	105	4,992	1	414,751	104
12	PIL(Pacific Int. Ling)	268,456	84	134,066	53	134,390	31
13	KMTC	165,015	69	88,273	33	76,742	36
14	IRISL Group	148,044	31	104,520	28	43,524	3
15	SITC	140,336	93	111,906	75	28,430	18
16	UniFeeder	139,443	90	28,357	15	111,086	75
17	Zhonggu Logistics Corp	138,916	104	85,357	34	53,559	70
18	X-Press Feeders Group	133,637	85	63,487	32	70,150	53
19	Antong Holdings(QASC)	120,136	102	91,006	52	29,130	50
20	Sinokor Merchant Marine	109,047	76	72,680	50	36,367	26
	계	22,721,169	4,208	10,390,195	1,671	12,330,974	2,537

자료: Alphaliner.

---

10 상게서, p. 53.

한편 2021년 8월 기준으로 세계 10대 컨테이너선사의 선박량은 3,369척으로 전 세계 컨테이너선 선박량의 53.9%를 차지하고 있다(표 5-4 참조). 해운전문기관(Alphaliner)에서 수행한 세계 100대 컨테이너선사의 연례조사에 따르면 세계 100대 컨테이너선사의 총 선박량은 6,253척으로 2,493만 TEU로 2010년보다 약 73% 증가하였고, 20대 컨테이너선사의 선박량은 전체의 67%를 차지하는 것으로 나타났다.

제 **6** 장   국제항공운송(I)

항공운송 서비스의 생산 요소[1]

항공운송사는 항공운송서비스를 공급 · 판매함으로써 수익을 올리고 그 존속을 도모하고자 한다. 항공운송 서비스의 공급은 항공기 · 항공 종사자 · 공항의 3요소를 결합함으로써 이루어진다. 그것은 제각기 운반구럼 · 노동력 · 기초구조라는 교통수단의 3요소에 해당하는 것이다.

1 항 공 기

현재 민간항공에서 사용되고 있는 최신 항공기는 2000년대 후반부터 도입된 보잉사의 777-300ER과 에어버스사의 A380 등의 제4세대 제트기로 불리우는 것이다. 그 특징은 다음과 같다. 첫째, 계기판을 디지털화함으로써 조종의 성능과 안전성이 제고됨에 따라, 운항 승무원이 종래의 3명에서 항공 기관사를 제외한 2명으로 줄이는 것이 가능해졌다. 둘째, 엔진의 개량에 의해 에너지와 소음을 줄였으며, 연료효율성면에서도 기존의 항공기에 비해 월등히 향상되었다.

---

1 航空政策研究會, 「現代の航空輸送」, 勁草書房, 1997, pp. 48~58.

이러한 항공기의 기술혁신은 항공기업의 경영상 필요에 의해 개발·도입되었다. 즉 규제완화에 의해 어려워지고 있는 항공시장의 경쟁격화라고 하는 경영 환경의 변화에 대처하기 위해, 인건비·연료비의 절감이 도모되었다.

따라서 항공기는 항공기업 전체 그리고 특정 노선시장에서의 비용수준 나아가 채산성에 영향을 크게 미치기 때문에 사용 기종의 선정은 경영상 중요한 의사결정의 문제이다. 하지만 지금까지의 항공기술 혁신의 핵심을 이루는 대형화에 의한 기재 규모의 경제성은, 상응한 수요밀도가 보증되지 않으면 실현할 수 없다. 즉 항공기가 투입되는 노선의 경제적 요인과 사용 공항의 기술조건을 기종 선정에서 고려하지 않으면 안 된다. 그리고 기종에 따라 이륙 성능과 항속거리가 다르기 때문에, 각 기종의 유상하중(有償荷重, payload)과 노선의 수요밀도, 최적 항속거리와 비행구간 거리를 비교해서 선정해야 한다. 그리고 그 기준은 기종마다 다른 좌석·킬로미터당 직접 운항비이다.

한편 항공기업의 노선 네트워크는 수요밀도·비행구간 거리에 따라서 균등한 노선으로 구성되어 있다고는 할 수 없다. 항공산업은 항공기 기종을 어떻게 구성하는가 하는 문제에도 아주 중요하다. 이 경우 기종이 적을수록, 예비부품·정비 수준·운항 승무원과 정비사의 훈련 등을 공통화 시킬 수 있는 경제성이 존재한다.

하지만 항공기는 항공운송사의 이미지이며 타사에 대한 경쟁력에도 영향을 미친다. 특히 경제적인 규제가 심하고, 가격경쟁이 의미가 없는 시장의 경우에 더욱 그러하다. 실제 제트기 도입시에는 활발한 기재(機材) 경쟁이 전개되었다. 그러나 기재 성능 자체에는 큰 차이가 없다는 것을 염두해 두어야 한다.

여기서 간과할 수 없는 사항은 항공기에 대해 안전성 규제가 행해지고 있는 것이다. 우선 항공기의 강도, 구조 및 성능에 관해 그리고 그 형식에 관해 제조국의 감독 관청의 형식증명(type certificate)을 받지 않으면 안 된다. 더욱이 개별 항공기의 경우 안전기준에 적합한 것은 등록국으로부터 내공(耐空) 증명(airworthiness certificate)을 받아야만 한다. 그 기준은 국제민간항공조약(시카고 조약) 제8부

속서에 정해져 있는데, 국제적 통일이 필요한 상황이다. 또한 국제수지를 고려한 관점에서 보면 항공기업의 기종 선정에 있어 정부가 개입하는 경우도 있다.

전통적으로 대개의 항공화물은 여객기의 동체하부탑재실(belly)에 적재되었으며, 이것은 여객서비스에 수반되는 부산물로 취급되었다. 1960년대 협동형 여객기를 이용한 화물운송은 운영에 많은 문제점을 초래했다. 여객기는 대규모의 화물이나 대형화물을 처리할 수 없었고 여객이 우선권을 가졌기 때문에 이륙 중량을 초과하게 되면 화물을 하역시켜야 했다.

게다가 여객서비스의 시간과 경유지는 항상 화주의 필요와 일치하는 것이 아니었다. 이러한 문제를 극복하고 화물수요를 자극하기 위해 많은 항공사들이 화물전용기를 도입했다.

화물전용기의 주요 경제적 이점은 여객기로 사용하는 같은 항공기에 비해 유상 탑재능력을 50% 이상 증가시킬 수 있다는 것이다. 불필요한 여객관련 시설을 제거하여 중량을 줄임으로써 보잉 747 화물기의 경우 100~110톤의 화물을 탑재할 수 있는데, 동형 항공기를 여객기로 사용하여 동체하부에 화물을 싣는 경우 전형적인 탑재능력은 60~70톤 내외정도가 된다. 탑재능력의 증대는 화물기의 톤-킬로미터당 비용을 1/3 이상 절약시켜준다. 화물전용기의 크기별 전망을 보면 다음 〈표 6-1〉과 같다.

하지만 여객기의 동체하부탑재실만으로는 화물수요에 부응할 수 없고 화물전용의 광동형기로는 잠재수요에 비해 수송능력이 과다하게 공급되는 노선이 발생하기도 한다. 이러한 환경에서 여객과 화물이 본체(main deck)에 함께 실리게 되는 광동형의 화객혼용기(wide body combi aircraft)는 상업적으로 매력적이다. 항공기의 본체 공간에 여객과 화물의 각 노선의 계절적인 변화나 필

표 6-1 화물수송전용기의 크기별 전망(1999~2019)		(단위: 대수(%))
항공기크기	1999	2019
소형항공기	670(40)	927(29)
중형표준형항공기	436(26)	384(12)
중형광폭형항공기	251(15)	991(31)
대형항공기	318(19)	895(28)
합계	1,676(100)	3,197(100)

자료: 보잉사, World Air Cargo Forecast 2000/2001.

요에 따라 할당하여 총수입을 최대화할 수 있다. 예를 들어 여객수요의 성수기에는 기내 전체를 여객용으로 사용할 수 있다.[2]

2 항공종사자

항공종사자로서는 운항승무원(cockpit crew), 정비사(mechanic), 디스패쳐(dispatcher), 객실승무원(cabin attendant) 등이 있다. 운항승무원은 조종실에서 항공기를 조종하는 승무원으로, 조종사(기장: captain, 부조종사: co-pilot)와 항공기관사(flight engineer)로 나누어진다. 엔진을 비롯한 기기류 감시와 연료 관리를 임무로 하는 항공기관사에 관해서는 제4세대의 제트기에서는 생략되는 경향이 있다. 따라서 항공기관사를 기업에서 육성하는 것은 장래 쓸데없는 투자가 될 것으로 예상되기 때문에, 파견회사로부터 외국인 항공기관사를 고용하는 경우가 많아지고 있다. 한편 조종사 요원으로 채용된 자가 부조종사(first officer라고도 한다)로 승격하는 과정의 일단계에서 항공 기관사로 양성되는 경우가 많다.

항공기의 정비를 실시하는 경우에는 유자격 정비사에 의한 확인행위가 필요하다. 국제노선을 운항하는 경우에는 유자격 정비사를 해외에 주재시키거나 외국인을 고용한다. 항공산업에 있어 특수한 직종인 디스패쳐란 항공기가 안전하고 경제적으로 운항할 수 있도록, 비행 계획을 작성하고, 목적지에 도착하기까지 지속적인 연락망을 확보하고, 필요한 정보를 보내서 운항감시를 행하는 운항관리자이다. 마지막으로 객실 승무원은 기내에서 여객에 대해 서비스를 실제로 행하는 승무원이다. 긴급시에는 안보 요원으로서의 역할을 하기 때문에, 긴급처리 요령 등의 훈련이 실시된다. 그러한 훈련은 객실승무원의 배치 및 직무의 할당과 함께 시카고 조약 제6부속서에 규정되어 있다.

3 공 항

항공운송 서비스의 공급에 필요한 마지막 요소는 공항(기초 구조)이다. 구체적으로 비행장과 항공로로 구성된다. 비행장은 항공기의 이착륙, 정비 등의

---

2 박기찬 역, 국제항공운송론, 21세기 한국연구재단, 1996(원저: Rigas Doganis, Flying Off Course: The Economics of International Airlines), pp. 395~400.

항공기 서비스, 화객 취급 서비스, 공항 관리 운영 등의 기능을 행하고 있다.

우선 그 입지와 접근(access)의 편리성은 경합하는 교통기관과의 경쟁관계에서 중요하다. 운행스케줄 설정과 사용기재 선택의 재량권을 확보하는 의미에서는 그 처리 능력이 문제가 되는데, 그것은 활주로의 길이와 개수, 터미널 시설, 공역(空域), 운항시간에 의해 결정된다. 또한 유도시설의 정비수준은 안정성뿐만 아니라 취항률에도 영향을 미친다.

그리고 항공로는 항공기의 항행을 지원하고, 그 안전을 확보하기 위한 시설일체를 의미한다. 구체적으로는 항행지원 무선시설, 항공통신시설, 관제 무선시설로 구성되는 항공안전 무선시설과 항공교통 관제업무이다. 공항 시설물, 또는 서비스에 대해서는 항공운송사가 관리나 소유를 하지 못한다.

이러한 기초 구조에 관해서는 항공운송사는 관리도 소유도 하지 않는다. 대체로 항공운송사는 공항 공단이나 공항 운영사에 대해 그 사용료를 지불한다. 공항 사용료는 고정적이지 않고, 외생적으로 결정되기 때문에, 항공운송사가 조절할 수 없다(ICAO[3] 권고에 의해 국제선 착륙료에 관해서는 IATA[4]의 협의를 거쳐 결정된다). 따라서 착륙료 수준은 당해 노선 나아가 항공운송사의 채산성에 큰 영향을 미친다.

4 Hub and Spoke형 노선 네트워크

위의 세 가지 요소를 투입하여 항공 서비스를 공급하지만, 그 서비스를 공급하는 시장인 노선을 결정하지 않으면 안 된다. 항공운송사의 경우 요소의 조합은 같아도, 공급하는 시장이 다르면 상품으로서는 이질적이라고 할 수 있다. 동시에 시장으로의 진입은 국내 시장이든 국제 시장이든 정부의 규제를 받게 된다.

---

3 ICAO(국제민간항공기구: International Civil Aviation Organization; ICAO)
4 IATA(국제항공운송협회: International Air Transport Association; IATA)

각국은 항공법에 의거하여 노선마다 관련 부서인 교통부로부터의 면허를 받아야 하는 실정이다. 대체로 면허 신청시에는 사업계획서를 제출해야만 한다. 사업계획이란 ① 노선의 기종점, ② 사용 항공기의 대수와 유형, ③ 운항 횟수와 발착일시, ④ 정비 시설 및 운항 관리 시설을 말한다. 물론 국제노선에 관해서는 기본적으로 국가간 항공협정이 체결되지 않으면 개설할 수 없다.

운항 스케줄의 결정에 있어서는 소비자가 선호하는 시간대가 고려되지 않으면 안 된다. 그러나 동일한 수요에 직면하는 항공운송사에게 좋은 시간대는 제한되어 있어 혼잡과 이해 대립을 피하기 위해 국제선 스케줄에 관해서는 IATA 스케줄회의가 연 2회 개최된다. 그 곳에서 여름, 겨울 스케줄에 관해 항공기업간의 조정이 이루어진다. 이 회의에는 IATA 비가맹 항공 기업도 참가할 수 있다.

한편 공항의 운용시간과 기재(機材), 그리고 승무원의 배치 등 기술적인 문제를 고려하여, 각 요소의 가동률을 높이고 생산성을 향상할 수 있도록 연구할 필요가 있다. 항공운송사는 항공운송 상품 자체와 그 상품의 시장을 노선 네트워크의 형성이라는 형태로 결정하지 않으면 안 된다. 이 경우 항공기의 특성에서, 노선거리(비행구간 거리)의 경제성이 존재하는 등 운항패턴이 비용에 미치는 영향에 관해서 유의해야 한다.

미국의 규제완화 이후의 경쟁적 시장 환경 하에서 전개된 효율적인 시스템이 Hub and Spoke형 노선 네트워크이다. 이것은 네트워크를 구성하는 각 공항으로부터의 지선(Spoke)의 비행을 거의 같은 시각에 거점(Hub) 공항으로 집중시키는 것이다. 항공기는 같은 시각에 공항내에 대기하고 있기 때문에 각 지선의 연결은 용이하다. 그 결과 접속편의 조합이 비약적으로 증대한다. 예컨대 N개의 모든 도시를 직행편으로 상호 연결하는 데는 노선수가 $\{N \times (N-1)/2\}$만큼 필요한데, 허브 시스템의 경우에는 노선수가 $(N-1)$로 작아진다.

이러한 Hub and Spoke형 노선 네트워크를 정당화하는 근거는 우선 공급측 면에서 범위의 경제(economies of scope)를 기대할 수 있기 때문이다. 즉 노선이 다르면 그것은 개별 항공서비스이고, 복수 노선의 항공운송 서비스를 동일 주체가 공급하는 비용이, 노선마다 별개의 주체가 각각의 항공운송 서비스를 공급한 경우 비용의 합계보다 낮은 경우가 많다.

그것은 허브 공항으로 가는 동일 비행에, 최종 목적지가 허브 공항인 화객(貨客) 이외에도 허브 공항에서 환승하고 다른 도시를 최종목적지로 하는 화객을 모아 운송함으로써 발생하는 경제성이다. 즉, 동일 기재를 사용하는 경우에는 적재율(load factor)의 향상을 기대할 수 있고, 대형기로의 변경을 촉진하여 기재 규모의 경제성을 실현할 수 있다. 또한 허브 공항에 비행기가 집중되기 때문에 기재 가동률의 향상과 집중관리의 효과를 기대할 수 있다. 더욱이 대도시와의 직항편 확보를 위한 Multi-Stop Flight에 비해, 평균 비행구간 거리가 늘어나 그 경제성을 실현할 수 있다.

동시에 수요 측면에서는 네트워크 효과를 기대할 수 있다. 노선 네트워크에 도시를 새롭게 추가하는 경우, 기존 네트워크가 광범위하고 조밀할수록 조합 가능한 도시들은 비약적으로 많아지기 때문에 화객의 운송 수요를 만족시킬 확률이 높아져, 그 기업이 선택될 기회가 증가한다. 이것을 네트워크 효과 내지 수요의 시너지 효과라고 부른다.

이러한 Hub and Spoke형 네트워크가 성공하기 위해서는 아래의 조건이 필수적이다. 우선 직항편에 비해 우회적인 루트를 화객에게 강요하는 것이기 때문에, 매력적인 가격설정과 즉각적인 접속이 보증되지 않으면 안 된다. 그리고 허브 경유에 의해 편수가 증가하는 등의 편익이 발생해야 한다. 나아가 허브 공항은 항공운송사가 선택하기 때문에, 접속편을 집중시킬 수 있을 정도의 발착의 여유와 원활한 접속을 가능하게 하는 터미널 시설이 필요하다. 또한 무엇보다도 착륙료 수준이 문제가 될 것이다.

최근 국제 허브 공항이라는 용어가 자주 사용되고 있는데, 여기에는 두 가지 의미가 포함되어 있다고 본다. 첫째, 항공운송사가 글로벌한 국제 네트워크를 구축해가는 과정에서 아시아, 아메리카, 유럽 각 권역 및 각국의 각 도시에서 국제노선을 국제 허브 공항에 집중시키는데 있어서 허브 공항 상호간을 직항편으로 연결하는 것이다. 즉 세계 각 지역에서의 Gateway 공항으로서의 국제 허브 공항이 되는 것이다. 또 하나의 의미는 자국의 Gateway 공항으로서 국내선과 국제선을 유기적으로 연결하여 전국 각지로부터의 국제 항공수요를 집중시키는 것이다.

항공화물과 항공화물시장의 특성[5]

1 항공화물의 특성

1) 항공화물의 장점

과거에는 긴급용으로서 특별한 경우에만 이용하는 것으로 생각되었던 항공화물운송이 오늘날에는 상업 베이스에서도 대폭적으로 이용도가 높아지고 있으며, 또한 일반 가정에서도 계절의 미각 상품이나 이삿짐 등의 발송에 항공화물을 이용하는 경우가 많아지고 있다.

항공운송의 기술혁신은 끊임없이 진행되고 있으며, 대형 제트기의 개발은 운송능력의 증대, 운항비용의 절감, 운임의 인하효과를 가져왔다. 한편 총비용(total cost)의 사고방식이 확산됨에 따라 항공화물의 이용범위가 넓어졌다. 항공화물의 이용에 의해 얻어지는 주요한 경제적 효과는 다음과 같다.

① 재고수준의 저하

항공화물은 항공기의 고속성에 의해 장거리의 광범위한 지역으로 단시간에 운송되기 때문에 재고량의 감소가 가능해지고, 재고투자, 보관비, 창고비를 절감할 수 있다. 또한 수익이 빨리 창출되고 투입자본의 회전이 빨라진다.

② 경쟁력의 확보와 시장의 확대

상품 디자인의 변화 등 시장의 변화에 대해서도 항공기로 공급하면 판매기회를 잃지 않고 고객 확보가 가능하다. 유행품, 계절품 등 판매기간이 짧은 상품에서도 항공기로 납기를 단축하면 현지생산자와 경쟁하면서 판매할 수 있다. 그리고 수산물, 야채, 과일, 특수 의약품 등도 지리적 제약에서 벗어나 유통될 수 있다.

③ 포장비의 절감

항공화물은 운송 중의 안전도가 극히 높기 때문에, 최소한의 포장으로 끝내므로, 포장의 비용시간이 대폭 절약된다.

---

5 山野 義方, 「航空業界」, 敎育社, 1997, pp. 67~82.

④ 손상 · 분실사고 등의 감소

운송 중의 진동 · 충격이 적고, 온도 · 습도 등 물리적으로 호조건에 있으며 또한 비행 중에 항공기의 화물실과 외부의 접촉이 없기 때문에 손상 · 분실 · 도난 등의 위험성이 거의 없다. 사고가 적으므로 보험료가 싸다.

이상에서처럼 항공화물을 이용하면 보관 · 포장 등의 비용이 절약된다. 즉 총물류비의 절감을 이룰 수 있다.

항공화물의 특성을 분류하고, 그것에 적합한 화물을 열거하면 다음과 같다.

① 운송 시간에 제한되는 것

보도 자료(뉴스 원고, 필름), 부패하기 쉬운 것(선어, 과일, 식육, 꽃), 보수 부품(선박용 부품, 차량 부품), 유행품, 상품 견본, 기타 긴급물품(의약용 약품, 기구)

② 고가 물품

귀금속 제품, 진주, 카메라, 시계, 미술품, 모피

③ 파손되기 쉬운 물품

전자 제품, 라디오, 계산기, 금전등록기, 광학기기, 유리제품, 정밀기기

2) 용적 · 중량의 제한

항공기의 탑재력은 다른 운송기관에 비해 적기 때문에, 일시에 대량의 화물을 운송하는 것은 곤란하다. 따라서 항공운송에 부적합한 화물이 있다. 이것은 석탄 · 철광석 · 식량 등의 대량화물과 탑재 제한 중량을 초과하는 기계류 등이다. 항공기에 탑재되는 연료와 화객(貨客)의 중량은 기체의 구조와 장치되는 발동기의 마력에 의해 결정된다. 그리고 탑재되는 화물 1개당의 크기와 중량은 항공기의 기종, 화물실, Door Size 등에 의해 제한된다.

국내선의 경우, 1개당 허용 용적은 대형 냉장고 정도이고, 허용 중량은 일반 자동차의 중량 정도이다. 이 제한을 넘는 화물은 탑재 가능한 경우에 한해 수탁된다. 항공화물의 1건당 중량은 1~10kg이 70~80%를 차지하는데, 소량화물이 대부분이다.

항공화물의 스피드는 재고품의 회전율을 높인다. 그 결과 재고투자에 대한 수익의 발생이 빨라지고, 창고비는 불필요 내지 급격히 감소한다. 제품 폐기화

의 위험성도 최소화되고, 재고품 세금과 같은 비용도 줄어든다. 포장비도 저렴하다. 보통 A지점에서 B지점까지의 항공화물 운임은 타운임보다 높지만, 총물류비용 속의 타요소의 절약에 의해 상쇄되기 때문에, 항공운송에 의해 총물류비가 절감된다.

항공화물은 과거에는 부패성 화물, 긴급 화물이나 특수화물에만 한정되었지만, 거대한 제트 화물기의 등장으로 자동차 부품이나 컴퓨터 등의 물품도 빠르고 경제적인 운송이 가능해졌다.

제트 화물기가 정기항공 서비스를 개시한 것은 1963년 말이다. 그 해 처음으로 미국의 정기항공사(국내·국제)의 화물 운송량(톤마일)은 10억 달러의 목표를 돌파했다. 이어서 1966년에 20억 달러, 1969년에 30억 달러, 1972년에 40억 달러, 1976년에 50억 달러, 1983년에 60억 달러, 1986년에 70억 달러, 1987년에 80억 달러의 수준을 각각 돌파하면서 계속 상승하고 있다.

항공기의 스피드 증진에 의해 익일에 화물 인도가 가능해졌다. 더욱이 많은 기타요소가 결합되면서, 항공화물의 성장을 자극하였다. 제트 화물기는 자동화된 하역이 가능한 최초의 비행기이다. 지상에서 하역 작업이 개선되어, 30분 이내에 제트 화물기로 적재 혹은 양륙할 수 있다. 화물은 큰 팔레트에 의해 하역된다.

또한 표준화된 컨테이너의 도입에 의해 화물취급 시간과 하역·포장·서류 작성 등의 비용이 절감되었다. 컨테이너는 송하인 자신의 공장에서 적입되어 비행기 옆에 직접 인도된다. 제트 시대는 항공기에 의한 화물운송의 스피드를 2배로 하였을 뿐만 아니라, 지상의 화물취급 시간을 절반으로 단축시켰다.

운송의 스피드는 국제 항공화물의 가장 중요한 요소이다. 부패성 화물은 항공기를 이용하지 않으면 국제무역이 이루어질 수 없다. 그리고 기계의 경우 10톤을 넘는 경우도 있는데, 제트 화물기로 보통 취급되며, 해상운송의 경우보다도 몇 주를 빨리 제조공정에 투입할 수 있다.

제조기계를 신속하게 사용하거나 판매 상품을 시장에 신속히 보내는 스피드의 이점에 의해 수익이 높아진다. 항공화물의 이용에 의해 재고품 유지비를 크게 삭감할 수 있기 때문에, 미국의 많은 대형 제조 회사는 해외의 재고품을 제거하고, 미국에서 유지하고 있는 재고를 공급함으로써 해외의 고객에게 적시에 제공하고 있다.

국내 항공화물이 신장하고 있는 주요 이유로서는 기계류 부품의 납기 단축, 혼재 취급에 의한 운임할인, 신상품의 판로확장과 시장개발에 있어서의 항공운송 이용 등을 들 수 있다. 전술했듯이 항공운송의 이용도가 높은 품목은 인쇄물, 서류, 기계류, 자동차 부품, 의복, 섬유 제품, 생선 식료품, 화학제품, 의약품, 광학기기 등이다. 이삿짐, 상품 견본, 선물, 연말연시의 계절적 출하 등도 항공 화물로서 상당한 실적을 보이고 있다.

이것들은 일반적으로 운임에 민감한 품목인데, 국민 생활의 질적 고도화, 특히 소비 수요의 고도화와 정보화의 진전, 그리고 항공화물운임의 상대적 저하 등을 반영하고 있다.

첨단기술 산업의 생산 공장은 최근에 공항에 가까운 곳에 입지하는 경향을 선진국 등에서 보이고 있다. 즉 '임공(臨空)공업지대' 형성이다. 그리고 공항 주변에 입지한 첨단 기술의 공장은 그 대부분이 항공운송을 이용하고 있다. 이것은 기술집약적 제품은 운임에 민감하기 때문인데, 이들 제품들이 소형화, 경량화, 개별화하고 있는 것도 이러한 이유에서 찾을 수 있다.

공항 지향을 제 1조건으로 하는 '임공공업'은 항공로에 의해 人·物·정보의 교류 신속화, 빈번화를 구하고 있다. 저녁에 공항에서 보내진 기계 부품이 다음 날 아침에 공장에서 사용되고 있다. 이것은 항공운송이 생산공정의 일환으로 위치하고 있음을 확실히 보여주고 있다.

최근 전기·전자 제품을 중심으로 하는 제조업이 해외로 생산거점을 이전하고 있는 가운데, 항공에 의한 부품·제품 운송이 촉진되고 있다. 특히 IC 부품과 같이 항공 운송을 전제로 하여 공장의 입지 선택이 이루어지는 케이스로 나아가고 있다. 일반적으로 반제품이나 부품과 같은 중간재 운송에서는 최종제품의 그것과는 다른 운송일수와 납기의 제약이 있기 때문이다.

② 항공화물시장의 경제적 특성

항공화물시장의 성격으로서 첫째는 결합생산물로서의 측면이다. 항공화물에는 화물전용기(Freighter)에 의해 운송되는 것과 여객기의 하부탑재실(Belly)에 의해 운송되는 것이 있는데, 일명 콤비로 불리는 객실의 일부를 화물실로 개조한 것을 여객기에 포함시키면, 화물전용기와 하부탑재실의 비율은 세계 전체로 4:6 정도이다. 태평양 노선에서는 화물전용기에 의한 운송비율이 이것보다 약간 높다. 화물전용기로 밖에 운송할 수 없는 장척(長尺) 화물이나 중량화물은 항공화물 전체의 약 2%에 지나지 않기 때문에, 하부탑재실과 화물 전용기간의 복잡한 경합 관계가 이 산업의 큰 특징이라 할 수 있다.

　항공화물 운송의 급격한 증가는 화물수요가 직접 공급을 초래한 것에 덧붙여, 여객 수요 증가에 대한 대처에도 의거한다. 특히 주요 거점공항에서 이착륙이 제한되고 있기 때문에 여객운송 능력을 확대하기 위한 대형기로의 기종 전환이 진행되었는데, 그 결과 동체의 하부탑재실 공간이 급증하였다. 예컨대 DC 8에서 보잉 747로의 기종 변경은 하부탑재실 공간을 3배 이상 증가시켰다. 증가한 스페이스를 소화하기 위해, 항공회사는 화물 혼재를 위한 체제로 변화를 시켜야 할 필요성을 느끼게 되었다.

　그 결과 여객기 하부탑재실과 화물전용기는 동일 기종(예컨대 B747과 B747F), 동일 구간, 동일 중량인 화물의 운송임에도, 각 항공 회사가 경영상 의사결정의 기초로 하는 비용구조(한계비용)는 상당히 다르다. 결합 생산물인 하부탑재실을 적재할 경우 낮은 운임이 제시되는 것이 많으며, 화물전용기의 경우 사업자와 노선에 따라 실제 운임이 크게 다르다.

　항공화물시장의 두 번째의 경제적 성격은 서비스의 생산에서 판매까지 수직적 구조상의 특징을 들 수 있다. 항공화물은 포워더를 통하지 않는, 즉 항공운송 사업자 자신에 의한 직접 운송은 극히 적다. 그리고 포워더는 서비스의 매수인으로서 항공 회사와 거래 교섭을 통해, 또한 대체보완 운송기관의 공급자로서 (잠재적)경쟁을 촉진함으로써 항공운송산업과 같은 피규제 산업에 있기 쉬운 비효율을 줄이고 효율적인 경영을 확보하는 측면이 있다.

제 3 절　　항공화물 대리점과 항공 혼재업[6]

1 항공화물 대리점

1) 항공화물 대리점의 역할
　항공회사가 운영하는 항공로가 확대되고, 기항지가 증대하고 경영이 복잡

6　전게서, pp. 104~110.

해짐에 따라 집하의 판매에 관해서는 대리점 제도에 크게 의존하게 되었다. 항공회사로서는 지방의 특색을 살리는 판매 대리점을 육성하고, 그 집하 노력에 기대하는 것이 훨씬 효과적이기 때문이다.

항공화물 대리점의 업무는 항공회사의 운송약관에 의거하여, 항공회사의 운임에 의해 화주와 운송계약을 체결하고, 그 계약의 증거로서 항공회사의 화물운송장(airway bill)을 발행하고, 수탁한 화물을 항공회사에 인도하는 것이다. 더욱이 이 계약 대행의 업무에 덧붙여 집하와 지방 또는 시내와 공항간의 운송 · 포장 · 보관 · 보험 등 그리고 국제화물의 경우는 이 외에 통관 · 동식물 검역수속 등의 업무가 발생한다.

항공화물 운송장은 발송화물의 수령증, 운송계약의 증거, 운임명세서, 화주보험의 증명서, 화물취급지시서, 도착화물 인도증서의 기능을 지니는 서류이다.

2) IATA 화물 대리점

세계 각국의 항공회사가 가맹하고 있는 IATA는 각국에 IATA 화물 대리점을 지정하고 있다. IATA 대리점 자격의 취득은 IATA 운송회의의 대리점 위원회의 승인을 얻는 것인데, 한번 그 자격을 얻어 대리점 계약을 체결하면 IATA 가맹하에 있는 항공회사와도 대리점 계약을 할 수 있다. 그리고 각 대리점은 항공회사로부터 받는 대우와 취급 수수료에서 차별을 받지 않는다. 다시 말하면, IATA에 의한 대리점 승인이라고 하는 것은 대리점이 개별 항공회사와 직접적으로 다른 내용의 조건을 지니거나 배타적인 경향을 띠는 계약을 체결하는 것을 배제하고, IATA 가맹의 어떤 항공회사와도 동일한 조건으로 제휴하고, 공정하게 대리점 업무를 행하도록 한 조치이다.

IATA 가맹의 항공회사는 모두 항공화물 운송약관을 공시하며, 통일된 계약조항을 채용하고 있다. 운임은 개별 항공회사에 의해 설정되는 것은 아니고, IATA 운송회의에서 모든 가맹 항공회사에 의해 설정된다. 결정된 운임의 적용에 관해서는 각국 정부의 인가가 필요하다.

IATA 화물대리점은 IATA 가맹 항공회사의 대리인으로서 항공회사가 그 이용자, 즉 화주에 대해 제공하는 항공화물 운송이라는 상품을 판매한다. 환언하면, 항공회사의 운송약관, 항공운임 요율표(tariff), 스케줄에 준거한 항공화물 운송장의 발행, 항공운임의 수취, 스페이스의 예약, 항공회사로의 화물 반입의 수배, 기타 부수 업무를 행하고, 그 보수로서 항공회사로부터의 소정의 수수료를 받는다.

IATA 화물대리점은 항공혼재업의 겸업과 통관업, 자동차 운송업, 창고업 등의 면허를 취득하여, 항공화물의 종합서비스를 제공하거나 종합물류업을 지향하는 노력이 증가하고 있다.

운수업의 운송활동에 중점을 두고 보면, 화주의 운송수요에 부응하여, 육·해·공에 걸친 각종 운송수단을 구축하여 일관운송이 가능한 것이어야 한다. 이들 운송은 스스로 운송수단을 가지고 행할 필요는 없고, 운송취급업, 이용운송업 등 각종 운송수단을 제공할 수만 있으면 된다. 따라서 관계 업종의 다각경영을 행하는 것이 필요하다.

이렇게 해서 종합 운송업자의 영업체제가 정비된다. 그 대표적인 업종으로서는 도로운송 관계에서는 화물자동차 운송업, 자동차 운송취급업 및 통운업이다. 해운에서는 해상운송업, 항만운송업과 내항운송업이다. 항공에서는 항공화물 운송대리점업, 이용 항공운송업 등이 있다.

이상은 종합 운송업자의 입장인데, 더욱이 운송뿐만 아니라 각종 물류서비스를 제공하고, 화주의 물류 니즈에 부응하여 물류 시스템화를 도모할 수 있는 체제를 만드는 것이 바람직하다. 이것이 종합물류업자의 기반이 된다. 종합물류업에서는 운송관련사업 이외에 창고업, 통관업, 손해보험 대리업, 포장업, 물류정보의 수집·처리업 등이 포함된다.

2 항공혼재업

이용항공혼재업은 화주로부터 수탁한 화물을 목적지별로 모아서 대량화물로 만들어, 자신이 화주가 되어 항공회사에게 운송을 위탁하는 사업이다. 이는 이용운송사업이라고도 하며 또한 항공운송 취급업이라도 한다.

항공혼재업자는 국내선에서는 간선, 지선 화물 모두를 취급하고 있지만, 그 대부분은 간선의 화물이다. 국제선에서는 북미, 유럽, 아시아로 향하는 화물을 대부분 취급한다. 항공혼재업자는 항공회사의 운임보다 저렴한 독자적인 운임을 설정하고, 화주로부터 수탁한 화물을 항공회사의 항공기를 이용하여 운송한다.

즉 혼재화물의 운송은 두 개의 운송계약으로 성립되고 있다. 하나는 혼재업자의 운송장에 의한 송화인과 혼재업자의 운송계약인데, 그것에 기재된 운임은 모두 혼재업자의 수입이 된다. 또 하나는 각 송화인과 운송 계약을 체결한 개별 혼재화물을 일괄해서 항공회사와 운송계약을 행하는 것인데, 이 운송장에 기재된 운임은 혼재업자가 지불해야 하는 비용인 것이다.

따라서 혼재업자가 화주로부터 수취하는 개별 혼재화물의 운임과 항공회사에 지불하는 운임과의 차이가 혼재업자의 수입이다. 이것은 항공회사의 운임에 대량화물 할인제(중량체감제)가 있고, 그 적용을 받음으로써 혼재의 차익이 발생되기 때문이다. 국제선에서도 중량이 작은 화물을 많이 모아, 대량 할인운임을 적용할수록 혼재 차익은 증대한다.

항공 혼재는 오로지 혼재업자의 수입만이 아니라, 저렴한 운임의 제공에 의한 화주의 운송비용의 감소, 더욱이 일괄위탁에 의한 항공회사의 수수료 경감, 경비·인건비의 절감 등 메리트가 크다.

항공 혼재업자는 항공기를 가지고 있지 않지만, 화주에 의한 운송서비스의 제공은 항공회사보다도 폭이 넓고, 세련된 서비스를 제공할 수 있다. 이러한 서비스를 화주는 바라고 있다. 즉 공항에서 공항까지의 운송은 어떤 항공회사의 항공기로도 이용 가능하며, 나아가 door to door의 일관된 서비스를 제공한다.

이와 같이 폭넓은 서비스를 효과적으로 행하기 위해서는 몇 가지 요소가 필요하다. 첫째, 가능한 한 많은 지역에 화주와의 접점(시내 영업소)을 설치하고, 각 접점과 화주를 연결하는 충실한 집배 서비스망을 정비하는 것이다.

둘째, 항공 혼재업은 항공기를 가지고 있지 않지만, 이용하는 항공회사와 원활한 운송을 행하기 위해서는 각 공항에 취급 영업소가 필요하며, 이 공항 영업소의 기민하고 정확한 판단이 있어야 항공 혼재업무 서비스가 발송지에서 실현된다.

셋째, 각 항공회사의 대리점 업무를 행하는 것이다. 스스로 항공 회사의 대리점이 되면 모든 화물에 대해 취급이 가능하고 항공회사의 화물운송장을 발행할 수 있다. 또한 항공회사와의 정보교환의 긴밀화, 화물인수·인도의 원활화 등 항공혼재 업무를 추진하기 위한 유리한 조건이 만들어진다.

국제 항공화물 대리점업계는 집하능력을 제고하기 위해 복수의 대리점이 공동으로 혼재회사를 설립하였다. 그리고 혼재회사가 항공기를 임대(charter)하여, 혼재화물을 세계 각지에 운송하는 그룹 혼재가 주류였다. 그러나 대리점 업계간 경쟁이 격화됨에 따라, 독자적인 서비스가 제한되기 때문에 강력한 대리점이 서서히 단독 혼재로 전환하기 시작하여, 그룹 혼재에서 단독 혼재로 바뀌어가고 있다.

혼재화물이 증가한 이유로, 화주의 door to door 운송에 대한 니즈에 혼재업자가 적극적으로 대응한 것을 들 수 있다. 이를 실현하기 위해서는 해외 네트워크를 확충하는 것이 필요하다. 국제 항공 화물취급업자가 해외에 현지법인과 주재원 사무소를 개설하는 움직임이 잇따르고 있음은 바로 그것 때문이다.

이것은 현지(자사의 사원을 파견하고, 제휴하고 있는 항공화물대리점)와의 연락을 긴밀하게 하는 이외에, 현지에서 물동량 정보의 수집과 고객에 대한 영업활동을 강화하는 것이 주된 목적이다.

더욱이 그것은 "해외 거점을 연결하는 네트워크의 차이가 국제물류의 승부를 가르는 시대가 되었다."고 하는 인식에 의한 것이다.

한편 국제 항공운송에서 혼재율은 1980년에 약 40%이었는데, 1985년에는 약 70%, 1990년에는 80~90%까지 상승하였다. 특히 운임체계에서 볼 때, 혼재차익이 큰 태평양 노선에서는 혼재율이 95%를 초과하고 있다. 귀중품, 동물, 위험품, 기타 특수화물 이외에는 거의가 포워더에 의한 혼재운송이 이루어지고 있는 것이 항공 화물운송의 큰 특징이다.

제 4 절 · 항공운송절차와 항공운송계약

1 항공화물의 운송절차

1) 수출화물에 대한 운송절차

① 수입자와 매매계약이 체결되어 수출을 위한 준비단계가 완료되면 화물의 출고시간에 맞추어 항공사를 선정하고 해당 항공사에 예약(booking)을 한다. 이러한 절차는 항공운송주선업자(freight forwarder)가 중간매체로 업무를 대행한다.

② 화물운송을 예약할시 항공운송장(air waybill) 번호, 출발지/도착지, 포장개수, 각 포장상자의 중량, 부피, 상품명 등과 함께 지정 항공편에 예

약을 의뢰한다.

③ 화주는 수출서류를 준비하고 상품을 포장하여 필요한 통관절차를 밟는다.

④ 화주는 포장이 완료된 화물을 보세지역(bonded area)에 반입하고 상업송장(invoice), 포장명세서(packing list) 등의 서류와 함께 수출신고서(export declaration)를 관할세관에 제출한 후 수출면장(export permit)을 교부받는다.

⑤ 항공사 또는 그 대리점에서는 화물을 인수함과 동시에 항공운송장을 발급받고 화물의 내용에 따라 적절한 라벨(label)을 붙인다.

⑥ 탑재가 결정된 화물은 적화목록(air cargo manifest)에 기재하고 작성된 적화목록의 세관제출용을 세관에 제출하여 화물의 반출허가를 받는다.

⑦ 적화목록의 화물반출 체크용을 가지고 화물장치장에서 탑재할 화물을 픽업하여 행선지별로 컨테이너, 팔레트 등에 적재한다(운송인의 업무).

⑧ 탑재책임자는 항공기의 운항에 필요한 자료와 수화물, 기타 화물량에 따라 탑재계획을 작성한 후 탑재하여 출발한다(운송인의 업무).

2) 수입화물에 대한 운송절차

① 항공기가 도착하면 기내검역이 행해지고 출발지에서 보내온 하기(荷機)지시서(unloading instruction)에 따라 하기작업이 행해진다.

② 하기된 화물은 분류장에 운반되어 서류와 함께 점검하고 분류하며, 서울도착 화물은 김포세관, 서울세관, 남서울세관 화물로 분류된다.

③ 도착화물은 항공사가 보관하지 않고 단지 탑재명세서에 의거, 화물의 대조확인 및 파손유무를 점검한 후 보세창고에 보관되며 관련서류는 항공사가 보관한다(서울세관, 남서울세관, 부산(항공), 대구로 운송되는 화물은 보세운송된다).

④ 자가보세장치장을 가진 수화인은 김포공항 도착 즉시 현장에서 인수할 수 있도록 되어 있으며, 항공운송장의 분류 및 정리가 끝나면 수화인에게 전화나 우편으로 도착통지를 한다.

⑤ 수입통관업무는 수화인 또는 지정 통관업자가 행하며, 항공사로부터 항공운송장을 인수받은 수화인 또는 통관업자는 수입신고서를 세관에 제출하고 수입허가를 받고 통관 및 인수하면 모든 절차는 끝난다.

2 항공운임

항공운임은 전 세계적으로 IATA(International Air Transport Association) 요율이 적용되며, 우리나라에도 동일한 요율체계가 정부의 인가를 받아 사용되고 있다.

항공화물운송요금은 일반적으로 요율(rate) 및 부대요금, 기타 수수료에 의해 결정된다.

요율이란 항공운송기업이 항공운송의 대가로서 징수하는 운임을 중량단위당 또는 단위용기당 금액으로 나타나는데 대개 노선별로 요율표(tariff)가 정해져 있다.

부대요금(charge)은 운송과 관련된 부수적인 업무에 대한 대가와 설비의 사용에 대한 대가를 의미하는데, 수출항공화물 취급수수료(handling charge), 수입화물 AWB fee, pick-up service charge, 위험품 취급수수료, 결제수수료 등이 해당된다.

항공운임체계에 대해서 좀 더 구체적으로 살펴보면 크게 일반화물요율 (GCR, General Cargo Rate), 특정품목할인요율(SCR, Specific Commodity Rate) 그리고 품목분류요율(CCR, Class Rate) 세 가지로 나눌 수 있다. 일반화물요율은 특정품목할인요율이나 품목분류요율이 적용되는 화물을 제외한 모든 화물의 운송에 적용이 되며, 일반화물요율은 최저운임(M), 기본요율(N), 중량 단계별 할인요율(Q)로 구성되어 있다. 특정품목할인요율은 일반적으로 특정구간에 특정품목에 대해 일반화물요율(GCR)보다 낮은 수준으로 설정되어 있으며, 반드시 최저 중량을 제한하고 있는 것이 특징이다. 특정품목할인요율은 품목분류요율이나 일반화물요율보다 우선하여 적용된다. 단, 품목분류요율이나 일반화물요율을 적용하여 더 낮은 요율이 산출될 경우에는 낮은 요율의 적용이 가능하고, 품목분류요율이 일반화물요율보다 더 클 경우에는 품목분류요율을 우선적으로 적용하도록 한다. 품목분류요율은 특정구간의 특정품목에 대해 적용되는 요율체계로 보통 일반화물요율에 대한 할증(S)/할인(R)의 형태로 적용한다. 품목분류요율은 일반화물요율과 비교하여 크기에 관계없이 일반화물요율보다 우선하여 적용한다.

이와 더불어 항공운임의 종류에는 종가운임과 단위탑재용기요금을 들 수 있다. 종가운임은 항공운송장(AWB)에 명시된 송하인의 운송신고가격이 kg당

17SDR을 초과하는 화물에 대해 그 초과한 금액에 대하여 0.75%에 상당하는 금액을 종가요금으로 징수하는 것을 의미한다. 단위탑재용기요금은 항공사가 송하인 또는 대리점에게 컨테이너 혹은 파렛트 단위로 판매시 적용되는 요금으로 행당운송구간의 각 용기형태별로 설정된 최저요금(pivot charge)과 최저중량을 초과하는 경우 그 초과된 중량에 부과하는 최저중량 초과요금(over pivot charge)을 더한 금액으로 산출하게 된다. 단위탑재용기의 화물요금부과 중량은 화물이 적화된 단위적재용기 총중량에서 운송인 소유 단위탑재용기의 경우에는 당해용기의 중량을 공제하고, 송하인 소유 단위탑재용기의 경우에는 당해용기의 설정된 허용공제 중량과 실제용기 중량 중 더 적은 중량을 공제한 중량을 요금부과 중량으로 사용한다.

3 항공운송계약과 준거법

IATA의 회원인 항공사는 IATA가 제정한 "IATA 표준약관"(the General Conditions and Terms)에 따라야 한다. 이 약관은 항공화물운송장의 이면에 나타나 있어 항공운송인과 송화인의 권리와 의무를 규정하고 있다. 이 약관은 1929년의 바르샤바 협약(Warsaw Convention)과 1955년의 헤이그 의정서(Hague Protocol)에 반(反)하지 않는 범위 내에서 적용되며, 오늘날 대부분의 항공사가 IATA 표준약관을 수용하거나 약간의 수정을 가하여 사용하고 있다.

우리나라는 바르샤바 협약에는 가입하지 않았으나 1955년의 헤이그 의정서에는 1963년에 가입·비준하고, 1967년에 공포되었다. 헤이그 의정서 제19조는 "본 의정서의 당사국간에 있어서는 1929년의 바르샤바 협약과 1955년의 헤이그 의정서를 합쳐 단일협약으로 간주하고, 이를 합하여 바르샤바 협약이라 부른다"고 규정하고 있으므로 운송계약의 준거법인 바르샤바 협약은 1929년의 바르샤바 협약과 1955년의 헤이그 의정서를 합쳐서 이해해야 한다.

4 항공화물운송장

바르샤바 협약 제5조 1항에 "송화인은 화물운송인에 대해 항공운송장을 작성하여 교부할 것을 청구할 권리가 있다"고 규정되어 있다. 한편, 동 제6조 5항에 "항공운송인은 송화인의 청구에 따라 항공운송장을 작성한 때에는 반증이 없는 한 송화인을 대신하여 작성한 것으로 인정된다."고 규정하고 있어 운송인에 의한 항공운송장의 대리작성이 인정되고 있다. 실제로는 항공화물운송대리점이 대행하거나 또는 항공운송주선업자가 독자적으로 항공운송장을 발행하고 있다.

1) 항공화물운송장의 의의와 성격

해상운송의 선하증권에 해당하는 기본서류가 항공화물운송장(Air waybill; AWB) 또는 항공화물탁송장(Air Consignment Note)이다. 기본적인 성격은 선하증권(Bill of Lading)이 화물의 수령을 증명하는 동시에 유가증권적인 성격을 가지고 유통가능한 것과 달리, 항공운송장은 화물의 수령을 증명하는 영수증에 불과하며 유통이 불가능하다는 점이다.

운송계약은 항공화물운송장을 수령한 시점, 즉 화주 또는 그의 대리인이 AWB에 서명하거나 항공사 또는 해당 항공사가 인정한 항공화물취급대리점이 AWB에 서명한 순간부터 유효하며, AWB상에 명시된 수화인(Consignee)에게 화물이 인도되는 순간 소멸된다.

2) 항공화물운송장의 기능

항공화물운송장의 기능으로는 운송위탁된 화물을 접수했다는 영수증, 운송계약체결에 대한 문서상의 증명, 요금계산서, 송화인이 화주보험(Air waybill 보험: AWB에 보험금액과 보험료가 기재됨)에 가입한 경우 보험가입증명서, 세관신고서, 화물운송의 지침서(취급, 중계, 배달 등) 등의 기능을 한다.

표 6-2	항송화물운송장과 선하증권의 비교
항공화물운송장	**선화증권**
유가증권이 아닌 단순한 화물수령장	유가증권
비유통성(Non-negotiable)	유통성(Negotiable)
기명식	지시식
수령식(창고에서 수령하고 발행)	선적식(본선 선적후 발행)
송화인이 작성	선사가 작성

3) 항공화물운송장의 구성

　바르샤바 협약에 의거하면 항공화물운송장은 송화인이 원본 3통을 작성하여 화물과 함께 교부하여야 한다고 규정하고, 제1의 원본에는 "운송인용"(녹색)이라 기재하고 송화인이 서명한다. 제2의 원본에는 "수화인용"(적색)이라 기재하고 송화인 및 운송인이 서명하고, 이 원본을 화물과 함께 송부한다. 제3의 원본(청색)은 운송인이 서명하고 이 원본은 운송인이 화물을 인수한 후에 송화인에게 교부하도록 되어 있다. 한벌의 항공운송장은 원본 3통에 사본 6통 이상으로 구성되어 있다. 사본 6통 중 1통은 항공회사의 화물인도증명서 및 운송계약이행의 증거서류로서 물품인도시 수화인이 서명하고 인도항공회사에 반환하는 것(황색)이며, 나머지 5통은 모두 백색으로 도착지공항의 세관통관업무용, 도착지공항의 항공회사간 운임청산용, 발행대리점 보관용으로 이용된다.

제**7**장 국제항공운송(II)

제1절 국제항공운송

1 국제항공운송의 특징과 신장세

1) 항공운송의 특징

항공운송은 고속 · 고운임을 특징으로 한다. 그래서 상대적으로 상품의 용적은 작지만 부가가치가 높은 상품들에 사용되는 것이 바람직하다. 현재 항공화물운송은 물량기준으로 대륙간 운송화물의 약 2%정도이지만, 금액 기준으로 전 세계의 약 1/3을 차지하고 있다는 것은 이러한 항공운송의 특징을 반증하는 것이라 할 수 있다. 또한, 신문처럼 적시성(time sensitivity)과 신속성을 요하는 제품 운송에 많이 이용된다.

항공운송은 해운 · 육운과 같은 운송의 한 형태이지만, 고속성 · 안정성 · 쾌적성[1] 등이 타 운송형태에 비해 높고 지리적 제약이 상대적으로 낮다. 최근, 기업들이 항공운송을 글로벌 경제화를 지원하는 새로운 수단으로 평가하게 된 것은 항공운송이 지리적 제약을 그다지 받지 않아서 타 운송수단과는 달리 운송네트워크를 전 세계로 확장시킬 수 있는 가능성을 갖고 있기 때문일 것이다.

---

1 승객의 경우만 해당.

또한 항공운송의 이러한 특징은 컴퓨터를 수단으로 하는 통신네트워크와 사뭇 유사하다할 수 있다. 컴퓨터 통신은 글로벌 네트워크를 통해 정보를 전 세계로 전달하고 경제의 글로벌화를 촉진함과 동시에 새로운 경제 질서를 뒷받침하는 수단이 되고 있다. 이른바 통신 네트워크는 무체(無體) 교통수단으로서 글로벌 경제를 지원하고 있는 것이다. 이와 비교해 볼 때, 항공 네트워크는 사람과 화물을 운송하는 유체(有體) 교통수단으로서 글로벌 경제를 지원하고 있다. 즉, 통신 네트워크와 항공 네트워크 양자 모두 글로벌 경제의 기반을 이루고 있으며, 특히 항공기 기술이 급격히 발전하고 전용화물기의 등장과 대형화로 운송비용이 저렴해지고 있는 것을 감안한다면 항공 네트워크는 글로벌 경제의 핵심 축을 이루고 있다고 볼 수 있다.

2) 항공운송 서비스시장의 신장세

최근 들어 국제 기업 환경의 변화로 인해 항공운송시장의 성장세가 매우 두드러지게 나타나고 있다. 이러한 세계의 항공수요는 소득수준의 향상과 국제 교역량의 증대에 힘입은 바 크다. 특히, 아시아 · 태평양 지역의 경우는 매년 약 10% 이상의 성장세를 보이면서 세계 제일의 항공화물시장으로 부상하였다. 이런 항공운송의 증가율은 전 세계 무역량 증가율에 비해서도 더 높게 나타나고 있으며, 최근에는 전 세계 GDP 성장률의 1.5~2배에 이르는 성장세를 보이고 있다.

항공운송시장이 이토록 급성장하는 배경에는 화물수용 자체의 성장 때문이기도 하겠지만, 실제적으로 글로벌 기업 환경이 변화하면서 화주(shipper)와 무역업자(trader) 및 주요 화물전용선사(carriers)들의 항공운송서비스에 대한 수요 증대에 기인하는 바가 크다. 즉, 국가 간의 국경개념이 희박해지면서 기업 활동의 영역이 글로벌화 되고 생산과 판매 및 정보유통 등 기업 활동이 각 지역으로 분산되기에 이르렀다. 소위 국제분업화(international fragmentation)를 초래하게 된 것이다. 국제분업화와 아울러 최근 국제기업들은 총물류비용(TDC; Total Distribution Cost)[2] 개념에 입각해서 재고감축 및 운송시간(lead time)단축 및 대고객서비스수준 제고를 위한 필사적인 노력을 경주하고 있고, 그 연장

---

2 화주의 운송수단(Mode) 결정요인은 크게 TDC(총물류비용), Speed(신속성), Risk of Loss and Damage(화물멸실가능성) 3가지 들 수 있다. 특히, Total Distribution Cost의 경우에 개별 요인의 비용간의 Trade-off(상충관계)를 고려하게 된다.

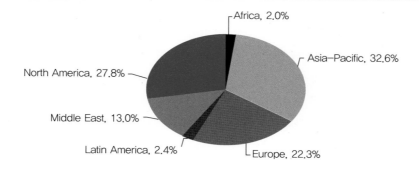

자료: IATA, Air Cargo Market Analysis, 2021. 4.

선상에서 국제물류시스템에 대한 공급사슬관리(SCM; Supply Chain Management)를 적극적으로 도입하고 있다. 상기한 바의 목적 달성과 전 세계의 지역들을 커버하기 위해서 기업들은 기존의 해상 · 육상 등의 지표운송(surface transportation)이 아닌, 지리적 · 공간적 · 시간적 제약에서 강점을 가지고 있는 항공운송을 대안으로 고려하기에 이른 것으로 해석할 수 있다.

특히, 향후 국제항공운송 시장이 일반항공화물운송보다는 적시생산방식(JIT; Just-In-Time)과 물류산업간 통합으로 일반항공화물보다 특송화물(express air cargo)시장이 더 빠른 신장세를 보일 것으로 예측되고 있는 것은 매우 주목할만한 사실이다. 특송화물의 경우에 2017년부터 2022년까지 연평균 약 8%의 성장률을 기록할 것으로 예측되며 운송시장 내에서의 점유율도 1999년 기준 약 9.2%에서 2022년에는 40%에 도달할 전망이다.

2 국제항공운송 서비스시장의 동향

1960년대 후반의 DC-8F(화물전용기, freighter)의 도입에 의해, 그 전까지 여객기의 하부탑재실(belly)의 수하물 적재공간을 이용하던 정도에 그쳤던 항공화물의 운송능력이 급증했다. 1970년대 말에 와서는 보잉(Boeing)747 등의 광동형(廣胴型) 여객기가 등장하면서 1機당 하부탑재실(belly)을 이용해 약 15톤 가량의 운송능력을 공급할 수 있게 되었다. 광동형여객기의 하부탑재실의 공간 증대로 인해 화물전용기인 freighter의 운송점유율은 감소하게 되었다.

화물운송의 대부분은 여객기 항공회사가 담당하고 있다. 세계적 Mega carrier 중 freighter를 소유하고 있는 기업은 약 절반 정도이며, 나머지 기업은 freighter 도입에 신중한 자세를 취하고 있다. 이 때문에 세계의 항공시장 전체를 기준으로 볼 때 광동형 여객기를 소유한 기업은 극소수이다.

특히, 항공운송의 경우에 두 지역 또는 지점간의 항공서비스에 대한 수요 수준이 상이하고 이러한 서비스를 위해서는 양국간 교섭이 뒤따라야 한다는 제한사항으로 인해, 항공회사가 서비스네트워크를 전개하는 것은 다소의 한계가 있을 수밖에 없다. 또한, 하주들의 요구조건을 충족시키기 위해 필요한 목적지를 모두 커버할 수 없다. 지금까지는 이러한 문제들이 포워더와 개별거래를 통해 해결되어져 왔지만, 최근 들어 원활한 화물운송을 위해 항공회사와 포워더간 제휴가 활발해지고 있는 추세이다.

관련 기술의 혁신과 치열한 시장경쟁으로 인해 항공운임이 상당히 저하되었음에도 불구하고, 항공운임은 여전히 해상운임의 몇 배에 달하고 있다. 그러나 항공운송을 주로 긴급화물운송 및 신제품 조기출하 또는 재고절감 등을 목적으로 사용하기 시작했다든지 또는 공업화물이 경소단박(輕小短薄)해지고 있는 등 항공운송의 범용가능성을 높이는 현상들이 나타나고 있다. 지금까지 항공화물이 급격히 증가한 것은 화물수요 자체의 증가에서도 기인하지만, 기간(基幹) 공항에서 항공기의 발착을 제한하면서 여객운송 능력을 확대하기 위해 항공회사가 단순 여객항공기에서 광동형여객기로 전환한 데서도 그 이유를 찾을 수 있다. 이렇게 광동형여객기로의 전환이 일어나면서 화물운송을 위한 하부탑재실 공간이 급증한 것에서 원인을 찾을 수 있다. 그러나 이러한 항공회사의 운송능력 증가와는 반대로 공간을 효과적으로 활용하지 못하는 이유는 항공회사가 일정 공간을 직접 판매하지 못하는 것에서 원인을 찾을 수 있다. 다시 말해, 포워더와 항공회사는 수직적 관계에 있다고 할 수 있는데, 포워더가 항공회사의 일정 공간을 판매하고 있는 실정을 감안한다면 쉽게 이해가 될 수 있을 것이다.

국제항공운송 ── 여객운송(Air Passenger Service)
　　　　　　　　 화물운송(Air Cargo Service) ── 일반화물운송(General Cargo Service)
　　　　　　　　　　　　　　　　　　　　　　 특송(Air Express Cargo Service)

1 여객운송과 화물운송

　　여객운송에서는 90%가 왕복운송이지만 화물은 완전히 편도운송으로 왕복운송량과의 차이는 최대 1/3정도이다. 이러한 빈 공간이 포워더에 의해 판매됨으로써 이러한 차이를 메우고 있다. 물론 이런 수직적 구조가 항공회사의 경영효율성에 상당한 기여를 하고 있다고 할 수 있지만, 그 결과 화물운임이 IATA(International Air Transport Association ; 국제항공운송협회) 운임의 약 40~50% 정도에 불과한 실정이다.

2 일반항공화물운송과 특송

　　항공화물운송은 크게 일반적인 항공화물 운송과 화물의 특송(express)으로 구분된다. 전자가 보다 보편적인 형태이지만 최근 들어서는 특송화물이 급격히 발전하고 있는 추세이다. 이러한 특송의 신장세는, 생산측면에서 볼 때 JIT 생산방식이 도입되면서 기업들이 재고감축과 리드타임의 단축을 위해 Air Express 운송에 대한 프리미엄을 기꺼이 지급하려는 성향을 가지게 된 데 기인한다. 특히, JIT는 낮은 총물류비용(Total Distribution Cost)으로 높은 수준의 고객서비스를 제공하는 것을 목적으로 하기 때문에 재고감축(lowering inventory) 가능여부가 JIT 시스템 도입의 성패를 좌우하는 관건이 된다고 할 수 있다.

　　흔히 말하는 재고(stock)는 크게 회전재고(cycle Stock)와 안전재고(safety Stock)로 구분된다. 기업은 회전재고를 유지하기 위해 소량·다빈도 조달 전략이 필요하다. 그러면서도 리드타임의 변동가능성을 위해서는 안전재고도 유지할 필요가 있다. 따라서 이러한 두 측면을 모두 충족시키는 운송 수단이 필요한

데, 이를 위해 기업은 특송을 운송수단으로 선택한 것으로 보이며, 이러한 이유에서 특송에 대한 수요가 급격히 증가하고 있는 것으로 보인다.

③ 통합물류업자의 출현

항공특송화물의 발달은 결론적으로 Door-to-door service(문전서비스)를 제공하는 통합물류업자(integrator)의 출현을 가능케 했다. 현재 세계 주요 통합물류업자 4개사가 전체 특송시장의 90% 정도를 점유하고 있다. 이 가운데 Fedex와 UPS는 항공화물운송기를 직접 보유하고 있는 반면, DHL과 TNT는 자체 화물운송기를 보유하지 않고 항공회사의 운항서비스를 활용하여 특송서비스를 수행하는 통합물류업자의 형태를 취하고 있다.

세계의 항공수요는 소득수준의 향상과 국제 교역량의 증대에 힘입어 급격히 증가하고 있다. 특히 아·태 지역의 경우는 매년 10% 이상 성장하여 북미 지역에 이어 세계에서 두 번째로 큰 항공시장으로 부상하고 있다. 국제항공운송협회(IATA)는 항공수요 예측에서 여객은 2037년까지 연평균 4.7%, 화물은 2022년까지 4.9%씩 지속적으로 증가할 것으로 예측하고 있다. 또한 지역별 국제선의 세계 항공 여객수요를 분석해보면 2017년 기준 아시아·태평양 지역이 전 세계 여객수송의 36.3%를 점유하였으며 다음으로 유럽이 26.3%를 점유하였다. 아시아·태평양 및 유럽이 향후에도 타 지역보다 상대적으로 높게 성장할 것으로 전망하고 있다. 이와는 별도로 IATA에 따르면 2017년도 기준 전 세

표 7-1	각 연도별 전년대비 CTKs(Cargo Tonne-Kilometers) 증감률 (단위: %)

구분	2016	2017	2018	2019	2020
아태지역	2.3	1.6	9.0	1.6	−5.6
아프리카	1.7	3.4	22.9	−0.3	7.4
중동	11.6	6.8	8.6	4.6	−4.6
북미	0.1	2.2	9.1	7.0	−1.0
라틴아메리카	−5.8	−3.7	4.5	7.4	−0.2
유럽	−0.2	7.6	11.7	3.2	−1.9
세계	2.2	3.6	9.7	3.7	−3.2

자료: IATA, *Regional Briefing*, Asia-Pacific, Middle East · Africa, America, Europe 권역별, 2016-2020 연도별 각 12월호.

계 화물운송규모는 4천 185만톤을 기록하였다. 세계의 주요 항공사의 수송실적순위는 〈표 7-2〉와 같다.

표 7-2	세계 주요 항공사 여객 및 화물수송실적 순위(2021년 4월 기준)			
구분	여객수(2019년 기준)		화물톤(2021년 4월 기준)	
	항공사	실적(백만)	항공사	실적(천톤)
1위	American Airlnes Group	21500	FedEx	8,009
2위	Delta Air Lines Group	20400	United Parcel Service	5,064
3위	Southwest Airlines	16300	Qatar Airways	2,329
4위	United Airlines Holdings	16200	Emirates	1,814
5위	China Southern Air	15200	China Airlines	1,550
6위	Ryanair	14900	Korean Air	1,530
7위	Lufthansa Group	14500	Turkish Airlines	1,460
8위	China Eastern Airlines	13000	Atlas Air	1,366
9위	IAG	11800	Kalitta Air	1,290
10위	Air China Group	11500	Cathay Pacific Airways	1,220
11위	EasyJet	9600	China Southern Airlines	1,186
12위	Air France-KLM	8800	Air China	1,178
13위	Hainan Airlines Group	8200	Asiana Airlines	916
14위	Turkish Airlines	7400	Cargolux	858
15위	LATAM Airlines Group	7400	European Air Transport	846
16위	Aeroflot Group	6100	SF Airlines	813
17위	Emirates Airline	5600	Air Transport International	799
18위	Qantas Group	5600	All Nippon Airways	791
19위	Air Canada Group	5200	AeroLogic	736
20위	ANA Holdings	5200	Singapore Airlines	731
21위	Alaska Air Group	4700	Polar Air Cargo	727
22위	Singapore Airlines	3600	EVA AIR	704
23위	Norwegian	3600	LATAM	681
24위	Cathay Pacific Group	3500	Ethiopian Airlines	624
25위	Qatar Airways	3200	China Eastern Airlines	619
	total	243000	total	37,841

자료: Aircargonews, https://www.aircargonews.net/data-hub/top-25-cargo-airlines-2020/
Flight Global(2020), *Airline Business*, September-October 2020, p.34.

한 국가의 주권과 국가안보와 결부되어 오랜 기간 동안 여타 무역 분야의 규제체제와는 달리 특별한 경제활동의 영역으로 간주되어 온 항공운송산업은 현재의 세계화라는 틀 안에서 규제완화, 자유화, 민영화 등의 영향으로 자유경쟁시장에서 살아남기 위해 여타 산업과 같은 변화의 필요성에 직면하고 있다.

특히, 세계 항공운송 시장에서 생존하고 성장하기 위한 국적 항공사의 전략적 선택으로 항공사간 제휴가 활발히 진행되고 있으며, 그러한 전략적 선택을 통해 여타 다른 항공사보다 경쟁우위에서 글로벌 항공사로 거듭나고 경영의 효율성과 경비절감을 꾀하고 있다.

항공사 제휴란 경쟁력을 향상시키고 또 그를 통해 항공사의 운영능력을 강화하는 등을 목적으로 합작운영에 관여한 둘 혹은 그 이상의 항공사들 간의 모든 협력을 말한다(Morrish and Hamilton, 2002). 그러한 제휴는 1980년대 후반 Trans−Atlantic 제휴를 시작으로 국제적인 규모로 발전했다. Oster와 Pickerell(1986)에 따르면 1985년까지 50여 개의 통근항공사(commuter carrier)들은 주요 항공사들과 코드쉐어링 제휴를 체결했다. 제휴에 참여하고 있는 기업들은 통근항공산업에 의해 운송되는 여객의 75% 이상을 차지했다. 향후 항공운송산업에서의 경쟁은 항공사간의 경쟁이기보다 제휴간의 경쟁이 대두될 것으로 예상된다.

1 항공사간 제휴의 동기

항공산업이 성장을 거듭하고 있지만, 항공사들은 본질적인 낮은 이익에 허덕이고 있다(Hanlon, 1999; Sissen, 1999). 이것이 현재 성행하고 있는 항공사간 제휴의 주요 이유 중 하나인데 결론적으로 항공사들은 항공사의 운영능력을 향상시키기 위해 다양한 전략들을 구상하고 있다는 사실에서 설명될 수 있을 것이다. 제한적인 항공서비스협정(Air Services Agreements; ASAs)에 의해 규제되어 항공산업의 국제적 확장이 어렵게 된 상황에서 전략적 제휴는 항공산업 성장전략으로 여겨져 오고 있다.

제휴전략은 경제적 규제의 시대에서 시장에 참여하려 하는 통근항공사들(commuter carriers)에게 한 방편으로 사용되었고, 그 후 미국의 규제철폐, 유럽의 시장단일화, 그리고 Hub and Spoke System의 보편화로 인하여 경쟁력 있는 항공사로 남기 위해 국제화전략을 추구하는 항공사들에게 제휴의 압박을 가중시켰다(Button et al., 1998).

수많은 항공사들에게 있어서 경쟁력이 있다는 것은 미국, 유럽 그리고 아시아라는 세계 3대 주요 시장에서 활동하는 것을 의미한다. 이 주요 시장에서 경쟁력을 갖추기 위해서는 다양한 경로와 변화하는 수요에 맞추어 운항편수를 조정할 수 있는 탄력적 운영능력이 필요하다. 이것은 즉 단독으로 항공서비스를 제공할 경우 신규노선 및 증편에 한계가 있고, 항공여객의 연결편의를 제공하기에는 많은 제약이 따르기 때문이며 또한 이러한 문제의 자체 해결을 위해서는 새로운 비행선에 대한 대규모 투자가 수반되므로 제휴를 통해서 목적지로의 비행빈도를 높이고 여객들이 보다 편리하게 항공서비스를 제공받을 수 있도록 하는 등의 효율적인 운영과 성장을 위한 대안이라고 할 수 있다.

Button et al. (1998)은 제휴형성의 요인들을 비용절약, 시장진출 및 유지, 재정투자, 시설제약, 제도적 장벽의 우회방편 그리고 시장의 안정성 등으로 설명하고 있다. 또한 그들은 제휴의 이점을 다음의 네 가지로 설명하고 있다.

- 파트너의 기존 노선권과 슬롯을 이용한 새로운 시장으로의 진출
- 좌석이용률과 생산량 향상을 가능하게 하는 새로운 관문으로의 수송량 공급
- 좌석용량 관리(seat capacity management)를 통한 현재 시장의 유지
- 제휴분야에 대한 자원공유를 통한 비용절감과 규모의 경제 달성

또한 Oum et al. (2000)은 이러한 제휴는 국제항공사의 상업권은 제한적인 이국간 항공서비스협정(ASAs)에 의해 규제되고 있기 때문에 외국시장 진출에 대한 규제를 완화하기 위한 방편이 될 수도 있다고 했다. Casseres (1996)는 국경횡단 네트워크(cross-border network)가 상이한 국가들의 기술과 지식에 대한 접근을 가능하게 하는 광범위한 영역에 비용을 분담하도록 할 수 있기 때문에 외국 시장으로의 진출을 향상시킨다고 했다.

Oum et al. (2000)은 항공사간 제휴를 촉진하는 다른 유인들을 설명하고 있

표 7-3	항공사간 제휴 관련 선행연구
이론가	연구 내용
Oster and Pikerell(1986)	1985년까지 50개 대형 항공사들이 주요 항공사와 코드쉐어링 제휴를 체결함
Pustay(1992)	국제화의 저해요소 연구: 인프라의 한계, 운수권, 국정항공사의 외국소유, 반독점, 신생 국제항공사의 출현을 저지하는 정부개입의 위협 등
Gellman Research Associates(1994)	순익 면에서 BA와 KLM 파트너의 수익성 향상
Youssef and Hansen(1994)	비행빈도의 향상, 요금수준의 변동: 강력한 서비스 수준의 요금인상 억제력, 제휴의 재분배적 특성 등
US General Accounting Office(1995)	5개의 제휴에 참여하고 있는 항공사들의 수익과 운송량 향상: 항공산업의 성장으로 인한 혜택이 아니라 경쟁사의 손실에 기초한 혜택임
Park J.H.(1997)	초기 제휴연구들은 항공사에 제휴로 인한 혜택이 거의 없을 것이라 예상했으나, 후기 연구들은 경쟁사의 희생으로 인한 수송량 증대의 향상을 초래했음을 시사. 보완적 제휴-항공요금을 낮춤. 수평적 제휴-항공요금 인상.
Oum et al.(2000)	항공사간의 제휴는 수익성과 생산성을 향상시켰고 요금수준을 감소시킴
Oum et al.(2000)	제휴 노선에서의 수송량 증가
Brueckner and Whalen (2000)	제휴 파트너들이 비제휴 항공사들에 비해 약 25% 낮은 환승요금 (interline fares)을 부과
Morrish, Hamilton(2002)	공사간 제휴가 경쟁을 제한하고 수익성을 촉진한다는 증거는 없음. 즉, 제휴의 성행은 비행의 빈도를 향상시킴으로 인한 항공산업의 약한 수익을 유지하는 목적임

다. 이러한 유인들은 연결이 매끄러운(seamless) 네트워크의 확대를 말하는데, — 시장접근이 제한적일 경우 파트너간의 수송량 공급은 비용의 효율성을 증가시킨다 — 증가된 수송량 밀도, 공항 시설의 공유, 육상 인적자원의 공유, 향상된 서비스의 빈도 그리고 대여객 여행스케줄에 대한 넓은 선택권, 컴퓨터 예약 시스템(CRS; Computer Reservation System) 등은 제휴의 이득과 향상된 시장 파워를 나타낸다.

항공사간 제휴에 관한 주요 연구들을 정리해 보면 〈표 7-3〉과 같다.[3]

---

3 Morrish, S. C. and Hamilton, R. T. (2002), Airline alliance—who benefits?, p. 405 정리 요약.

2 항공사간 제휴의 종류[4]

1) 단순 노선 제휴

이는 항공사들간 전통적으로 많이 취해진 방식으로 가장 단순한 제휴방식이다. 단순 노선 제휴(route by route alliance)란 특정 구간의 노선에 대해 공동운항, 공동운임, 공동운항편명사용 등의 형태로 협력관계를 체결하는 것이다. 특정 노선에 관련된 제휴이므로 특정 노선 제휴라고도 한다. 단순 노선 제휴는 운송산업의 초기에 경제성이 없는 노선에서 불필요한 경쟁을 피하고 적정 수준의 항공서비스 네트워크를 제공하기 위한 목적으로 이용되었다. 그러나 1990년대에 접어들면서 운송시장의 경쟁이 치열해지고 시장의 성장이 둔화되면서 각국의 항공사들이 불황의 늪에 빠지게 되자, 원가절감의 목적으로 다시 특정 노선에 한하여 공동운항 방식을 채택하게 되었다.

공동운항 방식은 주로 양자간 제휴 방식에 이용되고 있다. 양국의 항공기업이 운항 노선을 특정하여 공동운항 노선으로 결정하고 그 노선에 대하여 계산상의 운항원가를 결정함과 동시에, 그 노선 운영으로 생긴 수입이 운항원가를 상회할 경우에는 일정한 배분방식에 의해 이윤을 항공사간에 배분하고 운항원가가 수입을 상회할 경우에는 항공기를 운항한 항공사가 손실을 부담하는 것을 원칙으로 한다. 노선 제휴에는 다음과 같은 형태를 가지고 있다. 노선 공동 운항(route joint operation), 좌석 할당 협정(block space agreement), 풀 협정(pool agreement), 공동 화물 운항, 수입 풀링(revenue pooling), 비용 풀링(cost pooling) 등이 있다.

2) 경영관리제휴

경영관리상의 제휴를 말하며, 최근에는 항공사간의 인적교류 내지는 경영상의 상호 이익을 위해서 고급간부들을 파견하기도 하며 벤치마킹을 통한 경영 노하우의 습득 및 기타 다방면에 걸친 제휴의 결과로서 경영관리상의 협력을 꾀하고 있다. 예를 들면 교육훈련 제휴, 매뉴얼 공동제작, 경영관리 정보교환 제휴, 일반적 상무협정(general commercial agreement) 등이 있다.

---

4 김인주, 항공사 전략적 제휴의 글로벌 네트워크 형성에 관한 연구, 2000, pp. 68~74 정리 요약.

3) 코드 쉐어링

코드 쉐어링(code-sharing)이란 한 항공사가 파트너 항공사의 좌석을 자기 고유의 코드로 판매할 수 있는 것을 말하며, 흔히 운항편명 공동사용이라 한다. 운항편명의 공동사용은 CRS(Computer Reservation System)의 발전을 배경으로 한 새로운 마케팅 기법의 일환으로 제휴의 내용 중 가장 많이 행해지고 있다. 노선 판매를 자극한다는 측면에서는 포괄적 마케팅 제휴의 범주에 포함시킬 수도 있으나 특정 노선구조에서 이루어지는 노선의 확대라는 측면에서는 노선관련 제휴의 범주에 포함시킨다. 두 항공사의 노선을 공동 사용함으로써 연계 수송을 효율화시키는 효과를 각 제휴사가 동시에 누릴 수 있다.

4) 포괄적 마케팅 제휴(broad based marketing alliance)

항공사간의 상호 지분교환이나 자본참여는 배제된 전체적인 업무상, 마케팅상의 협력관계를 구축하는 광범위한 형태의 제휴이다. 마케팅 제휴는 자사의 마케팅 능력의 확보를 위해 타항공사와 대리점 체제를 통한 유통상의 제휴, 특별 운임 협정 및 정산 제휴, 공동 프로모션(홍보, 선전, 광고 등), 공동 컴퓨터 예약망 이용 등 광범위한 범위에서 이루어지고 있다. 특히, CRS는 항공사 마케팅 활동을 수행하는 가장 기본적인 요소인 동시에 막대한 고정비 투자를 필요로 한다. 따라서 항공사간의 CRS 제휴는 기존에 개발, 활용되고 있는 세계적 규모의 CRS에 여러 항공사가 가입하는 형태로 이루어지며, 그 성격상 단순한 예약시스템의 연결에 그치는 것이 아니고 마케팅상의 제휴로 발전하고 있다는 점에 그 특성이 있다. 공동 대리점(joint general sales agency), 운항 스케줄 조정, 공동 상용고객우대제도(joint frequent flyer program), 공동 광고, 공동 마케팅 프로그램, CRS 제휴, 특별정산협정, 공동 운임, 화물 대리점 공유, 공동 프로모션, 수입 공유(revenue sharing), 프랜차이징 등이 있다.

5) 자원공유 제휴

국제적인 석유파동 및 공급과잉, 시장의 경제적 상황 악화로 인한 항공운송 시장의 단기적 부침의 연속에도 불구하고, 여타 산업에 비해 지속적인 성장 위주의 경영을 추구하던 항공사들은 제휴라는 과정을 통해 직접 투자 위험의 감소를 위한 도구로서 또 다른 형태의 제휴를 모색하고 있다. 따라서 제휴는 간접투자의 한 방법으로서 투자위험 분산을 기할 수 있으며, 항공운송산업 특유의 자본집약적 사업 특성의 한계를 극복하려는 요구를 자연스럽게 각 항공사들이 가지고 있는 자원의 공유라는 협력을 통해 성취하려고 한다. 이러한 자원공유는 가장 다양한 형태로 진행되고 있으며 물적 자원 공유에서부터 인적 자원의 공유, 지식정보의 공유의 형태로까지 다양하게 나타나고 있다. 조인트 벤처, 공동 지상 조업, 승객 라운지 공유, 공동 정비 투자, 연료 풀링, 보험 풀링 협정, 항공기 리스, 공항 시설 공유, 공동 리스, 엔진 시험동 공유, 공항 슬롯 공유, 공동 화물기 운용, 정비 합작 투자, 공항터미널 공유, 캐터링 합작투자(catering joint venture) 등이 자원공유 제휴(resource sharing alliance)의 예이다.

6) 지분소유 제휴

지분소유 제휴(equity alliance)는 항공사간의 제휴 형태 가운데 가장 강력한 연합의 형태로서 일정 한도 내에서의 지분참여와 투자, 상호출자의 형태 등으로 이루어지고 있다. 자본의 상호교환이나 투자가 수반되는 지분 제휴는 비교적 장기적인 시간개념을 가지고 두 개 이상의 기업간에 체결되는 전략으로써 기업 간의 강점을 더해주고 약점을 보완해 줄 수 있을 때 특히 빈번하게 형성되므로 지분소유 제휴를 일반적 의미의 전략적 제휴라고도 한다. 지분소유 제휴는 장기적으로 외부로부터의 경쟁적인 공격이나 환경변화에 견디어 낼 수 있는 전략적 가치를 생산할 수 있어야 한다.

장기적인 시간개념이 포함되어 있는 지분소유 제휴는 주로 항공사간에 지분교환이나 자본참여를 통한 제휴라는 측면에서 다소의 위험성을 내포하고 있다. 그러나 제휴 항공사들간 강력한 연대관계가 맺어짐으로써 노선 결정, 시간대, 공동운임 결정, 코드공유를 비롯하여 상용고객우대 프로그램 및 수입관리에 이르기까지 제반 업무협조가 긴밀하게 이루어질 수 있다는 장점이 있다. 또한 비용측면에서도 연료의 공동구매, 항공기 공동구입 및 공동사용, 기내식 서비스의 일원화 등의 원가절감이 가능하며, 지상 서비스측면(항공기 정비 포함)에서도 보다 원활한 협조체제가 이루어질 수 있다는 장점과 상대 항공사와의 협력이 용이하고 제휴 항공사의 경영실적이 좋은 경우, 투자수익도 기대할 수 있는 장점도 있다. 그러나 제휴 항공사의 경영기반이 부실한 경우 투자손실을 입을 우려가 있고, 항공사간의 제휴를 파기하고자 하는 경우가 생기더라도 일방적으로 제휴관계를 파기하기 어렵다는 단점을 가지고 있다.

7) 합병 및 인수

기업의 합병 및 인수(M&A, merger & acquisition)를 통한 세계화 전략은 외국 및 자국 항공사간 경영권 인수의 형태로 자국기업의 규모팽창과 동일한 세계화 전략이다. 따라서 단순한 업무제휴나 지분교환에 의한 제휴보다 관계의 긴밀성과 연대성, 항공기의 승무원 운용, 구매와 자금차입능력, 소비자에 대한 기업 이미지 제고 측면에서 유리하다(Oum et al., 1992). 이와 같이 항공사들간 합병을 하게 되는 가장 큰 이유는 치열한 경쟁 속에서 살아남기 위하여 최소한의 한계규모(critical mass)를 갖추지 못한 잠재적 경쟁기업끼리의 통합으로 경쟁가능 기업규모를 형성하여 다양한 힘을 확보하고, 시장지배력을 강화하고자 하는데 있다. 최근 항공자유화에 따른 경쟁심화에 대한 대처방안으로 항공사간의 지분참여가 활발하게 진행되고 있다. 만약 외국기업의 지분참여율에 대한 제한이 보다 완화된다면 국제적 인수·합병도 크게 늘어날 것으로 보여, 향후 세계적으로 5~6개의 거대 항공사만이 살아남을 가능성도 있다.

이러한 합병 및 인수를 통한 세계화는 규모의 경제를 활용한 효율적인 사업운영이 가능하며, 거대 항공기업화를 통한 경쟁우위 확보 및 시장지배력을 강화할 수 있다는 장점이 있다. 반면 불황 시에는 대규모의 적자 발생 가능성

표 7-4	세계 주요 항공 Alliance 현황	
	SKY Team	WOW Alliance
정회원	Korean Air cargo Delta Air Lines cargo Aeromexico cargo Air France–KLM cargo KLM cargo Saudi Arabian Airlines cargo Aeroflot cargo Argentina Air cargo Alitalia cargo China Cargo Airlines China Airlines cargo Czech Airlines cargo Cargo Garuda Indonesia	Singapore Air cargo SAS cargo group
탈퇴 회원	China Southern Airlines cargo	Lufthansa cargo Japan Airlines(JAL)
계	12개(2019년 기준)	2개(2018년 기준)

이 있고, 오히려 규모의 경제가 아니라 규모의 불경제가 발생할 가능성이 있다는 단점이 있으며 아직까지는 국제적인 인수 · 합병에 대한 제약이 많은 상태이다.

제**8**장 국제복합운송

제**1**절　국제복합운송의 발전

　　국제복합운송은 화물의 이동에 본격적으로 컨테이너화(Containerization)가 실현이 되기 시작한 1970년대 이후 본격적으로 발전하였다. 당시 세계는 세계 대전이 종결된 후 선진국들을 중심으로 고도의 경제 성장을 이끌고 있었으며 이로 인하여 국가 간의 상호의존성이 지속적으로 증대되어 화물 물동량이 크게 확대되고 선형의 대형화 및 전용선화가 적극 도입되기 시작했다.

　　시장에서의 재래정기선의 탈피는 화물 운송의 고속화 및 화물선의 대형화를 실현하였으나 시장에서 파생되는 물동량을 처리하고 관리하는 항만 등의 물류 거점에서는 상대적으로 발전 속도를 맞추지 못하여 항만하역 및 처리에 있어서 많은 문제점을 노출시켰다. 이러한 시점에서 컨테이너의 등장은 항만의 비능률적인 시스템 개선 및 조율에 큰 역할을 제공할 수 있었으며, 하역 및 화물처리 효율성과 생산성을 제고시켜 국제복합운송이 활성화되는 계기를 마련하게 되었다.

　　복합운송은 1929년 국제항공에 관한 일부규칙의 통일에 관한 조약(Warsaw Convention 1929) 제31조에서 'Combined Carriage'란 용어로 사용되기 시작하였으며 이후 통운송(through transport), 연속운송(successive transport), 복합운송(combined transport) 등을 거쳐 1980년 UN국제물건복합운송조약(United

Nations Convention on International Multimodal Transport of Goods) 이후로는 'Multimodal Transport'이라고 표기하고 있다.[1] 일반적으로 해상운송을 통하여 내륙으로 연결한 후 내륙의 최종목적지까지 운송하는 것을 의미하는 국제복합운송은 국제간에 복수의 운송수단을 조합해서 운송하는 것을 의미한다. 국제복합운송의 기본적인 요건은 ① 운송책임의 인수, ② 통(通)운임의 제시, ③ 복합운송증권의 발행, ④ 운송수단의 다양성이다.

국제운송에 컨테이너를 적극적으로 도입한 것은 미국의 씨랜드사(Sea-Land Service, Inc.)로 1966년에 뉴욕과 유럽 간 국제항로에 컨테이너선을 취항하면서 컨테이너를 통한 국제복합운송이 시작되었으며, 이후 지속적으로 물동량을 확보하면서 1971년경에는 13개의 주요 국제 항로에서 컨테이너를 활용한 선박이 운항되었다. 하지만 미국 내륙지역으로 향하는 복합운송은 해상운송에 컨테이너가 도입되기 시작한 1970년대 중반부터 1980년대 초까지 시카고 노선을 제외하고는 비중이 높지 않았다. 그 당시 북미 지역은 내륙 도시 행(行) 및 왕복 화물 물동량의 불균형 등으로 인하여 철도운송에 관한 비용이 상대적으로 높아 국제복합운송의 활용이 상대적으로 빈약한 실정이었다. 그러나 1980년에 씨랜드사가 지역 해운동맹이었던 태평양 동맹에서 탈퇴하고, 독자적으로 북미 내륙지역의 도시까지의 통(通)운임인 IPI(Interior Point Intermodal)[2] 운임을 도입하여, Micro Bridge Service를 전개하면서 북미 내륙지역 행(行) 국제복합운송이 급속히 발전하기 시작하였다. 더욱이 동년에 미국 내 철도산업에 대한 규제 완화를 목적으로 하는 스태거즈 법(Staggers Rail Act 1980)[3]이 제정되어, 주간교통위원회(Interstate Commerce Commission ; ICC)가 이 법안이 지정하는 화물에 대해 철도 운임 등 관련 부분에 대하여 관리를 하게 되었다. 이후 ICC는 TOFC(Trailer On Flat Car), COFC(Container On Flat Car) 등의 운송 화물을 운임규제의 적용 제외 화물로 지정하였으며, 철도 회사가 화주 기업들과의 사이에서 독자적인 운송계약을 체결하고 자유롭게 운임을

---

1 미국에서는 'Intermodal Transport'라고 표기하기도 한다.
2 북미 서안의 항구들로부터 미국 내륙의 철도 시스템에 연결시켜 내륙의 목적지까지 해운 회사의 일관책임 하에 수행되는 운송서비스를 의미한다.
3 이 법은 철도 산업을 구제하기 위해 1976년에 제정된 「철도재생·규제개혁법(The Railroad Revitalization and Regulatory Reform Act of 1976, 소위 4R법)」을 개정한 것으로 이후 미국 철도회사 간의 합병을 통한 산업 재편이 급속히 진전되게 하는 계기를 마련하였다.

설정할 수 있도록 규제하였다.[4]

　당시 철도운송은 화차의 진동 문제로 화물 손상이 빈번히 발생하였으며, 운송비용 측면에서 경쟁 운송 수단이었던 트럭 운송이나 해상운송보다 상대적으로 높았기 때문에 활용 빈도가 좋지 않았다. 그러나 이단적열차(double stack train)[5]의 등장으로 인하여 철도는 북미지역에서 국제복합운송의 중심적인 역할을 수행하게 되었다. 컨테이너를 이단으로 적재하여 철도운송한다고 하는 아이디어 자체는 1970년대에 이미 존재하였다. 1977년경부터 실험 운송이 진행되었으며, 1984년 미국 해운기업인 APL사(American President Lines)가 종래의 차량을 개량하고 경량화에 성공하면서 본격적으로 이단적열차의 운행이 개시되었다. 이 기술은 차바퀴 부분의 용적을 줄였을 뿐만 아니라, 컨테이너를 이단적으로 함으로써 운송효율을 높여 그 결과 운송비용을 약 40% 줄이게 되었다. 더욱이 기술적 개량에 의해 열차가 출발 시와 정지 시 혹은 주행 중의 진동을 대폭 경감시킴으로써 그때까지 철도운송에 적합하지 않았던 전기제품과 전자기기 등의 운송까지도 가능하게 되었다.

　이상에서 보듯이 1980년대는 해운업 등을 포함한 교통산업에 대한 규제완화가 급격히 진행되었으며, 이는 시장에서의 경쟁 촉진과 운송 시스템의 기술진보를 도출하여 고객 지향의 국제복합운송 시스템이 적용되기 시작된 과도기라고 볼 수 있다. 또한 해상운송과 철도운송을 접속하는 결절(node) 부분에 대한 대규모 투자가 진행되었으며, 이와 동시에 새로운 경영 거점을 국제적으로 확장시켜 북미와 유럽 등 선진 시장에 설치하는 등 새로운 형태의 경영 환경이 조성되었다.

4　小出修三, "國際物流システムと國際複合輸送の展開", 海運經濟研究 31號, 1997, pp. 79~82.

5　미국의 SP社(Southern Pacific Railroad)에 의하여 개발된 화차로써 컨테이너를 2단으로 적재할 수 있도록 설계되었으며 복합운송에 활용이 되었다.

국제복합운송의 개념과 형태

1 국제복합운송의 개념

국제복합일관운송은 증가하고 있는 국제간의 화물의 운송에서 발송지에서 도착지까지 일관된 책임과 운임으로 복수의 운송 수단을 활용하는 Door to Door Service의 종합적 물류합리화 시스템이다. 국제복합운송은 UN국제물품복합운송조약(United Nations Convention on International Multimodal Transport of Goods) 제1조 1항에서 다음과 같이 정의되고 있다. "국제복합일관운송이란 복합운송인이 물품을 그의 관리 하에 둔 1국의 어떤 장소로부터 화물을 인도하기 위해 지정된 타국의 어떤 장소까지의 복합운송계약에 의하여 적어도 두 가지 이상의 운송 수단을 이용한 물품의 운송을 말한다." 즉, 국제복합일관운송은 국제간의 화물 운송의 합리화를 제고하기 위한 것으로서 컨테이너를 매개로 하는 Unit Load System[6]을 기반으로 하고, 최초의 복합운송인(Multimodal Transport Operator ; MTO)[7]이 복합운송증권을 발행하여 전 구간의 운송을 인수하고, 그 일부 또는 전부를 다른 운송인에게 하청 운송시키는 방법이다. 복합운송인은 크게 운송인(Carrier, 해운회사, 항공회사) 및 운송주선인(Freight Forwarder)로 대표할 수 있다.

'캐리어'라고 통칭되는 운송인은 주로 해운회사를 의미하는데, 해상 컨테이너 운송의 일환으로서 구주항로(아시아-유럽) 경유 일관운송, 북미 지역을 연결하는 ALB(America Land bridge), MLB(Mini Land bridge), IPI(Interior Point Intermodal) 등의 서비스를 제공한다.

한편 '포워더'라 불리는 복합운송인은 이용운송을 활용하고 있는데, Siberia Land bridge, Canada Land bridge, Sea and Air Service가 대표적인 유형이며 미

---

6 화물을 수송할 때 기계하역이 가능한 단위로 모아서 하역하는 것을 Unit Load(단위화)라 하는데, Unit Load System은 잡화류 등을 수송할 때 가능한 한 일정단위로 모아서 Door to door 서비스를 제공하는 체제를 말한다.

7 UN국제물품복합운송조약에 의하면 "자기 또는 자신의 대리인을 통하여 복합운송계약을 체결하고 송하인이나 복합운송업무에 관여하는 운송인의 대리인 또는 그러한 사람에 갈음하여서가 아니라 주체로서 행위를 하고 또한 계약의 이행에 관한 채무를 부담하는 자"를 말한다.

국, 캐나다, 중국, 아시아 제국, 구주, 호주, 그리고 아프리카 등 세계 각국을 연결하는 컨테이너 운송을 이용한 국제 Door to Door 서비스의 국제복합일관운송을 행하고 있다.

국제복합일관운송은 이와 같이 캐리어와 포워더에 의해 행해지고 있으며, 특히 실제로 간선운송 수단을 가지고 있지 않는 포워더의 주관으로 운영되는 비중이 높아지고 있다. 이것은 포워더 주관의 국제복합일관운송이 효율적인 운송수단의 선택에 의해 다양한 루트 형성이 가능한 점, 국제운송에 관련된 부대 서비스의 제공에 의해 화주의 총체적 물류비의 절감이 가능하다는 점, 그리고 효과적인 Door to Door 서비스 제공이 가능한 점 등의 이유에 의거하고 있다.

국제복합일관 운송업자로서의 포워더는 일반적으로 NVOCC(Non-Vessel Operation Common Carrier)[8]라고 불리고 있다. 이것은 미국의 제도에 의해 호칭을 편의적으로 사용하고 있는 것인데, 1984년 미국의 해운법에서는 이 NVOCC를 해상운송의 운송수단인 선박을 운항하지 않는 공공운송인이지만 공공해상운송인과의 관계에서는 화주, 즉 이용 운송업자로서 위치시키고 있다. 국제복합일관 운송업자는 국제간에 걸쳐 모든 하드웨어적인 부분, 즉 운송수단을 스스로 구비하는 것은 거의 불가능에 가깝지만, 한편 소프트웨어적인 부분에서는 최적운송수단을 선택하고 조합하고 시스템화하는 기능을 가지는 것이 중요하기 때문에, 이용 운송업으로서의 역할에서 상기의 업무를 담당하여 수행하게 된다. 따라서 국제복합운송에 있어서 그 업무의 본질은 복수 이상의 운송수단의 조합에 의해 국제간의 Door to Door 운송서비스를 행하기 위한 이용운송 기능으로서의 역할에 있다. 즉 이용운송으로서의 국제복합운송의 본질적인 기능은 국제물류의 비용(Cost)과 시간(Time) 측면에서 합리화를 도출하는 것이라고 할 수 있다. 즉, 국제복합일관운송은 화주에 대해 총 비용의 절감을 비롯해 Just In Time에 의한 합리화와 다양화에 의한 화주의 니즈를 수용하고 적절하게 대응할 수 있는 등의 다양한 장점을 지니고 있으며, 이로 인하여

---

8 운송수단을 보유하지 못한 운송인으로 계약운송인인 운송주선인을 법적으로 실체화시켜 해상운송업자와 자기명의로 당해 화물의 운송계약을 체결하는 자를 말한다.

국제운송에서 복합운송의 수요가 높아지고 있는 실정이다.

2 국제복합운송의 주요 형태[9]

국제복합운송은 외항 컨테이너선 운송과 항공화물운송의 발달을 기반으로 하고 있으며, 이들의 운송수단을 이용하는 운송시스템으로서 급속하게 발전하고 있다.

외항 컨테이너선 운송은 1966년 4월 미국의 씨랜드사가 북미동안/구주항로를 개설한 것을 계기로 세계의 주요 항로에 서서히 진전되어 오늘에 이르고 있다. 항공화물운송은 1969년경 제트화물기의 등장으로 대형화물의 운송 시대가 열리기 시작하였으며, 1970년대에 들어서 선진국을 중심으로 한 규제 완화 정책 등으로 인한 시장의 확장으로 대량운송시대를 맞이하게 되었다. 이후 보잉747을 위시해 DC10, L1011 등 광동형 대형기의 취항과 약 100톤의 최대적재 능력을 지니는 화물전용 점보 프레이터의 등장으로 인해 국제항공대량운송이 급속하게 발전해 나갔다. 국제항공화물은 당초 긴급물품, 귀중품 등 특수한 화물 운송에 국한이 되었으나 항공 운송 시스템의 발달로 인하여 생선 등의 신선식품과 식료품 그리고 고부가가치 상품 등을 위시해 많은 국제무역상품으로 파급되고 있다. 최근의 주요 항공화물로서는 신문, 잡지원고, 긴급물품, 우편물, 신선식품, 패션상품, 정밀기기, 전자광학기기 및 자동차와 기계의 부품 등이며 갈수록 화물의 범위와 물량이 증가하고 있다. 항공 운송 시장은 매년 지속적으로 성장하고 있는데, 이는 상대적으로 짧은 운송 시간과 운송 중 상품의 변질이나 손상의 위험이 적으며, 판매경쟁상 유리하여 고부가가치 상품의 운송에 적합하다는 등 다수의 이점을 지니고 있다. 반면에 운송비용이 높고 처리할 수 있는 화물의 중량과 크기에 제한이 있는 단점도 있다.

국제복합운송은 이러한 컨테이너선 운송과 항공화물운송의 진전과 국제물류에 있어서 Door to Door Service의 일관된 합리화 요청으로 인하여 본격적으로 시장에서 활용되기 시작했다. 주요 국제복합운송 형태 및 노선의 개시 시기 등을 보면, 북미서안 경유의 Sea and Air 운송이 1962년경부터 항공회사에 의해 시작되었으며, 이어서 Siberia Land Bridge가 1971년에 정식으로 개설되었다. 1972년에 MLB(Mini Land Bridge)가, 그리고 1980년에 IPI(Interior Point

---

9 市來清也, 國際物流のキーワード, ファラォ企劃, 1991, pp. 76~117.

Intermodal)가 해운회사에 의한 대표적인 복합운송루트로서 개설되었다. 그리고 최근에는 이를 기반으로 하여 전문포워더들이 시장 및 화물의 특성에 적합한 맞춤형 루트를 개설하고 있으며, 이로 인하여 전 세계가 연결이 되는 글로벌화를 촉진시키는 요인이 되고 있다. 국제복합운송은 당초 Sea and Air 운송처럼 육·해·공의 각종 운송수단의 결합에 의한 공동운송, 즉 운송 시간과 가격의 조합으로 진행되었으나, 그 후 물류효율화 및 합리화를 위한 전략들이 도출되어 시스템적으로 접근하는 제2단계로 전환되었다. 이는 각종 랜드브리지의 루트에서도 나타나듯 거점의 경유화 방식이 출현하는 것이 그 예라 할 수 있다. 더욱이 제3단계에서는 국제포워더 등에 의해 수요자의 니즈 및 편의를 충족시키기 위한 서비스 제공이 가장 경쟁 우위 전략으로 도출되고 있다.

1) Sea and Air 운송

① 개 관

Sea and Air 운송은 해상운송과 항공운송을 결합한 국제복합운송으로 운임과 운송일수가 해상운송과 항공운송의 중간이라는 것이 특색이다. 즉 항공운송만으로는 운송비용이 아주 높고, 해상운송만으로는 운송 일수가 상대적으로 길기 때문에 Sea and Air 운송은 경제적으로 유효한 운송 방식이라 할 수 있다.

Sea and Air 운송이 개시된 것은 1962년경으로 미국계 항공회사(아메리칸 항공, 유나이티드 항공, 플라이 타이거 항공 등)가 일본으로부터 미국 동안 및 중부로 향하는 화물을 미국 서안까지는 해상운송하고 서안에서 동안 및 중부까지 항공으로 운송을 한 사례부터 시작되었다. 그 후 유럽계 항공회사(SAS, KLM, AIR FRANCE 등)들이 유럽으로 향하는 화물을 일본에서 미국 서안까지 해상으로 운송하고 서안에서 동안을 경유하여 유럽으로 항공 운송을 수행하면서 활용 빈도가 높아지기 시작하였다.

1960년대 초반에는 Sea and Air 운송을 활용할 수 있는 화주들이 극히 제한적이었다. 또한 미국 서안의 대표적인 항만인 LA항의 행정 시스템 및 파업 등의 문제로 인하여 캐나다 등지로 물동량이 분산이 되면서 시장에서의 활용도는 매우 낮아지게 되었다. 이로 인하여 유럽으로 향하는 물량들은 캐나다의 밴쿠버 항을 중심으로 연결이 되기 시작하였으며, 그곳에서 유럽까지의 일관운송을 실시하였다. 1968년 그 때까지 유럽계 항공회사의 하청으로 캐나다 국내

운송 부분만 수행했던 Air Canada사가 자사기로 유럽까지 운송하는 Sea and Air 운송에 진출하기 시작하였으며, 같은 시기인 1968년에는 소련의 Aeroflot사도 나호드카를 경유하여 유럽으로 향하는 Sea and Air 운송을 개시하였다.

1970년대에 들어서 외항 컨테이너선 운송이 본격화함에 따라 Sea and Air 운송은 복합일관 운송으로서 기술적으로도 합리화되고 서비스와 운임 측면에서 운송시스템으로서 서서히 정비되었다. 그러나 1970년대 전반기까지는 모두 항공회사 주관으로 운송서비스가 진행이 되었으며, 70년대 후반에 들어서 비로소 Sea and Air 전문운송업자가 출현하게 되면서 활용 비중이 높아지게 되었다.

1980년대에는 항공화물 혼재업자가 Sea and Air 운송을 위한 혼재서비스를 개시하면서 포워더로서의 시장 진입을 시작하였다. 당시 항공 포워더는 본선 출항 후에 선하증권(B/L) 또는 포워더 화물수취증(FCR)을 수취하거나 항공운송장(AWB)으로 바꿔서 운송을 수행하고 있었다.

이를 개선하기 위하여 Sea and Air 운송의 혼재화, 통선하증권의 발행, 일관운임의 도입 등이 이루어졌으며, 이후 항공 포워더들도 적극적으로 복합운송을 활동하기 시작하였다. 1982년에 네덜란드의 전세기(charter) 항공회사인 Martin Air가 화물 전용기로써 운송을 하는 홍콩 경유 노선을 개설하여 시장 활성화에 기여하였는데, 이 노선은 일본 등으로부터 홍콩까지 해상운송하고 홍콩에서 유럽까지 항공으로 운송하는 노선으로 종래의 캐나다 경유 노선인 경우 약 13~14일 정도 소요된 것에 반하여 이 노선은 약 10일 정도의 시간만이 소요되었다. 이를 계기로 시장에서 포워더의 역할이 제고되었으며, 이는 Sea and Air 운송의 주관자로서 화주에 대해 적극적으로 판매 활동을 하게 된 계기가 되었다. 최근에는 여태까지 화주와 직결해서 세일즈 해왔던 항공회사도 포워더에게 집화를 위탁하고 있는 실정이다.

이와 같이 Sea and Air 운송은 원래 항공회사에 의해 시작되었으나 현재는 항공회사, 포워더, Sea and Air 브로커에 의해 이루어지고 있다. 통상 항공회사가 주관하는 Sea and Air 운송은 통선하증권을 발행하지 않고 선하증권과 항공운송장이 별도로 발행되고, 화주에게는 연결운송조항 기입의 항공운송장이 전달된다. 이에 비해 포워더가 주관하는 Sea and Air 운송은 화주에게 통선하증권이 발행되고, 복합일관운송으로서 행해진다. 물론 Sea and Air 브로커는 운송루트를 설정, 운영하고 포워더에게 도매를 행하고 원칙적으로 화주에게는 직접 판매하지 않는다.

② Sea and Air 운송의 주요경로

i) 북미서안 경유 Sea and Air 경로

이 경로는 항공회사에 의해 개발된 것으로 Sea and Air 운송 가운데서 가장 오래된 것으로 물동량도 많다. 최근 다수의 포워더들이 시장에 진입하여 서비스를 수행하고 있으며, 그 운송루트도 다양해지고 있다. 일반적인 경로는 한국이나 일본에서부터 북미 서안항의 시애틀, 벤쿠버, 로스앤젤레스까지 해상운송하고, 이들 지점에서부터 북미 동안, 유럽, 기타 지역으로 항공 운송하는 것이다.

ii) 나호드카 경유 Sea and Air 경로

이 경로는 한국이나 일본에서 러시아의 나호드카까지는 해상운송을 하고 그곳부터 블라디보스톡까지 육상운송을 한 뒤, 그 후 러시아내 유럽 또는 기타 지역으로 항공운송하는 것이다. 운송서비스는 러시아 항공이 주관자(복합운송인)로서 현지국의 화물대리점을 통해 행하고 있다. 이것은 한국이나 일본의 항으로부터 유럽 등의 도착지까지 모두 러시아의 운송시스템에 의해 이루어지는 것이 특징이다.

iii) 홍콩 경유 Sea and Air 경로

이 경로는 한국이나 일본으로부터 홍콩 또는 싱가포르, 방콕까지 해상운송하고 거기서부터 유럽으로 항공 운송하는 것을 말한다. 이것은 홍콩이나 싱가포르, 방콕으로부터 유럽과 극동아시아로 향하는 부정기 항공회사의 저운임 선복량을 대리점 또는 브로커를 통해 현지국의 포워더나 혼재업자에게 판매하는 등의 방법으로 발전해 가고 있다. 이것의 특색은 운송일수가 비교적 짧다는 점이다.

2) 한국 · 일본/북미간의 복합운송

① Mini Land Bridge(MLB)

이 경로는 해운회사가 개발한 것으로 한국 · 일본에서 미국서안 사이를 해상운송하고, 서안항으로부터 미국 동안 혹은 걸프항들까지 철도운송하면서 컨테이너 일관운송을 행하는 것이다. 미국에서 화물의 인수 및 인도는 통상 철도 터미널에서 이루어지지만 해운회사의 Container Yard나 Container Freight

Station에서 행해지는 것도 있다.

Mini Land Bridge는 1972년에 Sea Train사가 캘리포니아/일본 간의 컨테이너 서비스를 개시할 때에 서부의 산타페 철도와 동부의 펜센트랄 철도의 동의하에 해륙일관운송 서비스를 제정하고, 미국의 연방해사위원회(FMC) 및 주간교통위원회(ICC)에게 운임을 서류로 제시하고 이것을 개시하였다. 이 Sea Train사의 운임은 일본에서 미국 동안 행(行) 해상운임과 같은 운임으로 설정하였다. 그 후 북미서안 운임동맹도 Intermodal Authority(동맹이 복합운송화물도 관할하는 규칙)를 취득하여 1974년에 동맹의 Mini Land Bridge 운임을 설정했는데, 이것을 계기로 태평양 항로에 컨테이너선을 취항시키고 있던 해운회사는 모두 Mini Land Bridge 운송에 진출하게 되었다.

또한, 1981년에는 미국 해운회사인 APL사가 소유하고 있던 무개화차(Flat Car)[10]를 활용하여 전용열차(Liner Train)의 운행을 개시하여 운송 기간을 단축하였으며, 1984년부터는 경제적으로 효율성이 뛰어난 이단적열차에 의한 전용열차 운행을 개시함으로써 시장에서의 역할이 고조되었다.

이 Mini Land Bridge 운송은 해운회사가 통선하증권을 발행하고 운임은 직항선에 의한 해상운임과 같은 수준으로 서비스를 행하고 있다. 운송일수는 약 14~18일 정도 소요되는데 해상직항 컨테이너선의 경우 약 18~20일 소요되기 때문에 상대적으로 운송 시간이 짧은 것이 특징이다.

② Interior Point Intermodal(IPI)

해운회사 운영의 복합일관운송으로 미국 내륙 내 도시를 목적지로 하는 화물의 이동에 활용된다. 이 방식은 한국·일본 등 극동지역에서 북미 서안항까지 해상운송하고, 미국 서안에서부터 미국 내륙 내 도시로 철도와 트럭 등으로 일관운송하는 것으로 Micro Land Bridge(MCB)라고도 불린다. MLB가 미국 동안까지의 해상운송 대체수단으로서 미국 동안·걸프지역 항만으로 향하는 것에 한정되어 있는 것에 비해, 이 IPI는 미국 내륙 주요 도시까지의 복합운송으로 행해지고 있으며, 내륙 내 주요도시의 철도 터미널 또는 선사 보유의 CY나 CFS에서 화물인도가 이루어진다.

이 IPI서비스에서는 MLB처럼 선사가 통선하증권을 발행하고 내륙 포인트

---

10 무개화차(Flat car)는 철도 화차의 상면이 평평하여 다양한 형태의 화물 적재에 사용되며, ISO 표준규격의 대형 컨테이너 적재하기에도 편리한 화차를 말한다.

까지 운송한다. 운임은 원칙적으로 해상운임과 육상운임의 합산 금액이고 운송일수는 로스앤젤레스(LA)를 경유하여 내쉬빌(Nashville)로 향하는 경우 약 14일 정도 소요된다. MLB와 비교하면 IPI는 운송 거리가 짧고, 소요 일수는 작지만 운임이 높게 설정되어 있는 것이 특색이다. 이것에 비해 포워더 서비스는 맹외선(盟外船)의 이용이 많기 때문에 평균적으로 운임은 낮지만, 소요일수는 약간 더 걸리는 경향을 보이고 있다.

MLB의 경우와 마찬가지로 운송의 효율성을 위하여 이단적열차를 적극적으로 활용하고 있으며, 이단적열차의 운행방법에는 Unit Train 방식(선사 스스로 열차를 마련하는 것)과 Block Train 방식(철도 회사가 마련한 열차의 일부 차량을 이용하는 것)으로 구분된다. Unit Train 방식인 경우 준비하는 데는 최저 150개 이상의 40피트 컨테이너를 정기적으로 준비하는 것이 필요하다. 만약 준비가 어려운 경우라면 선사들은 Block Train 방식을 이용하기도 한다. 대부분의 선사가 Unit Train을 채용해서 운영하고 있다. 이 경우 선사는 철도회사로부터 레일과 시설 등을 임차하고 자신이 관리·운영하게 되며, 돌아가는 화물을 포함하여 집하책임을 진다. 이러한 이단적열차의 운행에 의해 선사는 자사 선박의 운행스케줄에 맞추어 원활하고 신속하게 운송을 실시할 수 있게 되었다.

③ Reversed Interior Point Intermodal(RIPI)

RIPI는 컨테이너선에 의해 한국·일본에서 파나마 운하를 경유, 북미 동안의 항들까지 해상운송하고, 거기서부터 철도와 트럭으로 연결하여 내륙 목적지까지 운송하는 선사 서비스로서, IPI 방식과는 상반되는 방식이기에 RIPI라 불리고 있다. 당초 IPI 서비스의 대항 수단으로 1980년경 동안행(行) 선사인 US Line과 Maersk Line 등에 의해 시작되었다. 그 후 각 선사가 독자적인 운임을 결정한 후 연방해사위원회(FMC)에 서류로 제출한 후 서비스를 제공하고 있다.

④ 북미 복합운송의 포워더 서비스

포워더가 주관자가 되어 컨테이너 운송을 제공하는 국제복합운송으로 이 경우 포워더는 화주와 복합운송계약을 체결하고, 화주에게 복합운송증권을 전달한다. 또한 이용하는 선사, 철도회사, 트럭회사와 개별 운송계약을 체결하며, 선사로부터는 선하증권을, 철도회사로부터는 화물수취증(Waybill)[11]을 수

---

11 해상화물운송장(Sea Waybill)은 'Waybill'이라고도 하며, 해상운송인이 운송품의 수취를 증명하고 운송인수조건을 알기 위한 목적으로 송화인에 대하여 발행하는 서류로 선하증

취하고 일관운송을 실시한다.

1984년 미국 해운법의 시행은 포워더에 의한 복합운송의 발전에 커다란 영향을 미쳤는데, 이 법은 NVOCC를 해상운송의 수단인 선박을 운항하지 않는 공공운송인이며, 선사와의 관계에서는 화주로 규정하고 있다. 이로 인하여 북미 복합운송에 관여하는 포워더는 대부분 NVOCC로서 연방해사위원회에 독자적인 운임을 제출하고, 복합운송시장에 진출하고 있다. 당시 포워더에 의해서 제공되는 복합운송의 경우 맹외선을 이용하여 품목별 무차별 운임(Freight All Kinds Rate; PAK Rate)을 적용하고 있었다. 그런데 미국 해운법은 Service Contract(SC)의 용인 등을 규정하고 있기 때문에, NVOCC는 화주의 입장에서 동맹과 서비스 계약을 체결하고, 개별계약 운임과의 차익을 얻을 수 있게 되었다. 그 결과 포워더를 활용하여 운임동맹과의 서비스계약을 체결하는 일관서비스도 활발해지게 되었다.

포워더에 의한 복합운송의 특색 중 대표적인 것은 화물추적(cargo trace) 시스템으로 대규모 포워더들은 추적시스템을 구축하여, 미국 내 각 포인트의 치밀한 화물정보를 화주에게 즉시 제공하는 서비스를 통해 매출을 올리고 있다.

3) 한국 · 일본/구주간의 복합운송

① Siberia Land Bridge(SLB)

SLB는 컨테이너선을 이용하여 러시아의 보스토치니 항(당초는 나호트카 항)까지 해상운송하고, 그곳에서부터 1967년에 재개된 시베리아 철도를 활용하여 구소련의 주요 국가들을 통과하여 동유럽의 국경까지 운송하거나, 나아가 더 멀리 서유럽, 중동까지 철도, 트럭, 선박 또는 항공기로 결합 · 운송하는 포워더 주관의 국제복합운송이다.

현재 SLB를 이용하는 복합운송은 각 구간별 운송수단에 따라 다음과 같은 4개의 복합운송 시스템으로 구성되어 있다.

권의 대체로 고안되었다. 즉, 해상화물운송장은 선하증권, 유가증권, 유통증권, 물권증권도 아닌 단순하게 아닌 단순한 기명된 자에게 화물을 인도할 수 있게 해주는 단순한 화물수취증의 역할을 담당한다.

i) Ocean–Rail Route(Transrail) : 해상운송 – TSR – 철도운송

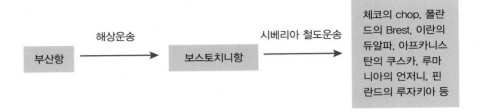

ii) Ocean–Rail–Ocean Route(Transsea) : 해상운송 – TSR – 해상운송

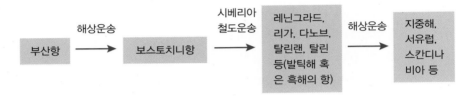

iii) Ocean–Rail–Truck Route(Tracons) : 해상운송 – TSR – 육상운송

iv) Ocean–Truck–Air–Truck Route[12] : 해상운송 – 육상운송 – 항공운송
  – 육상운송

SLB의 장점은 i) 거리의 단축에 따른 비용 절감, ii) 유럽 내륙지점으로의 양호한 접근성, iii) 중동항로의 대체경로, iv) 체선으로 인한 중동항만 회피 등이 있다. 반면 단점은 공컨테이너 환수 문제, 화물추적의 문제, 구소련 철도시설의 노후화, 시베리아 철도의 비효율적 운영 마지막으로 동절기 액체화물 등이 있다.

---

12 이 방식은 시베리아 철도를 이용하지는 않지만 가장 빠르고 안전하게 운송되는 구소련 통과 해공복합운송이다.

② America Land Bridge(ALB)

극동지역의 항으로부터 북미서안의 주요 항(오클랜드, 로스앤젤레스)까지 컨테이너로 운송하고 그 후 미국 내륙을 철도운송, 뉴올리언스 등에서 다시 해상운송으로 유럽 주요 항 또는 일부의 유럽내륙 내까지 일관 운송을 실시하는 방식이다.

이 방식은 당초에는 호평이 있었지만 소요 일수와 운임 면에서 해상 직항운송 등에 비해 상대적으로 장점이 없는 것으로 분석되어 현재는 이용이 아주 미미한 실정이다.

③ Canadian-Land Bridge(CLB)

이는 1980년에 영업이 개시된 복합운송형태이다. 현재 이용은 극히 부진하다.

④ 구주항로 동맹선사에 의한 복합운송

주로 한국이나 일본으로부터 구주항로의 컨테이너에 의해 유럽의 항까지 해상운송하고 나아가 유럽 각국의 내륙까지 일관운송하는 것으로 해운회사 주관의 국제복합운송이다.

구주 운임동맹은 1971년 유럽내륙 지점까지의 내륙운송운임(항으로부터의 거리에 의한 구역[zone]별 운임)을 도입하고, 화주에게 복합운송증권(Multimodal Transport Document)을 발행하고 해륙일관운송서비스를 제공하고 있다.

⑤ 구주항로 경유 복합운송의 포워더 서비스

구주항로에 있어서 맹외선들을 이용하여 유럽의 주요 항까지 해상운송하고, 나아가 트럭이나 철도에 의해 내륙으로 일관운송하는 포워더 주관의 서비스이다. 이 서비스에서 포워더는 화주에 대해 통선하증권을 발행하며, 일관 책임 하에서 통운임으로 문전에서 문전까지의 일관운송을 행하고 있다.

4) 아시아간 복합운송

① 한 · 중 복합운송

한국에서 중국의 주요 항까지 해상운송하고, 철도 · 트럭으로 연결시켜 중국 내륙지구까지 일관 운송하는 포워더 주관의 복합운송이다. 주요 운송경로는 i) 대련항에 양륙하여 철도, 트럭으로 길림 · 흑룡강 · 요령성 방면으로 일관

운송하는 것, ii) 천진항에 양륙하여 하북·산서성 및 내몽고 방면으로 일관운송하는 것, iii) 청도항에 양륙하고 산동성 방면으로 운송하는 것, iv) 상해항에 양륙하여 절강, 강서, 호북, 하남성 및 위구르 지구로 일관운송하는 것, v) 홍콩을 경유하여 황포(黃浦)에서 광동, 호남(湖南), 사천성 방면으로 일관운송하는 것 등이 있다.

이 복합운송에서 포워더는 중국 측의 파트너로서, 중국 대외무역 운송공사(SINOTRANS) 혹은 중국 외륜(外輪) 대리공사(PENAVI-CO)와 대리점 계약을 체결하고, 복합일관운송 서비스를 제공한다. 중국 대외무역 운수공사는 국무원 대외무역부에 속하며, 주로 통관, 육송, 선적수배, 보험수배, 컨테이너 취급업 그리고 화차수배 등의 포워더 업무를 담당하며, 중국 외륜(外輪) 대리공사는 국무원 교통부에 소속으로 주로 국제 항행선의 대리점 업무 및 일부 포워딩 업무를 담당하고 있다.

최근 유럽대륙과 아시아 대륙을 통과하여 유럽과 연결되는 중국 횡단철도(Trains China Railway; TCR)가 커다란 관심을 모으고 있으며, 특히 중국의 일대일로(一帶一路) 정책의 주요 노선으로 활용되고 있다. TCR은 황해의 연운항에서 출발하여 중국 대륙의 동서를 연결하고 있으며, 구소련의 국경을 통과해 시베리아 철도와 연결하여 유럽까지 도달하는 대륙 간 횡단철도이다. 이 TCR의 주요 장·단점을 살펴보면 다음과 같다.

● 장 점
i) 부산에서 로테르담까지 운송할 경우 TSR보다 약 2천km의 운송거리가 단축
ii) 운송일수와 운송비용의 절감이 가능
iii) 동절기의 액체화물운송에서 TSR보다 유리

● 단 점
i) 물리적 시설운영과 화물축적 등의 운송 서비스 경영이 미흡
ii) 중국 국경을 지나 구소련의 TSR과 연결되어야 하는데, 서로 다른 크기의 광궤 사용으로 인해 환적이 어려움
iii) TCR의 전체운임은 구소련 측과의 협상 여하에 의존

② 한 · 일 복합운송

한국의 주요 항에서 일본의 주요 항으로 해상운송한 뒤, 철도나 트럭으로 내륙 지구까지 일관 운송하는 것으로 포워더 주관으로 행해지고 있다. 이 경우 통선하증권을 발행하며 일관책임, 일관운임에 의한 문전에서 문전까지의 서비스를 행하고 있다.

③ 한국 · 해협지간 복합운송

한국에서 홍콩, 싱가포르, 방콕 등으로 해상운송하고, 그곳에서부터 내륙 목적지로 일관 운송하는 포워더 주관의 서비스이다. 주요 경로로는 싱가포르에 양륙하여 철도나 트럭으로 싱가포르 및 동남아시아 내륙부로 일관운송하는 것, 포트켈랑에 양륙하고 말레이시아 내륙부로, 방콕에 양륙한 후 태국 내륙부로, 자카르타에 양륙한 후 인도 내륙부로 일관 운송하는 것, 홍콩에 양륙한 후 홍콩의 타 지역으로 운송하는 것 그리고 기륭에 양륙한 후 대만 내륙부로 철도나 트럭으로 일관 운송하는 것 등을 들 수 있다.

이상에서 살펴본 것들 이외에도 한국과 호주, 남미, 그리고 아프리카간의 복합운송도 일어나고 있다.

제 3 절 **국제물류시스템에 있어서 복합운송**

1 국제복합운송의 로지스틱스 개념

국제운송에 있어서 화물은 항상 연속되는 운송기관들에 의해 운송되어 왔다. 종래의 복합운송은 이러한 개별 운송기관을 연결하여 효율적인 운송을 실현시키는 것을 목표로 하였다. 그러나 최근에는 기존의 방식에서 탈피하여 효율적인 측면이 강조되는 복합운송시스템이 요구되고 있다. 즉, 효율적인 교통기관이나 하부시스템의 결합이 요구되고 있는 것은 아니고, 전체 시스템 측면에서의 효율적 기능 달성이 강조되고 있다.

국제운송에서 지니는 로지스틱스적 개념은 통(通)운송(Through Transport) 관점으로 수출시장이 국내시장의 연장으로 간주되고, 화물은 포워더나 세관 등의 간섭을 최소로 하면서 수출업자로부터 수입업자로 지체 없이 이동해야 한다. 국내물류와 국제물류를 통합하는 통(通)운송 개념이 국제로지스틱스 개념과 결부되면서 소위 총비용(Total Cost) 계산의 평가에 대해 길을 열었다.[13] 특히 항공과 해운을 비교하는 경우에는 운송비뿐만 아니라 그것을 포함하는 총비용을 생각하는 것이 중요하다는 점에서 나타나고 있다. 총비용 계산은 항공에 관한 분야에 그치지 않고, 서서히 일반적 분석에 이용되고 있으며 또한 국제운송뿐만 아니라 국내운송에도 적용되고 있다. 그러나 현실의 운송수단 선택이 총비용만을 기초로 행해지고 있는 것은 아니고, 이미 Sletmo(1972)가 밝히고 있듯이, 총비용은 오히려 전통적 개념이고, 최근에는 판매촉진의 가능성에 따라 교통기관을 선택하는 측면이 강해지고 있다는 지적도 있다.[14]

따라서 항공을 이용한 쪽이 좋은 이미지를 주고, 판매촉진에 기여한다고 생각하는 수출업자는 실제로 총비용 분석에 의해 정당화되는 이상, 항공서비스를 이용할 것이다. 여기서는 총비용과 판매수입 간의 상충관계(Trade-off)가 고려되고 있다. 이 상충관계는 항공을 이용하지 아니함으로써 발생할 수 있는 판매수입의 감소로 파악되는 기회비용이 커짐에 따라, 판매수입 요인의 작용을 강화시키게 된다. 총비용과 기회비용 요인은 원칙적으로 객관적인 효과를 낳을 것이다. 그러나 기회비용의 산정이 객관적 판단기준을 벗어나는 경우도 많이 있을 것이다.

제조업이나 유통업을 행하는 화주의 요구를 만족시키는 운송서비스의 특질에 관해 생각해 보자. 이와 관련하여서는 축적된 연구가 많은데, 그들의 조사가 분명하게 제시하고 있는 부분은 화물운송 서비스를 규정하는 가장 중요한 특성이 안전성보다도 오히려 시간이라는 것이다. 물론 운임도 중요하지만, 이것은 서비스의 특질로서 무조건적으로 수용될 수 있다고 하기보다는 오히려 그것에 대한 보수로서 인식되는 경향이 강하기 때문이다.

운송시간에는 속도와 신뢰성의 양면이 있다. 신뢰성은 통상 출발시간, 운송시간 및 인도시간의 확실성으로 형성되는데, 많은 경우 출발시간이 확실한지의 여부로 신뢰성의 정도가 판단되어진다. 따라서 신뢰성은 많이 사용되는 개념이지만 거의 정확한 의미를 지니고 있지 않다. 또한 속도의 요인에서도 어

---

13 Frankel, E.G. (1987), The World Shipping Industry, Croom Helem, p. 203.

14 Davies, G. J. and Gray, R. (1985), Purchasing International Freight Services, Gower, pp. 14~17.

떠한 형태로 환적시간이 고려되고 있는지가 분명하지 않다. 환적시간에 의해 속도와 운송시간도 변화하기 때문에, 운송수요자의 시각으로 보면 운송서비스를 운송수단이 두 지점을 움직이는 것으로 생각하기보다 오히려 환적이나 집적장소에서의 하역 시스템이 어느 정도 효율적인지의 여부로써 판단한다. 반대로 말하면 효율적인 터미널이나 데포(Depot)의 운영은 운송수단의 속력을 올리는 유효한 판매 전략이 될 수 있다.

이에 관해서는 운송 네트워크의 전통적 시스템인 데포 간 시스템과 혁신적 시스템인 허브 시스템을 살펴볼 필요가 있다. 전통적인 간선운송 네트워크는 데포(depot)간의 직접적인 링크로 구성된다. 이에 대해 현재 많은 운송기업이 채용하고 있는 방법은 Hub and Satellite Trunking System 혹은 Hub and Spoke System으로 중앙의 분류지점인 허브를 중심으로 국제간의 운송이 효율적으로 진행되는 시스템이다. 데포간의 복잡한 링크의 네트워크는 허브로 모이는 방사상의 일련의 경로에 의해 이루어진다. 이것은 화물운송의 경로를 더욱 우회시키는 것이 되지만, 간선의 운송수단 이용률의 개선과 집약화된 분류 효율의 상승에 의해 비용절약이 도모된다. 허브가 커질수록 규모의 경제성이 발휘되기 때문에 이 시스템에 대한 투자의 요구가 강하고 이것을 채용함으로써 화물(특히 소화물) 이동을 가속시킬 수 있으며, 인도시간에 의거한 유리한 경쟁을 전개할 수 있다.

화주에게 있어서 두 번째로 중요한 서비스의 특성은 운임이다. 그러나 운임은 위험을 증대하는 서비스의 염가판매로 받아들이기 쉽고, 그 경우에는 과연 서비스 자체가 위험회피조건을 만족하고 있는지의 여부를 확실히 한 뒤에 운임 요인이 고려되어야 한다. 세 번째의 요인은 이용의 편의성이다. 이것은 지역의 집화장소나 프레이트 포워더 사무소의 입지상태 등에 의해 결정된다. 네 번째는 운송기업이 화주에게 부여하고 있는 이미지이다. 기업의 세일즈 포인트가 명확한지 혹은 관료적인지가 문제가 된다. 다섯 번째의 요인은 톤킬로(ton-kilometer)당의 가격과 같은 생산성 요인, 서비스의 이용가능성, 처리된 서류의 개수 등 물류의 전체적 성과에 관계하는 평가이다.

운송서비스를 결정하는 요인들이 상대적이기는 하지만 운송 수요자인 화주들은 시장에서의 자유로운 거래를 만들고자 노력하고 있다. 즉, 거래가 미흡한 운송수요자들은 운임을 제1의 선택요인으로 판단을 하는 경향이 있지만 다수의 거래 경험이 있는 운송수요자들은 운임에 가려진 서비스의 품질을 알아

내려고 한다. 따라서 운임과 그 이외의 운송서비스의 특질은 현실에서 동시에 고려되고 있는 것이지, 개별적으로 분리되어 순서를 두고 고찰되어서는 안될 것이며, 특히 운송서비스의 특질이 예컨대 운임과 운송시간의 조합으로 구성되는 경우에는 총비용 분석에 의해 운송수요자의 서비스 선택기준을 종합적으로 파악해야 한다. 그렇기 때문에 국제로지스틱스 시스템을 명확하게 분석하기를 위해서는 미시적 관점뿐만 아니라 거시적 관점에서도 파악을 해야 하고, 필요하면 양질의 시스템 구축을 위해 정책적 지원이나 유도하는 것이 바람직하다. 신속하고 신뢰성이 높은 국제물류시스템을 구축은 그 나라 제조업의 국제경쟁력을 결정하는 중요한 요인이자 국민 경제에 밀접한 관련이 있으므로 지속적인 시스템 구축 및 개선에 노력해야 할 것이다.

2 Sea & Air 운송영역의 메커니즘

Sea & Air(S&A)복합운송은 해상운송과 항공운송을 조합한 국제복합운송의 한 형태이다. 1960년대 후반에 미국 항공사가 미국 서안까지 해상운송이 된 화물을 미국 내륙부나 동안 지역으로 항공운송 한 것이 그 기원이라고 알려지고 있다. 그 후 북미 및 유럽의 항공사들이 국제 노선을 개발하고, 태평양의 해상운송과 미국 대륙·대서양의 항공운송을 조합한 미국 서안 경유 유럽행(行) S&A 서비스가 본격적으로 제공하기 시작하였다. 그리고 기타 유럽행(行) S&A 서비스로서는 1960년대 말에 시베리아 경유 루트, 1980년대에는 홍콩·싱가포르 경유 노선이 개시되었다.

S&A 서비스는 장거리 유럽 노선을 중심으로 발전하였는데, 북미 서안에서 출발하여 유럽으로 향하는 항공화물들은 미국 내륙부의 도시들까지 이단적열차로 육상운송을 한 뒤에, 유럽으로 향해 항공운송 되는 경우도 많다.

S&A 운송을 뒷받침하는 것은 그 재고비용(혹은 시간 비용)과 운송비용(혹은 장소이동 비용)이 지니는 기본적 특징이다. 첫째로, 시간적인 측면에서 S&A 운송은 해상운송과 비교하여 운송일수를 상당히 절약할 수 있다. 예컨대 한국이나 일본 등 극동지역에서 출발하여 유럽으로 향하는 화물의 경우 운송일수는 북미 경유의 1/2, 동남아시아 경유의 1/3 이하로까지 단축할 수 있다. 이러한 운송시간의 단축은 재고시간의 단축을 초래하고 시간적인 비용으로서의 재고비용을 삭감한다. 둘째로 장소이동 비용 측면을 고려해 보았을 때 S&A

의 운송비용은 항공운송만을 채용한 경우와 비교해서 한국이나 일본 출발 유럽행(行)의 북미 경유에서는 약 1/3, 동남아시아 경유의 약 1/2로 저하된다. 셋째로, S&A 운송을 Just In Time(JIT) 시스템과 결합시키면 공장 혹은 물류센터에 있어서 보관 비용을 줄일 수 있다. 이처럼 S&A 운송의 총비용 수준은 항공운송만을 이용하는 경우의 1/3~1/2 수준이며, 더구나 다양한 루트의 변종을 지니는 유럽행(行) 운송에서는, 시간 축과 총비용 축의 2차원 평면상에 시간과 총비용의 다양한 상충관계를 지니는 연속성이 높은 곡선을 그릴 수 있다.

제 4 절 　국제복합운송 전략

1 물류업계의 복합운송전략 재구축

미국의 1984년 해운법의 시행에 의해 촉진된 복합운송은 종래의 운송인 서비스를 집화, 운송, 인도의 세 업무에서 창고업과 재고 조정 서비스업으로까지 확대하게 되었으며, 한 종류 이상의 교통수단을 소유하는 경향이 증가하고 있다. 장래에는 철도, 트럭, 항공 그리고 해운의 서비스를 한 회사가 제공하는 초대형 운송인(Mega Carrier)이 출현될 것으로 보인다. 이 경우 물류업자는 화물인 완성품 혹은 반제품이 공간과 시간을 통해 단지 이동하고 있다고 하는 견해를 넘어, 그것들이 소비자(화주의 고객)의 힘에 의해 물류시스템을 통과하고 있다고 하는 이미지를 그리지 않으면 안 된다. 말할 필요도 없이 오늘날 생산장소로부터 화물의 유출은 소비를 전제로 하는 것이기 때문이다. 그런데 많은 경우 생산된 재화가 수요에 선행해서 유통되기 때문에, 시스템을 통하는 유동(flow)량과 속도는 장래의 판매예측에 의거하여 결정된다. 판매량의 변화는 예측이 어려우므로 제조업의 물류작업 관리에는 불확실성의 요소가 도입되어야 한다. 그러므로 국제물류업체들은 이러한 제조업의 불확실성에 효과적으로 대응하면서 유연성이 풍부한 효율적인 국제물류 시스템을 제공해야 한다.

복합운송시스템을 매개로 하는 국제물류와 국내물류의 결합은 물적 · 장소적 · 시간적 · 인적인 서비스의 이질성에 대응한 범위의 경제와 그 이질성을

표 8-1	국제 복합운송전략의 발전		
서비스 기준과 전략	전략의 내용	전략의 목적	채용되는 전략
물적 전략	• 효율적인 해상운송의 촉진	• 물적인 규모의 경제의 달성	• 컨테이너선의 도입 • LCL화물의 FCL
장소적 전략	• 화물 플로우의 집합	• 집화 시스템의 구축	• Hub항과 Spoke항의 네트워크화
시간적 전략	• 국제적인 JIT 시스템의 확립 • 국제물류와 국내물류의 결합	• 접속 결절점에 있어서 원활한 화물이전 • 링크간 결합의 개선	• 정요일 서비스의 도입 • 이단적 열차의 도입 • 데포의 확충 • 초대형 컨테이너선의 도입
인적 전략	• 네트워크의 다양화	• 장소적 전략목적과 시간적 전략목적의 결합	• 장소적 전략과 시간적 전략의 결합

자료: 宮下國生(1993), 전게서, p. 45.

완화하는 규모의 경제의 달성에 의해 촉진되고 있다. 그 촉진의 순서는 물적 기준에서 시작하여, 장소·시간적 기준을 거쳐, 인적기준으로 미치고 있다(표 8-1 참조). 그러나 장소적 단계에 그치고 있는 기업도 있는 반면에 이미 시간적 단계를 극복하고 인적단계에 들어가고 있는 것도 있다. 복합운송시스템에 있어서 국제해운업의 이윤확보는 인적 이질성을 어떠한 형태로 완화하는가 또는 그것을 위해 어떤 시스템을 구축하는가에 달려 있다.

〈표 8-1〉에서 복합운송의 개념을 보여주는 것은 장소적 전략으로 이를 로지스틱스 개념과 결부하는 것이 시간적 전략이라 할 수 있다. 물적 전략과 장소적 전략은 서비스의 공급 측이 주도권을 쥐고 일반적으로 설정한 전략인 것에 대해, 시간적 전략과 인적전략은 오히려 수요 측의 전략에 공급측이 맞춘 것이다. 여기서 주목할 필요가 있는 것은 인적전략의 단계이다. 국제해운업의 실제 운송인이 대규모 투자에 의해 장소적·시간적 전략을 구축한 결과 새로운 집화시스템이 구축되고, 접속 결절점에 있어서 원활한 화물이전과 링크간의 결합이 개선되었기 때문이다. 장소적·시간적으로 존재하고 있는 다양한 서비스의 이질성은 이것에 의해 대표적으로 완화되었다. 그 결과 구축된 장소적·시간적 전략의 상승적 효과를 결합하여 활용하는 인적전략은 반드시 실제운송인인 국제해운업이 지배하는 영역이 아닌 것이 되었다. 인적전략은 하드(Hard)전략을 반드시 수반하지 않는 소프트(Soft)전략이기 때문에 이것은 포워더에

대해 실제운송인이 아닌 NVOCC로서의 행동 영역을 넓히게 하였다.

포워더를 사용했을 때 발생하는 이점으로는 생산과 판매라는 주업무에 집중할 수 있는 것이며, 그에 비해 단점은 국제로지스틱스 시스템을 관리 및 조율할 수 있는 역할을 상실하는 것이다. 국제로지스틱스가 조직 외 대리점의 관리 하에 있는 경우 이 로지스틱스 활동을 제조업의 생산·판매 활동과 결합하는 것은 아주 곤란하다. 그런데 포워더 가운데는 제조업과 아주 밀접한 관계를 형성하고 그 직원이 고객인 기업의 내부에서 작업하는 역통합전략(reverse integration strategy)이라고 불리는 방법을 채용하는 케이스가 있으나 이러한 전략은 일반적이지 않으며, 포워더의 기업 내 침입을 인정하지 않는 경우가 많다. 그 경우에는 제조업이 포워더의 작업을 내생화하면서, 포워더를 건너뛰어 직접 국제운송업과 교섭하는 전방통합(forward integration)전략을 취하기도 한다. 이와 같이 국제물류의 복합운송전략은 국제해운업과 국제 포워더의 보완과 대립이라는 2중 구조 속에서 다이나믹하게 전개되고 있다.

2 국제물류업의 JIT 전략

자동차산업과 전자산업에 속하는 다국적기업들의 국제로지스틱스 활동에 있어서 JIT 시스템의 원리와 응용은 생산 장소에 있어서 조달부품의 재고를 실질적으로 제거하는 것이 되었다. 로지스틱스 활동이 조달유통·생산지원유통·물적유통을 종합하는 개념인 이상, 재고감소의 흐름은 모든 유형의 재고에 적용된다.

이 흐름을 가속화시킨 것은 제품수명주기(Product Life Cycle)의 단축과 다양한 전자자료 교환시스템의 발전이다. 여기서 물류는 JIT가 적용되는 최첨단의 영역이 되었다. 완충장치로서의 재고가 감소되거나 혹은 제거되거나 하는 플로우(flow) 개념의 전개는 생산자로부터 고객으로의 계속적인 Flow가 유리하다는 것을 증명하고 있다. 사실 적정 재고량을 유지하는 기업일수록 극심한 경제 불황에 효율적으로 대응할 수 있을 것이다. 또한 국민경제의 관점으로 살펴보면 재고회전율(제품의 산출량/제품의 재고량)이 낮을 경우 그것은 두 가지 측면에서 그 나라의 국제경쟁력을 약화시킬 것이다. 첫째, 대량의 재고를 보유하는 것에서 발생하는 이자, 창고료, 보험료, 하역비의 증가는 결국에는 수출가격으로 이전되기 때문에 수출경쟁력이 저하된다. 둘째, 재고에 소요되는 대량의 비용이 다른 경제부문의 활동에 훨씬 생산적으로 투입될 수도 있는 자본을 흡수해 버린다.

한편 영국과 미국의 재고회전율을 비교했을 때 19개 부문 중 13개 부문(특히 출판, 제조, 자동차에서는 60% 이상)에서 미국이 경쟁 우위에 있다는 분석이 있다. 또한 일본의 경우 미국의 재고 관리 시스템보다 효과적인 로지스틱스 시스템 확립을 지향하고 있으며, 이는 기업이 재고를 경제적으로 처리할 수 있을 뿐만 아니라, 생산 프로세스의 결함을 발견하는데 도움이 되고 있다. 그것은 일본의 다수 제조업이 JIT 시스템에 의한 조달방법을 채용하고, 실제로 필요로 하는 부품의 공급만을 발주하고 있기 때문이다.

높은 신뢰성과 짧은 리드 타임(lead time)은 제조업자와 유통업자(제조업자의 고객)의 재고수준을 감소시킬 수 있다. 따라서 제품이 동질적이고 더군다나 가격차가 작은 거래일수록 제조업이 구입하는 물류 서비스의 품질이 그것의 경쟁우위를 결정하는 중요한 요인이 될 것이다. 그러나 그것은 기업이 어떤 일이 있어도 재고를 감소시키지 않으면 안 된다고 하는 관념에 집착하고 있다는 것을 의미하는 것은 아니다. 오히려 오늘날 제조업이 구입하는 물류서비스는 아주 가변적이 되어가고 있다. 다양한 서비스 기준에 입각한 물류시장은 분할되고, 각 시장에 적합한 물류서비스의 패키지가 오퍼(offer)되고 있다. 그것은 국내물류에서는 소규모 묶음(Lot)의 화물이동량을 증가시키는 것이 되지만, 국제물류에서는 이미 보았던 것과 같은 이질적인 서비스를 집합시켜 동질성을 높이면서, 대규모 생산의 시스템에 포함시키는 방법이 취해진다. 이에 대해 국내물류는 최근에서야 비로소 유통기업간의 물류공동화에 의한 물류효율을 상승시키려고 노력을 하고 있다.[15]

---

15 宮下國生(1993), 日本の國際物流システム, 千倉書房, pp. 15~49.

1 포워더의 의의와 기능

국제물류의 형태는 운송기관의 운송경로에 해당하는 링크(Link, 항로 및 공로 등)와 운송수단 연대의 장에 해당하는 결절점(Node, 항만 및 공항 등의 물류기지)으로 크게 나누어진다. 전자의 링크에서 주로 활약하는 것이 선사 및 항공사 등의 Carrier이며, 이에 대해 후자의 노드를 기반으로 주로 활약하는 것이 포워더(Forwarder)이다.

국제물류에서는 Port to Port의 단순한 해상운송과 항공운송의 합리화뿐만이 아니라 Door to Door의 일관 서비스에 의한 종합적인 합리화를 도모하는 것이 중요해지고 있다. 따라서 국제물류 활동의 효과적인 조합, 즉 물류 시스템화에 의한 소프트면의 서비스를 제공하는 것이 본질적으로 중요한 요소가 되고 있다. 국제물류에서 이러한 본질적인 역할을 효과적으로 발휘할 수 있는 포워딩 사업은 특히 유기성을 지니고 있으므로, 국제물류의 합리화에 향후 주도적인 역할을 할 것으로 기대된다.

포워더란 용어는 물류 활동에서 경제적인 개념으로서 광범하게 사용되고 있으나 그 의의가 반드시 명확한 것이 아니다. 외국의 사정을 참고하면서 포워더의 본질적인 의의를 고찰하고, 국제물류에서의 기능을 살펴보면 다음과 같다.

미국에서는 포워더를 3가지 영역으로 나누어져 규정되고 있다. 첫째, 국내운송을 취급하는 Domestic Freight Forwarder로 주간교통위원회(ICC)에서 면허 등을 관장한다. 주간통상법(Interstate Commerce Act)의 Part 4에서 정의하고 있는 Domestic Freight Forwarder는 철도, 자동차 및 내수로운송인이 아닌 일반운송인(Common Carrier)으로 주간화물의 운송을 하는 것 또는 운송의 준비를 하는 것을 공표하는 자이다. 일반적으로 화물의 집화, 혼재, 분배, 배송업무를 수행하거나 또는 준비를 하고, 수령지로부터 인도지까지 화물운송에 대한 책임을 지는 등의 활동을 수행하고 있다. 둘째, 해상수출화물을 취급하는 Ocean Freight Forwarder인데 연방해사위원회(FMC)의 관할 하에 있으며 미국 해운법(Shipping Act of 1984)에서 FMC의 면허를 요구하고 있다. 이것은 화주의 대리인으로써 일정한 대가를 받고 그것에 상응하는 해상운송 관련

서비스를 제공하는 업자를 의미한다. 셋째, 항공운송을 취급하는 Air Freight Forwarder로 국내와 국제 모두 연방항공법(Federal Aviation Act; FAA)에 규정되어 있는데, 민간 항공위원회(Civil Aeronautics Board; CAB)의 관할 하에 있었으나, 1978년의 항공규제 완화법(Airline Deregulation Act of 1978)에 의거하여 1985년 이후 CAB는 폐지되었다. 간접적으로 운송에 종사하지만, 운송수단을 지니지 않는 이용 운송인으로서 Indirect Carrier로 불리기도 한다.

여기서 자주 혼동되는 개념이 NVOCC(Non-Vessel Operating Common Carrier)와 Ocean freight forwarder로 전자(NVOCC)는 미국에서 해상운송사업의 규제완화법인 1984년 해운법에 의해 명확한 위치가 부여되어 있다. 이 법에 의하면 Common Carrier에 관해 "보수를 받고 미국과 외국간의 화물 또는 여객의 해상운송을 제공하는 것을 공중(公衆)에게 약속하는 자로서 ① 미국 국내의 지점 또는 항과 외국내의 지점 또는 항간의 운송에 관해 책임을 지면서 ② 그 운송의 전부 또는 일부에 관해 공해(公海) 혹은 오대호에서 운항되는 선박을 이용하는 자를 말한다."(동법 제3조 6항)고 하면서, NVOCC에 관해서는 "해상운송을 제공하는 선박을 운항하지 않는 Common Carrier"(동법 제3조 18항)라고 하고 있다. 1984년 해운법에서 NVOCC는 선박을 운항하는 해운기업에 대해 화주로서의 입장이 되는 것을 명확하게 하고, 그 때까지 애매했던 존재의 위치를 분명히 하였다. 이는 주로 LCL화물을 FCL화물로 혼재함으로써 중소화주에 대해 할인계약을 확보하고자 하는 요청을 제도상에서 명확화한 것으로 그 결과 NVOCC는 해운기업과의 Service Contract나 Time Volume Rate와 같은 할인계약을 체결하는 것이 가능하게 되었다. NVOCC가 Common Carrier로서 지위가 명확해짐에 따라 운송에 있어서의 운송책임을 지님과 동시에 운임에 관해 연방해사위원회(FMC)에 신고할 의무가 주어지고 있다.

한편 Ocean Freight Forwarder는 운송에 있어서의 책임과 의무를 지지 않는다. 즉, Ocean Freight Forwarder는 1984년 해운법(제39조)에서 화주 대신에 화물운송을 위한 선복 확보와 그것과 연관된 서류 작성 등의 관련 행정 업무를 수행하는 것으로 정의되고 있다. 하지만 실제로는 양자의 업무는 겸영되고 있는 경우가 많으며, 그 구별이 애매한 경우가 많다.

영국에서는 포워더가 법규제의 대상이 아니며 명확한 정의도 없다. 영국의 포워더는 국제운송 서류의 준비와 처리, 운송의 수배와 조정, 화물의 보관, 통관수속, 이용운송의 업무에 종사하고 있다.

독일에서는 영국 등의 국가들이 Common Law에 기반을 두고 있는 경우와 다르게 운송취급인(Spediteur)으로서 상법에서 규정하고 있다. 이것은 다른 대륙 법계 나라들에서도 거의 비슷하게 적용되고 있다. 독일 상법 제407조 1항에 "운송취급인이란 자기의 명의로써 위탁자를 위해 육상운송인 또는 해상운송인에 의한 물품운송의 중개를 행하는 것을 업으로 하는 자를 말한다"고 정하고 있다.

일본의 상법도 독일과 아주 유사하게 운송취급인을 협의의 개념으로 규정하고 있다. 하지만 현실적으로 일본의 포워더 또는 프레이트 포워더라고 불리는 업자들은 일본 상법이 규정하고 있는 운송취급인보다도 광범위한 영역에서 활동하고 있는데, 운송중개, 이용운송을 위시해, 근거리 운송, 화물의 분류, 혼재, 포장, 하역, 보관, 재고 관리, 유통가공, 통관, 보험중개, 적화증권의 발행, 대리점업 등 다양한 업무를 제공하고 있다.

우리나라의 경우 해운업법 제2조(정의) 제1항에서 해상화물 운송주선업을 해운업의 범주에 포함시키고 있으며, 동조 5항에서 "해상화물 운송주선업이라 함은 자기(계약된 외국인 주선인을 포함)의 명의로 선박에 의한 화물의 운송을 주선하는 사업을 말한다"고 규정하고 있다. 즉 화주로부터 화물운송을 의뢰받아 자기소유의 선박 또는 타인선박을 이용(용선 또는 선복부분을 임차)하여 자기의 명의로 선하증권을 발행하여 자기 책임 하에 화물의 최종 목적지까지 위탁을 받은 화물을 운송하는 사업을 말한다.

또한「해운관련업 등록 및 사후관리요령」제2조에서는 "해상화물 운송주선업이라 함은 해운업법 제2조 5항에서 규정한 사업으로 송화인과 국제복합 운송계약을 체결하거나 외국의 국제복합운송인과 국제복합운송업무 취급계약을 체결하여 국제복합운송증권을 발행하는 등 자기책임 하에 국제간의 일관운송을 주선 또는 이행하는 사업"이라고 규정하고 있다.

한편 2000년에 개정된 화물유통촉진법 제2조 제6항은 "복합운송주선업이라 함은 타인의 수요에 응하여 자기의 명의와 계산으로 타인의 선박, 항공기, 철도차량 또는 자동차등 2가지 이상의 운송수단을 이용하여 화물 운송을 주선하는 사업"이라고 규정하고 있다.

이와 같이 포워더의 기능은 다양한데 이것을 크게 나누면, 기본적 기능과 부수적 기능으로 나눌 수 있다. 기본적 기능은 운송수탁, 운송대행, 운송중개, 이용운송의 형태로 포워더로서의 본질적인 역할을 하는데 필요한 것이다. 반면 부수적 기능은 포워더의 기본적 기능에 부수하는 기능으로서 포워더의 활동을 구체화하고 증진하는데 필요한 것이다.

① 기본적 기능
- 운수수탁 기능…자기의 명의로 물품운송을 대행하는 기능
- 운송대행 기능…대리인 또는 사용자로서 운송계약을 체결하는 기능
- 운송중계 기능…중개인으로서 송화인과 운송인의 운송계약 체결의 중개를 행하는 기능
- 이용운송 기능…송화인으로부터 화물의 운송을 인수하고 운송책임을 지지만, 자신은 운송수단을 사용하지 않고, 운송수단을 지니는 운송인을 하청으로서 이용하여 운송하는 기능

② 부수적 기능
- 운송관계 서류작성 기능
- 운송의 조정, 조합, 스페이스의 수배기능
- 집배, 도로 운송기능
- 컨테이너 서비스 기능
- 통관기능
- 보관, 재고 관리 기능
- 유통가공 기능
- 포장기능
- 정보의 처리, 제공의 기능
- 기타 기능(보험대리 업무, 금융보조 서비스, 시장조사 등)

2 포워더의 장점과 단점[16]

1) 포워더의 장점

① 전문성
포워더는 전문 영역에서 특화된 정보를 제공하는 서비스 산업으로서 기능하고 있다. 포워더는 기본적인 국제무역의 속성과 절차를 잘 파악하고 있어야

---

16 Jim Sherlock(1994), Principles of International Physical Distribution, Blackwell, pp. 99~102.

한다. 또한 물류뿐만 아니라 광범위한 영역에서 컨설팅을 할 수 있어야 한다. 특정의 시장영역(종종 목적지에서 사무소와 업무관계를 지니고 있는) 혹은 운송형태(냉동, 대량일괄 운송 등) 혹은 화물형태(위험물, 식료, 가축 및 골동품)와 같은 전문영역도 있다.

② 중 개

목적지에서 포워더가 가지고 있는 중개역할은 특히 수출자가 인도조건의 계약을 할 때 아주 중요하다. 특히, 영국에서는 포워더의 중개가 수출·입 당사자들의 입장만큼 중요한 역할을 담당하고 있으며, 이에 포워더는 운송업자, 세무국, 관리당국, 창고업자 및 다른 대리인과 같은 공식적인 조직들과 같은 역할을 수행한다. 그러나 가장 중요한 것은 급변하는 상황에서의 대응에 있어서 포워더의 개별 중개는 개별적인 문제를 해결하기 위해서도 경시되어서는 안 되고, 또한 문제가 일어났을 때, 신속한 해결방법의 모색에서도 중요한 역할을 하고 있다.

③ 시 설

대부분의 포워더는 실제의 물품이동은 물론, 보관, 포장, 재포장, 분류, 검사 등을 포함하여 무역업자의 물품을 위해 광범위한 물적 시설의 제공 혹은 수배를 할 수 있다. 그렇지만 세관 시스템이 점진적으로 전자화되고 개선됨에 따라, 직접 무역업자 입력(Direct Trader Input) 시스템을 활용하는 포워더 접근성이 더욱 중요해지기 시작하였다.

이것은 국제 거래와 복합 운송의 증가에 따른 국제성과 전문성을 모두 적용해야 하는 현실에서 특정 영역에서의 전문성을 인정받은 포워더를 통하여 다양한 혜택을 받는 것이 효율적이라는 것으로 이를 통하여 국제물류시스템에서의 물류합리화를 실현할 수 있을 것이다.

④ 편리성

편리성은 포워더 이용의 강력한 이점으로는 보이지 않지만, 무역업자 자신이 그것을 행하기보다 대리인을 활용하는 주요 이유로서 많은 무역업자가 편리성을 들고 있다. 많은 수출입업자는 물품제조, 물품조달, 해외 판매 등을 최적으로 행하고자 하면서, 그리고 물류문제를 제3자(third party)에게 기꺼이 하청을 주고 있다. 특히 화주들의 기호들과 제품의 특성에 따른 운송 수단 및 형태의 다변화가 급증하면서 포워더의 역할이 증대되고 있다.

2) 포워더의 결점

① 코스트의 증가

계약 이행에 있어서 제3자가 개입되기 때문에, 무역업자로서는 자신이 이행하는 것보다 보다 많은 비용이 발생하게 된다. 대리인을 고용함으로써 얻을 수 있는 가치 또한 상당하기 때문에 다양한 조건들을 고려하여 효과적인 선택을 해야 할 것이다.

② 컨트롤의 상실

어떤 수출업자들은 제3자가 그들의 사업을 관리하거나 사업에 접근하는 것을 인정하지 않으며, 모든 것을 자사 내에서 관리하려고 노력한다. 하지만 급변하고 있는 시장에 대처하기 위해서는 자사의 역량만으로 부족한 순간이 도래하게 될 수도 있으며, 이를 효과적으로 대응하기 위해서는 적절한 아웃소싱(outsourcing) 전략을 도입하는 것도 하나의 방법이라고 볼 수 있다. 하지만 이럴 경우 기업 역량 제고에는 큰 소득을 얻을 수 있을 것이나 신속한 의사결정이 요구하는 중대한 사항에서는 많은 문제점을 노출할 수도 있다.

프레이트 포워더의 이용에 관해 빠뜨릴 수 없는 것은 다음과 같다. 수출입업자는 대리인에게 물류 비즈니스나 운송 관계 서류의 작성을 위탁하는 권리를 지니고 있지만, 포워더는 어디까지나 대리인이므로 어떠한 거래에서도 주역은 무역업자라는 것을 결코 잊어서는 안 된다. 이것은 세관당국의 요구에 따라 강제적인 의무를 무역업자가 부담할 때 특히 그러하다. 비록 그것이 무역업자 대신에 대리인에 의해 작성되었다 하더라도, 신고서의 정확성에 대해서 세관은 무역업자에게 책임을 요구하게 될 것이다.

한편 전술했듯이 구주지역의 Sea & Air 등의 국제복합운송에서는 포워더의 존재는 물류시스템 속에서 불가결한 존재로 부상하고 있다. 이는 시장에서의 국제성과 전문성, 그리고 상용성 등이 요구되면서 이를 효과적으로 수용하고 조율할 수 있는 역량을 지닌 전문업자, 즉 포워더들의 역할이 요구되고 있으며, 화주기업 또한 포워더 업무를 내부화하기보다도 물류관리부문을 아웃소싱하여 보다 효과적인 관리를 통하여 경영 성과 및 수익을 제고할 수 있다는 판단으로 인하여 활용도가 높아지고 있다.

제 **3** 부

국제물류기지

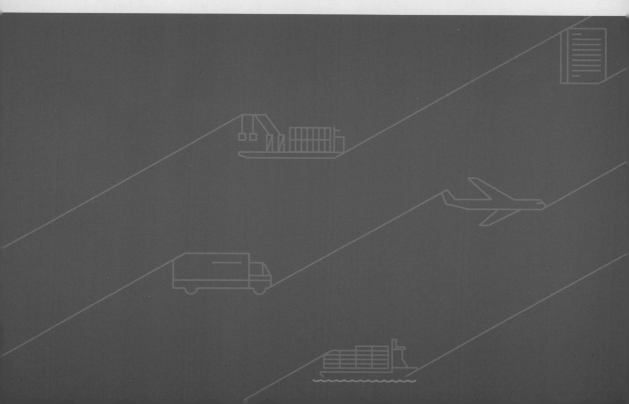

제9장 항 만

제 1 절 **항만의 기능**

　　일반적으로 항(seaport)이란 해상운송 수단인 선박과 육지의 연결을 용이하게 하는 설비를 갖춘 공간이다. 즉 육상과 해상운송의 연결점이자 생산수단으로 하나의 경제 단위를 형성하면서 선박의 발착을 위한 통로, 안벽, 도크, 창고, 크레인과 같은 천연적, 인공적 시설을 지니는 수륙영역(水陸領域)으로, 화객의 적양, 화물의 보관기능을 보유하고, 수륙 교통의 연락 시설을 갖춘 공간으로 인식되어 왔다. 한편 천연의 양항(良港)이란 천연의 만입(灣入)에 의해 풍파를 막고, 선박의 안전한 피난, 정박이 가능한 폐쇄적인 수역을 의미하는데, 이것은 본래 자연적, 지리적 측면에서 수제선(水際線)의 만(harbour)에 해당된다. 그러나 오늘날 다수의 인공항은 만안지역(Bay Area)뿐만 아니라 매립, 준설 및 신공법에 의해 외양(外洋)에도 축항이 가능해졌다.

1 경제적 차원

　　항만은 선박과 화물에 관련된 서비스의 공급자이자 국제무역에 관련된 제2차, 제3차 산업의 보조자이다. 즉, 국제무역과 밀접한 연관성을 가지고 있으며, 이는 도시와 지역 경제에 중대한 자산이 되고 있다. 항만의 발달은 배후 도

그림 9-1　　항만과 항만도시의 발달

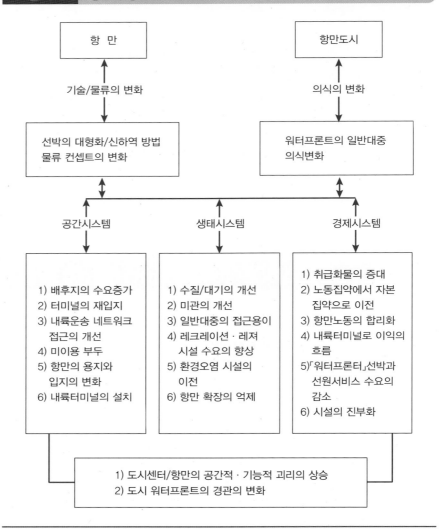

자료: B.S. Hoyle, D.A. Pindar, and M.S. Husain, Revitalising the Waterfront, London: Bellhaven Press, 1988, p. 54.

시의 번영으로 연결이 되고 있으며, 이는 항만이 산업 자본의 재생산 과정을 더욱 촉진시키며, 고용을 자극하는 동시에 경제활동을 활발하게 하는 등 지역 경제에도 막대한 영향을 끼치기 때문이다. 즉, 항만은 지역 경제와 밀접한 관계이며, 항만의 확충은 도시 혹은 국민 경제에 이익을 초래한다. 특히 항만이 확충되면 선박의 입항이 용이해지고, 선박의 출입이 잦아지면서 그로 인해 지역경제에 긍정적인 효과를 창출할 수 있다.

항만의 경제활동은 복잡다기한 경제적 분야로 구성되어 있어서 이를 효과적으로 조율을 해야만 한다. 즉, 항만의 경제적 영향력은 항만의 가치를 평가해주는 직접적인 운송서비스 부문(운송취급인, 선박대리점, 세관 화물취급업, 해상보험과 은행 등)과 이를 보조해주는 간접적인 서비스 부문(조선, 선박수리, 공적 서비스 등)의 제비용과 고용, 대리점료, 육상 종업원, 항운 관련 자본 등의 분야에서 직·간접적으로 다양한 효과들이 파생되고 있으며, 기타 활동으로서는 항만 관리자, 세관, 해상 보안 등 관청업무도 포함되고 있다.

오늘날의 항만은 운송 관련 시스템의 발전으로 인하여 물류합리화를 실현시키고 있으며, 이는 항만 노동자의 감소와 컨테이너화에 의한 기항시간의 단축, 선원의 감소 등의 현상으로 직결되고 있다. 이는 항만이 단순하게 운송 서비스를 제공하여 경제적인 효과를 창출하는 장소가 아니라 항만이라는 공간적인 장소를 극대화시킬 수 있는 워터프론트로써의 역할이 강조되고 있는 것으로 항만이 갖는 공간적 잠재력을 제고하여 지역 주민 및 항만 사용자들에게 삶의 가치를 제공하고 서비스를 즐길 수 있는 수단으로써의 도시 생활 환경의 향상을 위한 종합적 공간으로 인식되어 가고 있다.

2 생태적 차원

1980년대 들어 워터프론트(waterfront)의 재개발 계획이 개시되고 공익성에 대한 의식, 도시의 재생이 문제시 되면서 항만에서의 생태문제가 중요하게 부각되었다. 워터프론트의 공간은 해역과 육역을 포함하고, 우수한 자연환경에서 양질의 생활공간을 형성하는 높은 잠재력을 지니고 있다. 해안이 지니는 역사와 경관 등의 장소적 특성을 발휘하면서 항만의 쾌적성을 도모할 필요가 있다. 또한 지구 온난화와 규제 및 방지를 위한 국제협력 발효 등에 따라서 항만에서의 저탄소 녹색항만으로 변화가 요구되고 있으며, 이를 위해서는 항만에서의 정책적인 개선뿐만 아니라 연안 도시권의 주요 관련 시스템의 개선으로 연결이 되어야 할 것이다. 특히, 항만을 중심으로 운영되고 있는 선박, 트럭, 기차, 하역 장비들이 배출하는 디젤 배기가스는 현장 근로자들뿐만 아니라 인근 지역주민들의 건강 및 생활환경을 악화시키고 있어 환경피해 방지와 폐기물 자원화 등 체계적이고 종합적인 녹색항만 구축 계획 수립이 필요하다.

3 공간적 차원

세계의 주요 항만은 본래 배후 도심에 접근해 있고, 기능적으로도 상물일치(商物一致)가 일반적이었다. 즉 도시와 항만을 일치시켜 하나의 시스템으로써의 항만 도시를 형성해왔다. 항만시설의 확충은 도시내 또는 도시간의 인구, 산업 구조 및 토지이용을 변화시키며 이것은 연쇄적으로 도시 및 지역산업 간의 육성, 집적의 이익 등을 초래하여 새로운 수요를 유발한다. 특히, 일본의 경우에는 동경, 오사카, 요코하마, 고베, 후쿠오카 등 다수의 대도시들이 도시 기능과 산업이 항만을 중심으로 개발되었음을 알 수 있다. 하지만 최근 해상운송의 기술혁신과 물동량 급증, 그리고 노동의 생력화는 선박의 대형화와 광대한 컨테이너 터미널 시설, 전자식 운영 시스템 구축을 필요로 하고 있다. 그 결과 협소한 도심에 입지한 항만은 점차 경제적으로 기능할 수 없게 되었고 종래에는 도심의 워터프론트에 교통과 산업, 도시활동의 기능이 혼재되어, 항(港)의 기능이 점차 쇠퇴되고 본래 고유의 기능이 축소되는 현상이 나타나고 있다.

제 2 절　　항만의 환경과 거점항

1 항만의 환경

20세기 후반, 중화학공업 등을 중심으로 대량생산이 가능해지면서 대량의 제품을 판매하기 위한 유통의 합리화가 요구되었다. 그리고 이러한 요구는 오늘날 물류혁신으로 이어지고 있다. 화주기업은 생산과 소비를 연결하는 기능을 보다 효율화시키고, 비용 삭감뿐만 아니라 판매확대에 의한 이윤증대를 바라고 있다. 한편 산업사회가 규모의 경제성이 우선시되는 공업화시대에서 범위의 경제가 우선시되는 정보화시대로 변모함에 따라 항만도 연결의 경제성을 중요시하지 않을 수 없게 되었다.

항만의 수요 자체는 운송권의 산업구조, 경제상황, 무역구조, 해운 등의 동향에 의해 좌우된다. 외부환경의 변화로서는 항만의 직접적인 수요 주체인 외항 선사의 움직임이 있다. 선사는 해운 자유의 원칙에 따른 치열한 경쟁에 대항하기 위해 혁신을 하고 있다. 특히 컨테이너화가 진행되면서 대형

화, 전용화가 이뤄지고 있다. 우선 이들이 어떻게 전개되고, 어떠한 국제물류 서비스를 바라고 있으며, 그리고 어떠한 항만을 선호하는지를 인식하지 않으면 안된다.

한편 항만의 외부환경으로서 보다 본질적인 주체로서는 화주기업, 특히 다국적기업을 들 수 있는데, 이들은 국제물류 부문에서 컨테이너화에 의한 Door to Door의 복합운송을 선호하고 있다. 소위 다국적기업은 글로벌 로지스틱스를 전개하고, 다국적기업 상호간에는 국제물류시스템의 효율화를 둘러싸고 격심한 경쟁을 벌이고 있다. 세계 지향의 다국적기업은 기업내 분업을 보다 효율적으로 전개하기 위해, 해외 자회사의 국제적 배치, 제품 계획수립의 문제와 관련하여 기업 그룹내의 원재료, 부품, 반제품을 세계적 네트워크로 조달하고, 보다 노동력이 저렴한 곳에서 현지생산하고, 가장 유리한 제품판매 시장을 확보하고자 노력한다. 즉, 물류 시스템화의 수준이 글로벌 시장에서 다국적기업간의 경쟁에 큰 영향을 미치고 있다. 특히 다국적기업은 판매의 완결을 목표로 물류 프로세스의 합리화를 위해 기존 선사 이상으로 선박을 보유, 용선하고 있는 경우도 있는데, 전체 유통과정을 유기적으로 연결하는 것을 적극적으로 추진하고 있다.

그러나 국제물류의 네트워크화는 물류서비스를 의뢰하고, 그것을 향유하는 화주 기업, 특히 다국적기업 등 외부환경으로서의 수요 주체에서 본 Just In Time과 같은 합리성만이 아니라 물류를 수주하고 제공하는 주체, 즉 항만을 위시해, 선사, 포워더 등 물류서비스 제공의 문제도 함께 고려해야 한다.

한편 항만의 외부환경 변화에서 가장 중요한 것은 컨테이너화(containerization)일 것이다. 컨테이너 운송의 비중이 증가하면서 항만 등의 물류서비스를 제공하는 기능은 전체적으로 효과적이고 균형 있는 발달이 요구된다. 항만에서는 화주, 선사의 요구를 만족시키는 하역의 기계화 등이 요구되고, 또한 컨테이너선의 출현 이래 컨테이너 전용시설을 설치해야 하거나 새롭게 개발, 보완해야 하는 경우가 많다. 특히 항만에 최적의 물류 하역기능이 있는지의 여부가 기항하는 선박수의 증감, 나아가 항만의 성쇠(盛衰)를 좌우하고 있다. 항만에서의 화물 흐름을 보면 컨테이너 전용항의 경유가 압도적으로 많은데 이는 물류합리화 실현으로 인해 컨테이너 화물 물동량 비중이 지속적으로 증가하고 있음을 의미하며, 이를 효율적이며 효과적으로 관리할 수 있는 역량이 항만의 경쟁력으로 직결되어 있다.

2 거점항(hub port)

컨테이너화가 가속화되고, 이것이 산업계에 필요불가결한 운송수단이 된 오늘날, 국제복합운송 시스템이 세계적인 규모로 진행되고 있으며, 선사와 화주는 유리한 경로를 자유롭게 선택하고 있다. 대규모 항은 피더 운송을 전개하고, 인접한 소규모 항의 화물을 유인하고 있다. 서서히 거점효과가 진행됨과 동시에 항만간에 연결력이 제고되어 모선 기항형과 피더선 기항형으로 구분된다.

컨테이너 화물의 운송활동은 다음과 같이 구분된다.

① 내륙, 해상 피더 운송활동
② 항만에서의 하역활동
③ 해상 운송활동

이러한 물류 활동에서 선사의 입장은, 컨테이너선의 운항비를 절감하기 위해 총재항시간을 단축해야 한다는 것이다. 그리고 연간 운항 회전율을 높이기 위해 선사로서는 다음과 같은 두 가지 방법이 고려된다.

① 선박 재항시간의 단축화
② 기항항의 집약화

①의 개선방법으로서는 해륙(海陸)을 연결하기 위한 기능의 정비를 위시해 차별화할 수 있는 경영 노하우가 필요하고, 시간의 단축이 가능한 항만을 선

사, 화주가 선택하는 것이다. ②는 필요 이상의 다수항 기항을 피하고 가능한 한 피더 서비스를 활용함으로써 모선의 직접 기항 수를 삭감하는 것이다. 소위 대형 컨테이너선은 허브항 사이를 운항하는 경우 가장 효율적인 운항이 가능해진다. 대형 컨테이너선의 거액투자를 고려하면 재항시간과 기항수의 집약화를 고려하지 않으면 안 된다.

〈표 9-1〉에서처럼 3,000TEU를 적재한 컨테이너선의 경우, 총비용에서 차지하는 자본비의 비율(47.3%)이 가장 높지만, 항만 내에서의 비용도 20.3%로 아주 높다는 것을 알 수 있다.

컨테이너선의 경우 재항시간과 입항수를 삭감하고 운항 회전율을 높이는 것이 비용 절감에 불가결하다. 그리고 기항수의 삭감과 관련하여 시대의 변화와 함께 컨테이너선이 대형화되고 규모의 경제성이 추구되어 왔다. 특히, 선사들이 규모의 경제와 낮은 운임을 추구하면서 컨테이너 선박의 크기가 대형화되기 시작했으며, 변동폭이 극심한 유가로 인하여 선박들은 운송속도를 감속하기 시작했다. 이는 유가에 대한 리스크 관리 차원에서 시작된 일종의 단기전략이었으나 환경문제 등 다양한 대외 시장 문제들과 직결되면서 현재는 초강속운항이 표준이 되고 있다.

2021년도 기준 세계에서 가장 큰 컨테이너 선박은 우리나라의 HMM(과거 현대상선)의 23,964 TEU급 HMM Algeciras호이며 그 뒤를 이어 19,224 TEU급 MSC Oscar호, China Shipping의 19,000 TEU급 CSCL Globe호와 MAERSK의 18,270 TEU급 Triple-E 시리즈가 있다. 향후 컨테이너선 시장에는 HMM

표 9-1	3,000TEU 컨테이너선의 1일당 비용	
비용항목	1일당 비용(미달러)	비율(%)
자본비	21,000	47.3
영업비	6,600	14.9
승무원비	2,000	4.5
윤활유비	900	2.0
수선 · 보험비	1,200	2.7
관리비	600	1.4
항해비	16,800	37.8
연료비	7,800	17.6
항/터미널비	9,000	20.3
총비용	44,400	100.0

자료: B. Mester, The Port in the Chain of Transport, Port Management Textbook 1. ISL. 1990, p. 53.

Algeciras 호와 같은 2만 TEU급 이상의 선박들의 투입이 증가할 예정이다.

이 경우 컨테이너 운항 서비스의 질을 높이고자 하는 선사에 있어서, 귀항 화물을 포함한 집화력의 여부 또한 수익성에 직접 연결된다. 즉 선사는 안정적인 수익을 보장받기 위해 집화력이 있고 효과적인 항만을 선택하고자 할 것이며, 이를 기반으로 선택된 항만은 서서히 거점항으로 발전되어 갈 것이다.

결과적으로 항만의 계층화가 진전되고, 최상위의 거점항은 대형 컨테이너 선에 의한 장거리 운송의 화물을 주로 취급하고, 하위 항인 소규모 항들은 피더 화물을 포함하여 기타 화물에서 경합하고 있다.[1]

선사와 포워더 등은 소수항에 화물을 집중하고 효율적인 배송을 하고자 한다. 컨테이너화는 그 활동의 범위와 잠재력이 취급 화물량에 의해 결정되는 운송시스템이라고 지적되고 있듯이, 집화 화물량이 매우 중요하다. 대량 운송항로는 운송 단위당 비용이 떨어지는데, 소위 규모의 경제성이 가능하므로 선사는 우선 거점항간을 운항하는 것을 지향한다. 배후권을 집약하고 거점항과 피더 노선을 연결하는, 즉 Hub & Spoke 네트워크를 형성하는 것이 보다 효율적인 운항 형태이다.

해운항만 환경의 변화는 필연적으로 항만과 해운 네트워크를 연결하는 Hub & Spoke 개념으로 발전하여 지역 경제권을 중심으로 한 중심항의 등장이 불가피하게 되었다. 싱가포르, 홍콩 등은 이미 국제적인 중심항으로 자리매김하고 있다.

국제 중심항은 중심성과 연계성을 갖춘 항만으로 설명할 수 있는데, 국제 중심항이 갖추어야 할 기능으로는 다음의 3가지를 생각할 수 있다.

① 기간항(Main Port) 기능: 기간항로에 직접 참여할 수 있는 기능
② 국내집약(Gate Way) 기능: 직접 배후권 이외로부터 접근할 수 있는 기능
③ 국제환적(중계수송) 기능: 3국간 수송의 환적기능

이들 기능의 내용을 살펴보면, 국내 집약기능은 항만의 중심성, 국제 환적기능은 항만의 중계성과 밀접한 관련성이 있으며, 기간항 기능은 지역 경제권 내의 중심성과 중계성을 개방적으로 국제 운송시스템에 연결하는 기능이라고 할 수 있다.

---

1 M. J. Hershman, Urban Ports and Harbour Management, Taylor & Francis, 1998, p. 132.

그림 9-2 국제 중심항 기능과 해운네트워크

① 국제 중심항 기능을 유지하는 경우

② 국제 중심항 기능을 상실하는 경우

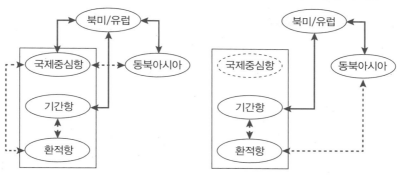

그림 9-3 항만 경쟁력 평가 조직

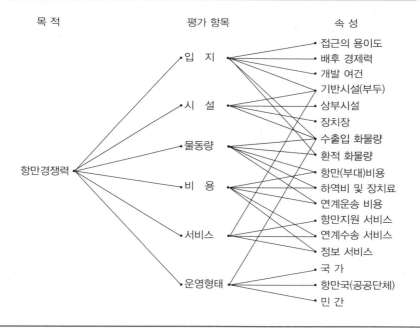

목 적   평가 항목   속 성

항만경쟁력

- 입 지
- 시 설
- 물동량
- 비 용
- 서비스
- 운영형태

- 접근의 용이도
- 배후 경제력
- 개발 여건
- 기반시설(부두)
- 상부시설
- 장치장
- 수출입 화물량
- 환적 화물량
- 항만(부대)비용
- 하역비 및 장치료
- 연계운송 비용
- 항만지원 서비스
- 연계수송 서비스
- 정보 서비스
- 국 가
- 항만국(공공단체)
- 민 간

자료: 이석태 · 이철영, "극동 아세아 컨테이너 항만의 능력평가에 관한 연구", 한국항만학회지 제7권 제1호, 1993.

    한편, 특정국가가 국제 중심항 기능을 지니고 있는지 없는지의 여부에 따라 국제 운송시스템의 해운네트워크 구성은 달라진다.

국제 중심항 기능을 유지하고 있을 경우에는 자국의 중심항으로 지역 경제권 및 자국의 환적항과 해운네트워크가 구축되어 대량의 환적화물을 처리할 수 있으므로 이로 인한 경제적 이익을 누릴 수 있다.

그러나 이러한 기능을 상실한 경우에는 지역 경제권의 중심항과 기타항 간에 해운네트워크가 구축되어 비용추가로 인한 수출입 상품의 경쟁력이 저하되는 결과를 초래할 것이다.

중심항이 지니는 이러한 이점 때문에 동일 경제권내의 항만들 사이에는 경쟁력 강화를 통하여 중심항이 되기 위한 치열한 노력이 전개되고 있으며, 항만의 경쟁력을 결정하는 요인에 대한 연구도 활발하게 수행되어 왔다.

항만의 경쟁력을 결정하는 요인은 연구자에 따라 약간의 차이가 있으나 i) 입지, ii) 시설, iii) 비용, iv) 서비스, v) 관리운영형태, vi) 물동량 등을 경쟁력을 결정하는 기본요인으로 들 수 있다.[2]

즉, 입지, 시설, 비용, 서비스 및 관리운영 형태를 요소로 하여 이들을 종합한 능력을 항만의 경쟁력이라고 할 수 있으며, 이러한 경쟁력은 수출입 및 환적 물동량의 형태로 나타난다.

제 3 절　항만의 개발 및 관리체계

우리나라는 항만이 국가에 의해 개발·관리되고 있으며 항만은 공물(公物) 내지 영조물(營造物)이라고 일컬어지고 있을 만큼, 민간에 의해 정비되는 항만의 기본시설은 거의 없으며, 민간에 의해 정비되는 경우가 있다 해도 그것은 국가재산으로 귀속된다. 이와 같은 항만체제가 오늘날까지 지속되어 오고 있는 이유는 다음과 같다. 경제성장에 따른 화물운송의 증가에 부응하기 위해서는 위로부터의 적극적인 개입에 의한 항만투자 및 개발정책이 필요했다는 점, 민간이 항만시설을 직접투자 개발 및 운영할 수 있을 정도의 자금축적이나 기술 및 인재의 축적이 부족하여 국가가 직접투자 및 운영에 나서지 않을 수 없게 되었다는 점, 항만투자는 자본의 회수기간이 장기적이며 더구나 투자수익률

---

2 부산광역시, 부산을 동북아 물류 중심도시로 육성하기 위한 연구, 1999, pp. 179~180.

도 여타 투자부분에 비하여 별로 높지 않은 것으로 인식되었기 때문에 민간자본이 항만에 쉽사리 투자될 수 없었다는 점 등의 제반 환경요인으로 인해 국유, 국영 항만체제로 운영될 수밖에 없었다.[3]

그러나 급변하는 항만환경에 적절히 대응하여 심화되고 있는 경쟁에서 우위를 확보하기 위해서는 반드시 항만의 관리 운영이 단순한 국가의 행정체제에서 벗어나 항만에 대한 기업적 또는 경영적인 접근방법으로서의 전환이 요구된다. 특히 항만과 지역사회와의 관련이 밀접하게 되고 지방의 자주성이 존중되면서 항만간의 경쟁관계가 발생하는 경우에는, 외국에서와 같이 Port Authority가 지방별로 항만관리 주체가 되고 운영은 민간에게 위임하는 것이 바람직할 것이다. 이렇게 될 경우 항만운영에서도 기업경영에서 채택하고 있는 적절한 관리기술을 도입할 수 있게 되므로 항만시설을 가장 효율적으로 이용할 수 있을 뿐만 아니라 항만 및 이용자의 경쟁적 위치를 제고시키고 항만서비스의 범위 및 질적 최대화를 계속하여 도모할 수 있다. 이것은 국유, 국영항만 체제로부터 벗어나 새로운 체제로의 이행을 의미한다. 이의 필요성을 이해하기 위해 항만의 소유형태와 항만개발 및 관리체계에는 어떠한 유형이 있으며 각 유형의 특징이 무엇인지를 살펴보자.

Baudelaire는 항만의 개발 및 관리형태를 ① 地主港(Landlord Ports), ② 道具港(Tool Ports), ③ 運營港(Operating Ports)의 세 가지로 분류하고 있다. 이세 가지로 구분하는 기준은 항만시설, 화물처리 서비스 및 관련된 서비스를 누가 제공하느냐이다.

1 지주항

Port Authority나 항만관리주체가 기본 하부구조 즉 항로, 방파제, 박지(泊地), 임항도로, 안벽, 부두 등 선박을 위한 각종시설을 제공하며, 하역, 운송, 보관 및 운반과 같은 화물처리 서비스와 이에 부수되는 각종 서비스는 민간이 제공하는 형태이다.

이러한 항만은 항만관리주체가 하부시설을 제공하며 이를 민간기업에 임대해 주는 형태를 취하고 있기 때문에 화물처리를 위한 각종 기능시설은 모든 민간기업이 자기비용으로 제공하며, 화물처리 서비스도 민간기업에 의해 이

---

3 전일수 외, 우리나라 항만개발 및 투자정책에 관한 연구, 해운산업연구원, 1991, pp. 138~144.

루어진다. 지주항 형태를 취하는 항만에서 항만관리자는 임차인의 항만운영 활동에는 참여하지 않는다. 즉 지주항의 경우에는 항만관리자가 최소한의 항만시설만 제공할 뿐 화물하역 등 실제적인 항만운영에는 참여하지 않는다. 로테르담항, 뉴욕항, 앤트워프항 등 구미지역 대부분의 선진항만과 일본의 일부 항이 여기에 속한다.

도선(導船) 서비스는 일반적으로 설정된 한계 톤수 이상의 선박에 대해서는 강제적이며 대부분 독립조직에 의해 수행된다. 그러나 도선 서비스와 항만운영간에는 밀접한 관계가 있고 도선사가 항만과 선장간의 의사전달을 담당하는 첫 인물이고 출항시 당해 항만에 대한 인상을 교정시켜 주는 최종 인물이라는 점에서 도선 서비스는 항만관리주체가 제공함이 바람직하다.

그리고 상황에 따라 항만관리주체의 기능과 책임을 이양하는 것이 더 합리적인 경우도 있다. 도크 철로시설은 철도관리기관에 의해 수행되는 것이 더 효율적이며 마찬가지로 화물분류작업, 컨테이너 야적, 선거(船渠), 창고, 야적지에서의 화차배치 등도 항만관리 기관 내 운송부서의 감독하에 철도감독관이 담당하는 것이 효율적이다. 이외에 소방, 경찰활동도 지방정부에 위임하는 것이 적합할 것이다.

통관, 이민, 위생검사 같은 기능은 사용자의 요구에 부응해야 하고 항만관리 주체와도 밀접한 관계가 있으므로 그 업무공간을 항만관리주체가 제공하여야 하며 비용은 해당 관서가 책임지는 것이 바람직하다.

내륙운송, 환경, 선적 문제 같은 분야에서는 항만 이해관계자의 대표성 확보가 고려되어야 하는데, 만일 항만관리주체와 이용자 간의 연계가 요구되면 특정조치를 이용자 단체에게 위탁할 수 있다. 그리고 이상의 패턴에 부합하기 위해서는 다음과 같은 여건이 조성되어야 한다.

첫째, 물동량이 적정수준 이상이어야 한다. 그 이유는 독점상황을 피하기 위해 적정수의 대규모 기업활동을 제공할 필요성이 있고 항만의 재원을 조달하기 위해 거래액이 적정수준 이상이어야 하기 때문이다.

둘째, 전문기술, 의욕, 자본을 갖고 시설을 운영할 수 있는 투자자, 선박회사, 하역업체가 존재해야 한다.

셋째, 효율성에 관심을 가지는 자유주의적인 환경이어야 한다.

넷째, 항만 노조측에서의 장애요인이 없어야 한다.

지주항의 장단점을 보면 다음과 같다.

표 9-2		지주항 항만관리 주체와 권한
구 분		**시설 및 서비스**
선박측	하부시설 서비스	• 수로 및 항로, 방파제 및 유사구조물 • 선회장, 갑문, 도크, 물양장 • 항행지원시설 • 항행정보, 무선서비스, 항내 교통관리 • 도선
운송업자측	하부시설	• 도로, 주차장, 편의시설 • 철로 • 마샬링야드 • 내륙수로선박용 도크시설
일반서비스	서비스	• 항만보존 · 관리 • 조명 • 소방서비스 • 경찰 • 검역

자료: Baudelaire, J. G., Port Administration and Management Tokyo : International Association of Ports and Harbour, 1986, pp. 120~121.

● 장 점: 민간기업이 Terminal Operator가 되어 터미널 시설의 효율성 제고를 위해 각종 기능시설과 부대시설을 스스로 정비하므로 항만관리주체는 이러한 시설에 대한 투자를 절약할 수 있다.

항만의 민영화를 대표하고 있다.

일상적인 항만운영 문제로부터 완전히 해방되며 당해 항만의 종합적인 관리와 장래계획의 수립 및 민간기업에 대한 감독 등 전략적인 의사결정에 대해서만 깊이 고려하면 된다.

● 단 점: 민간의 책임이 크면 공공성에 대한 문제가 제기될 수 있다.

2 도구항

이것은 항만의 기본시설뿐만 아니라 화물의 조작에 필요한 하역 시설조차도 항만관리주체가 제공하고 있다. 이 경우 민간기업의 참여가 지주항과 비교하면 제한되어 있다. 이들 항만은 직접적인 화물하역에는 개입하지 않는다. 프랑스의 항만과 우리나라의 일부 항만이 이러한 유형에 속한다. 이 항의 장점은 일원적인 항만정비 및 관리가 가능하다는 점이다. 그리고 단점은 선석의 배정, 하역장비설치, 시설의 유지보수 등과 같은 일상업무에서 완전히 독립되지 못하다는 것과 항만관리주체가 각종 항만시설을 모두 제공하기 때문에 투자재원의 확보가 어렵다는 점이다.

3 운 영 항

항만관리주체가 기본시설, 하부시설 및 기능시설뿐만 아니라 화물처리 서비스 및 관련 서비스도 동시에 제공하는 유형이다. 이 경우에 민간이 담당하는 역할은 극히 제한적이며 항만관리주체가 일원적으로 모든 항만시설과 서비스를 제공하면서 항만을 운영하고 있다. 사회주의 국가의 항만이나 싱가포르항이 이 범주에 속한다. Full Service항이라 지칭하기도 한다. 이 항의 장단점은 다음과 같다.

- 장 점: 항만관리주체에 의한 일원적인 항만관리가 가능, 항만의 운영과 관련된 정보전달이 신속하다.
- 단 점: 항만의 장기개발 구상이나 전략적인 문제를 경시하기 쉽다. 민간참여가 차단되기 때문에 항만관리주체의 재정능력에 한계가 있을 경우 항만정비가 신속하게 이루어지기가 어렵고 비효율적이다.

이상에서 본 바와 같이, 효율적인 항만관리를 위해서는 Port Authority항이나 자치단체항이면서 지주항의 형태를 취하는 것이 바람직할 것이다. 이러한 항만개발 및 경영형태로 나아가야 하는 까닭은 다음과 같다.

① 항만의 주인공은 그 항만과 가장 가까운 이해관계를 갖고 개발에 정열과 애정을 갖고 있는 지역주민이라는 점
② 항만 이용자에게 필요한 항만시설의 확충과 지역경제의 개발에 필요한 소요자금의 조달을 민간자금의 도입으로 해결할 수 있다는 점
③ 경영능률의 향상을 위하여 유능한 민간경영능력을 항만개발 및 운영에 참가시킴으로써 항만투자 및 경영의 활성화를 도모할 수 있다는 점

④ 이러한 효과가 종합됨으로써 항만 전체의 크나큰 효과를 기대할 수 있다
는 점

제 4 절 **항만의 역할 변화와 자유무역지역**

1 항만 기능의 고도화 · 다각화

WTO 체제 정착, 정보 · 교통 · 통신의 급속한 발전에 따라 세계 경제는 단
일시장화되고 있으며, 세계 최고의 경쟁력을 확보한 국가 · 기업만이 생존하
는 무한경쟁시대(Mega Competitive Age)로 빠르게 전환하고 있다.

이에 따라 다국적기업들은 전 세계를 대상으로 생산 · 물류 네트워크를 형
성하고 초국가적 차원에서의 글로벌경영 활동을 추구하게 되었다. 이러한 전
략의 일환으로 다국적기업은 분산되어 있던 생산거점과 물류거점을 통합하고
이를 각 경제권의 핵심 물류거점으로 집중한 후, 공급사슬관리(Supply Chain
Management)를 기반으로 하는 생산 및 물류관리체계를 구축하게 되었다. 즉,
기업의 국제물류 관리체계를 원료 · 부품의 조달, 조립 · 가공, 생산, 판매 · 마
케팅, R&D 등 기업활동의 전부 또는 일부를 경영여건이 우수하고 자사의 물류

표 9-3 다국적기업의 국제물류관리체계 변화 추이

구분		특징	물류체계
1단계 (수출물류체계)	1970~ 80년대초	수출을 중심으로 이루어지 는 일련의 물류활동을 관리 하는 단계	수출입체계
2단계 (현지물류체계)	1980년대	국가별 현지자회사를 중심 으로 물류 · 생산활동을 수 행하는 단계	현지국 물류업체 이용 - 내륙 공업단지에 투자 집중(생산비 절감 중심)
3단계 (거점물류체계)	1990년대 후반	지역 물류 · 생산거점을 중 심으로 지역경제권 전체를 담당하는 물류체계	거점 중심의 물류체계 - 항만, 공항으로 투자 집중(물류관리 중심)

자료: 진형인 · 정홍주, 국제물류의 이해, 박영사, 2002, p. 296.

그림 9-4 　다국적기업의 국제물류관리체계 변화 추이

▶ 1단계 : 수출물류체계(1970~1980년대초)

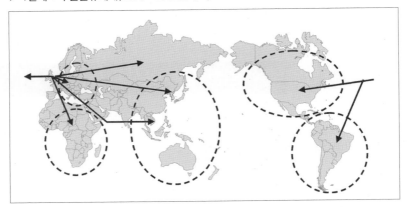

▶ 2단계 : 국별 현지물류체계(1980년대)

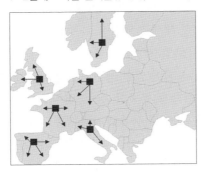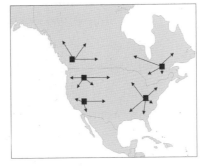

▶ 3단계 : 거점물류체계(1990년대)

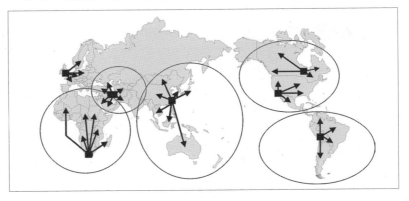

자료 : 한국해양수산개발원, 21세기 글로벌해운물류, 두남, 2001, pp. 138~139.

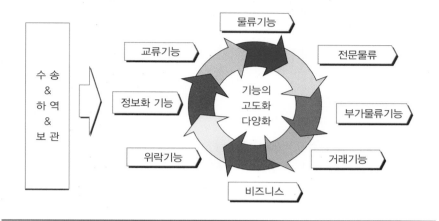

그림 9-5   항만 기능의 고도화 · 다각화

수송
&
하역
&
보관

물류기능

교류기능

전문물류

정보화 기능

기능의
고도화
다양화

부가물류기능

위락기능

거래기능

비즈니스

체계를 지원할 수 있는 능력을 갖춘 지역에 배치하고 이 지역을 지역거점으로 삼아 지역 경영활동을 수행하는 거점물류 네트워크체계로 전환하게 된 것이다.

이에 따라 물류 네트워크 구축이 용이한 항만 및 공항지역이 다국적기업의 지역 물류거점(Regional Logistics Center)으로 부각되기 시작했으며, 1990년대 이후 이 지역을 중심으로 다국적기업의 생산, 물류기능과 마케팅, R&D 등 경영기능이 집중되는 현상이 더욱 강하게 나타나고 있다.

이러한 다국적기업의 국제물류 관리체계 변화는 항만의 기능과 역할을 변화시키는 중요한 원인이 되고 있다. 즉, 이러한 변화는 세계 주요 항만들의 다국적기업 물류거점 유치를 위한 치열한 경쟁을 일으키면서, 항만 시설의 대형화, 항만 기능의 고도화 · 다각화를 촉진하고 있는 것이다.

이에 따라 항만은 기존의 수송, 하역, 보관 등 단순물류기능에서 벗어나 물류, 부가가치 물류서비스, 해운 및 물류거래, 비즈니스 등 다각적인 기능을 확보하는 동시에 다국적기업의 공급연쇄관리 체계를 지원하는 고도의 물류 · 비즈니스 거점으로 변모하게 되었다.

싱가포르, 홍콩, 함부르크, 로테르담항 등은 이러한 항만기능의 변화에 신속하게 대응하고 경영환경을 개선함으로써 국제적인 물류 · 비즈니스 거점으로 성장한 대표적인 항만이다. 이 항만들은 역내의 국제물류를 주도하기 위해 항만시설을 지속적으로 확충하는 한편 배후지역에 자유무역지역(Free Trade Zone) 제도를 도입하고 기능의 고도화, 관리 · 운영체계 합리화 등 다각적인 기능강화전략을 추진하고 있다. 이러한 현상은 항만이 국제 거점물류체계의 중심적 역할을 담당하면서 다국적기업의 투자확대, 국제무역 및 물류기능 활성화 등이 나타나 각 경제권의 경제·무역·금융중심지로 부상하는 등 다각적인 파급효과가 나타나고 있기 때문이다.

2 자유무역지역

1) 자유무역지역의 의의

우리나라는 자유지역의 한 형태인 수출자유지역을 1970년 마산, 1973년 익산에 각각 설치하고 운영해왔다. 수출자유지역은 현재도 외국인투자의 유치 및 수출증진을 위한 효과적인 정책수단이긴 하지만, 지속적인 발전을 위해 우리나라의 경제성장 수준, 세계경제의 글로벌화 등 환경변화에 맞게 제도의 개편이 요구되었다.

제조업과 물류기능이 통합되어 운영되는 것이 세계적인 추세임에도 불구하고 기존의 수출자유지역은 제조업 중심으로 운영하여 물류공간이 부족하고 특히 익산의 경우는 내륙에 위치하여 물류비용이 과다 지출되는 부작용을 낳고 있었다. 이에 2000년 「자유무역지역의 지정 등에 관한 법률」에 따라 생산은 물론 무역·물류·유통·정보처리·서비스업 등의 새로운 기능이 추가된 자유무역지역(Free Trade Zone)으로 확대 개편하여 운영하기 시작했다.

자유무역지역은 대외무역, 관세법 등의 규제를 완화하여 자유로운 제조·유통·무역활동을 보장함으로써, 국제무역의 진흥 및 지역개발 등을 촉진하기 위해 지정된 지역이며 궁극적으로 국민경제 발전을 목표로 두고 있다.

2) 자유무역지역과 기존 국내 유사제도와의 비교

우리나라는 일정규모의 산업단지, 항만, 공항과 그 배후지역을 자유무역지역으로 조성하여 생산·수출·물류 등 무역 및 물류진흥과 기업활동에 특화시켜 운영하고 있다. 그리고 이와 유사한 목적을 갖고 있지만 그 형태나 방법을 달리하여 경제자유구역, 외국인투자지역을 운영하고 있다.

① 경제자유구역

경제자유구역이란 세계화의 진전에 따라 증대되고 있는 기업의 국제경영

표 9-4	자유무역지역의 입주기업
복합물류관련 사업	국제운송주선, 국제 선박거래, 포장 · 보수 · 가공 또는 조립
국제물류관련 사업	선박 또는 항공기의 수리 · 정비 및 조립
용품공급 사업	연료 · 식수 · 선식 및 기내식 등 선박 · 항공기 용품의 공급
개발업 및 임대업	물류시설 관련 개발 및 임대
입주기업체의 사업지원	금융, 보험, 통관, 세무, 회계, 해운중개 및 대리점, 선박대여 및 선박관리, 항만용역, 교육훈련, 유류판매, 폐기물관리, 정보처리, 음식, 식품판매, 숙박, 목욕, 세탁, 이용 및 미용, 기타 지식경제부장관이 고시하는 업종
대통령령이 정하는 공공기관	지방자치단체 및 지방자치단체가 전액 출자 · 출연한 법인, 국민연금관리공단, 국민건강보험공단, 한국수출보험공사, 한국공항공사, 항만공사, 한국컨테이너부두공단, 한국철도공사, 인천국제공항공사

활동에 최적의 환경을 제공하기 위한 특별 경제구역이다. 국제적 기준을 선도하는 경제 · 사회제도의 정착과 각종 인센티브를 제공하여 글로벌 기업을 집적하여 최첨단의 공항 · 항만 · 오피스 시설과 학교, 병원, 관광시설을 복합적으로 개발하는 지역이다.

제조 · 물류 연관 산업뿐만 아니라 서비스업을 함께 입주시킴으로써 외국기업의 생활편의시설 확보에 주력하고 생활공간환경개선을 목적으로 특화시키고 있다. 경제자유구역과 자유무역지역을 비교하면 〈표 9-4〉와 같다.

우리나라의 경제자유구역은 2021년 기준 인천 경제자유구역, 부산 · 진해 경제자유구역, 광양만권 경제자유구역, 경기 경제자유구역, 대구 · 경북 경제자유구역, 충북 경제자유구역, 동해안권 경제자유구역 총 7개가 조성 · 운영되고 있다.

② 외국인투자지역

외국인투자지역은 외국인투자에 대한 지원과 편의제공을 통하여 외국인투자의 유치를 촉진하기 위해 운영되고 있다.

일정 규모 이상을 투자하는 외국인 투자자가 희망하는 지역에 대해 개별형(위치제한 없음), 단지형(산업단지 내) 유형별로 광역자치단체장이 외국인 투자위원회 심의를 거쳐 외국인 투자지역으로 지정하게 되며, 이 지역에는 세제혜택, 임대료 지원, 다른 법률의 적용 배제 등이 제공된다.

자유무역지역, 외국인투자지역, 경제자유구역을 종합해서 비교해 보면 유치대상이 외국인 투자기업이라는 점은 유사하지만 각 제도 간에 아래와 같은

그림 9-6   자유무역지역 운영 개념도

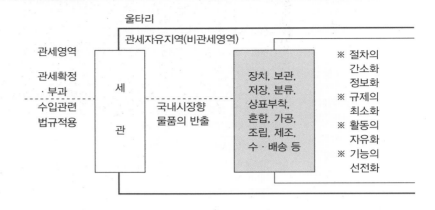

차이점을 상호 보완하여 운영하고 있다.

첫째, 자유무역지역은 생산·물류 등 기업생산 활동에 특화되어 운영된다.

둘째, 경제자유구역은 외국인의 정주개념의 생활편의시설 및 공간을 제공한다.

셋째, 외국인투자지역은 외국인투자유치 목적으로 외국인 투자기업이 희망하는 지역의 부지를 단기간에 제공한다.

3) 자유무역지역의 발전과 유형

① 자유무역지역 생성과 발전

자유무역지역은 B.C. 2000년경 페니키아에 설치된 자유중계항(Entrepôt)에서 유래하였다. 1547년 이탈리아 리보르노(Livorno)항의 자유항(Freeport)지정을 계기로 본격화되었고, 근대적 의미의 자유무역지역은 1888년 함부르크에서 조성되었다.

현대적 의미의 자유무역지역 개념은 1936년 뉴욕 외국무역지대(Foreign Trade Zone)가 조성되었으며 뉴욕 외국자유지대의 성공으로 오늘날 전 세계 500여 개 지역으로 확산되었다.

Free Zone 또는 Free Trade Zone이라 불리는 자유무역지역은 미국, 유럽, 싱가포르 등 선진국은 물론 중국을 비롯한 개도국을 포함하여 설치되지 않은 국가가 별로 없을 정도이다. 특히 싱가포르는 기존의 자유항 제도를 포기하고

표 9-5 **자유무역지역과 경제자유구역의 비교**

구분	자유무역지역	경제자유구역
법적근거	자유무역지역의지정 및 운영에관한법률	경제자유구역의지정 및 운영에관한법률
지정권자	지식경제부 장관	
지정목적	국제무역진흥, 지역산업개발	복합개발을 통해 외국인 친화적 경영 환경 및 정주여건 조성
지정위치	마산, 부산, 광양, 인천, 익산, 군산, 대불	인천, 부산·진해, 광양, 황해, 새만금·군산, 대구·경북
입주대상	국내·외 투자기업	국내·외 투자기업
특혜대상	외국인투자자	
조세감면	• 제조업(1천만불 이상) • 물류업(5백만불 이상)	• 제조업(1천만불 이상) • 물류업(5백만불 이상) • 관광업(1천만불 이상) • 개발사업자(3천만불이상/외투비율 50%이상이고 총 사업비 5억불 이상)
	3년간 100% 2년간 50%	소득·법인세 및 취득·등록·재산세 등 3년간 100%, 2년간 50%
	비관세 지역	관세 3년간 100%
	–	7년형 조세감면
	–	입주 외국투자기업 외국인근로자 소득세 감면
현금지원	고도기술수반 사업등 공장 신·증설에 대해 외투위 의결로 최소 FDI의 5% 이상 지원	
입지지원	• 국가·지자체 일괄매입 • 임대 및 임대료 감면 (50년, 50~100%)	• (사유지)사업시행자 등 매입 • 국공유지 임대 및 임대료 감면 • 국공유지 매각시 외국투자기업에게 조성원가로 공급가능
외국교육기관	–	허용
외국의료기관	–	허용
주택공급특례	–	특별분양/임대주택공급
노동규제완화	–	• 의무고용 배제 • 유급휴가 규정 배제 • 파견근로자 관련규제 완화
외환거래자유	–	1만달러 이내 무신고 거래 가능
기타	–	• 외국인전용카지노 • 외국방송 재송신 채널 수 확대 구성 및 운영가능

자료: 경제자유구역기획단(http://www.fez.go.kr/)

표 9-6	지대의 성격과 自由度에 따른 자유지대 분류
명칭	내용
자유항도시 (Free Port City)	– 자유항 고유기능을 가진 자유무역항을 지칭 – 경제적으로 독립된 하나의 항만도시 – 항만도시 전체가 비관세지역으로 관세제도상으로는 외국에 준하는 지역
자유항구 (Free Port Quart District)	– 특정 항만 또는 항만에 인접한 구역의 일부를 자유항구로 설정 – 외국 화물의 반출입이 자유롭고 저장, 제조, 포장, 재포장, 상품부착은 허용 – 同지구내에서는 개인의 거주가 허용되지 않음.

관세자유지역
(Free Trade
Zone)
	– 미국의 외국무역지대(Free Trade Zone)를 통칭하는 용어
	– 항만 인접한 지역 내륙의 특정지역을 비관세 지역으로 지정한 곳을 의미
	– 자유항도시 및 자유항구는 화물의 자유로운 입출항에 따른 중계항 기능에
	  중점을 둔 반면, 자유무역지대는 중계무역촉진에 주목적을 둠.
	– 관세미부과, 외국화물 반출입의 자유화
	– 이적, 장치, 저장, 개장 혼합, 제조, 가공, 포장, 상표부착 등이 가능하고 이
	  들 물품의 재수출도 허용
	– 개인의 거주는 금지
	– 중계무역과 재수출 등 국제무역과 상업촉진 도모

자유지역
(Free District)
	– 특정항만 지역 또는 단지화물의 장치나 처리만을 위해 비관세로 인정하는
	  좁은 지역
	– 개인의 거주허용과 가공무역을 위한 외국물품의 조성, 혼합, 가공, 제조 등
	  은 인정하지 않음.
	– 보세창고와 같은 역할

수출자유지역
(Free Export
Zone)
	– 국가의 일정한 지역을 지정, 관세법의 전부 또는 일부 배제하거나 완화시켜
	  주는 보세구역의 성격
	– 무역의 자유화, 수출산업육성, 외국기업유치를 목적
	– 제조, 가공, 포장, 혼합 등 수출에 관련된 기업 활동보다 관세법, 외국환 관
	  리법 등 조세상의 제한을 배제 내지 완화

1969년 「자유무역지역법」(Free Trade Zones Act)을 제정하여 자유무역지역을 도입하였다.

② 유 형

자유무역지역의 유형은 i) 역사적 발달정도, ii) 설치국의 입지조건, iii) 설치국가의 경제상황과 설치목적에 따라 명칭이나 운영형태가 다양하다. 자유항의 분류 기준은 지대의 성격과 자유도(自由度) 및 지대의 주요 수행기능에 따라 구분할 수 있으며 내용은 〈표 9-6〉과 같다.

그리고 해당지대가 수행하는 기능에 따라 자유무역지역을 다음과 같이 분류할 수 있다(표 9-7 참조).

표 9-7	기능에 따른 자유무역지역 분류	
명칭	목적	사례
물류중심형 자유무역지역	– 국제물류유통 촉진	홍콩, 싱가포르, 네덜란드, 함부르크
생산중심형 자유무역지역	– 외국인 투자유치, 수출입 무역 활성화, 첨단과학기술 도입	중국, 대만, 멕시코 등 개도국
물류 · 생산 복합형 자유무역지역	– 국내기업의 해외이탈 방지 – 자국내 기업 활동촉진 – 고용창출 – 국제무역활성화	미국

과거 중계무역중심의 자유항개념에서 출발한 자유무역지역은 기업의 생산 및 물류 활동이 다양화 · 고도화됨에 따라 다기능 · 복합화되는 추세이다.

따라서 단순한 화물의 중계기능 외에 제조 · 조립 · 가동 · 혼합 등 생산기능 적양화 · 환적 · 장치 · 보관 · 저장 · 분류 · 혼재 등의 물류기능, 판매 · 전시 · 무역 · 금융 · 운송주선 등의 거래 및 물류 촉진기능 등을 허용함으로써 그 기능과 역할이 더욱 확대되고 있다.

4) 자유무역지역의 효과 및 주요국의 시사점

① 자유무역지역의 효과

i) 특성화된 투자환경 조성을 통한 외국인 투자 촉진

- 자유무역지역은 저렴한 임대용지 제공, 보세기능, 생산 및 물류 · 유통 기능의 복합화, 관리기관의 One stop service 등 다양한 기능과 종합적인 지원을 제공
- 저렴한 산업 용지의 선공급으로 입주와 동시 사업개시가 가능하며 소규모 투자라도 입주요건만 충족하면 지원을 받을 수 있으므로 첨단산업 분야의 외국인 투자 유치에 적합

ii) 국제교역거점 구축

- 자유무역지역 내에서 물류 · 유통기능을 가공 및 제조기능과 복합화하여 국제거래기능을 활성화
- 자유무역지역 내에서 외국기업과 국내기업의 연계 활성화를 통해 국내

그림 9-7 기능에 따른 자유무역 지역의 주요 활동

생산중심형	물류 · 생산 복합형	물류중심형
– 가공, 조립, 제조, 조작, 혼합 등 – 상표부착 및 표시 – 하역, 장치, 보관, 수배송 – 수출입	– 하역, 장치, 보관, 분배, 분류 – 수배송, 중계무역 – 가공, 조립, 제조, 조작, 혼합 등 – 상표부착 및 표시 – 전시, 재수출 – 컨설팅, 보험, 법률, 금융	– 하역, 장치, 보관, 분배, 분류 – 수배송, 중계무역 – 운송주선 – 상표부착 및 표시 – 유통가공 – 전시, 상담 – 환적, 재수출 – 컨설팅, 보험, 법률, 금융

기업의 경쟁력 제고

iii) 자본 형성 효과
- 내외국인을 불문하고 자유로운 투자 및 영업 환경을 조성
- 해외 투자 기업 및 다국적기업을 유치함으로써 자본의 유입이 가능

iv) 기술이전 효과
- 자유무역지대 내에 세계적인 기술력과 유통망을 가진 다국적기업이 입주함으로써 첨단기술의 이전, 선진 경영 노하우의 전파 등으로 국내 기업들의 생산성을 높이고 산업구조의 고도화에 기여

v) 고용창출 효과
- 국내의 투자 기업유치를 통한 고용창출
- 국제물류 · 유통 및 무역업무, 서비스업의 활성화로 고용증대

vi) 지역균형발전에 기여
- 각 지자체가 자유무역지역을 지역의 여건에 따라 생산중심, 교역중심, 복합형으로 탄력적으로 운영할 수 있어 지역산업 진흥 및 지역개발의 주요 수단으로 활용

표 9-8	관세자유지역 도입에 따른 주요 시사점 요약	
주요 항목	주요 특징	주요 시사점
명칭	– 국가별로 매우 다양하나 관세자유지역 (FTZ)을 세계 공통으로 사용하면서 자유항(Free Port) 또는 자유지역(Free Zone)을 대부분 사용	– 항만중심의 자유항 대신 관세자유 지역 명칭을 도입, 설치지역 · 기능상 융통성 부여
설치 지역 및 운영현황	– 대부분 공 · 항만지역에 설치 · 운영 미국: 공항만 및 내륙 등 전역(2가지 유형의 Zone 허용) 중국: 임항 지역 중심이면서 경제특구 · 경제기술발전지대내 또는 인접지역 – 설치규모도 수십평에서 수백만평까지 매우 다양(미국이 최대) ∴ 평균적으로 수십만평대 규모 – 지대를 엄격히 구분 · 관리하기 위해 울타리 설치	– 임해지역의 공 · 항만에 최우선적으로 설치 · 운영 임해지역 공단도 우선 지정 대상 지대의 성격과 기능을 고려, 단계적으로 내륙지로 확대 ∴ 세관통제선(울타리)의 설치 및 관리 통제의 용이 – 지대규모 제한 불필요
목적	– 미국은 국제무역 촉진과 고용창출 싱가포르, 홍콩, 유럽은 국제 물류 촉진을 통한 물류거점화 · 물류 부국달성이 목적 – 중 · 개도국은 외국인 투자촉진 및 수출입 교역 확대	– 한반도의 입지조건과 경제상황을 고려, 동북아 물류중심기지화를 통한 국제물류 촉진, 외국인투자 촉진, 국제무역 촉진, 그리고 궁극적으로 물류부국을 통한 국민복리 증진 기여 등으로 설정
관계법령	– 유럽과 홍콩을 제외하고 대부분의 국가에서 별도의 관련법령을 제도화하여 운영	– 설치 및 관리운영상 행정절차 및 규정 적용의 일관성 · 투명성 · 신속성 확보를 위해 별도의 특례법 제정 시행
정의 및 법적지위	– 성공적 운영국가의 경우 관세법의 적용을 받지 않는 비관세 영역화	– 도입효과의 극대화를 위해 관세법의 적용을 받지 않는 별도의 비관세영역으로 지정, 운영
기능	– 국가마다 다양하나 중계무역기능, 생산기능, 물류기능, 거래 및 물류 촉진기능 등을 망라한 종합기능 부여, 유럽은 물류 및 물류촉진기능에 중점	– 미국, 싱가포르, 홍콩, 유럽의 기능을 망라하여 광범위하게 설정 ∴ 생산기능 부여시 시설재, 연료, 원료 등 모든 물품에 대해 외국물품 상태로 사용가능토록 조치 ∴ 국내 기업과 역차별, 철저한 관리 · 감독방안 연계 검토
지정주체	– 공공시설로서의 성격이 강한 경우 정부가 직접 관여 중국, 대만, 미국은 범정부 차원에서 지정(중앙집권적) ∴ 미국은 세관에 별도의 사용허가 필요 및 FTZ 사무국 상설 운영 – 싱가포르, 일본, 멕시코는 소관부처 장관 지정 – 유럽은 세관이 지정	– 국내 국가행정체계 및 지역 · 시설물의 성격상 중앙집권적 지정체계 불가피. 관세자유지역 위원회 구성 및 상설 사무처 설치 운영

자료: 한국해양수산개발원, 「관세자유지역 도입방안 연구」, 1998. 12.

② 주요국의 시사점

자유무역지역을 조성하기 위해 홍콩, 싱가포르, 함부르크 등은 허브항으로서 입지 구축을 통하여 환적·중계 화물의 유치를 도모하고 있다.

또한 항만·공항의 물류 효율화를 기하고 있으며, 또 외국의 기업 및 자본 유치를 통해 물류거점 체계를 구축하고 있다. 싱가포르, 홍콩 등은 자유무역지역 조성을 통해 국제 물류 및 국제 교역활동의 세계적 중심지로 도약하고 있다. 싱가포르에는 500개 이상의 세계적 기업이 진출하여 지역 물류기지로 사용하고 있다. 더욱이 전 세계 6,000여 개의 세계 물류기업이 자리하고 있다.

홍콩은 자유무역항으로 출발하여 외국기업이 자유로운 경영 활동을 할 수 있는 여건을 조성했는데, 세계적 기업들이 이곳을 지역 경영, 물류거점으로 활용하고 있다.

제 5 절 항만의 선택기준과 경쟁력 제고방안

1 항만의 선택기준

일반적으로 항만은 해상수송과 내륙수송 간의 공통접경지역으로서, 해상과 다른 내륙수송 간의 연결점으로서, 선박을 접·이안시키거나 정박시킬 수 있는 시설뿐 아니라 선박과 육상간 또는 선박간에 화물을 옮겨 실을 수 있는 시설과 장비를 갖추고 있다. 또한 항만은 배후지역에 대한 산업적인 기초를 제공하는 기능을 수행한다. 이를 위하여 항만은 충분한 항만시설을 확보하여야 함은 물론 전체적인 운영 및 관리시스템을 안정적으로 유지하여야 한다. 항만의 상대적인 경쟁력은 선사, 터미널 운영회사, 하역업체, 보관업체, 운송주선업체, 트럭회사, 철도

표 9-9	항만선택의 선행연구

구분	Willingale	B. Slack	Murphy(1987)	Murphy(1992)
분석대상국가	유럽지역	미국, 캐나다	세계각국(미국 60)	화주 외 미국
분석대상	선사	화주, 포워더	항만당국, 선사 (미국 60)	항만, 선사, 포워더, 대화주, 소화주
분석연도	1982	1985	1983	1992
분석대상표본수	20	무작위 다수	534	1,850
응답자(응답률)	20	165(-)	134(25.0)	402(21.7)
유효응답(응답률)	100	90(54.5)		
분석방법		x^2	mean score, t검정	mean score, Factor Analysis
설문회수방법		전화허락후 면담	우편	우편

중요항만
선택결정요인
	- 배후지의 접근
	- 항로접근
	- 항만시설
	- 항만요율
	- 항만규모
		- 선박기항수
		  내륙 수송
		- 항만근접성
		- 항만체선
		- 복합연계 수송
			- 항만장비
			- 손상손해의 빈도
			- 적기인도처리
			- 화물처리비용
			- 대형선입항기능
			- 특수한 수요에의
			  융통성
				- 장대, 비규격화
				  화물처리
				- 대량화물취급
				- 소량화물취급
				- 저손상, 저손실
				- 항만장비
				- 선적정보의 제공

자료: 해운산업연구원, 해운산업연구, 1993. 8, p. 10.

회사 등의 제반 관련업체의 자원을 효율적으로 결합하여 화주의 생산활동과 판매활동에 어떻게 도움을 줄 수 있는가에 달려 있다.[4]

오늘날 항만은 국제무역 관련비용의 최대 발생지로서, 항만에서의 비용은 총수출입 관련비용의 약 20~30%를 차지하고 있다. 또한 항만이 제공하는 서비스는 항만별로 그 수준이나 내용에서 큰 차이를 보이기 때문에 화주나 선사들은 자신의 수요를 가장 잘 충족시킬 수 있는 항만을 선택하여 이용하게 된다. 따라서 이러한 화주나 선사들의 항만선택 결정요인을 정확히 파악하는 것은, 항만운영정책의 수립에 있어서 중요한 과제이다.

항만분야에서 이루어진 항만선택과 관련하여 선행연구들은 이렇다 할 이론적 발전이 이루어지지 못하고 있으며, 항만선택 결정요인에 관한 실증적 연구논문은 〈표 9-9〉와 같다. 표에서 주목할 만한 것은 항만선택 결정요인으로

---

4 전일수 외, 우리나라 컨테이너항만의 국제경쟁력 제고방안에 관한 연구, 해운산업연구원, 1993, p. 219.

과거의 연구에서는 주로 항만시설, 요율, 규모 등의 물리적 요인을 중시했으나, 최근에는 이러한 물리적 요인보다는 항만서비스 질(質)의 수준으로 변화되고 있음을 알 수 있다. 그러나 위의 선행연구들은 어느 특정 항만들에 대한 실제 선택에 관한 분석이 아니며 항만 선택 시 반드시 반영되는 개별 선택자가 처해 있는 속성이나 항만의 속성의 조사를 바탕으로 하지 않았다는 비판이 제기된 바 있다.

이러한 문제점을 극복하기 위해 확률선택 모형에 의한 항만선택 결정요인을 우리나라 수출입화주를 대상으로 규명한 연구[5]를 간략하게 소개하면 다음과 같다. 컨테이너항만(부산 혹은 인천) 선택의 경우 (수출)신뢰성이 높은 변수로는 km당 내륙수송비, 항만평균 체선시간, 해상수송거리인 것으로 나타났다. 또한 가장 영향력이 큰 변수의 순서로서는 해상수송거리, 연간 발송량, 선적시간, 항만평균체선시간, 톤당 화물가격, km당 내륙수송비용 순으로 나타났다. 그러나 연간 발송량, 선적시간, 톤당화물가격은 신뢰성이 낮은 변수였다. 이에 비해 수입의 경우 선택요인이 해상수송거리, 정기선 입항척수, 연간화물반입량, km당 내륙수송비용인 것으로 나타났다. 여기서 수출·입에 있어 공통적으로 나타나는 것은 연간화물 반출·입량, km당 내륙수송비용, 해상수송거리로서 항만선택자의 속성들이었으며, 선택대상인 항만의 특성변수로서는 수출에서는 평균체선시간, 수입에서는 정기선 입항척수였다는 점이다. 이는 시설능력(연간화물반출입량, 정기선 입항철수 등)이 크고 서비스 수준이 높고(평균체선시간 등) 내륙연계수송체계가 잘 정비된 항만이 선택된다는 것을 의미한다. 따라서 본 연구는 앞의 외국 선행연구와 유사한 결과를 제시하고 있다.

항만의 경쟁유형은 다섯 가지 형태로 나누어진다. 일정 권역 내에서의 경쟁(예컨대, 북미 서안의 항만과 북미 동안의 항만간의 경쟁), 국가 간 항만의 경쟁(예컨대, 벨기에 앤트워프항과 네덜란드의 로테르담항, 부산항과 고베항간의 경쟁), 동일 국내에서의 개별항만간의 경쟁(예컨대, 미국의 시애틀항과 타코마항, 부산항과 광양항간의 경쟁), 동일 항만 내에서의 부두별 경쟁 그리고 수송수단 간의 경쟁(예컨대, 육상운송과 해상운송간의 경쟁) 등이 바로 그것이다. 항만이 경쟁에 처해 있는 정도는 지역적인 위치와 항만이 취급하고 있는 화물의 성격뿐 아니라 여러 가지 상이한 요인에 따라 한 배후지역에 항만이 많을수록 증대하며 특히 배후지역의 취급화물이 적을수록 치열하게 전개된다.

---

5 해운산업연구원, 해운산업연구, 1993. 8, pp. 6~33.

위에서 살펴본 항만이용자인 화주 및 선사, 포워더 등의 항만 선택기준들이 항만의 국제경쟁력을 좌우하는 요인으로 간주될 수 있다. 왜냐하면 항만의 상대적인 경쟁력은 항만이용자에 대하여 어느 정도의 편의성을 제공하는가에 달려 있기 때문이다.

환언하면 특정 항만에서 예상되는 편의성이 타항보다 유리한가 하는 항만 선택기준은 비용요인보다 서비스 요인이 보다 중요한 것으로 나타나고 있으며, 극동지역의 컨테이너 항만간의 국제경쟁력에 있어서의 결정요인도 이 범주에서 벗어나지 않을 것이다.[6]

2 항만의 경쟁력 제고방안

과거에 항만은 시장을 정의함에 있어서 특정 배후지와 관련한 그것의 위치에 의존했다. 배후지는 주로 고정시장으로 취급되었고, 물동량의 성장은 그 배후지의 생산활동에 의해 결정되었다. 항만은 경쟁문제를 무시했고 그들의 고정시장에 대한 화물취급 서비스의 제공에 초점을 두었다. 오늘날 항만의 규모와 수의 증가, 이용 가능한 운송경로의 다양성 및 화물이 선적되는 형태의 다양화는 자체 화물량을 삭감시켰을 뿐 아니라 시장점유율 확대를 위한 기회를 창출했다. 예컨대 주요 무역경로에서 사용되는 선박 규모의 증대와 환적활동의 중요성 증가로 인해, 항만의 직접적인 배후지의 경제활동과는 전혀 상관없는 화물을 취급하는 기회가 크게 늘어났다.

육상운송과 해상운송과의 통합 및 총체적인 물적 유통에 대한 관심이 증대함에 따라, 항만은 자연적인 배후지에 대해 지니고 있었던 관념을 수정할 필요가 발생했다. 국내의 경쟁항이 없는 항은 피더 서비스보다 오히려 직접적인 서비스를 위해 지역적인 hub항과 경쟁하고 있다. 또한 항만은 발송지에서 목적지까지의 화물운송에서 야기되는 부가가치의 몫을 획득하기 위해서도 경쟁하고 있다. 해상무역의 규모가 증대하고 다양해짐에 따라 항만서비스의 제공도 더욱 더 복잡해지고 있다. 한편 그것은 민간부분과 공공부문의 경쟁자를 위해 새로운 틈새(niche)시장도 창출하고, 문전에서 문전까지의 운송에 있어서 운송과 보관서비스의 다양한 공급자들간의 경쟁도 자극하고 있다. 그 결과 이러한

---

6 해운산업연구원, 전게논문, p. 223.

시장에서 경쟁적 우위를 확보하기 위해 항만은 다양한 전략을 채택해야 한다.[7]

1) 일반적인 전략

경쟁적 우위를 확보하기 위해 사용되는 일반적인 전략 두 가지는 다음과 같다.

① 항만서비스의 저렴한 공급자가 되기 위해 운영비용을 줄인다.
② 다른 항이 제공하는 것과는 확실히 구별되는 서비스를 제공하며, 항만 이용자에게 보다 큰 가치를 공여하고 틈새시장을 위한 특별 서비스를 제공한다.

이 두 범주에 해당되는 전략들을 예시하면 〈표 9-10〉과 같다.
이 두 전략은 항만이용자를 위해 비용을 줄인다는 공통적인 목표를 지니고 있다. 첫번째는, 운영비의 절감을 항비의 인하로 연결함으로써 이 목표를 성취한다. 두번째 전략은 항만을 통과하는 비용을 절감하는 서비스를 제공함으로써 그 목표를 달성한다. 선박과 화주에게 서비스를 제공하는 항만은, 자신의 고객이 화물 수송을 위해 부담하는 비용을 절감함으로써 경쟁적 우위를 누릴 수 있다. 선주의 관점에서 볼 때 이것은 다음을 통해 실현될 수 있다.

① 항만에서 선박이 부담하는 비용뿐 아니라 항해 완료에 필요한 시간을 줄여주고, 선박회전을 신속하게 한다.
② 선박으로의 적재와 선박에서의 양하 비용을 줄임으로써 항만경비를 인하한다.
③ 규모의 경제를 제공하므로 그 결과 운송비를 절감하게 되는 대형선 혹은 특수선을 위한 특별시설과 서비스를 제공한다.

한편, 화주의 관점에서 볼 때 그 목표는 다음을 통해 실현될 수 있다.

① 총 운송시간을 줄이기 위해 항해빈도를 높인다.

---

7 UNCTAD(1993), Strategic Planning for Port Authorities, UNCTAD/Ship/ 646, pp. 9~11.

표 9-10   경쟁적 우위의 원천

1. 비용 우위
   * 항만 운영비의 삭감
     – 인건비의 삭감
     – 노동생산성의 증대
     – 기존 시설의 최대이용
     – 저렴한 시설과 설비
   * 항비의 인하
     – 지불능력에 따른 차별화
     – 수량할인
     – 上限을 둔 탄력적인 요율
2. 서비스의 차별화
   * 위치
     – 주요 발송지와 목적지와의 근접성
     – 주요 무역 경로와의 근접성
     – 도로, 철도, 내수로 운송과의 연결
     – 접안 가능한 선박의 크기
   * 시설
     – 선석 혹은 터미널
     – 특수화물 취급설비 및 보관
   * 서비스
     – 화물 처리 서비스
     – 선박 수리, 선원 공급, 선용품 공급 및 급유 등의 서비스
     – 선박 계획수립을 위한 정보서비스
   * 실적
     – 선박 회전의 신속성
     – 화물장치 시간의 삭감
     – 세관 서비스의 개선
     – 화물의 서류작성 단순화

② 화물처리, 보관 및 타운송수단에 의한 운송으로의 접근을 개선한다.
③ 물적 유통 활동에 관한 정보를 입수하여 서비스를 조정한다.

항만 이용자에 대한 비용을 인하할 뿐 아니라 항만의 운영비를 증가시키는 서비스의 제공이라는 것을 고려할 경우, 이 두 가지 일반적인 전략은 분명히 모순이다. 이러한 상황에서 전략의 효율성은, 항만경비가 추가적인 운영비를 커버하기 위해 증가되더라도 항만이용자가 부담하는 비용이 절감되어야만 달성될 수 있다. 상이한 항만이용자는 이 전략의 효과를 상이하게 볼 것이다. 선사들은 평균적인 선박회전 시간, 선박에 부과되는 요율, 하역비, 선박에 필요한 기

타 민간부분 서비스 비용 및 항만에서 화물의 손상 및 멸실의 비용(선사가 책임지는 경우) 등의 변화에 반응을 보인다. 화주들은 해상운임이 상기 사항에 의거하여 조정되는 경우를 제외하고는 이러한 변화에 의해 아무런 영향을 받지 않는다. 그러나 그들은 화물에게 제공되는 기타 서비스나 보관 등을 위한 항만요율의 변화뿐 아니라 화물의 보관과 처리를 위해 제공되는 서비스의 질이나 범위에 의해 직접적인 영향을 받게 된다. 복합운송회사는 화물과 선박에게 제공되는 서비스의 질과 요율뿐 아니라 발송지에서 시작되는 그리고 목적지로 가는 화물을 이동시키기 위해 사용되는 타운송수단에 의해서도 영향을 받는다.

2) 경쟁력의 유지

전략의 효율성은 항만이 전략을 도입함으로써 획득한 경쟁적 우위를 얼마나 유지할 수 있는가 하는 능력에 달려 있다. 경쟁력의 지속성은 두 가지 요소에 의존한다. 그 전략을 경쟁항이 채택하는 데 소요되는 시간과 그 항이 서비스나 가격에서의 후속적인 개선조치를 제공하는 속도가 그것들이다. 이따금 전략은 장기적인 경쟁우위를 제공한다. 타항이 경쟁할 수 없을 정도로 항만이 발전하면, 대형선을 서비스함에 있어서 장기적인 우위를 누리게 된다.

항만의 주요시장에 가까운 새로운 곳의 개발이나 그들 시장을 철도나 내수로와 연결함으로써 장기적인 경쟁적 우위를 누리게 된다. 주요 항만이용자와 몇 년간의 임대 혹은 프랜차이즈는 화물취급에서 장기적인 경쟁우위를 제공한다. 또한 장기적인 경쟁우위는 특수설비의 투자를 통해서도 달성할 수 있다.

항만의 경영방식 상의 기본적인 변화를 포함하는 전략은, 만일 이 변화가 장기간을 요구할 경우, 몇 년간 유지 가능한 경쟁적 우위를 제공할 것이다. 예컨대 항만은 운영비를 대폭 삭감하기 위해 규모를 줄이거나 특정 틈새시장과 기존의 이익이 덜 나는 시장에 초점을 맞춤으로써 경쟁적 우위를 확립할 수도 있다. 경쟁항은 그들이 유사한 전략을 채택하도록 허용하는 상황에 처해 있지 않다. 그들은 동일한 전략을 실행하기 위해서는 상대적으로 보다 관료적이거나 규제적인 절차를 거쳐야만 할지 모른다. 이 경우의 전략은 효율성을 개선하거나 항만 이용자로부터 더 많은 항비를 획득하기 위해 항만운영에 있어서 민간부문의 역할을 증대하는 것이다. 그러나 그 경쟁적 우위는 경쟁항이 상업적인 방법으로 대응하게 될 때, 겨우 몇 년밖에 지속되지 않는다. 시설투자와 기존설비와 노동력의 합리적인 이용을 통해 서비스의 질을 개선하는 전략은 단

표 9-11	경쟁적 우위의 지속성	
전략	**제공우위**	**추정모방기간(년)**
회사인식과 업무의 변경	전반적인 효율 시장 집중	3~5 년
새로운 위치 혹은 인프라	능력제고 입지	2~3 년
경영 재조직	전반적인 효율 운영비 인하	1~2 년
새로운 화물취급 서비스	시장 집중 화물과 선박을 위한 비용인하	1~2 년
화물과 선박을 위한 부가가치 서비스 (화물 취급 제외)	화물과 선박을 위한 비용인하	1~3 년
규모축소 및/혹은 전문화	시장 집중 비용 인하	2~4 년
새로운 시설의 개발	효율, 처리실적 및 능력 제고	3~7 년
자유무역지대 혹은 자유무역항	시장 집중, 화물비용 인하	3~5 년
화물통관의 개선	지연시간 삭감, 처리실적 증가	2~4 년
판매 촉진	시장 집중	1~5 년
시설 사용의 증대	비용 인하	0.5~1 년

기적인 경쟁우위를 제공한다. 시설은 계획하고 건설하는 데 3~6년 이상이 걸린다. 운영과 항만자원 배분상의 변경은 경쟁항이 모방하는 데 더욱 적은 시간이 소요된다. 경쟁적 우위를 유지하기 위해서 서비스를 개선하는 등 투자를 계속할 필요가 있다. 전략에서 야기되는 경쟁적 우위의 지속성은, 보다 많은 화물과 보다 빈번한 선박 기항으로 달성될 수 있는 규모의 경제의 결과로서 증가할 것이다.

다양한 전략이 지속가능한 기간은 〈표 9-11〉에 예시되어 있다. 이 표는 경쟁항이 유사한 전략을 채택한다는 것을 가정하고 있다. 대다수의 경우, 경쟁항은 동일한 전략을 채택하지 않는다. 대신에 그들의 운영과 재정능력에 아주 적합한 전략을 도입한다. 이하에서는 채택되어 왔던 다양한 전략에 대해 논의한다. 어떤 전략들은 성공적이었으나 그렇지 않은 전략도 있었다. 그러나 그 전략들은 항만이 그들의 시장점유율을 증가하기 위해 행해 왔던 노력들을 보여주고 있다. 분명한 것은 더욱 광범위한 지식을 가지고 전략적 계획수립을 하면 실패가 적다는 점이다.

3) 요율책정 전략

　　항만경영은 항상 특정한 항만수요를 충족시키기 위한 요율을 만들거나 수정하려고 시도한다. 이 목적들은 그들의 일반적인 가격 정책을 유도하고 곧잘 가격 전략의 관점에서 표시된다. 그러한 가격 전략은 항만목표를 이루는 것에 추가해서 항만자원의 효율적인 사용(경쟁적인 조건 및 항만사용자간의 차별, 화물간의 차별 및 선박간의 차별)에 기초를 두어야 한다.[8]

　　항만요율은 공정하고 합리적이어야 한다. 적정한 항만요율을 구축함에 있어서 다음 사항이 고려되어야 한다.

　　① 항만의 목표
　　② 항만이 서비스 혹은 자원을 공급하는 비용
　　③ 항만사용에 있어서 사용자가 얻는 편익
　　④ 타항과 직면한 항의 경쟁상태
　　⑤ 항만사용자가 직면한 경쟁

　　가장 일반적으로 채택되는 전략은 항만요율을 삭감시킴으로써 경쟁적 우위를 찾는 것이다. 대부분의 항들은 그들의 항만요율이 적절한지의 여부를 확인하기 위해, 인근 타항의 요율을 검토한다. 인플레가 항만 운영비에 대해 미치는 영향을 감안하여 요율변경이 일어난다. 물동량에 심하게 영향을 미치지 않으면서, 경쟁적 우위를 달성하려는 이 방법은 더욱 더 교묘해지고 있다. 요율의 인상이 도입될 때에도 화물확보를 위해 인근항의 요율과 비교한다.

　　이러한 상대적인 요율책정 전략은 직접적인 경쟁항에만 제한되지 않고, 일반적인 무역지역에 위치하고 있는 비경쟁적인 항도 포함한다. 현재 평균화물량을 수송하는 전형적인 선박에 부과되는 개괄적인 항만부과금을 톤당 비용으로 비교하는 것에 대한 관심이 점증하고 있다. 니카라과에서 행해진 중앙아메리카 항들의 최근 비교에서, 분석가들은 각 항을 방문하여 공표된 요율표와 선박과 화물의 평균처리실적 데이터에 입각하여 선박의 지불경비를 추정했다. 다른 나라에서는 이들 항을 기항하는 선박의 오퍼레이터로부터 선박의 영수증을 입수함으로써 경쟁항의 항만부과금을 비교했다. 그들의 비용정보에는 선내하역비(stevedorage)와 민간부문이 제공하는 기타 서비스가 포함되어 있다. 어

8　E.G. Frankel, op. cit., pp. 71~75.

떤 경우에는 항만관련 서비스의 민간부문 제공자가 부과하는 금액까지도 포함하는 비교도 있었다.

요율책정 전략은 개별 시장을 위해 전개되고 있다. 공표된 요율표상의 요율은 개별적인 협정에 의해 삭감될 수 있도록 설정된 최대치이다. 화물의 가액이나(부두사용료: wharfage) 선박의 크기(항비)에 의거하여 부과하는 관습은 경쟁이 치열해짐에 따라 덜 중요해졌다. 무역형태에 의거하여 부과되는 새로운 방법이 고안되었다. 예컨대, 환적화물, 비전통적인 수출화물, 벌크화물, 컨테이너 화물, 특수선 전용화물, 특정 거리를 벗어나서 발송된 화물 등이 그것이다. 요율책정 전략은 항만의 상업적 발전을 촉진시키기 위해서도 도입되고 있다. 예컨대, 라틴아메리카의 항에서는 개별 항만활동을 민간부문으로 이전시키고 또한 화물취급 시설에의 민간 투자를 조장하기 위해, 항만요율이 개정되었다. 개별시장에서 상황을 이용하는 요율책정 전략을 개발하는 것은 가능하지만, 경쟁적 우위를 위해 요율을 조정하는 대부분의 노력은 항만의 운영경비 삭감이나 항만서비스 질의 개선을 가져오는 전략에 달려 있다.

4) 항만 운영경비 절감전략[9]

항만 운영비 절감전략은 인건비에 초점을 둔 경향이 있었다. 인건비의 절감은 근무직원의 해고를 의미하는 경우도 있다. 어떤 라틴아메리카의 항만국은 노동력을 60% 삭감하기 위해 약 20년간 노력했다. 그러한 노력에도 불구하고 인건비지출은 크게 줄지 않았고, 피고용자의 평균연령도 높았다. 화물취급을 민간항만부분으로 이전함에 따라, 더욱 더 노동력 절감이 필요하다. 싱가포르의 경우 노동력 절감은 생산성 향상을 통해 이루어졌다. 비록 싱가포르가 노동력을 최근 수년 동안 절감했지만, 화물처리량은 오히려 증대했다. 이 기간 동안 노동생산성은 크게 상승했고, 초과노동력은 조직 내 타부서 혹은 확장된 민간부분으로 이전되었다.

민간부분으로의 화물취급 이전은 일반적으로 운영비의 절감과 동시에 생산성 향상을 낳는다. 공공 부문의 피고용자를 해고함으로써 비용이 발생하는 경우에도 비교적 단기간에 그 비용을 회복할 수 있다. 1960년대 초, 미국의 서해안 부두노동자 조합과 선사 간에 최초의 협정이 체결되었는데 이 협정은 획기적인 것이었다. 이 협정에 의거하여 작업규칙을 개정하고 작업조의 규모를

---

9 Ibid., pp. 15~19.

줄인다는 조건으로 노동자를 재교육시키는 노조에게 컨테이너당 특정량을 제공하였다. 그 결과 노사관계가 장기간 원만하였고, 생산성도 급증했다. 1992년 말에 라틴아메리카에서 화물취급 회사와 부두노동자 조합 간에 화물취급을 민영화하기 위한 협정의 일환으로서 유사한 협정이 체결되었다.

운영비 절감전략은 대형 화물취급 설비의 이용에도 중점을 두어 왔다. 1970년대에 철광석과 기타 광물을 취급하는 터미널의 규모와 처리실적이 계속 증대하였다. 최근에는 대형 컨베이어 시스템이 과일, 포장된 쌀 및 기타 벌크화물을 취급하기 위해 도입되었다. 컨테이너 취급을 위한 갠트리 크레인(gantry crane), 스트래들 캐리어(straddle carrier) 및 트랜스테이너(transtaner)의 개선으로 처리실적률이 증대되고 자동화도 증가했다. 그 결과 자본과 노동 양측에서의 평균운영비가 인하되었다. 최근 유럽의 어떤 항에서는 부분적으로 자동화된 터미널을 개발하는 전략을 세웠다.

5) 항만 사용자의 운송비 절감전략

항만이 최초로 경쟁을 인식했을 때는 그들 시장의 점유율을 유지하거나 증대하기 위해 순수한 요율정책을 사용하려는 경향이 있다. 그러나 경쟁에 대한 인식이 높아짐에 따라 항만서비스의 가격보다 오히려 전체 수송비의 인하로써 항만사용자에게 보다 높은 부가가치를 제공하는 것으로 초점을 바꾸게 된다. 항만사용자의 비용 절감을 위한 전략은 주로 선석(船席, berth)의 생산성을 개선하고 그 결과 선박의 평균체항시간을 줄이는 데 중점을 두어 왔다. 이것은 선내인부와 부두인부를 통합하고 인부의 고용규모를 줄이고 직접 취급 화물량을 삭감하고, 인부들이 사용하는 설비량을 늘리고 유휴시간을 줄임으로써 달성되었다. 그 결과 재래화물의 연간 평균 실적은 지난 20년 사이에 두 배로 늘었다. 선박은 보다 효율적인 화물의 적부(積付)와 개선된 화물취급 설비를 통해 이러한 개선에 기여했다.

컨테이너 처리실적의 증가는 주로 신기술투자를 통해 이루어졌다. 특히 크레인 기술뿐 아니라 화물취급 시스템의 개선된 통합으로 그러했다. 그 결과 지난 20년간 평균 화물취급률이 50% 상승했다. 크레인의 처리실적은 대부분의 지역에서 비교적 획일적이다. 터미널의 처리실적은 크레인의 속도뿐 아니라 지원부분의 규모에 의해 결정된다. 화물취급절차의 개선은 멸실 혹은 손상 화물의 양을 줄이기 위해 도입되었다. 이것들은 화물통관을 신속하게 하고 그 결과 보관시간을 최소화하는 절차에 의해 이루어진다. 화물의 서류작성 간소화가 많은 항에서 일어나고 있다. 한편 화주의 창고에서 복합화물의 통관을 허용하기 위해 세관절차가 자유화되고 있다. 보다 대형이고 보다 효율적인 선박을 서비스할 뿐 아니라 보다 신속한 처리를 가능하게 하는 설비의 투자를 통해 경쟁하려는 항들이 많다.

6) 민간부문의 역할 확대

경쟁력 제고의 또 다른 전략으로서 항만운영에 민간부분의 역할을 확대하는 것을 들 수 있다. 경영활동과 자산 모두를 공공항에서 민간운영업자로 이전하는 것에 관해 살펴보자. 민간부문의 개입은 기본적으로 전략적인 결정이며 두 가지 문제와 관계가 있다. 즉,

① 항만 사용자의 비용을 어떻게 줄이느냐
② 이전을 한 뒤 항만이 재정적으로 건전하게 되는 것을 어떻게 보증하느냐
  의 문제들이다.

한편 민간부분의 역할이 증대함으로써 발생하는 다음과 같은 이익과 위험에 대해 고려해야 한다.

① 이 익
i) 경영개선
  - 정치적 무대로부터 노동문제가 배제된다.
  - 운영상의 정치적이고 관료적인 한계가 배제된다.
  - 우수한 관리자를 유치할 수 있다.
  - 승진과 보너스를 통해 유인책을 줄 수 있다.
  - 보다 효율적이고 비용절감적인 유지가 가능하다
  - 경영기법을 향상시킨다.
  - 시장지향적인 요율결정이 도입된다.

ii) 항만책임의 감소
  - 화물안전을 위한 책임
  - 노동자의 안전과 건강에 대한 책임

－구조물 손상에 대한 책임

iii) 항만의 판매촉진
　－마케팅 기법이 제고된다.
　－항만의 장기적인 투자가 일어난다.

iv) 경영위험의 감소
　－민간의 지분참여가 조장된다.
　－장기적인 계약이 체결된다.
　－민간부문이 위험을 공유한다.

② 위　험
　i) 민간의 독점이 형성된다.
　ii) 공적인 서비스보다는 기업목표가 우선된다.
　iii) 항만의 인프라 개발이 어렵다.

7) 분산화와 자치제

　항만시스템의 효율을 제고하고 개발을 촉진하기 위해 그들의 공공항을 재정비하고 현대경영기법을 도입하는 나라들이 많다. 기본개념은 관리기능을 분산화하고 기본 생산단위의 자치제를 도모함으로써 관리직원의 동기를 유발하자는 것이다. 그러한 과정은 모든 항만 직원의 지원과 개입을 요구한다. 의사결정에 있어서 직원의 체제가 갖추어진 개입 없이는 그러한 과정은 이루어지지 않는다. 분권화와 자치제와 함께 책임의 개념을 도입할 필요도 있다. 그래야 보다 큰 관리기능을 가지는 부서의 장(長)이 그들의 행위에 대해 더욱 책임을 지게 된다.

　그러한 전략은 아프리카의 여러 나라에서도 채택되고 있다. 아프리카의 세네갈 등에서는 공공 항만국의 법규가 민간부문에서의 현행법에 더욱 가깝고 더욱 자치적인 것으로 바뀌었다. 모로코의 경우 항만의 운영을 주로 책임지는 공공단체인 office d'exploitation des ports(OPEP)가 분권화, 자치제 및 책임성이라는 기본원칙을 실행함으로써 성공적으로 재조직되었다. 그러한 긍정적인 경험에 관한 보고서가 UNCTAD에서 발행되었다.

제**10**장   공   항

제**1**절   공항의 특성과 공항간 경쟁

1 공항의 입지와 특성

공항은 해항(海港)과 유사한 기능을 많이 보유하고 있는데, 여객의 승강과 화물의 하역 등의 기능과 공간을 제공하고 있다. 유사한 것으로는 외항과 활주로, 조선수역(操船水域)과 항공기의 자주구역(自走區域), 여객 터미널과 에어 터미널, 도크(dock)와 메인터넌스 벙커(maintenance bunker), 하버 마스터(harbor master) 사무소와 컨트롤 타워 등을 들 수 있다. 기본적으로 공항은 「空과 陸」의 쌍방을 결합하고, 해항은 「海와 陸」의 결절 서비스를 제공하는 공간이다.

오늘날 많은 선진국에서는 산업구조의 고도화와 국제분업이 진전됨에 따라 고부가가치 제품과 부품, 반제품의 물류가 양적으로 증대하고 있다. 그것에 따른 신제품의 시장개척, 재고조정 등을 위한 시간적 '가치'가 더욱 요구되어 해상운송에서 항공운송으로 운송수단간의 이동이 현저해지고 있다. 더욱이 고도기술 집약형의 하이테크 산업으로 이전하고, 제품의 고부가가치와 함께 소위 '경소단박'화가 진행되고 있는 가운데, 종래 임해공업(臨海工業) 소위 임해부(臨海部)로의 입지지향이 컸던 산업에 대해, 임공(臨空)공업 또는 산업이라고 하는 명칭이 사용되고 있다.

공항의 입지는 다음 항목에 의해 좌우된다.

① 바람, 안개, 눈 등의 자연적 조건
② 공항과 그 세력권, 즉 배후권의 존재
③ 근린 공항의 입지와 그것이 제공하는 서비스의 정도

공항은 배후권이 편리한 지점에 입지하지 않으면 안 되는데, 주변에 입지하고자 하는 기술면에서의 요청과 중심에 입지하고자 하는 영리면에서의 요청 간에 타협이 이루어진다. 공항의 입지에는 해항의 배후권에 관한 것과 마찬가지로, 가능한 배후권의 상공업 활동을 위시해 인구밀도, 소득수준도 영향을 미친다. 그리고 근처에 경합 관계에 있는 공항으로부터의 거리, 그 범위와 운항편의 빈도도 고려하지 않으면 안 된다.

공항의 항공운송 수요는, 기본적으로 공항 주변지역의 ① 인구, ② 소득 수준, ③ 산업(3차산업 포함) 활동, ④ 관광자원의 존재, ⑤ 다른 교통수단의 존재, ⑥ 내외 항공 네트워크상의 위치, 허브로서의 관문(gateway)적 특성(국제적 출입구) 등에 의존한다. ①~⑤는 지역발전으로서 공항 주변의 수요동향에 의존하지만, ⑥은 배후 도시만을 대상으로 하는 지역적 독점이 아니라 집산기능으로서 중계형의 수요가 높은 것이다. 특히 이 경우 균형 있는 통과 · 집산 기능을 확립한 네트워크가 필요하다. ⑥과 같은 공항의 이용형태는 규제철폐 이후, 소위 Hub and Spoke 네트워크 시스템의 이용이 가능해졌기 때문에 실질적으로 이용자의 편의가 저하된 것은 아니다.[1]

2 공항간 경쟁의 증대

최근 공항간에 경쟁이 증대한 배경은 다음과 같다.[2]

1) 공항선택의 폭 증가
미국이 주도하는 영공자유화(Open Skies)가 확대되고, 유럽항공시장의 단

---

1 山上 徹, 國際物流のネットワークと港, 白桃書房, 1995, pp. 179~185.
2 한진교통물류연구원, 교통물류, 1996년 겨울호, pp. 19~20.

일화, 남미(the Andean Group of States)지역 항공시장의 자유화, 양국간 영공 자유화의 확대로 인해 항공사들의 공항선택 자유화 폭이 커지면서, 공항들은 항공사를 유치하기 위해 공항을 포함한 항공 인프라 서비스를 확대할 필요성에 직면하고 있다. 공항간 경쟁에서 시장의 요구에 부응하는 공항 인프라 서비스를 적시에 제공하기 위해서는 유연성이 큰 민간기업의 참여가 그 어느 때보다도 중요해 지고 있다.

미국의 경우 신시내티(Cincinnati), 데이튼(Dayton), 클리블랜드(Cleve-land), 피츠버그(Pittsburgh), 디트로이트(Detroit)공항은 각각 다른 항공사의 허브공항 역할을 수행하고 있는데, 거의 동일한 지역에 서비스를 제공하고 있어 공항간 경쟁이 심하다. 유럽의 경우도 시장단일화로 뮌헨(Munich)공항과 같은 2차 허브공항들의 탄생이라는 새로운 조류가 형성되고 있어, 공항들은 서로 자신들의 공항을 항공사의 허브로 만들기 위해 경쟁적인 노력을 기울이고 있다. 공항이 허브기능을 수행할 때 교통량의 출입이 많아지고, 이는 곧 지역경제의 발전으로 이어지기 때문이다.

2) 지방 중소 공항들의 사업기회 확대

또한 주요 허브공항들의 혼잡이 다른 공항들로 하여금 항공사들을 유치하기 위한 경쟁을 촉발시키고 있어, 이들 공항에서의 시설확장 및 개선에 민간기업의 참여가 중요해지고 있다. 항공수요의 증가로 세계 주요 허브공항들은 혼잡을 경험하고 있으나, 수요에 대응하여 공항을 확장하기 어려운 실정에 놓여 있다. 이와 같이 주요 공항에서 넘치는 수요를 흡수하고 증가하는 전세기 운항 및 지점간 직항(point-to-point)서비스를 흡수하고자 덜 혼잡한 공항들이 경쟁을 벌이고 있다. 항공요금에는 민감하나 항공사가 어느 공항을 이용하는가에 대해서는 훨씬 덜 민감한 항공수요가 있다는 점을 파악하여 이들 공항들은 항공사들에게 파격적인 공항이용 조건을 제시하고 있다.

3) 국가간 경쟁적인 초대형 공항건설

극동을 포함한 아시아-태평양지역에서는 국가간 경쟁적인 초대형 공항건설이 공항간 경쟁을 촉발시키고 있다. 현재 아시아지역에서는 활주로 및 터미널의 혼잡을 해소하기 위해 16개의 공항건설 프로젝트가 진행 중이고 이들의 총투자 규모는 500억 달러를 넘어서고 있다. 또한 향후 10년에 걸쳐 증가하는 수요를 충족시키기 위해서는 100억 달러의 투자가 더 소요될 것으로 예상되고 있다. 이와 같은 투자재원을 마련함에 있어 많은 국가가 정도의 차이는 있으나 민간의 참여를 적극 활용하고 있는 실정이다.

중국에서는 향후 10여 년에 걸쳐 약 20개의 신 국제공항이 개항될 예정이며, 향후 5년에 걸쳐 40개가 넘는 공항들이 개선될 예정이다. 이 밖에도 쿠알라룸푸르, 방콕, 시드니, 봄베이에 신 국제공항이 건설 중이거나 계획되고 있다. 자카르타, 마닐라, 싱가포르, 하노이, 호치민시, 비엔티안에서는 기존 공항의 대대적인 확장이 진행중이거나 설계되고 있다. 우리의 입장에서는 특히 중국의 베이징 공항의 확장, 상하이 푸동 공항의 건설, 대만 타이페이의 치앙 카이 쉑(Chiang Kai Shek(CKS))공항 확장, 카오슝(Kaohsiung) 국제공항의 건설, 벌써 제2단계 확장계획의 일환으로 제2활주로 건설을 확정한 첵랍콕(Chek Lap Kok)공항의 건설, 싱가포르의 창이공항의 확대가 인천국제공항의 경쟁력에 큰 영향력을 미칠 것으로 보인다.

제 2 절   대규모 허브 공항의 성립 조건[3]

공항의 측면에서 볼 때, 허브로서 발달하는 것은 자기 공항을 사용하는 항공회사의 증가 그리고 연결해서 계속 타는 이용객의 증가와 관계있기 때문에, 계속 타는 수요를 확보하기 위해 공항간에도 경쟁이 발생한다. 각 공항을 기종점으로 하는 수요(Terminal Demand)에 비해, 계속 타는 수요는 공항간의 대체성이 크기 때문에, 공항의 경영 측면에서는 계속 타는 수요를 어떻게 확보하는가가 큰 과제가 되고 있다.

여기서는 계속 타는 수요는 어떤 변수에 의해 달라지는가를 고려함으로써, 허브 공항의 조건을 검토한다.

---

3 일본 운수조사국, 運輸と經濟, 1993年 8月, pp. 66~69.

1 기본적 성립 조건

허브 공항의 파라미터, 즉 (재이용 여객수) 계속 타는 여객수와 화물량을 설명하는 요인으로서는 해당 공항에서의 노선수, 편수 등의 수요요인, 혼잡도, 승계(乘繼) 시설, 가격체계 등의 마케팅 정책과 정비상황, 지리적 위치 등의 물리적 조건 이외에 항공대책과 공항정비 제도 등의 제도적 요인을 들 수 있다.

이 가운데 가장 중요한 요인은 노선수와 편수이다. 경험법칙으로서 수요의 편수 탄성치는 1 이상으로 알려져 있는데, 이용자는 다른 조건이 일정하면 가능한 많은 노선·편수가 모이는 공항을 선택하는 경향을 지니기 때문에 항공사가 수요에 부응하는 행동을 취하는 한, 그러한 공항을 허브(Hub)로 선택하고자 한다. 그리고 노선수, 편수는 당연히 각 공항의 여객·화물 수요에 의존한다. 결국 (재이용을) 계속 타기를 포함한 노선수, 편수는 수요(Terminal Demand)의 크기에 의존한다.

2 기타 경제적·기술적 경제 조건

허브의 주요한 성립요건은 Terminal Demand이지만, 여기에 큰 차이가 없는 경우에는 경쟁을 좌우하는 경제적·기술적 요인으로서 다음 사항을 유의할 필요가 있다.

1) 지리적 유리성
지리적 유리성도 경쟁요소의 하나이다. 항공회사는 운항비용의 대폭적인 증가를 초래하는 지리적으로 불리한 공항을 허브로 선택하지 않는다. 바꾸어 말하면, 다른 경쟁조건이 불리해도 주요 네트워크의 중심부에 위치한다고 하는 지리적 유리성에 의해 어느 정도 허브로서의 기능을 하는 것이 가능하다. 예컨대 코펜하겐, 앵커리지, 샤논 등은 어떤 의미에서는 지리적 유리성에 의거하는 허브라고 할 수 있다.

그러나 이들 공항의 지리적 유리성이 기재(機材)의 기술혁신과 항공시장의 제도변화에 의해 희박해지는 경우도 보여주고 있다. 지리적 유리성은 허브로서의 기초는 될 수 있지만 영속적이 되기 위해서는 환경 변화가 일어나기 전에 그것을 개발과 결부하는 노력이 필요하다.

2) 직항편과의 경쟁

HSS(Hub and Spoke System)는 단위당 비용의 저하와 증편을 행함으로써 경쟁력을 높이는 것을 목적으로 하고 있지만, 한편에서 「환승」에 의한 시간 비용과 비효용을 발생시킨다. 당연히 항공회사의 HSS 전개에 대항해 직항편으로써 경쟁을 하고자 하는 타사가 나타난다.

유리한 허브가 어떤 이유로 인해 (예컨대 제도적이든 혼잡 등의 이유로) 이용이 곤란한 경우, 항공회사에서는 차선의 허브로 이전한다고 하는 행동 이외에 직항편을 증가시키고자 하는 선택도 가능하다. 이것은 기술혁신에 의해 항공기의 항속력이 하루가 달리 향상되고 있는 오늘날 무시할 수 없는 요건이다.

3) 공항의 마케팅 정책

공항의 마케팅도 중요한 요인의 하나이다. Terminal Demand가 작은 싱가포르와 암스테르담이 글로벌 허브로서 크게 번성하고 있는 이유는, 이 나라들의 항공 자유화 정책과 함께 공항의 사용료 체계의 연구, 승계 시설의 충실 등, 공항 당국의 시장지향적 마케팅에서 찾을 수 있다. 항공시장의 자유화가 진행하고, 허브 경쟁이 격화하고 있는 가운데 공항의 마케팅 정책이 중요해지고 있다.

마케팅 정책의 핵심요소는 시장조사, 가격체계, 서비스의 질인데, 공항 당국에서 이것을 자주적으로 결정하고 전개하는 자유재량의 여지가 없으면 마케팅의 전개는 불가능하다. 완전한 민영공항인 런던 지역의 BAA(British Airport Authority)를 포함하여 유럽의 수도 공항의 대다수가 공사, 공단, 특수회사의 형태로 자유로운 경영이 인정되고 있는 것은 수도 공항간의 경쟁을 충분히 의식한 결과이다.

4) 핵심 항공사의 존재

허브로서의 성공은 그 공항으로의 노선·편수의 집중의 정도에 달려 있다. 이 경우 노선수와 편수는 같아도 해당 공항의 허브화를 진행하는 핵심 항공사가 존재하는 것이, 잡다한 항공 회사의 집합보다도 허브로의 발전 가능성에 더욱 중요하다.

한편 허브 간의 경쟁은 동태적인데, 일단 획득한 화객(貨客)이 영속적으로 해당 공항을 사용한다는 보증은 없다. 허브로서의 영속성을 유지하기 위해서는 핵심 항공사와 공항이 하나가 되어 마케팅을 추진할 필요가 있다.

5) 국내와 국제의 일체화

항공 화객과 항공회사로서는 국제선이냐 국내선이냐의 구별은 경제적으로 유의하지는 않다. 따라서 허브 공항의 기능이란 국제와 국내를 구별하지 않고 포괄적인 개념으로 논의되어야 한다. 국제 상호간의 승계뿐만 아니라 국내와 국제간의, 또한 국내 상호간의 승계 기능을 모두 논의하지 않으면 안 된다. 허브 공항이 대상으로 하는 항공수요는 국내와 국제의 승계 수요가 전혀 없는 개도국의 경우를 제외하면, 국내와 국제의 양 항공수요를 합친 것이어야 한다.

6) 「육상 스포크」에 대한 배려

HSS의 전개는 항공노선만을 고려하여 논의되지만 승계 수요로서는 육상과 해상 교통기관의 존재도 중요하다.

예컨대 프랑크푸르트에서는 도시간 특급열차(IC)가 연결되어 있다. 그리고 일본 관서(간사이) 공항으로의 접근을 위해 교토나 고베 등으로 쾌속선이 운행되고 있다. 규제가 현재보다 엄격했던 프랑스에서는 챠터(비정규노선)편의 여객은 대절 버스(전세버스)로 브뤼셀까지 운행되었고, 영국의 지방공항에서는 휴가(철 비정규노선) 챠터 여객을 수백 킬로미터 떨어진 지역에서 대절 버스(전세버스)로 모으기도 했다.

지상 교통기관은 통상 공항으로의 접근에 필수적이며, 그 자체가 공항 운영에 중요한 과제인데, 허브 공항으로서의 경쟁력을 높이는 관점에서 공항 자신이 적극적으로 대처할 필요가 있다.

7) 이미 설립된 허브의 혼잡

기존의 대규모 허브 중 다수가 혼잡이 심하고, 그럼에도 불구하고 확장이 곤란한 경우가 많다. 당연히 이것은 이 허브의 경쟁조건을 약화시킨다. 어떤 시설이 혼잡하면 제일 필요한 것은 소비자의 요구에 부응하여 해당시설의 확장을 도모하는 것이다.

또한 어떤 시설이 혼잡하면 그 만큼 투자효과는 높아져, 종래에는 불가능하였던 확장이 경제적으로 가능해질 수 있다.

더욱이 국제항공의 경우, 수도 공항의 혼잡을 방치하고 지방 공항에 수요를 분산시키고자 해도, 이 경우 타국의 수도 공항이 확장 정책을 취하면 그 수요는 타국으로 이전하기도 한다.

영국은 「1978 공항 백서」에 의해 지방공항으로의 분산을 도모했지만, 결국 이것은 이용자의 지지를 받지 못하고 실패하여 수도 공항의 확장정책으로 돌아갔다. 다른 유럽 국가에서도 지방 공항에 수요를 분산시키기보다는 수도권 공항에 적극적으로 수요를 흡수하는 정책을 취하고 있다.

물론 단일 공항으로의 수요집중만을 고려해야 한다는 것은 아니다. 예컨대 프랑스는 파리에 이어서 니스를, 독일은 프랑크푸르트에 이어서 뮌헨을 2차 허브로서 키우고 있다.

8) 허브의 계층

이상에서는 상대적으로 가장 큰 허브의 형성과 大허브간의 경쟁에 관한 일반론을 기술했는데, 물론 그것만으로 항공 네트워크가 성립되는 것은 아니다. 즉 大허브 이외에도 中허브와 小허브가 존재하는 허브의 계층화가 성립하고 있다.

엄밀한 정의는 아니지만, 유럽이나 아시아와 같은 각 지역 중에서 그 지역 대표로서의 지위를 차지하려는 규모의 공항은 글로벌 허브로 부를 수 있다. 이에 반해 지역내(regional) 허브라는 용어도 사용되고 있다. 이것은 주로 근거리의 국제선과 국내선의 결절점으로서의 기능을 지니는 허브를 가리킨다. 따라서 어떤 공항이 「허브」로서의 기능을 높이고, 승계 수요를 모으고자 할 때는 자기 공항이 허브의 계층 중 어디에 위치하는지, 어떠한 수요를 대상으로 하는지, 경쟁공항은 어딘지를 충분히 검토할 필요가 있다. 현실적으로 지역내 허브로서의 기능밖에 할 수 없는 데도, 무리하게 글로벌 허브를 만들려고 하면, 그것은 파탄적인 공항설비 계획이 될 수밖에 없다.

제 3 절 ## 공항으로의 교통과 공항운영

공항에 궤도(軌道)로 접근하는 교통의 도입이 근래 증가하고 있다. 일본의 나리타 공항에 도입된 모노레일이 세계 최초의 공항으로의 궤도계 시스템이었다. 그 후 유럽을 중심으로 많은 공항에 도입되었다. 또한 자동차 중심의 미국에서도 애틀랜타, 시카고의 오헤어와 미드웨이, 보스턴, 워싱턴 내셔널에도 경전철 시스템(light rail system)의 정비가 진행되고 있다.

유럽에서는 공항간의 경쟁이 격심하고, 도심과 공항을 연결하는 액세스 철도뿐만 아니라, 도시간 고속도로의 경로상에 공항을 위치시키는 정비가 진행되고 있다. 샤를 드골이나 스키폴의 TGV 도입의 사업이 진행되고 있고, 독일에서는 통일 후의 전국 교통계획에서 장래 ICE를 프랑크푸르트, 뒤셀도르프, 뮌헨 등으로 끌어넣는 구상을 하고 있다(그림 10-1 참조).

유럽 제국은 국제공항의 배후권을 서로 확장하려고 하는 견지에서 육상교통을 포함하여 격렬한 경쟁을 하고 있다. 육상교통의 경합이 격심한 국내 항공노선을 줄이면서 국제경쟁력의 증강을 위해 노력하고 있다. 예컨대 루프트한자는 단거리 국내선이나, 채산이 없는 노선에서는 탈퇴하고 있다. 한편 미국에

그림 10-1   **유럽에 있어서 고속간선철도와 공항의 연대계획**

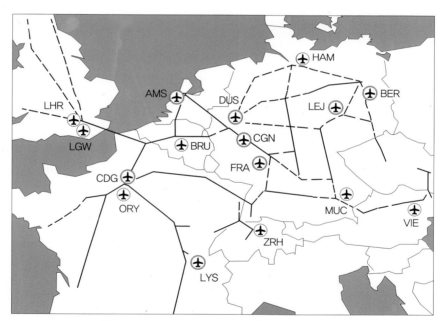

🛧   고속 간선철도의 승입이 계획·실현되고 있는 공항
✈   기타 주요한 공항
──   신규 건설선(≧250km/h)
--   개량선(200km/h 정도)
(자료 : EU의 운수정책)

서도 1991년에 제정한 육상
교통 효율화 법안(ISTEA)에
의해, 공항과 다른 육상교
통 체계와 접속성의 향상이
도모되고 있다. 미국에서는
주제간(洲際間, interstate)
고속도로망의 정비가 40년
전부터 진행되어 왔지만,
JFK, 오헤어, 볼티모어, 애

틀랜타 등 주요 공항을 제외하면 반드시 공항과 직접 연결되어 있는 것은 아니
다.[4]

공항은 항공 이용자에게 수동적으로 대응하는 것만으로는 불충분하며 또
한 항공 이용자 이외의 수요에도 대응하지 않으면 안 된다. 오히려 적극적으로
항공수요를 낳도록 하는 산업시설, 물류시설을 주변에 배치함과 동시에, 항
공수요와는 관계없는 공항 수요에 의해 '사람이 모이는 장소'로서의 공항을 정
비·운영하는 것이 요망된다. 즉 주변지역 개발과의 일체화이다. 이것은 공항
이용자의 니즈를 만족시키는 것만이 아니라, 항공이용자 이외로부터의 수입
과 개발이익의 환원을 통한 공항수지의 개선에도 관계하므로 중요하다.

공항과 주변개발의 일체화에서는 주변 정비와 공항정비를 일체적으로 운
영하는 기구나 제도를 만드는 것도 중요하다. 이것이 없으면 주변 개발과의 정
합성은 확보되지 않고, 주변 개발효과의 내부화도 불가능하기 때문에 공항 주
변 업무를 포함한 채산성이 고려되지 않고, 공항 경영의 인센티브도 상실된다.

이러한 이용자 요구에 맞는 공항운용과 시설정비는 본래의 업무와 부대시
설 및 주변 시설의 일체적인 경영을 가능하게 하는 제도에 의해, 또한 그것으
로 공항 수입의 증가가 가능하게 되는 제도의 도입에 의해 비로소 실현 가능해
진다.

이용자 요구에 민감하게 부응한 마케팅을 전개하고 또한 비용의식이 높은
경영을 행하기 위해서는 공항을 중앙정부나 자치단체가 직영하는 것보다 민간
에게 위임하는 것이 바람직할 것이다. 공항 비즈니스는 성장률이 높은 산업이

---

4 航空政策研究會, 現代の航空輸送, 勁草書房, 1997, pp. 122~135.

고, 나라의 예산과 제도에 의해 구속되어서는 주요 공항의 순조로운 정비가 불가능하다는 것도 민영화를 선택하는 이유 중 하나이다. 영국에서는 주요 공항의 완전한 민영화와 지방 공항의 주식회사화가 실시되었다. 공항 당국이 시장에 대응하여 투자 · 운영정책을 자주적으로 결정, 전개할 수 있는 자유재량의 여지와 독립성이 부여될 필요가 있다.

공항의 민영화와 함께 관제의 민영화도 중점 검토과제이다. 공항 관제업무가 국가에 의해 이루어지고 있어 비탄력적이며 지역의 실정과 수요에 부응한 운영이 불가능한 것도 공항 운영의 효율화에 장애가 되고 있다. 관제의 민영화 내지 관제관의 공항별 채용에 의해 수요에 대응한 관제관의 배치와 대우가 가능해지면, 이착륙 횟수를 증가하는 관제기술이 촉진될 것이다. 그리고 공항 사용료의 자유화와 함께 발착 스페이스의 배분방법, 시간 · 지대별 요금 등도 금후 검토과제로서 고려할 필요가 있다.[5]

제 4 절　기업적 개념의 공항

1 공항의 변화

최근 공항 사업은 혁신적인 새로운 마케팅 중심적 접근방식으로 시장에 다가가고 있다. 공항의 역할은 단순운송형태(mono-modal)에서 복합운송형태의 중심(multimodal hub)으로, 또 "다목적 기업(multipoint firm)"의 형태로 발전하고 있다. 이러한 기업적 컨셉의 공항은 관광객 유치와 항공관련 마니아, 회의유치와 물류시설제공, 쇼핑공간 그리고 컨설팅서비스 등의 상이한 수익사업의 형태로 다양한 수요에 대한 클러스터를 형성하여 서비스를 할 수 있다.

따라서 세계의 공항들은 기존의 전통적인 공항의 기능 외에 오늘날 다양한 수요를 충족하고, 새로운 가치사업의 창출로 공항의 수익성을 향상시키기 위해 공항을 하나의 기업으로 보는 접근방식(airport as a firm)으로, 공항 경영에

---

5 상게서, pp. 234~235.

변화를 시도하고 있다.[6]

항공운송사업은 상당히 복잡한 대형산업이다. 그 산업내의 수많은 활동들은 관계자들의 보완적이고 연관된 네트워크에 의해 실행되고 있다. 즉, 여객과 화물항공사(cargo airlines), 특송업자(integrators), 공항당국, 화물취급 대리인(handling agents), 기내서비스제공업자(in-flight catering firms), 항공사총판매대리인(general sales agents), 자동차 대여업자, 항공브로커(air brokers), 항공기 제조업자, 터미널건설업자, 관광관련 사업자 등이 그 안에서 최종 소비자의 만족을 위해 활동하고 있는 것이다.

이제까지의 공항 발전 전략으로 믿어왔던 엄격한 규제와 국영의 형태로서는 급변하는 세계경제체제에서 유연성 있는 전략선택을 하기 힘들어졌고, 이러한 환경 속에서 다양한 상품의 서비스를 원하는 소비자에게 만족할 만한 서비스를 제공하기도 힘들어졌다. 공항 터미널을 목표 고객을 위한 광범위한 영역의 '서비스 제공자(service provider)'로서의 발전을 촉진하는 현재의 변화와는 달리, 기존 공항의 임무는 실질적으로 사회를 위한 공공 서비스의 한 형태로 국적항공사 노선에서 활동하는 수많은 항공사를 유치하는 것이었다. 이 목표는 대량의 보조금 지급으로 성취되기도 했다. 이러한 관점에서 본다면, 전통적인 공항의 역할은 그들의 주요 고객인 항공사와 관련된 것이고, 또한 그들의 공공정책 목표로서 지역산업발전과 관련된 것이라 할 수 있을 것이다. 즉, 공항은 공항서비스 부문의 비차별적인 핵심항공운송에 대한 요구사항들을 만족하는 물류의 매체로서 그 역할을 하지만, 실제 기업으로서의 역할에는 그 한계가 있었다.

[그림 10-2]는 공항과 공항관련 업체들과의 B2B 혹은 B2C 관계를 나타내고 있다. 이 그림에는 공항의 기존 업체뿐만이 아니라, 새롭게 등장한 B2C, 즉 공항당국과 최종소비자의 관계를 나타내고 있다. 이는 공항당국의 공항사업에 대한 새로운 인식과 다양한 서비스 제공을 통하여 공항의 수익성 향상을 도모해야 할 필요성을 대변하고 있다.

---

6 David Jarach, "The evolution of airport management practices: towards a multi-point, multi-service, marketing-driven firm", Journal of Air Transportation Management 7, 2001, pp. 119~125.

그림 10-2　항공관련 사업간의 관계도[7]

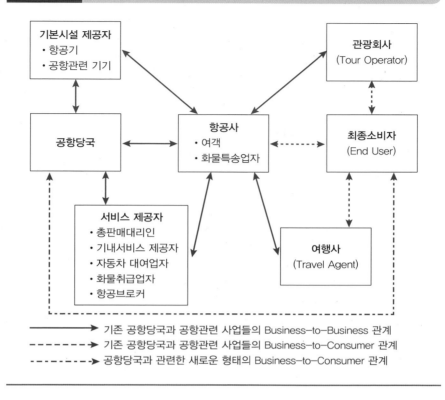

기본시설 제공자
• 항공기
• 공항관련 기기

관광회사
(Tour Operator)

공항당국

항공사
• 여객
• 화물특송업자

최종소비자
(End User)

서비스 제공자
• 총판매대리인
• 기내서비스 제공자
• 자동차 대여업자
• 화물취급업자
• 항공브로커

여행사
(Travel Agent)

→　기존 공항당국과 공항관련 사업들의 Business-to-Business 관계
- - →　기존 공항당국과 공항관련 사업들의 Business-to-Consumer 관계
- - →　공항당국과 관련한 새로운 형태의 Business-to-Consumer 관계

2 공항의 발전방향

1) 단일운송(mono-modal)에서 복합운송 중심으로의 발전

단일운송형태의 공항의 전략적 그리고 운영상의 목표는 일일여객수와 취급화물량의 관점에서 이루어지는 내·외부적 항공 수송량 확대에 초점이 맞추어져 있었다. 하지만 그러한 공항의 피상적 역할을 떠나서 최근 공항은 단순운송형태에서 발전하여 공항간 경쟁뿐만 아니라 다른 형태의 운송 방식과도 수요유치를 위해 노력하고 있다. 증가하고 있는 국제 고객 운송수요에 발맞춰 그들의 핵심사업이나 고유한 제품에 집중하지 않고 다양한 수송형태의 통합을 꾀함으로써 이익을 창출하려고 시도하고 있다. 즉, 공항 자체는 복합운송의 중심으로 발전을 추구하고 있는 것인데, 복합운송 중심 공항의 고객들은 연결이

7 Ibid., p.120.

표 10-1	공항의 항공관련 활동과 비항공관련 활동
항공관련 활동 (Aviation–related activities)	비항공관련 활동 (Non–aviation–related activities)
양륙비(landing fees)	총판매대리점, 기내식제공업체, 포워더, 화물운영업체, 관광회사, 여행사에 대한 공간 대여료
항공교통관리비(air traffic control fees)	부띠끄, 면세점, 은행, 주차 등의 사업에 대한 공간 대여료
여객 및 화물탑승비 (passenger and cargoboarding fees)	공항당국에 의해 운영되는 매점의 직접판매
수수료(handling fees)	그 외의 공항내에서 일어날 수 있는 보완적 활동들

매끄러운(seamless) 운송 방식을 위해 항공에서 육상, 철도에서 해상운송 등 운송형태를 자유로이 선택할 수 있으며, 공항 활주로와 고속열차 그리고 육상의 복합이용으로 공항의 수요를 증가시킬 수 있는 것이다. 그러나 이러한 복합운송적 접근 또한 육상에서 일어날 수 있는 상업적 서비스 사업과는 무관한 항공운송측면만 부각된 공항운영의 보수적인 컨셉에서부터 시작했다. 〈표 10-1〉은 공항의 수입을 항공관련 분야의 수입과 비항공관련 분야의 수입으로 나누어 정리했다. 공항의 발전에 있어서 전통적인 공항의 핵심사업인 항공관련 수입만으로는 새로운 공항의 건설과 기존 공항의 확장으로 인하여 그 경쟁이 날로 격심해 지고 있는 환경에서 그 공항의 발전과 수요유치에 그 한계가 있음을 알 수가 있다.

2) 상업공항(Commercial Airport)으로의 발전

공항은 이제 단지 교통 인프라의 하나로 간주되기보다는 이를 넘어서 부동산 개발, 상가 개발 및 운영, 물류창고 운영, 기타 공항관련 서비스를 포함하는 여러 사업들의 복합체로 인식되고 있다. 요즘 각국 정부는 공항의 상업화(Commercialization)의 필요성을 인식하고, 이를 추진하기 위해 민간의 참여를 넓히는 방향으로 나가고 있다. 공항의 상업화를 통하여 수익성이 확보된다면 공항의 유지보수와 확충에 필요한 자금이 그만큼 용이하게 조달할 수 있는데, 자금을 빌려주는 측에서 보면 공항의 수익성만큼 확실한 담보는 없는 것이다. 이것은 정부가 민영화의 성공을 위해서 공항이 수익성을 확보할 수 있도록 제반 여건을 마련하여야 한다는 것을 시사하고 있고, 민간 측에게는 공항의 수익성 확보를 위해 다양한 수입원의 개발, 비용절감 방안, 서비스 개선 등의 노력

을 해야 한다는 것을 의미하기도 한다.[8]

소위 "상업지향적 공항 접근"은 공항의 전략적 과제와 공항 본래의 업무간에 확실히 차별된 것을 제시하고 있다. 즉, 다목적 서비스제공 기업(multipoint service-provider firm)으로 표현되는 좀 더 세련된 시장자체로 공항이 변모하기 시작함을 의미하며, 보수적인 전통적 항공관련 사업에서 벗어나 공항은 상업적 중심이 되며, 그 안에서 다양한 서비스 사업과 제품들이 제공되며 또한 목표고객의 범위가 확대됨을 말한다.[9] 이 새로운 의미의 공항에 잠재적인 고객들은 항공여객과 항공수송 관련 업체들뿐만 아니라 지역 거주자 그리고 직·간접적으로 내에서 활동하는 기업과 그 피고용인들, 관광객과 항공마니아들도 포함된다. 이러한 접근법에 따라 공항의 활동분야는 공항의 물류매체적인 전통적 핵심활동 외에 다음의 네 가지의 보완적 활동이 추가될 수 있다.[10]

- 상업적 서비스(commercial services)
- 관광객 서비스(tourist services)
- 회의 등의 유인 서비스(meeting and incentive services)
- 물류 서비스(logistics services)

① 상업적 서비스(commercial services)

여기에는 고객의 요구에 부응하는 모든 상업적 사업들이 포함되며, 먼저 수요측면에서 보면 크게 네 가지의 주요 목표수요집단으로 나눌 수 있다. 첫째로 기존의 여객이 있다. 이들은 출발지, 도착지, 환승할 때 긴급 필수품 혹은 선물구입을 위한 쇼핑을 한다. 두번째로 환영객들(meeter or greeter)은 공항에서 대기하는 시간 동안 공항 내에서 구매활동을 할 수 있으며, 셋째로 공항당국, 항공사 그리고 다른 항공서비스 제공업자의 피고용인들과 같은 공항 내 근무자들을 들 수 있다. 이들은 공적 혹은 사적인 사유로 공항 내에서 수요를 발생시킨다. 마지막으로 공항주변의 거주자들이 있는데, 이들은 공항내 쇼핑지의 집중과 영업시간의 연장과 같은 서비스로 공항으로 수요를 유치할 수 있다.

공급측면에서 보면 크게 세 가지의 공항내 사업으로 나눌 수 있다. 즉, 공항

---

8 유광의, "공항마케팅론", 항공진흥 통권20호, 항공진흥협회, 1998, pp.155~181.

9 Doganis, R., The Airport Business, London: Routledge, 1992.

10 David Jarach, op. cit.

내 패션 부티크, 보석, 면세점 같은 사업과 공항 내의 식품과 식당 사업 그리고 마지막으로 ATM, 종교서비스, 가판점, 서점, 약국, 화원 등의 보완적 서비스와 관련된 사업들이 있다.

② 관광객 서비스(tourist services)

관광과 레저목적의 공항컨셉은 항공사 티켓의 소유와 관계없는 수요의 추가적 유입을 유치하기 위해서 창의적인 마케팅 전략이 필요한 부분이다.[11] 예를 들어 대공관찰자(spotters)와 항공마니아(aviation enthusiasts)와 같은 수요는 이 서비스의 첫번째 목표가 될 수 있다. 런던의 히드로 공항과 독일의 뮌헨 공항은 몇 년 전 항공관찰자들에게 보다 더 좋은 위치에서 항공을 볼 수 있도록 하기 위해 인공언덕에 테라스를 설치하여 개방했다. 이 지역에 가려면 일정액의 입장료를 지불해야 하는데 이것은 공항에 있어서 추가적인 수입원이 되고 있다. 현재 대부분의 공항들은 안전과 군사기밀상으로 이러한 서비스를 허가하지 않고 있는 실정이며, 이것으로 인해 공항을 관광지화 하려는 움직임과 마찰을 빚고 있다. 관광객 유치를 위한 공항의 움직임은 이러한 서비스 이외에도 비수기에는 적극적인 '이벤트 제공자(event organizer)'로서 독일의 프랑크푸르트 공항은 디스코텍을 터미널 빌딩 내에 마련하고 있으며, 네덜란드 스키폴 공항은 환승지역 내에 카지노를 운영하고 있다.

③ 회의 서비스(congressional services)

회의를 개최할 수 있도록 하는 서비스를 말하며, 넓은 공간과 함께 회의 진행상 필요한 최상의 기술을 제공할 수 있어야 한다. 회의 유치가 가능하게 하려면 공항은 다음의 두 가지에 있어서 경쟁우위에 있어야 한다. 첫째, 회의에 대한 장소를 쉽게 제공할 수 있어야 하며, 둘째, 사절단이 공항 내의 회의 개최지까지 도착할 시간을 최소화할 수 있어야 한다. 이러한 서비스의 편리성은 회의 기간이 짧을수록 더 분명해지는데, 대부분의 이러한 서비스는 현재 공항과 호텔간의 업무제휴로써 이루어지는 경우가 많다. 프랑스의 파리는 샤를 드골(Charles de Gaulle) 공항과 인접한 집중된 호텔의 위치상 시너지와 함께 최상의 회의개최지로 그 명성을 구가하고 있다. 따라서 향후에는 공항당국의 직접적인 관리 하에서 공항터미널 내에서도 회의가 개최될 수 있는 가능성이 있으

---

11 Levit, T., Marketing success through differentiation—of anything, Havard Business Review 58, 1980, pp. 83~91.

며, 유럽의 여러 공항들은 이러한 공항의 서비스를 위해 현재 수많은 연구가 진행 중이다.

④ 물류 서비스(logistics services)

역사적으로나 현재에 있어서 공항은 국제시장간 제품과 원료를 싣고 내리는 활동을 하는 물류산업의 기반산업시설로서 그 역할을 해왔다. 즉, 공항의 기반시설은 단순히 물품 이전의 외부적 매체로서 이용되어 왔다는 것이다. 항만산업과 비교해 본다면, 현재 로테르담 항만에 마련되어 있는 'Distripark'가 이러한 물류 서비스의 변화에 가장 적절한 예가 될 수 있다. 이 'Distripark'는 각각의 산업영역에서 일어 날 수 있는 창고업무(warehousing)나 부분변형(partial transformation)의 서비스가 가능하도록 하는 로테르담 항만 내에 마련된 공간이다. 이와 같이 공항 또한 공항과 관련된 사업분야에 대한 화물 서비스를 강화하여 부분변형이나 반제품을 위한 물류창고를 마련함으로써, 항공운송에 대한 수요를 확대할 수 있을 것이다.

이러한 활동들에 의해 발생하는 수익은 지금까지 비항공관련 사업에서 비롯되는 수익으로 아직까지는 그 수익범위가 한정적이나, 앞으로 공항간 경쟁이 치열해 질 경우, 항공관련 사업의 수익성과 함께 공항의 중요한 수익원이 될 수 있을 것이라 예상되며, 공항의 차별화된 서비스의 제공으로 경쟁우위에 설 수 있는 주요 원천이 될 수 있을 것이다.

제11장 물류기지

제1절 물류기지의 개념

물류기지는 운송기관의 기초시설로서 정비된 특정의 지리적 공간이다. 물류의 형태는 운송기관의 운송경로에 해당하는 「선」부분(link)과 운송기관이 만나는 「점」내지 결절부분(node)으로 크게 나누어진다. 이 중 결절부분에 해당하는 것이 물류기지 또는 물류거점이다. 점의 역할을 하는 물류기지에는 하역, 포장, 유통가공, 보관, 정보 등의 물류기능이 집약해 있는데, 물류기지는 물류합리화의 주요 원천이다.[1]

1 물류기지의 형태

운송로(link)에는 도로, 철도, 수로 및 공로가 있고, 운송기관에는 자동차, 열차, 선박 및 항공기가 있다. 운송로를 연결하고, 운송기관의 연결을 원활하게 하는 것이 물류 결절점의 기능이다. 이것은 크게 5가지로 나누어진다.

① 트럭 운송에 관계하는 것 – 트럭 터미널, 유통업무단지, 내륙창고, 유통

---

1 三木楯彦, 效率的物流經營のための12章, 白桃書房, 1993, pp. 103～110.

센터, 배송센터

② 철도 운송에 관계하는 것 – 화물역, 역내 창고

③ 해상 운송에 관계하는 것 – 항만, 상옥, 컨테이너 터미널, 항만 창고

④ 항공 운송에 관계하는 것 – 공항, 항공화물 시티 터미널

⑤ ①~④의 조합에 관계하는 것 – 복합 터미널

2 물류기지의 기능

물류 결절점에서는 하역, 보관의 기본기능 이외에 각종 유통가공을 위시해 보조적인 활동이 행해진다.

① 환적 기능 – 운송기관 상호의 환적

② 혼재 기능 – 소량화물의 통합, 분류

③ 유통보관 기능 – 유통과정에서의 일시보관기능

④ 유통가공 기능 – 상품의 소량화 포장, 레이블링, 조합, 조립, 절단, 가공 등 수요 형태로의 적합화

⑤ 배송 – 단말 운송

⑥ 정보처리 기능 – 각종 문의, 스페이스 예약, 운행도착 정보, 재고관리 정보 등 정보 서비스

3 물류기지의 구성

물류기지의 주요 시설은 대체로 다음과 같다.

① 역간(域間) 운송의 발착시설 – 트럭 터미널, 철도의 화물역, 기타 화물의 하역을 위한 시설

② 역간 운송과 역내(域內) 운송의 하역시설 – 상옥, 화물 하치장

③ 역내 운송의 집배시설

④ 소량 혼재화물을 위한 시설

⑤ 일시보관 또는 적정재고를 위한 보관시설 – 창고, 야적장

⑥ 물류에 관한 정보처리 시설

⑦ 컨테이너 및 팔레트의 유통을 위한 시설
⑧ 급유소, 주차장, 휴게실 및 일반 사무소에 필요한 시설

| 제 2 절 | 트럭 터미널 |

1 트럭 터미널의 기능

트럭 운송은 그 용도에 의해 다음과 같이 나누어진다. 첫째, 자동차를 이용한 행상이나 도시내의 자동차 교통에서 보이는 운송 방식이다. 이것은 근거리 운송을 중심으로 광범위하게 사용된다. 둘째, 한 곳에서 여러 곳으로 화물을 배달하거나, 여러 곳의 화물을 모아 한 곳으로 집하하는 집배송 방식이다. 이것도 근거리의 범위에서 아주 많이 이용되고 있다. 셋째, 한 곳의 발화주로부터 한 곳의 착화주로 직접 운송하는 형태이다. 이것은 운송 수요량이 트럭의 적재능력에 맞는 경우에 사용된다. 넷째, 발화주로부터 그 지역 담당의 터미널까지 소형 집화 트럭으로 운송하고 그곳에서 대형 트럭에 다른 화주의 화물과 함께 적재하여, 착화주 지역 담당의 터미널까지 운송하는 방식이다. 이 형태는 운송거리가 길고, 더욱이 운송수요가 작아 한대의 트럭을 전용 사용하기에 양이 적은 경우에 이용된다.

이 네번째의 형태에 트럭 터미널이 필요하다. 노선 트럭 사업자는 복수의 터미널을 거점으로 채택하고, 합쳐 적재하는 화물을 대형 트럭으로 실어, 노선을 정해 정기운행한다.

종래의 트럭 터미널은 노선업자가 자사 전용 또는 사업자들 공용의 영업수단으로서만 계획된 것이었다. 하지만 최근에 노선 트럭 화물의 증가 경향에 대응하기 위해 도시간 운송과 도시내 운송 혹은 도시간 운송의 중계를 행하는 시설로서 트럭 터미널과 함께 영업창고, 도매점포, 시장 등의 유통시설을 대도시 주변으로 분산 배치하고 있다.

트럭 터미널에는 다음 다섯 가지의 기능이 있다. 즉 ① 환적기능, ② 혼재기능, ③ 보관기능, ④ 유통가공기능, ⑤ 정보집적기능이다.

당초는 트럭 운송업자의 입장에서 운송의 신속성, 운송비용의 삭감 등 운송 효율의 향상이 주요 목적이었다. 즉 환적기능과 혼재기능이 중시되었다. 그러나 물류 시스템의 요청에 따르기 위해서는 이 기능만으로는 불충분하고, 물류과정에 있어서 상품의 일시보관 혹은 재고보관의 관점에서 보관기능 및 상품을 수요형태에 적합하도록 하기 위한 유통가공도 추가할 필요가 있다. 더욱이 정보의 수집 · 해석 · 처리 등을 행하는 기능도 갖추어야 한다.

❷ 트럭 터미널의 정비

자동차 터미널은 철도의 역, 항공운송의 공항, 해상운송의 항만에 상당하는데 자동차의 종합 발착시설이다. 자동차 터미널은 버스 터미널과 트럭 터미널로 나눌 수 있다. 또한 트럭업자가 자기운송 사업용으로 사용할 것을 목적으로 설치한 터미널을 전용 터미널이라고 하며, 기타 터미널은 일반 터미널이라 부른다.

노선 트럭 사업이 활발해짐에 따라, 트럭 터미널의 필요성이 강하게 요청되고 있다. 트럭 운송 수요의 신장에 대응한 트럭 운송 공급력이 증대하고 지역간 장거리 운송을 위해 고속화, 대형화, 트레일러화된 트럭 운송이 활발해졌다.

한편, 특히 도시내 운송조건의 악화에 의해 도로혼잡이 더욱 악화되고 운행요율이 떨어졌기 때문에, 간선운송과 집화 · 배달을 분리하지 않으면 안 되는 사태가 발생하였다. 즉 대형차에 의한 도시간 장거리 운송과 소형차에 의한 도시내 집배송의 접점 · 중계점으로서의 트럭 터미널이 필요해진 것이다.

정부로서는 대도시의 중심부에 과도하게 집중하고 있는 도매상, 창고, 시장 등의 유통시설을 도시 교외의 적절한 곳으로 재배치하는 도시재개발 계획을 강력하게 추진하려고 하고 있다. 이것을 위해 우선 그 중핵에 해당되는 운송기지로서 운송, 보관, 하역, 주차, 급유, 수리 등의 시설 등을 보완한 트럭 터미널을 선행적으로 정비하지 않으면 안 된다.

그러나 이상의 사용 목적을 지닌 공공 트럭 터미널에는 다음과 같은 문제가 있다.

① 대도시 주변의 대규모 용지를 필요로 한다.

표 11-1	공공 트럭 터미널의 주요한 효과와 그것이 귀속하는 주체						
	하주	운송 업자	국민	시민		행정단체	
				터미널주변	일반	국가	시
1. 운송코스트 삭감	◎	◎	○		○	○	○
2. 물자의 안정공급	◎	○	○		◎	○	○
3. 토지의 유효이용					○	○	○
4. 교통량의 삭감	○	○			◎	○	○
5. 거주환경의 악화방지				△○	○	○	○
6. 주변지역의 교통량 증가				△			
7. 주변지역의 개발정비				◎	○		○
8. 주변서비스의 향상				◎			

주: 1. ◎는 正의 효과로서 직접적 효과
   2. ○는 正의 효과로서 간접적 효과
   3. △는 負의 효과로서 직접적 효과
   4. △○는 대책이 행해지면 正의 효과로서 기대되지만, 대책이 행해지지 않으면 負의 효과가 되
   는 것.
자료: 山野義方, 陸運業界, 敎育社, 1995, p. 89.

② 막대한 용지비 · 건설비를 필요로 한다.
③ 공공재로서의 성격 여부로 인해 터미널 사용요금의 부과에 한계가 있다.

이러한 이유로 인해 사업수익성은 아주 낮고, 민간자금에만 의존하는 사업
경영은 거의 기대할 수 없다.

따라서 정부는 이러한 트럭 터미널의 정비의 공공성, 긴급성 및 사업의 낮
은 수익성을 감안하여, 민간자금 이외에 정부 · 지방 공공단체의 출자 및 장
기 · 저리의 재정 자금의 융자에 의해 특수회사를 설립하여, 여기에 공공 트럭
터미널을 정비할 필요가 있다.[2]

---

2 山野義方, 陸運業界, 敎育社, 1995, pp. 84~90.

　　철도 화물운송의 장점은 대량(大量)·중량(重量)·장거리 운송인 반면 화주의 문전에서 문전으로(Door to Door)의 집배송 서비스가 불가능한 단점이 있다.

　　이를 극복하기 위해서는 시설과 궤도면에서 보완책을 강구해야 한다.

　　우선 연계운송(Intermodal Transportation System)의 기능강화를 위해서는,

① 생산자와 소비자의 문전까지 철도인입선의 건설

② 화물의 집결 운송을 위한 거점기지역(Hub Freight Depot)의 건설

③ 화물의 집배송·하역·보관을 일괄 취급할 수 있는 철도역 물류기지(Physical Distribution Depot)의 건설

④ 일관운송체계(Unit Load System) 구축을 위한 컨테이너화(Containerization) 및 팔레트화(Palletization)

⑤ 화물운송정보망의 구축 등이 체계적으로 추진되어야 한다.

　　이 가운데서 시설투자에 장기간이 소요되는 거점지역 정비와 철도역 물류기지 건설에 대해 살펴보고자 한다.

1 철도화물운송 거점기지역

　　거점기지역(Hub Freight Depot)의 개념은 철도에 의한 화물을 집결운송할 수 있는 역으로서 집배송·하역·보관의 기능을 갖춘 일종의 소규모 물류기지라고 볼 수 있다. 따라서 생산자 또는 소비자가 인근에 분산되어 있는 경우 철도 또는 자동차에 의하여 집화하거나 배화(配貨)를 효율적으로 수행할 수 있는 위치의 역에 고저상(高底床) 홈과 적절한 유치선·작업선(留置線·作業線)을 갖추고 하치장(荷置場)이나 보관창고를 구비해야 하고 주차장 등 적절한 부대시설도 갖추어야 한다.

　　그래서 거점지역은 지역내 집배송인 "면(面)의 운송"과 지역간 간선운송인 "선(線)의 운송"의 결절점으로서 지역내 및 간선간의 거점역을 중심으로 이루

어질 수 있는 위치에 설치되어야 한다.

이에 대한 구체적인 입지요건을 살펴보면 다음과 같다.

① 도시교통의 원활화와 물류의 효율화를 도모할 수 있는 지점
② 간선철도 · 지선철도가 만나고 고속도로 · 국도와 가까운 역
③ 생산지 및 소비지가 주변에서 만나고 고속도로 · 국도와 가까운 역
④ 생산지 및 소비지가 주변에 배치되어 있는 역
⑤ 철도의 특성인 대량운송 · 안전성 · 환경보호 등을 살릴 수 있고 경제적
으로 철도운송이 유리한 지역.

2 철도역 물류기지 건설

철도와 관련한 주요물류기능은 운송기초 제공 · 운송 · 보관 · 하역 및 포장 등이다. 하지만 수요자의 물류비 절감에 기여할 수 있는 부대 서비스를 제공함으로써 운송수요의 증가를 유도할 수 있다면 철도역 구내 공간을 활용하여 종합물류기지를 건설하는 방안도 적극적으로 검토해야 할 것이다.

특히 철도역 주변에는 종전의 저탄장(貯炭場)이나 산화물의 하치장과 같은 유휴공간이 확보되어 있고, 필요한 경우에는 지금의 민자 역사와 같이 역구내 선로부지의 지상 공간을 복개하여 사용할 수도 있기 때문에, 물류기지 건설에 유리한 조건을 구비하고 있다.

철도역 물류기지는 입지조건에 따라 그 기능과 시설규모를 달리하기 때문에 한 개의 모형만을 설정할 수 없다. 한편 취급품은 석탄 · 유류 · 벌크 시멘트와 같이 살화물이거나 조차(槽車) 운송품목이 아닌 양곡 · 국내외용 컨테이너 등이다. 운송기능에 필요한 운송기지 시설로서 본선 선로(本線 線路) 이외에 측선(側線) · 유치선(留置線) · 입환선(入換線) · 상 · 하차 하역(上 · 下車 荷役)홈이 있어야 하며, 발송도착하는 화물의 하역장 또는 보관창고 · 집배송센터 · 소운송자동차의 주차장과 하역작업장이 구비되어야 한다.

종합 물류기능으로서는 수출입 컨테이너를 위한 통관, 검역과 금융보험 취급 시설이 필요하며, 주요 물류 · 무역 정보망 예컨대 KL−Net (Korean Logistics Network)나 KT−Net(Korean Trade Network)와 연계될 수 있는 자체의 유통 정보망이 구축되어야 한다.

이밖에 물류의 부대서비스 시설로서 판매 조립 가공 등도 경우에 따라서는 부가시키는 것이 더욱 바람직하다.[3]

<table>
<tr><td>제 4 절</td><td>컨테이너 터미널</td></tr>
</table>

정기항로의 일반화물(general cargo)이 컨테이너라고 하는 표준화된 대형 운송용기에 유니트화됨으로써 본선의 적재, 양륙의 능률이 현저하게 높아졌고, 항만 정박시간은 단축되었다. 최근 컨테이너 전용선이 대형·고속화되고 있다.

컨테이너 터미널은 해상운송과 육상운송의 이종 운송기관을 결합하는 접점이다. 이 접점에서 컨테이너 화물을 안전하고 신속하게 환적하는 터미널 기능이 재래 정기선 항만의 그것과 다른 것은 아니지만 국제복합운송 시대를 맞아 더욱 중요해지고 있다.

컨테이너 터미널은 크게 나누어 ① 본선이 접안하는 안벽(岸壁), ② 하역기계의 갠트리 크레인(gantry crane)이 주행하고, 컨테이너의 적재와 양륙이 이루어지는 에어프론(에이프런(apron)), ③ 컨테이너를 장치 보관하는 광대한 마샬링 야드(Marshalling Yard), ④ LCL(Less than Container Load) 화물의 혼재 및 컨테이너 개장과 이들 LCL 화물의 인도·인수가 행해지는 CFS(Contanier Freight Station), ⑤ 터미널 운영을 총괄하는 관리동으로 구성된다.

선적되는 FCL(Full Container Load) 화물이 컨테이너 터미널로 인도되는 경우, 외부와의 접점인 CY(Container Yard)의 출입구(gate)가, 복합운송계약에 의해 하주와 복합운송인간 혹은 복합운송인과 실제 운송인간의 계약화물에 대한 책임의 분기점이 된다.

따라서 CY에 반입되는 컨테이너 화물은 출입구를 통과한 뒤 중량 계측기(Truck Scale)로 중량을 계측함과 동시에, 컨테이너 및 운반기기의 외부 상태와 봉인(seal)의 상황을 점검한 후, 전달해야 할 관계 서류와 함께 CY 오퍼레이터

---

3 이정구, "철도운송역할의 제고를 위한 시설 및 경영체제 개선 방안", 교통물류 제15호, 1997, pp. 21~24.

에게 인도된다.

컨테이너 터미널의 출입구 옆에 있는 게이트 하우스(gate house)가 이러한 FCL 화물의 인수·인도, 그리고 CFS가 내부에 있는 경우에는 LCL 화물의 수도(受渡), 나아가 공(空)컨테이너 반출입 등의 일상 업무를 관리동으로부터의 지시에 의거하여 직접 취급한다.

이 게이트 하우스와는 별도로 터미널 전체의 관리 운영을 행하는 관리동이 있다. 터미널 전체를 볼 수 있는 가장 높은 장소에 일상의 터미널 운영을 통괄·지령하는 통제실(control tower)이 있는데, 여기서 컨테이너의 반출입·보관·배치·본선 적재작업·선내 적부 등에 관한 지시·감독을 행한다. 또한 관리동의 본부 사무소에서는 D/R의 수리·선사 서류의 작성·수속·하역 작업 등 터미널 운영 업무를 계획하고 관리한다.

통상 컨테이너 야드(CY)라고 하는 경우, 컨테이너의 반출입·수도·보존 등을 행하는 모든 장소를 가리키고, 컨테이너선의 입항 전에 선적 예정의 컨테이너를 미리 집적해 두고, 또한 양륙 컨테이너의 인도에 대비하여 정돈·장치해 두는 장소이다. 일반적으로 컨테이너 야드는 컨테이너 장치장소인 광대한 마샬링 야드 그리고 이 마샬링 야드와 안벽간에 위치하면서 본선 하역기계의 갠트리 크레인이 설치되어 컨테이너의 적양이 행해지는 에이프런으로 불리는 부분으로 이루어진다.

마샬링 야드내에는 전원 설비가 있는 냉동용 컨테이너 야드, 공컨테이너의 집적 공간, 샤시(트레일러의 台車) 장치장, 그리고 컨테이너 및 컨테이너 기기의 점검·보수·정비 등을 행하는 정비소(maintenance shop)가 있다.

또한 에이프런 부분에 설치되어 있는 갠트리 크레인은 레일로 안벽 위를 주행하고, 스프레더(spreader)라고 하는 신축적이고 자유자재로 움직이는 기계가 컨테이너를 집어서 적양을 행한다.

야드 내의 하역방식이 스트래들 캐리어(straddle carrier) 방식, 이동용 크레인(transfer crane) 방식, 샤시(Shassis) 방식 중 어느 것인가에 의해, 그리고 크레인 운전수의 숙련도에 따라 다르지만 하역능률은 1시간에 20~30개 정도이다. 물론 이 갠트리 크레인은 수직 하역이 행해지는 로로(Ro-Ro)선의 컨테이너 적양에 사용되는 것이고, 수평 하역이 행해지는 로로선 공용의 터미널에서는 로로 램프웨이(Ro-Ro Ramp)가 설치되어 있다.[4]

컨테이너 야드 내의 하역 작업은 스트래들 캐리어 방식, 이동용 크레인 방식, 그리고 샤시 방식의 3방법으로 행해지는데, 터미널의 레이아웃에 적합한 것이 사용되고 있다.

스트래들 캐리어는 야드 내의 컨테이너 이동과 샤시의 하역에 사용하는 컨테이너 하역기기로, 컨테이너를 두 바퀴 사이에 끌어안고 운반하기 때문에 이렇게 불리고 있다. 야드에 컨테이너를 직접 두고 2~3단으로 장치 보관하는 야드 내의 이동작업에 효과적으로 사용되고 있다.

한편 트랜스퍼 크레인은 레일 위를 주행하는 이동식 크레인으로, 야드 내에서 컨테이너를 3~4단으로 높게 쌓을 수 있기 때문에, 샤시의 하역과 구내 이동작업에 효과적으로 사용되고 있다.

샤시는 미국의 씨랜드(SEALAND)사가 개발한 것이다. 컨테이너를 샤시에 적재한 채 야드 내로 이동·보관하는 것이기 때문에 야드 내의 이동작업을 신속하게 행할 수 있다. 그러나 1대의 샤시에 1개의 컨테이너를 싣고 장치되기 때문에 광대한 야드 스페이스와 샤시의 설비에 거액의 투자가 필요하다.

한편 부두 내(on dock)가 아니라 부두 밖(off dock)에 설치되어 있는 컨테이너 야드와 컨테이너화물조작장(CFS)도 있다. 이 부두 밖 컨테이너 야드와 컨테이너화물조작장도 관할 세관에서 보세지역의 인정을 받아, 일반 항만운송 사업자 혹은 화물 운송업자(freight forwarder)가 독자적인 무선박운송인(NVOCC; Non-Vessel Operating Common Carrier) 활동을 전개하는 화물 수도(受渡) 시설이다. 선사나 복합운송을 행하는 다른 운송인(NVOCC)의 위탁을 받아 컨테이너 야드나 컨테이너화물조작장 업무를 행하고 있는 경우도 있다.

컨테이너화물조작장은 개별 화주의 컨테이너 1개를 가득 싣지 않은 LCL 화물을 동일한 목적항 또는 목적지 혹은 수화인별로 1개의 컨테이너에 혼재 통합하여 컨테이너 야드로 인도하거나, 이들 혼재 컨테이너에서 소량 화물을 꺼내어 개별 화주에게 인도하는 시설이다.

---

4 織田政夫, 國際複合輸送の實務, 海文堂, 1992, pp. 130~135.

1 보세구역의 의의

보세구역은 외국물품을 장치 전시 판매하거나 이것을 사용 또는 소비하여 물품을 제조, 가공하거나 산업시설을 건설할 수 있고, 반송신고 수리 또는 내국운송 승인을 받고자 하는 내국물품을 장치할 수 있는 장소로서 세관장이 지정하거나 특허한 장소를 말한다. 따라서 보세구역은 다음과 같은 여러 가지 요건을 갖추어야 한다.

① 보세구역은 제한된 장소라야 한다. 그 장소는 일정한 넓이가 있어야 하므로 구획된 토지 또는 이에 정착하고 있는 건설물이어야 한다.
② 원칙적으로 보세구역은 세관 가까이 위치해야 되는데, 이것은 세관 행정의 편의와 능률면으로 보아 세관 인근에 집중하는 것이 합리적이기 때문이다. 그 예로 영업용 보세구역은 세관청사에서 자동차 주행거리 기준으로 약 10km 이내이어야 한다.
③ 보세구역은 세관장이 보세구역으로 지정하거나 특허를 하여야 한다. 외국물품을 아무런 제한 없이 누구나 어떤 장소에서든지 자유롭게 장치하게 되면 관세채권의 확보 등이 어려우므로 세관장이 보세구역으로 지정하거나 특허를 하여 그 구역을 감시 단속할 수 있어야 한다.

2 지정보세구역

1) 지정장치장

지정장치장은 통관하고자 하는 물품을 일시 장치하기 위한 장소로 세관장이 지정한 보세구역을 말한다(관세법 제73조).

세관장이 국가ㆍ지방자치단체 또는 공공단체의 영조물 또는 토지에 대해 지정하는데, 지정하는 이유는 공항, 부두와 같이 수출입화물이 반드시 통과하

---

5 홍정식, 관세법(II), 두남, 1996, pp. 280~336.

고, 보관 및 운송이 편리한 지역을 일반인이 모두 차별없이 이용할 수 있도록 지정장치장으로 지정하여 운영하고 있는 것이다. 구체적인 예로는 세관 구내 창고, 공항만 창고 등이 있다.

지정장치장은 공공창고로서 수출입화주 및 국제운송인의 통관 편의를 제 공하고 누구나 저렴한 비용으로 이용할 수 있도록 공항만, 부두창고 등 세관과 가장 가까운 거리에 국가가 의무적으로 설치하는 것이다.

2) 세관검사장

세관검사장이란 통관하려는 물품을 검사하기 위한 장소로서 세관장이 지 정하는 지역으로 한다(관세법 제173조 제1항).

세관검사장은 물품의 검사만을 하는 구역이기 때문에 세관청사, 국제공항 휴대품 검사장, 통관우체국의 우편물 검사장 등이 세관검사장으로 지정된다.

3 특허보세구역

특허보세구역은 민간인의 영리를 목적으로 하는 시설 중에서 신청에 의해 세관장이 보세구역으로 특허함으로써 보세구역이 되는데, 종류로는 보세창 고, 보세공장, 보세전시장, 보세건설장 및 보세판매장 등이 있다.

이는 지정보세구역이 협소하여 통관하고자 하는 물품 전부를 장치할 수 없 을 뿐만 아니라 보세상태에서 제조 · 가공 · 건설 · 판매 · 전시 등과 같은 특정 목적을 효과적으로 달성하기 위하여 설정된 보세구역이다.

보세구역 설영(設營) 특허는 설권행위로서 세관장의 공익재량 행위이다. 그러므로 세관장이 특허를 거부한 경우에 그것이 재량권을 남용하거나 일탈한 것이 아니면 위법이 되지 아니하며 행정쟁송에 있어서도 제한이 있다.

통관을 하고자 하는 물품이란 수입, 반송 또는 보세운송을 하고자 하는 외 국물품을 말하며, 이외에도 내국운송의 신고수리를 받고자 하는 내국물품은 보세장치장에 장치할 수 있다.

'통관을 하기 위한 물품'을 장치한다는 점에서 단순히 '외국물품의 장치'를 위한 보세창고와 구별되며, '물품의 장치'를 목적으로 하는 점에서 물품의 가 공, 전시, 건설 및 판매를 목적으로 하는 보세공장, 보세전시장, 보세건설장 및 보세판매장과 구별된다.

또한 지정장치장과는 '통관을 하고자 하는 물품을 장치'한다는 점에서 그 기능이 같지만 지정장치장은 국가, 지방자치단체 또는 공공단체의 영조물이나 토지 등에 세관장이 지정하여 세관장 또는 그가 지정한 화물관리인이 관리하지만, 보세장치장은 사인(私人)이 세관장의 특허를 받아서 설영한다는 것이 다르다.

그리고 지정장치장은 장소가 협소하여 무환물품과 같이 보관관리에 특별히 주의를 요하는 물품만을 장치하고 대부분의 수출입 통관 물품은 보세장치장에 장치되고 있다.

보세창고란 외국물품을 장치하기 위하여 사인(私人)이 특허를 받아 설영하는 보세구역을 말한다(관세법 제183조). 보세창고는 관세를 징수하지 아니한 외국물품을 그대로 통관을 유보한 채 장기간 장치하면서 상기(商機)를 보아 국내로 수입하거나 외국으로 반송함으로써 중계무역을 진흥시키는 것을 목적으로 하고 있다.

한편 1998년 12월 관세법 개정으로 지정보세구역 및 특허보세구역으로 구분되던 보세구역의 종류에 종합보세구역이 신설·추가되었다. 종합보세구역은 외국인 투자지역, 산업단지, 외국인 투자기업전용단지, 집배송센터 및 공동집배송단지, 유통단지, 기타 외국인 투자촉진, 수출증대 또는 물류촉진의 효과가 있을 것으로 예상되는 지역을 그 지정대상으로 한다.

종합보세구역은 관세청장이 직권으로 지정하거나 종합보세구역으로 지정받고자 하는 지역의 관계 중앙행정의 장, 지방자치단체의 장 등의 요청에 의하여 지정한다.

특허보세구역제도를 이용할 경우, 동일인이 동일장소에서 두 가지 이상의 특허보세 구역의 기능을 수행하려면 해당 기능별로 각각의 특허를 받아야 하나, 종합보세구역에서는 한 번의 설영신고로 기존 특허보세구역의 모든 기능을 수행할 수 있다.

1 복합물류단지의 의의

물류단지는 물류 및 상적 유통활동이 함께 이루어지는 장소로서 수송, 하역, 보관, 환적, 포장, 조립 · 가공, 통관, 상품전시, 판매, 정보처리 등이 동시에 이루어지는 장소라고 정의할 수 있다.

따라서 복합 물류단지는 ① 2개 이상의 물류시설이 집단화되어 있어야 하며, ② 물류시설과 상류시설이 결합되어 있어야 한다.

복합물류단지의 주요시설 및 기능을 살펴보면 〈표 11-2〉와 같다.

2 복합물류단지의 기능

1) 물류기능

① 환 적

불특정 화주를 대상으로 지역간 화물의 수송 및 하역의 거점기능을 수행하는 것으로 일반적으로 수송업체가 입주하여 영업용 화물을 수송하거나 자가물류업체가 입주하여 자체 화물의 연계운송을 담당한다.

② 집배송

특정화주를 대상으로 일정지역 내에서 화물을 산지로부터 집화하거나 최종수요지까지 배송하는 것으로 주로 최종상품을 취급한다. 일반적으로 국내에서는 자가물류업체가 직접 담당하지만, 선진국에서는 수송업체에게 위탁하고 있다.

③ 보 관

불특정 화주를 대상으로 원재료 및 제품의 분류, 보관 및 일부 가공기능을 수행하며, 물품의 특성에 따라 보통창고, 냉동 · 냉장창고, 저장창고, 위험물창고 등의 보관시설과 가공공장이 결합된다.

표 11-2	복합물류단지의 주요시설 및 기능	
구분	주요시설 및 기능	관련법률
컨테이너 터미널	• 컨테이너의 하역 및 하역준비, 화물보관, 컨테이너 및 화물 인수, 장비관리 등을 위한 시설을 갖춘 지역 • 컨테이너의 적·양하, 환적, 집하 및 해체, 분류, 장치 등의 업무를 수행	항만법상 항만시설
복합화물 터미널	• 수송기능 중심의 물류시설로서 2종이상의 운송수단간의 연계운송이 가능한 장소 • 화물취급장, 철송시설, 주차장, 배송센터 등으로 구성되며 건축법에 의한 운수시설	화물유통촉진법
ICD	• 컨테이너선이 기항하는 항만터미널과 철도를 통해 연계되어 내륙에 설치되는 컨테이너기지 • 컨테이너화물의 통관, 배송, 보관, 집하 등이 이루어지며 공 컨테이너의 장치장으로도 활용	
집배송 단지	• 도시내 소매점에 상품을 공급하기 위해 제조업자 및 유통업체가 상품을 집하하여 보관, 가공, 포장, 배송하고 관련정보를 처리하는 유통업무단지 • 판매(도매)기능중심의 물류시설로서 일시보관 및 가공시설, 판매시설을 보유하는 건축법에 의한 창고시설	도소매업진흥법
유통단지 (물류단지)	• 상품의 수송, 하역, 보관, 포장, 조립, 가공, 통관, 도소매 등을 위해 수송시설, 창고 및 배송센터, 각종 지원시설을 갖춘 물류시설 • 상품의 공급자로부터 수요자까지의 모든 물류활동이 이루어지는 종합물류센터이며, 집배송단지, 복합화물터미널을 포함하는 가장 광범위한 개념의 물류시설	유통산업발전법, 유통단지개발 촉진법
도소매 단지	• 농수산물, 일반공산품 등의 도소매거래를 위해 집단화한 단지로서 전문상가, 쇼핑센터, 농수산물도매단지 등이 포함	유통단지개발촉진법, 농수산물유통 및 가격안정에 관한 법률

④ 조립/가공

생산자가 일괄생산한 반제품을 수요자의 요구에 따라 조립 혹은 가공하는 제조기능의 일부를 대행하는 것으로 부가가치(Value Added)물류를 위한 기능 중의 하나이다.

⑤ 컨테이너 처리기능

불특정 화주를 대상으로 화물을 컨테이너에 혼재(Vanning)하거나 컨테이너로부터 분류(Devanning)하는 기능이다. 대체로 컨테이너를 수출입화물에만 사용하는 우리나라의 경우 이러한 업무는 주로 대형선사에서 취급하고 있다.

⑥ 통 관

수출입화물의 통관업무를 수행하는 데 있어 항만 및 공항이 아닌 물류단지에서 통관을 함으로써 불필요한 시간낭비를 줄일 수 있다.

2) 상류기능

① 판 매

제조업자가 출하한 상품을 최종소비자나 중간상인에게 매매하는 기능으로 생산자와 거래대상의 특성에 따라 일반도매, 일반소매, 대형소매 등이 있다.

② 전 시

판매할 상품의 디자인과 기능, 다양한 품목과 품종을 잠재수요자에게 직접 보여줌으로써 구매욕구를 증진시키고자 하는 기능이다.

③ 포 장

상품의 손상방지, 수송효율성의 제고, 상품가치의 보존을 위한 일련의 기능으로, 물류기능을 위해 수행하는 포장은 주로 산업포장이 해당된다.

④ 기 획

소비자의 욕구변화에 따른 소비패턴의 다양화에 따라 새로운 상품, 새로운 기능 및 디자인을 생산자에게 제시하는 기능으로, 오늘날 소량다품종의 생산 추세에서는 매우 중요한 기능이다.[6]

---

6 부산신항만 주식회사, 복합물류단지 개발사업 기본계획, 1998, pp. 1~12.

제**4**부

국제물류와 경영정보

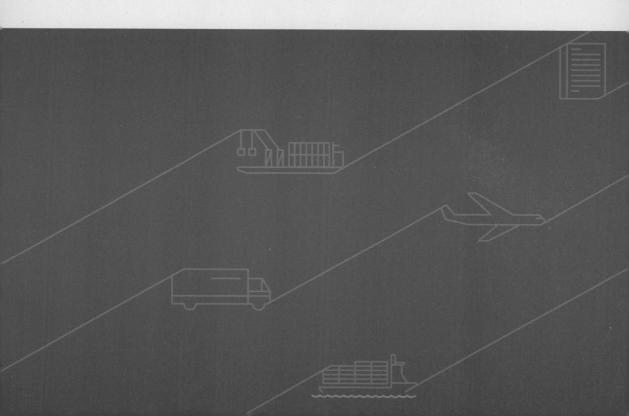

제12장 수출기업의 국제물류

제1절 국제물류의 합리화

1 국제물류의 합리화의 의의

최근 전자상거래의 발달은 무역상품의 생산 및 주문 패턴에 큰 변화를 일으키고 있다. 특히, 생산측면에서 보면 상품의 다품종화·소량화가, 주문측면에서는 소량·다빈도화 경향이 두드러지게 나타나고 있다. 때문에 수출기업의 입장에서 보면, 이러한 새로운 경향을 따르면서 재고감축 및 판매증진이라는 두 마리 토끼를 동시에 잡아야 할 필요성이 증대되고 있다고 볼 수 있다. 이를 위해 수출기업은 최근 JIT(Just In Time)와 혼재시스템을 구축함으로써 물류합리화를 제고하려는 노력을 가속화 시키고 있다. 그러나 수출기업이 해외시장에서의 고객 요구에 맞춘 국제물류전략을 전개하기 위해서는 단순한 물류비용 절감의 차원을 넘어서서 이제는 고객에 대한 서비스수준 개선까지를 고려한 통합적 물류시스템을 재구축할 필요가 있다. 이러한 국제 물류시스템의 변화 과정을 국제물류의 합리화 과정이라고 한다.

2 국제물류합리화의 동향

　　최근 수출기업의 물류합리화 동향을 살펴보면, 이에 대한 특징은 두 가지로 정리될 수 있다. 첫째로 분산되어 있던 출하거점 및 해외 배송거점과 같은 물류거점들을 집적하고, 둘째로 기업 내의 국제적 물류시스템화를 더욱 강화하는 방향으로 발전하고 있다. 다시 말해, 기업은 국제적으로 분산되어 있던 물류거점의 정리 · 집약화와 적절한 재배치를 통해 재고품목 및 재고량을 적정화하고 이와 아울러 운송의 합리화를 꾀함으로써 고객에 대한 서비스 수준의 향상과 물류비용 절감 등의 목표를 달성하려는 통합적 물류전략들을 전개하고 있다.

　　기업들이 운송수단(Mode)을 선택하는 패턴을 살펴보면, 원재료와 대량 화물등, 일반 무역상품의 대부분은 컨테이너선을 통한 해상운송을 이용하는 데 반해, 컴퓨터 · 반도체 등의 고부가가치 제품이나 패션 · 의류와 같은 납기 및 판매시기에 따른 제약이 있는 제품 및 신선도를 요하는 신선식품 등은 항공운송을 이용하고 있다. 특히, 근래에는 고객의 요구에 부응하고 물류합리화의 재고측면에서 항공운송과 컨테이너선 운송을 병행하는 해 · 공 복합운송에 대한 수요가 높아지고 있다.

　　수출기업이 이러한 물류관리의 합리화를 추진하기에 앞서 가장 관건이 되는 것은 '해외의 물류거점을 어느 지역에 어떻게 배치하고, 이들 물류거점을 연결하기 위해 물류시스템을 어떻게 구축할 것인가?'하는 것이다. 따라서 해외의 물류거점을 어느 나라 어느 지역에 설정할 것인가에 대한 의사결정을 하기에 앞서서 특정 지역의 지리적 · 경제적 여건, 정치와 통화의 안정성 여부, 외환자유화의 정도, 외국인의 소유권 허가, 외국기업에 대한 우대조치 등 여러 가지 요인들을 비교 · 분석해야 할 필요가 있다. 또한, 무역상품의 유통형태와 특징에 따라서 각기 다른 최적의 국제 물류시스템을 설계 · 운용해야 할 필요가 있다.

1 국제물류시스템의 형태

국제물류시스템은 무역상품이 수출국 기업에서 출하되어 수입국 고객에 이르기까지의 물류경로와 처리방법 등에 따라서 크게 고전적 시스템, 통과 시스템, 직송 시스템, 다국적 창고시스템이라는 4가지 형태로 구분할 수 있다. 물론 이 외에도 여러 가지 변형된 형태의 물류시스템도 존재할 수 있겠지만, 기본적으로 상기한 4가지 범주에 포함될 수 있다. 때로는 한 기업이 둘 이상의 시스템을 복합적으로 사용하고 있는 경우도 있다. 국제물류 시스템의 기본적인 4가지 형태의 개요와 특징은 다음과 같다.

1) 고전적 시스템

고전적 시스템은 무역상품이 수출국 기업에서 해외의 자회사 창고로 출하된 후 발주요청이 있을 때 해당 창고에서 최종고객에게 배송되는 형태로 가장 보편화된 물류시스템이다. 이 경우 해외의 자회사는 일종의 창고로서 기능하게 되며, 대량의 상품이 수출국 기업의 생산 공장(또는 창고)에서 해외의 자회사 창고로 출하될 때에 가능한 한 가장 저렴한 운송수단을 활용하되 최대한 운송횟수나 운송속도를 줄여야 할 필요가 있다. 그리고 이러한 고전적 물류시스템을 채택하는 수출기업이 최상의 고객서비스 수준 유지와 최적의 생산을 도모하기 위해서는 상품의 최소빈도 · 대량출하 방식을 선택하게 된다. 이 경우 다음과 같은 이점을 지니게 된다. 즉, 수출기업은 해외에 있는 자회사 창고까지 대량의 운송수단을 이용할 수 있기 때문에 운임이 싼 해상운송을 이용할 수 있다. 또한 상품을 혼재하여 출하할 수 있기 때문에 컨테이너 운송과 같은 유닛로드(Unit Load)화로 저운임률을 적용받게 되고, 운송관련 업무를 포괄적으로 처리하기 때문에 서류작성에 따른 작업이 줄어든다. 더욱이 언제라도 상품을 공급할 수 있는 재고를 보유하기 때문에, 품절로 인한 고객 상실을 피할 수 있다. 반대로 이러한 시스템 하에서, 해외의 자회사는 보통 대형 창고에 대량의 재고를 보유해야 하므로 총물류비용 가운데 보관비가 차지하는 비중이 다른 어느 시스템보다도 높아질 가능성이 있다는 단점이 있다.

2) 통과 시스템

통과 시스템은 일면 고전적 시스템과 유사한 듯 보인다. 그러나 고전적 시스템에서 자회사 창고가 저장 센터로서만 기능하는데 반해, 통과 시스템에서의 자회사 창고는 저장기능보다는 통과센터로서의 기능이 강하다고 볼 수 있다. 즉, 수출기업에서 해외 자회사 창고로 1차 운송된 상품을 단시간 내에 유통경로의 다음 단계에 따라 고객에게 배송하는 형태이므로 저장기능은 그다지크지 않다. 또한, 통과 시스템은 고전적 시스템에 비해 수출기업으로부터의 출하빈도가 높기 때문에 해외 자회사 창고에서의 보관비가 상대적으로 절감되는이점이 있다. 그렇다고 반드시 총보관비가 절감된다고는 볼 수 없다. 왜냐하면, 해외 자회사 입장에서만 보면 보관비가 절감될 수 있지만, 상대적으로 수출지에서의 보관비가 그보다 더 높아질 가능성이 존재하기 때문이다. 따라서 만일통과 시스템을 채택하고 있는 기업이 고전적 시스템과 똑같은 수준의 고객서비스와 시장범위를 유지하고자 한다면, 운송을 여러 번에 걸쳐 신속히 행해야하기 때문에 고전적 시스템에 비해 운송비가 높아지고 서류작성 작업에 따른업무부담도 많아진다는 단점을 지닌다. 또한 파업 등으로 해외 자회사로의 운송이 두절될 경우에는 판매에 손실을 입을 가능성이 아주 크다.

3) 직송 시스템

직송 시스템이란 상품을 수출국의 공장 또는 배송센터로부터 해외 자회사의 고객에게 직송하거나 또는 수출국 배송센터에서 최종 소비자나 판매점으로직송하는 형태를 말한다. 따라서 해외 자회사는 상거래 유통에는 관여하지만물류에는 직접적인 관여를 하지 않는다고 볼 수 있다. 이 시스템의 경우, 수출국에 있는 하나의 창고에 전체 재고를 집중시켜 운영할 수 있기 때문에 보관비가 다른 어떤 시스템보다도 절감된다는 장점이 있다. 이에 반해, 다른 시스템에비해 상대적으로 출하 빈도가 높기 때문에 혼재운송을 하기가 힘들고 서류작성 횟수나 이에 따른 업무비용이 증가한다. 또한, 고객 서비스의 수준을 유지하기 위해서는 항공운송을 사용해야 할 필요성이 있기 때문에 고비용의 문제가발생하고, 수입통관 수속을 고객이 직접 행해야 하기 때문에 그만큼 부담이 늘어난다. 이 외에도 파업으로 인한 운송 두절의 상황에서는 고객으로의 상품공급이 불가능해지고 결국 고객 상실로 이어질 수 있다.

4) 다국적 창고 시스템

　　다국적 창고 시스템이란 수출기업이 EU · 동북아 경제권 등과 같은 특정 경제권 내에 있는 몇 국가에 자회사를 가지고, 해당 경제권의 중심 국가에 중앙창고(regional center)를 설치해서 그 중앙창고를 통해 동일한 경제권 내의 모든 국가에 대한 상품공급을 행하도록 하는 형태를 말한다. 해당 시스템 하에서, 상품은 수출국 기업의 공장에서 특정 경제권 내의 중앙창고로 대량 운송되고, 이 중앙창고에서 해당 경제권에 속한 각국 자회사 창고 혹은 고객에게 운송된다. 물론 이 중앙창고는 보관형 창고로서의 기능과 통과형 창고로서의 기능을 모두 수행하기 때문에, 이러한 시스템 하에서는 다양한 운송형태가 나타날 수 있다. 이 시스템은 특정 경제권의 중앙창고에 재고가 집중되기 때문에 각국에 각각의 재고를 지니는 고전적 시스템보다 총재고량의 삭감이 가능하고 그만큼 보관비도 절감된다. 그러나 수출국 창고에 재고를 집중하는 통과 시스템에 비하면 상대적으로 보관비가 높아진다고 볼 수 있다. 이 시스템은 고전적 시스템보다도 1회의 상품출하량을 대량으로 만들어 통합 운송할 수 있다. 따라서 운송비의 절감은 주로 중앙창고에서부터 동일 경제권에 속한 수입국의 자회사 창고 또는 고객으로의 운송에서 발생된다고 봐야 할 것이다.

　　한편 이 시스템은 중앙창고로부터의 운송서비스를 함에 있어서 지리적 제약을 받을 수 있다. 예컨대 지리적으로 운송이 편리한 지역이나 수입국에 대해서는 양질의 배송 서비스를 제공할 수 있지만, 그렇지 못한 수입국에 대해서는 일정 수준 이상의 고객서비스를 유지하기 힘들기 때문에 대량의 재고를 보유해야 할 필요가 있다. 또 하나의 결점은 중앙창고가 소재하는 국가의 고객은 우선적인 서비스를 받지만 다른 국가의 고객은 그렇지 않다는 것이다. 또한 중앙창고의 유지관리비 등을 어떤 나라가 어느 정도로 부담할 것인가 하는 것도 자회사 간에 갈등을 낳는 요인이 될 수 있고, 때로는 본사가 직접 중앙창고의 유지 및 관리에 관여하지 않으면 안 되는 경우도 있다.

2 국제물류시스템의 선택

　　지금까지 국제물류시스템의 4가지 기본 형태에 대해 살펴보았는데, 수출기업이 어떤 형태의 물류시스템을 채용하는가의 선택은 중요한 과제가 아닐 수 없다. 상기한 물류시스템은 각각의 장 · 단점을 지니기 때문에, 경우에 따라서는 꼭 하나의 물류시스템이 아닌 둘 이상의 복합적인 물류시스템의 채택이 필요할 때도 있다. 국제물류시스템의 선택을 위한 의사결정을 하기에 앞서, 경제적 · 환경적 · 관리적 조건 등을 살펴보는 것이 중요하다. 그러나 최종적인 의사결정은 해당 수출기업의 종합적인 경영전략에 따라 이루어져야 한다.

1) 경제적 조건

경제적 조건을 검토하기 위해서는 주로 상품의 특성 · 제품의 종류 및 수량 · 수요의 성격 · 주문규모 등을 고려해야 한다. 상품의 특성을 고려한다는 것은 상품의 단위당 가치가 높을수록 단위 기간 당 재고비가 높기 때문에 납입기간이 짧은 물류시스템을 채용해야 한다는 의미이다. 즉, 고가치 · 소중량(소용적) 상품에 대해서는 항공운송을 이용한 직송 시스템이 적용되고, 저가치 · 대량 상품은 해상운송에 의한 고전적 시스템이 적용된다. 특히 부패성 상품은 납입기간이 짧은 직송 시스템이 선정되어야 한다. 제품의 종류와 수량과 관련해, 수출기업이 다품종의 제품을 취급하는 경우라면 비용절감을 위해서 한 곳에 재고를 집중 · 출하시키되 고객 서비스를 강화하기 위해서는 납입 기간이 보다 짧은 물류시스템이 채용되는 게 바람직하다. 수요의 성격측면을 고려하면, 수요가 많은 상품은 혼재운송의 가능성이 커서 주로 고전적 시스템이나 통과시스템이 사용되는 한편, 특수한 수요의 상품에는 직송 시스템이 적용된다. 그러나 통상의 수요가 있는 상품에 대해서는 주로 다국적 창고시스템을 기본으로 하되, 높은 매상고 · 저가 상품에는 통과시스템을, 높은 매상고 · 저가 상품에는 고전적 시스템을 복합적으로 이용하는 경우도 있다. 마지막으로 주문규모가 작은 고객에 대해서는 고전적 시스템이 사용되지만 컨테이너 규모에 상당하는 대규모 주문 고객에게는 직송 시스템이 사용되는 경향이 강하다.

2) 환경적 조건

다음으로 환경적 조건을 살펴보면, 고객 서비스수준 · 운송경로 · 수입국 법령 및 규칙 등이 주요한 검토대상이 된다. 이 가운데서도 고객 서비스 수준은 국제물류시스템을 선택하는데 있어서 특히 중요한 요인이 된다. 예를 들어, 고객이 짧은 배송기간으로 상품구입을 원할 경우에 만일 그 상품이 항공운송에 의한 짧은 납입기간의 물류시스템을 채용하는 것이 바람직하지 않다면 보통 고전적 시스템이 이용된다. 또 하나, 해당 운송경로에서의 고속 운송수단 이용

가능성도 수출기업의 물류시스템 선택에 큰 영향을 미친다. 수입국 법령 및 규칙은 물류시스템을 제한할 수 있다. 예컨대, 수입국이 고객이 직접 수입승인을 받도록 제도화 하고 있다면 직송 시스템이 채용될 수밖에 없다. 또는 약품과 같이 수입국의 특정한 품질관리 규칙이 있는 경우에는 고전적 시스템이 사용되어야 한다.

3) 관리적 조건

이와 관련해 주요 검토대상이 되는 것은 재고비용의 부담이 어느 정도인가 혹은 수입국에서 상품의 품질을 최종 검사할 필요여부 등이다. 고전적 시스템에서는 보통 재고비용을 모회사가 부담하기 때문에 자회사의 책임자는 고객서비스를 높이고 판매를 증가시키기 위해 고전적 시스템을 지속하려고 하겠지만, 반대로 재고비용을 자회사가 부담해야 한다면 통과 시스템을 선택하려고 할 것이다. 또한 수입국에서 상품을 고객에게 도달하기 전에 자회사가 상품의 품질을 최종적으로 검사할 필요가 있다면 직송 시스템을 채용하는 것은 바람직하지 못하다.

제 3 절 | 국제물류시스템의 운영과 기업경영

1 국제물류시스템의 운영방식

수출기업의 물류시스템 운영방식은 크게 마케팅과 물류관리를 판매 자회사에 위임해서 행하는 분산거점형과 물류관리자를 본사에 집중해서 본사가 직접 관리하는 집중추진형으로 대별된다. 분산거점형이란 거리나 지리적 조건으로 인해 수출기업의 본사가 마케팅과 물류관리를 직접 수행하는 것이 곤란할 경우, 자회사에게 그 책임을 위임해 운영하도록 하는 방식을 말한다. 이 경우에 판매 자회사는 마케팅에 관한 완전한 자유와 책임을 지고 물류시스템을 운영한다. 이와는 달리, 집중추진형이란 본사가 직접 재고 관리는 물론이고 자회사에서 채용하고 있는 물류관리 방법을 검토하고 운영하는 방식이다.

1) 분산거점형 운영방식

분산거점형에서는 해외의 자회사가 기업의 이익증대를 위한 핵심적 역할을 수행할 뿐만 아니라 자체의 수지(收支)를 검토·운영하기 때문에 이와 관련한 총책임과 권한을 행사하기 마련이다. 즉, 자회사 스스로가 고객에 대한 서비스수준을 설정하거나 수출지로부터 자회사 시장까지의 상품물류시스템을 결정하게 된다. 그렇지만 일반적으로 기업은 판매량 극대화보다는 이익극대화를 목표로 한다. 마찬가지로, 자회사의 판매량보다는 최종 이익정도에 따라 자회사에 대한 경영평가를 하기 마련이다. 따라서 자회사의 경영정도를 평가할 때, 자회사의 유통비용에 총물류비용이 포함되어 있는지의 여부가 매우 중요한 평가 항목이 된다. 예컨대, 고전적 시스템에서는 본사가 재고 관리비(보관비)와 같은 일부의 물류비용을 부담하기 때문에 자회사의 이익에서 이러한 재고 관리비가 누락되어 있을 가능성이 있다. 즉, 판매활동에 의해 얻는 수입에서 비용을 뺀 것이 자회사의 이익이 되는데, 이때 비용에서 재고 관리비가 제외될 경우 실제 자회사의 이익이 잘못 도출될 가능성이 있다. 일반적으로 자회사가 재고를 많이 보유할수록 고객 서비스수준의 향상 및 판매량 증대를 기대할 수 있기 때문에 재고를 증가시키고자 하는 경향이 있다. 이 경우, 자회사는 본래 계상해야 하는 재고 관리비의 증가를 계상하지 않고 수입의 증가만을 계상하는 결과를 초래하게 된다. 그리고 그 재고 관리비는 모회사가 모두 부담하는 것이므로 자회사는 약간이라도 판매가 감소되는 시도에 대해서 반대하게 된다. 즉, 직송 시스템을 채용하면 고객 서비스 수준이 조금 떨어지게 되더라도 상대적으로 비용절감이 가능하다. 그럼에도 불구하고 자회사는 판매 감소를 꺼려 직송 시스템을 채용하려는 시도에 대해 반대하게 된다.

분산거점형 운영방식 하에서, 수출기업이 자회사의 이익을 정확하게 파악하고 그 증대를 도모하기 위해서는 마케팅에 수반되는 자회사의 총물류비용을 자회사의 지출로서 계상해야 하며, 동시에 자회사의 이익에 영향을 미칠 수 있는 의사결정 상의 모든 권한을 자회사에 위임하는 것이 필요하다. 그래야 비로소 자회사는 상품이 수출지에서 자회사의 고객에게 이르기까지의 전체 물류정책과 시스템선택 등의 결정을 자유롭게 수행할 수 있다. 이러한 권한의 위임이 없는 상황에서는 고객 서비스 수준과 물류비용에 영향을 미칠 수 있는 중요한 결정권한이 본사에 있기 때문에 자회사의 관리자는 부분적으로밖에 기능할 수 없다. 따라서 이런 경우 자회사의 경영평가가 올바로 행해지기 힘들다.

분산거점형 운영방식은 자회사가 독립된 기업처럼 유통 업무를 행하는 것이 아니라 수출기업의 일부로서 기능하기 때문에 몇 가지 한계를 지닌다. 첫째, 수출기업의 본사에 다수 또는 일체의 물류관리 시스템 결정이 집중됨으로써 일어날 수 있는 시너지효과(상승작용 효과)에 의한 잠재적 이익이 소실될 수 있다는 것이다. 둘째, 물류시스템의 다양한 형태를 복합적으로 채용하거나 임시로 결합하거나 또는 실행에 필요한 조건을 정비하거나 최선의 방책을 계획하는 것 등의 제반활동을 자회사가 단독으로 실행하기가 거의 불가능하다는 것이다.

2) 집중추진형 운영방식

이 운영방식 하에서는 기업 본부에서 결정한 물류정책이 자회사의 수입과 비용에 중요한 영향을 미치게 된다. 그리고 자회사에 물류정책 결정의 모든 권한을 위임하지 않기 때문에 수출기업의 총이익 목표치에 따라 자회사의 이익 목표치가 설정되므로, 결국에 자회사의 이익 목표치는 자회사의 책임자가 본사 담당자와 협의하는 과정에서 결정된다. 이때 자회사 책임자는 현지의 고객서비스 수준에 중점을 두고, 본사 책임자는 기업 전체의 주요 방침에 초점을 두고 각각의 요구를 주장하기 때문에 이들 양자 간의 조정이 필요하다. 기본적으로 주문에 대한 상품의 출하를 자회사를 통한 시스템 혹은 직송 시스템으로 할 것인가를 비롯해 수출기업의 물류정책의 적합성과 효율성 등에 대해 본사 담당자와 자회사 책임자 간의 조율이 필요하게 된다. 이는 본부 담당자들의 물류정책에 오류가 자회사의 판매비용증가와 이익감소를 초래하고, 경영을 악화시키거나 자회사 책임자의 입장을 나쁘게 하는 등의 우려가 있기 때문이다. 예컨대 본부 담당자가 운송비절감을 위해 컨테이너 로트(lot)가 될 때까지 화물의 출하를 늦추는 경우에 자회사가 그로 인해 고객을 상실하거나 재고비용이 증가하는 등의 결과를 초래하여 자회사의 경영성과에 큰 영향을 미칠 수도 있다는 것이다.

2 국제물류시스템 간의 조정기능

기업경영에서는 분산거점형과 집중추진형을 절충하여 운영하고, 이러한 절충을 원활하게 하기 위해 조정기능을 두는 것이 중요하다. 통상적으로는 이러한 조정자로서의 역할을 국제부문 담당 부사장이 수행한다. 실제로 본부 담당자들은 이들의 조정에 관한 조언과 물류비용 삭감방법을 조사하고 경영전략적 정책을 결정한다. 이들 경영전략이 자회사의 고객 서비스수준에 영향을 미치지 않는 경우에는 문제가 되지 않지만, 중앙창고의 설치와 혼재운송의 실시 및 직송 시스템의 채택 등 고객 서비스에 영향을 미치는 경영전략적 정책을 취하는 경우에는 자회사 책임자로부터의 반발이 거세지게 되므로 결국 기업의 국제부문 담당 부사장 등의 책임자가 이러한 갈등을 조정하게 된다. 기업의 목표는 최대이익을 실현하는 것에 있다. 그러나 일반적으로 자회사의 수입은 물류비용과 트레이드 오프(trade-off)관계에 있다.

제 4 절 화주의 국제물류와 운송관리

국제물류는 2국 이상에 걸쳐 행해지는 국제적인 물적유통으로, 통상 "2국 이상에서 유형 · 무형의 재화가 출하인으로부터 수하인에게 도달되는 데 있어서 존재하는 시간적 · 공간적 격리를 효과적으로 극복하는 물리적인 국제적 경제활동"으로 정의된다. 구체적으로 국내 및 국제간에 걸친 운송 · 하역 · 보관 · 유통가공 및 정보 등의 활동을 포괄한다.

국제물류는 2국 간 이상에 걸쳐 행해지기 때문에, 국제운송을 기본으로 하되 이를 효율적으로 보완하기 위해 포장 · 하역 · 보관 · 유통가공 및 정보 등의 제 활동을 수반하게 된다.

기업은 원료조달에서 생산 · 판매에 이르기까지 일관된 물류합리화를 통해 총물류비용 삭감과 고객 서비스의 향상을 도모하게 되는데, 이러한 물류합리화의 과정은 현실적으로 원료의 수입처와 제품의 수출처 등 국제상류(商流) 및 외부요인과의 상호관계에 의해 제약을 받게 된다. 다시 말하면, 국제물류와 관련된 상품의 생산과 소비가 각국의 특수한 생산구조 · 시장구조 혹은 상이한 제도 · 관습 · 환경 하에서 형성되므로, 국내의 경우에 비해 변동 가능성이 크고 또한 일관된 총체적 운영이 곤란하고 복잡한 경우가 많다는 것이다. 따라서, 국제물류에서는 '생산에서 소비에 이르기까지 일체의 상품 흐름을 통합 · 운영

함으로써 합리화를 제고하는 것'
이 특히 중요하다.

　　종전까지의 국제 물류관리는
비용절감 측면에 그 중점을 두고
영업이나 판매부문에 일부 기여하
는 식의 소극적인 정책을 취해왔
다면, 최근에는 적극적으로 영업
을 추진하고 무역거래를 확대하기
위한 경영전략으로서 국제 물류관
리가 기능하게 됨으로써 기능적
변혁을 꾀하고 있다. 특히 최근엔 상품의 다품종·소량생산 체제 등이 촉진되
고 있는데, 이는 무역상품을 차별화함으로써 판매전략을 강화하고 재고감축
을 통해 경영을 효율화시키기 위한 것으로, 수주·생산·판매를 일관한 정보
시스템의 확립에 의한 JIT(Just In Time)에 의한 물류관리의 중요성이 높아지고
있는 것도 이러한 맥락에서이다.

　　국제 물류관리의 시스템 구축에서는 다음과 같은 특징들이 나타나고 있다.

　　첫째, JIT 생산체제·판매체제와 아울러 물류정보의 이용을 극대화 한 물
류시스템을 구축하는 것이다. 본래 JIT는 자동차 제조업자 등 제조업에서 채용
해 왔으나, 최근에 와서 상품수명주기의 단기화·재고의 사감·고객 서비스
의 유지 등을 제고시키고 상품의 진부화를 방지하기 위한 '속도의 물류시스템'
으로서 간주되면서 판매업에서도 채용되고 있다. 또한 JIT 체제와 더불어 운송
중인 화물의 정보를 정확하고 신속하게 파악하는 것이 중요해지고 있다. 즉, 화
물추적 정보의 필요성이 높아지고 있는 것이다. 어떤 생산 장소에서든지 어떠
한 판매 네트워크로부터의 주문에 대해 각종 제품을 적시(適時)·적량(適量)
으로 충족할 수 있는 즉 단시간에 대응할 수 있는 제조·판매·물류가 일체화
된 물류시스템이 전략적으로 전개되고 있다.

　　둘째, 무역상품의 소량화·다품종화에 대응한 혼재운송 시스템의 추진
이다. 무역상품이 다품종화·소량화 하고 있고 또한 기업의 글로벌화에 따라
물류거점의 집약·재구축이 기업의 전략적 합리화 정책으로서 진행되면서,
각 물류거점에 있어서 상품 흐름이 집약·일원화되고 동시에 혼재화·단위
(Unit)화에 의한 합리적인 국제 물류시스템의 구축이 동시다발적으로 전개되

고 있다.

위의 특징들은 국제 물류시스템의 일반적인 경향이긴 하지만, 실제로 기업의 생산·판매의 실정에 따라 다양한 국제 물류관리 전략들이 전개될 수도 있다.

국제 물류시스템을 구축함에 있어서, 화주는 자사에게 가장 유리한 운송 방식을 선택하는 것이 매우 중요한데, 특히 "어떻게 운송 방식을 구성할 것인가?"가 관건이다. 예컨대 컨테이너 운송 수요자는 화주의 입장에서 종합 물류비용을 분석할 필요가 있는데, 그 분석은 대체로 다음과 같은 절차로 이루어진다.

- 대상이 되는 운송수단, 운송방법, 운송경로를 열거
- 각 방식을 이용한 경우의 총운송비용 및 시간을 추정
- 납기를 맞추기 위한 운송속도의 결정
- 운송 방식의 결정

한편 화주가 운송 방식을 결정할 때에 아래의 기초 자료가 필요하다.

- 상품별·목적지별 운송원가 또는 운임
- 출발항에서 목적항에 이르는 총 소요 시간
- 운송 소요시간의 불확실성
- 서비스 빈도 또는 편수
- 상품의 FOB 가격
- 운임, 포장비, 창고 보관료
- 운송 중의 상품가치 감소율(단위 시간당)
- 자본 이자, 보험료, 관세 등의 부대비용
- 납기 지체에 따른 손실 혹은 안전재고 및 운송 재고 관리비

근래 기술 확산이 국제적으로 급속히 진행된 결과, 상품의 유사성이 강해지는 경향이 있다. 따라서 국제경쟁의 잠재력은 비즈니스를 지원하는 로지스틱스의 영역으로 이전할 것으로 보인다.

미국의 제조업이 수출활동을 행할 때 어떠한 물류 관련 요인을 중요시하고

순위	로지스틱스 관련요인	중요도의 평균	표준편차
고	1. 상품의 입수가능성	3.25	0.95
	2. 전문지식의 제공	3.17	0.98
	3. 서류제도	3.07	0.95
중	4. 수리 서비스의 제공	2.98	1.04
	5. 운송의 수배	2.67	0.97
	6. 포장	2.60	0.98
	7. 공동배송	2.52	1.01
저	8. 운송속도의 결정	2.32	0.97
	9. 화물보험	2.27	0.95
	10. 창고의 수배	1.27	0.88

표 12-1 수출활동에 있어서 로지스틱스 관련요인의 중요도 순위

있는가와 관련한 흥미 있는 조사가 있다.

- 설문대상: 1004개 중소기업의 국제 물류관리자, 여기에서 중소기업이라 함은 하역운반기기, 항공 관련기업, 기계공업으로 연매출 5,000만 달러 이상의 기업을 가리킴
- 중요도 측정: 4(아주 중요), 3(중요), 2(약간 중요), 1(중요하지 않음)
- 설문의 (유효) 회신율: 23.6%

설문 기업들은 고객 서비스의 요인들에 대해 특히 관심을 기울이고 있는 것으로 보인다. 고객 서비스는 판매전 서비스와 판매후 서비스로 크게 대별되는데, 전자는 영업활동에서의 관행·마케팅 정보의 입수·광고와 판매전략과 관련된 것이라면, 후자는 부품의 입수가능성·수리 및 보수서비스·전문지식의 제공 활동과 관련된 것이다.

제13장 무역상무와 해상운송

제1절 해상운송의 절차

1 선적절차

무역계약이 체결되고 나면 보통 매도인은 화물을 매수인에게 발송하기 위하여 운송을 수배하게 된다.[1] 이때 선박에 의한 운송의 경우 매도인은 선박회사와 운송계약을 체결하게 된다. 개품운송의 경우에는 재래선 이용의 경우와 컨테이너선 이용의 경우가 있으나 운송계약을 체결하는 절차는 동일하다. 매도인은 신용장상의 선적기일(shipping date)을 위반하지 않도록 배선표(sailing schedule)를 참조하여 선적할 선박을 결정한 후 선박회사에 선복(ship's space)을 신청하는 선복신청서(shipping request; S/R)를 제출하고, 선박회사가 이것을 승낙(acceptance)하면 인수확인서(booking note)를 교부하게 되는데 이것으로 운송계약이 성립된다. 즉 개품운송계약에 있어서는 일반적으로 개별운송계약서는 작성되지 않으며 선하증권(Bill of Lading; B/L)이 발행되면 이것이 운송계약 성립의 추정적 증빙(prima facie proof)이 된다.[2]

---

1 매도인이 운송을 부담하는 계약일 경우에 한한다. 즉 운송포함계약 및 운송조건부계약일 경우 운송계약을 체결해야 한다.

2 오원석, 국제운송론, 박영사, 1995, p.45.

선박회사는 화주의 선복신청을 승낙한 후 선복원부(space book)에 기입하는데, 이것을 booking이라고 한다. 해상운송계약이 체결되고 나면 선박회사는 계약된 화물을 선박에 적재하여 목적지까지 운송할 것을 선장에게 지시하게 되는데 이 지시서를 선적지시서(shipping order; S/O)라고 한다. 이 선적지시서는 화주 또는 선박대리업자에게 교부되는데 본선 일등항해사(chief mate)에게 제출하고 선적을 실행하게 된다.

본선적재시 승선세관원의 입회하에 선적지시서, 수출허가서 등과 대조확인을 거친 후 선적하게 되는데 선적이 끝나면 승선세관원은 수출면장(Export Permit)에 선적확인을 위한 배서를 한 후 화주에게 돌려준다. 본선측과 화주측은 선적지시서대로 선적되었는지를 확인하기 위하여 검수인(tally man)의 입회하에 화물의 수량과 상태를 조사하여 그 결과를 검수표(Tally Sheet)로 작성하고 선적지시서와 대조한 후 화물수령의 증거로 본선수령증(mate's receipt; M/R)을 발급한다. 선적지시서의 내용과 선적된 화물이 불일치하거나 화물 또는 포장에 이상이 있는 경우에는 M/R의 Remarks(비고)란에 기재되며 이러한 M/R을 고장부수령증(foul receipt)이라 한다. 이를 그대로 선하증권에 기재하여 발행된 선하증권은 고장부선하증권(foul B/L)이 된다. 통상 신용장상에는 무고장선하증권(clean B/L)을 요구하기 때문에 고장부선하증권은 화환취결시 부적합한 서류로 은행으로부터 거절되기 마련이므로 송화인은 선박회사에 파손화물보상장(Letter of Indemnity; L/I)을 제공하고 무고장선하증권을 교부받는다.

그런데 이러한 해상운송물품의 선적절차는 컨테이너 선적의 경우와 컨테이너를 이용하지 않는 재래선 선적의 경우 그 절차에 차이가 있다. 컨테이너 선적의 경우에는 FCL(full container load) Cargo 또는 LCL(less than a container load) Cargo이냐에 따라 반입장소, 검량시기 및 통관수속시점 등이 달라지게 된다.

FCL Cargo인 경우 공(空)컨테이너를 CY(container Yard)에서 공장 또는 보세창고까지 운반하여 화물을 화주의 책임하에 컨테이너에 적재하고 다시

그림 13-1　FCL 화물의 내륙운송절차

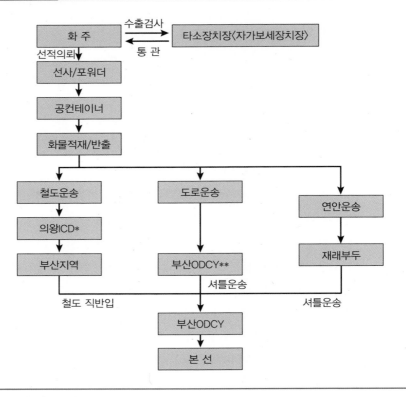

* ICD : Inland Container Depot
**ODCY : Off Dock Container Yard
자료: 한국무역협회, 무역실무매뉴얼, 2001, p. 245.

선박회사가 지정한 CY까지 운반하여 CY Operator에게 인도하면 선박회사는 자기의 책임으로 본선에 적재하게 된다.

　LCL Cargo인 경우에는 화주가 자신의 공장이나 창고에서 자신의 책임과 비용으로 화물을 CFS(Container Freight Station)에 반입하여 CFS Operator에게 인도하면 CFS Operator는 여러 화주의 화물을 한 개의 컨테이너에 혼재하고 이 혼재된 컨테이너를 CY Operator에게 인도하여 선적하게 된다.[3]

　FCL화물의 경우 화주가 컨테이너를 CY Operator에게 인도할 때 CY Operator는 내적된 화물을 확인한 후 부두수령증(Dock Receipt; D/R)을 발행

---

3 FCL인 경우 화주와 선박회사간의 책임분기점은 CY 인도시점, LCL인 경우 CFS 인도시점이 책임의 분기점이다.

그림 13-2 LCL 화물의 내륙운송절차 : Door 통관시

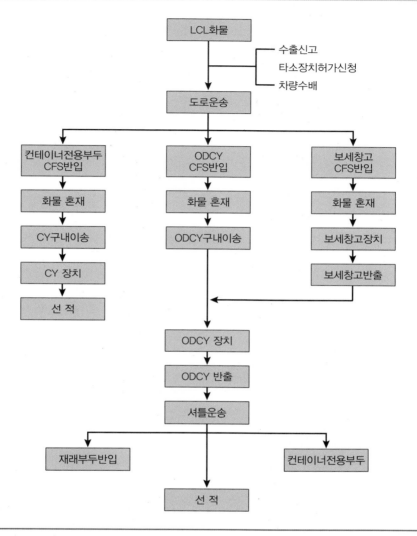

자료: 전게서, 2001, p. 246.

하여 화주에게 교부하는데, 화주는 이 D/R과 상환으로 수취선하증권인 컨테이너 선하증권(container B/L)을 발급받게 된다.

　　LCL화물인 경우, 검량 및 통관이 끝나고 CFS에 반입하는 통관필반입의 경우와 CFS에 반입한 후 검량 및 통관하는 통관미필반입의 경우가 있는데, 통관필반입의 경우 CFS Operator는 여러 화물을 혼재한 후 컨테이너 선하증권을 화

그림 13-3 LCL 화물의 내륙운송절차 : 선적지 통관시

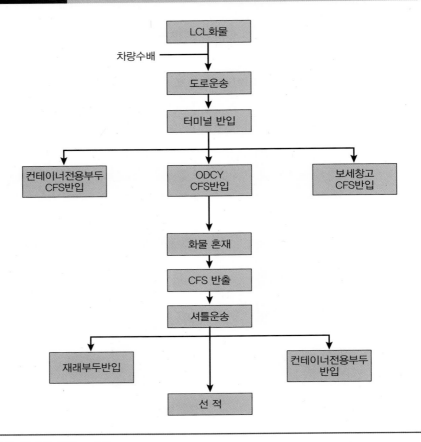

자료: 전게서, 2001, p. 247.

주에게 발행한다. 통관미필반입의 경우 통관미필상태로 CFS에 반입한 후 수출신고를 하고 통관수속을 필한 후 CFS Operator에게 인도하고 컨테이너 선하증권을 발급받는다.[4]

일반적으로 수출 화물이 선적하기 위해서는 선적지 항구까지 내륙 운송절차를 거치게 되는데 이에 대해 도해해 보면 [그림 13-3]과 같다.

---

4 컨테이너 B/L을 발급받기 위해 이론상으로는 M/R이나 D/R을 화주가 수취한 후 이를 다시 선박회사에 제출하고 필요한 제반비용(Charges) 등과 함께 운임을 지급하면 B/L이 발급되게 되어 있으나 실무상으로는 CY/CFS Operator가 D/R을 CLP, 수출면장 등의 타 서류와 Cross Checking하고 서명한 후에 선박회사에 송부하고 있다. 재래선이나 Container 선 모두 B/L발급시 화주에게 M/R이나 D/R을 요청하는 일은 없다(오원석, 전게서, p. 53).

재래선 선적의 경우는 보세창고에 화물을 반입하여 검량과 통관수속을 한 후 세관의 수출허가를 받고 선적한다. 적재 또는 하역은 선내하역인부(stevedore)에 의하여 행해지며 적재수량에 관해서는 검수인이 입회하여 검수표를 작성하고 본선의 일등항해사는 검수표를 받아서 M/R을 작성하는데, 비고란의 내용을 M/R의 비고란에 기입하게 된다. 이 M/R에 의해 확정된 수량이 B/L상에 기재되는 것이다. 이 M/R상의 비고란에 기재사항이 없는 것을 무고장수령증(Clean Receipt)이라고 한다. 선적이 끝나면 세관으로부터 수출면장을 발급받고 선박의 출항절차[5]가 완료되면 선박은 목적항을 향해 출항하게 된다.

2 양륙절차

선박회사는 선박이 입항하면 선하증권의 착화통지인에게 통지하고 보통 수화인인 착화통지인(Notify Party)은 은행[6]으로부터 입수한 선하증권을 선박회사에 제시하고[7] 착지급운임(freight collect)인 경우 운임을 지급한 후 인도지시서(delivery order ; D/O)를 발급받아 물품을 수령받게 되는데 선박회사는 보통 양륙지에서 자신의 양륙업자(landing agent)를 지명하여 양화 및 화물인도 업무를 대행시킨다. 양륙업자는 창고, 부선, 인부 등을 수배하여 검수 후 소정의 장소에 양륙하여 화주에게 화물을 인도한다. 매수인(수입상)은 화물인도 수령 전 화물의 수입신고서(Import Declaration)를 세관에 제출하고 수입관세납부, 수입면허발급 등 수입통관수속을 해야 한다.

운임이 착지급인 경우 운임이 지급되면 운송인(선박회사 또는 지정양륙업자)은 선하증권을 회수하고 인도지시서[8]를 교부한다. 수화인은 화물의 수령을 FCL화물인 경우 CY에서, LCL화물인 경우 CFS에서 인수하게 되는데, 육상운

---

5 선박의 중요한 출항절차는 항만청으로부터의 출항허가, 수출입관리소의 emigration, 세관의 출항수속면허 등이다.

6 신용장에 의한 경우 선하증권은 보통 송화인→매입은행→개설은행 수화인에게로 전달되는데 수화인은 수입대금을 결제하거나 T/R(代渡)받아 선하증권을 개설은행으로부터 받게 된다.

7 그러나 거리나 우편사정으로 화물이 먼저 도착하고 선하증권이 나중에 오는 경우 수입지 은행으로부터 화물선취보증장(Letter of Guarantee ; L/G)을 교부받아 선박회사에게 화물인도를 요구하게 된다. 이 보증장에 의한 화물인도의 경우 수화인은 선하증권이 입수되면 즉시 선박회사에 제출하고 보증장을 반환받아야 한다.

8 인도지시서는 선하증권과는 달리 유통증권이 아니며 단지 지시서에 불과하다.

그림 13-4   수입화물의 육상운송절차

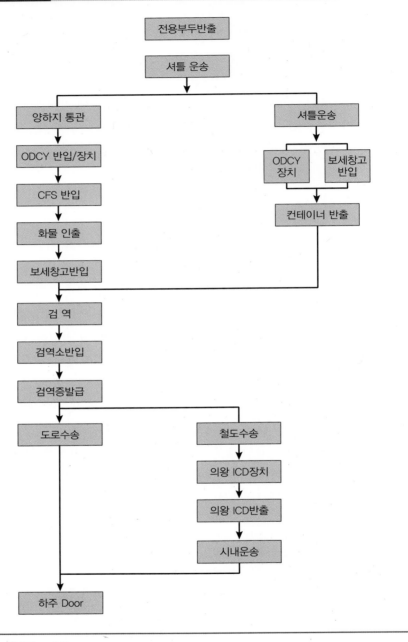

자료: 전게서, p. 248.

송을 위해 사전에 육상운송업자를 수배해 두는 것이 바람직하다.

화물은 선적시와 동일한 상태로 선하증권 소지인에게 인도되어야 하는데 이때 물품의 상태를 검사하여 화물에 이상이 있을 때에는 화물수도증[9](Cargo Boat Note; B/N)의 적요란에 기입해야 한다. 여기에 화물의 손상, 사고의 종류 등을 기재해야 하는데, 만약 화물에 손상이나 사고가 있다면 그 책임이 선박회사 또는 하역인부의 작업중의 사고인지 등 그 책임자측의 인정을 받아두어야 그 책임을 확정하는 데 편리하다.

운송중의 손상, 사고가 아닌 양화·화물인도시의 중요한 사고의 유형으로서는 지정양륙지 이외의 양륙지에서 화물이 양륙되는 양하착오(Mislanding), B/L의 기재량보다 많은 수량이 양륙되는 초과양륙(Overlanding), 부족한 과부족양륙(Shortlanding), 선하증권면에 기재된 화물이 아닌 다른 화물이 인도되는 인도착오(misdelivery) 등이 있다.

제 2 절　해상운송서류

1 선하증권

1) 의의와 기능

선하증권이란 운송계약의 증거, 화물의 영수 및 화물의 권리를 표시하는 서류이다. 화주와 운송인간에 체결된 운송계약의 증빙인 선하증권은 운송인이 화물을 수령·선적하여 이를 해상운송을 거쳐 선하증권의 정당한 소지인에게 인도할 것을 약정하는 유가증권이다.

선하증권은 증권상에 기재된 화물의 권리를 구현하기 때문에 일반적으로 배서에 의하여 유통된다. 선하증권은 화환취결의 중심서류이기 때문에 화환취결로서 대금이 회수되는 오늘날에는 상업송장, 보험증권과 더불어 3대 필수서

---

9 화물수도증(B/N)은 선적시의 본선수령증(M/R)과 마찬가지로 검수표에 기초하여 작성되며 B/N과 M/R의 Remark란이 동일하면 운송중 손상이 없었던 것으로 간주된다. 이것은 본선의 운송중 책임유무를 밝히는 증거서류가 된다.

류로 불려진다.

선하증권의 발급으로 운송계약이 완결된다면 운송인이 제시하는 선하증권을 송화인이 그대로 수락함으로써 계약이 성립되기 때문에 낙성계약이라고 할 수 있다. 운송인은 운송서비스를 제공하고 화주는 그 대가인 운임을 지급하여야 한다. 따라서 선하증권은 운송계약과 약정한 운임을 전제로 한 물품인도의 증거문서라고 할 수 있다. 선하증권의 기능은 크게 권리증권으로서의 기능, 운송계약의 증빙으로서의 기능 및 화물영수증으로서의 기능으로 대별된다.

① 권리증권

선하증권의 기능 중에서 가장 중요한 것은 선하증권이 화물 그 자체를 상징하는 권리증권이라는 데 있다. 정당한 방법으로 선하증권을 소지한 자는 화물을 청구할 수 있는 청구권과 이를 처분할 수 있는 처분권을 갖는다. 물품의 운송을 담당한 운송인은 정당한 선하증권을 제시하는 자에게만 화물을 인도하여야 하고, 비록 수화인이라 하더라도 선하증권이 기명식으로 발행되지 않는 한 정당하게 배서된 선하증권 없이는 화물을 청구할 권리가 없다.

선하증권은 유통증권으로서 어음과 같이 배서에 의하여 자유로이 유통되는 추상적 불요인증권이 아니고 일정한 조건하에서만 유통되는 요인·유인증권이다. 즉, 선하증권상에 i) 'negotiable'과 같은 문언이 있고, 'Consignee'란이 지시식으로 기재되어야 유통증권으로서의 기능을 갖는다. 그러나 우리 상법에는 선하증권상에 배서를 금지하고 있지 않는 한 기명식이라도 유통성을 갖도록 규정하고 있다.[10] ii) 선하증권은 그것의 정당한 권리자에 의하여 양도되고 유통되어야 한다. iii) 선하증권은 양도인이 양수인에게 양도하겠다는 의사가 있어야만 유통증권으로서의 기능을 갖는다.

② 운송계약의 증빙

선하증권은 그 자체가 계약이 아니라 계약체결의 증빙서류이다. 그러나 현실적으로 물품운송에 있어서 선하증권 이외에 별도로 운송계약을 증빙하는 서류가 발행되지 않기 때문에 선하증권이 유일한 운송계약의 증빙서류이다. 운

---

10 우리나라 상법 제130조에서 "화물상환증은 기명식인 경우에도 배서에 의해 양도할 수 있다. 그러나 화물상환증에 배서를 금지하는 뜻을 기재한 경우에는 그러하지 아니하다"고 규정하고 있으며 제820조에서는 이 제130조가 선하증권에도 준용될 수 있다고 규정하고 있으므로 선하증권은 배서금지되지 않는 한 기명식도 양도 가능하다.

송계약의 당사자는 송화인과 운송인이다. 그러나 선하증권이 정당한 방법으로 양도되어 수화인이 선하증권을 취득하면 수화인은 운송계약 당사자의 입장이 되어 운송인을 상대로 모든 권리를 행사하게 된다.

선하증권이 운송계약체결의 증빙서류이기 때문에 운송계약의 내용은 선하증권의 전면과 이면에 기재된 내용과 약관이 된다. 비록 오늘날의 약식선하증권은 이면약관이 없지만 그것이 생략된 것으로 간주된다.[11]

선하증권은 운송인이 일방적으로 작성하여 교부하기 때문에 운송인의 면책사항이 그 내용의 중심을 이루고 있으며, 비록 운송인이 책임을 질 경우에도 책임한도액이 정하여져 있기 때문에 화주로서는 충분한 손해배상이 어렵게 된다. 따라서 화주는 운송계약과 별도로 특정 정형거래조건하에서는 보험계약을 체결할 필요가 있다.[12]

③ 화물영수증

선하증권은 그것에 기재된 화물의 수량, 중량 및 상태와 같은 물품을 운송인이 송화인으로부터 수령하였다는 추정적 증거(prima facie evidence)이며[13] 또한 선하증권의 발행일은 선적일의 추정적 증거가 된다.[14] 운송인은 선하증권상에 기재된 화물을 수화인에게 반드시 인도하여야 한다. 그렇지 않으면 운송인은 선적된 화물이 선하증권의 기재내용과 상이하였다는 증거를 제시하여야 한다.

컨테이너 화물과 같이 송화인의 포장인 경우 운송인은 송화인이 신고한 그대로 선하증권을 발행하기 때문에 선하증권상에 부지약관(Unknown Clause)을 삽입함으로써 내용물의 손상에 대한 책임을 면할 수 있다.[15]

---

11 Uniform Customs and Practice for Commercial Documentary Credits, 2007 Revision ICC Publication No. 600(제6차개정 신용장 통일규칙, 이하 UCP600이라 약칭함). 제20조 a항 v.에서는 약식선하증권의 수리를 규정하고 있다.
12 CIF, CIP조건에서 해상운송 화주의 보험체결 의무를 부과하고 있다. 각 조건 A4.
13 The Carrige of Goods by Sea Act. 1924 제3조.
14 Warsaw Oxford Rules for C.I.F. Contract, 1932. Rule 3, (ii).
15 UCP600 제26조 b항에선 부지약관이 기재되어 있는 운송서류도 수리하도록 규정하고 있다. "A transport document bearing a clause such as "shipper's load and count" and "said by shipper to contain" is acceptable."

2) 선하증권의 법적 성질

① 유가증권

선하증권은 물품의 동일성을 보증하는 권리·의무를 표시하고 물품의 처분권 및 인도청구권이 명시되어 법적으로 보장되는 유가증권의 성질을 구비하고 있다.

> i) 유통증권: 화물의 권리를 대표하는 유가증권으로 배서나 인도에 의하여 권리가 이전되는 유통성을 지니고 있다.
> ii) 요인증권: 선하증권의 발행은 그 이전에 운송계약에 따라 운송인이 화물을 인수하였다는 원인에 의하여 발행되기 때문에 이를 요인증권이라고 한다.
> iii) 요식증권: 선하증권은 상법에나 선하증권의 준거법에 명시된 법적 기재사항이 기재되어야 하는 요식증권이다. 또한 기재내용은 운송화물의 내용과 일치하여야 한다.

② 지시증권

지시식선하증권은 배서나 인도로 양도할 수 있다. 선하증권의 지시는 보통 배서를 의미하고, 배서의 방법은 백지배서가 보통이다. 기명식 선하증권이라 하여도 배서금지되지 않는 한 배서에 의하여 양도할 수 있도록 우리 상법에서는 규정하고 있다.

③ 채권증권

선하증권의 정당한 소지인은 이를 발급한 운송인에 대하여 화물의 인도를 요구할 수 있는 채권적 효력을 갖고 있다.

④ 상환증권

화물의 인도는 선하증권과의 상환으로만 청구할 수 있다.[16] 보통 복수의 선하증권이 발행될 경우 선적지에 있어서는 선하증권 전통에 의해서만 화물청구권을 가지게 되지만, 양륙항에서는 복수의 선하증권 가운데 먼저 제시한 선하

---

16 상법 제129조 "화물상환증을 작성한 경우에는 이와 상환하지 아니하면 운송물의 인도를 청구할 수 없다" 제820조에는 제129조가 선하증권에 준용됨을 규정하고 있다.

증권으로 화물을 인도받게 되고 나머지 선하증권은 화물청구권이 상실된다.

⑤ 인도증권

선하증권의 정당한 소지자는 화물의 소유권을 갖게 되므로 화물 자체를 소유한 것과 같은 법률적 효력을 갖는다.

⑥ 처분증권

선하증권이 발행된 경우에는 물품에 대한 처분을 선하증권으로 하여야 한다.[17]

3) 선하증권의 종류

① 선적선하증권과 수취선하증권(Shipped B/L ; Received for Shipment B/L)

선하증권은 본선상에 화물이 선적된 후에 발행되며 증권상에 Shipped 또는 Shipped on Board라 표기되어 화물의 선적완료를 표시한 것이 선적선하증권이다. 선박회사가 수령 또는 부두창고에 입고되었으나 선적되지 않은 경우 수취선하증권이 발행된다.[18]

② 무고장 선하증권과 고장부선하증권(Clean B/L ; Foul B/L)

화물을 선적할 때 그 화물의 상태가 양호하고 수량이 일치하여 선하증권의 비고(remarks)란에 아무 것도 기재되지 않고 증권상에 "shipped on board in apparent good order and condition"이라고 표시된 선하증권을 무고장선하증권이라고 한다. 즉 증권상에 어떤 조건을 붙이는 비고(Remarks)나 유보사항(Reservations)이 없는 완전한 선하증권을 의미한다.[19] 그러나 비고란에 포장상태가 불완전하다거나 수량의 부족, 화물의 손상 등이 기재되면 이러한 선하증권을 고장부선하증권이라 한다.[20] 통상 고장부선하증권을 수취해서 매입은행

---

17 상법 제132조 "화물상환증을 작성한 경우에는 운송물에 관한 처분은 화물상환증으로써 하여야 한다" 제820조에서는 제132조가 선하증권에 준용됨을 규정하고 있다.

18 UCP600 제20조에서는 수취선하증권은 선적 후 'On Board Notation'을 부기하면 선적선하증권과 같은 효력을 가진다고 규정하고 있다.

19 박대위, 무역실무, 법문사, 1994, p. 149.

20 이 경우 화주는 파손화물보상장(Letter of Indemnity : L/I)을 선박회사에 제공하고 Clean B/L을 발급받는데, 이 보상장은 선박회사와 보험회사를 면책시키며 최종 책임을 화주가 지게 한다.

에 제시하면 은행은 매입을 거절하게 된다.[21]

③ 기명식선하증권과 지시식선하증권(Straight B/L; Order B/L)

기명식선하증권은 화물의 수취인으로서 매수인명이 기재된 선하증권을 말하며 지시식선하증권은 수화인을 기재하지 않고 단순히 'Order' 또는 'Order of A'로 되어 있어 지시된 자에게 양도할 수 있는 선하증권을 말한다.

④ 유통선하증권과 유통불능선하증권(Negotiable B/L; Non-Negotiable B/L)

보통 선하증권은 3통이 한 조가 되는 선하증권 원본을 발행하는데 양도가 능한 지시형식으로 된 선하증권을 유통선하증권이라 한다. 선박회사가 발급하는 원본 이외의 모든 선하증권에는 발급될 때 이미 유통불능(Non-negotiable)이라고 stamp되기 때문에 지시식 선하증권이더라도 사본으로는 은행에 매입되지 않는다. 즉, 유통선하증권도 원본이 아닌 사본은 유통불능이 되지만 영국계에서는 양도나 유통이 되지 않는 기명식 선하증권을 유통불능 선하증권이라고 한다.[22]

⑤ 통선하증권(Through B/L)

운송업자가 구간마다 다를 경우 최초의 운송업자가 전구간의 운송에 대하여 발행하여 모든 책임을 지는 운송증권을 통선하증권이라고 한다.[23] 미국에서는 육상과 해상운송을 겸한 선하증권을 Overland B/L, overland common point B/L(OCP B/L)[24]이라고 하여 많이 이용하고 있다.

⑥ 환적선하증권(Transhipment B/L)

환적선하증권은 화물을 목적지까지 운송하는 도중에 중도에서 다른 선박에 환적하여 최종목적지까지 운송할 때 발행하는 선하증권을 말한다. 최초의

---

21 UCP 600 제27조 "A bank will only accept a clean transport document."

22 박대위, 전게서, p. 152.

23 UCP600에서 선적항에서 양륙항까지의 전해상운송이 동일한 선하증권에 의해 커버된다면 물품이 환적될 것이라거나 또는 환적될 수 있다고 표시할 수 있다. 제20조. "A bill of ladingthe may indicate that the goods will or may be transhipped provided that the entire carriage is covered by one and the same bill of lading"

24 OCP란 북미대륙 내의 공통운임 부과지역인 록키산맥 동쪽의 원격지(Dakota, Colorado, New Mexico 등)를 말하는데 태평양 연안의 항구를 경유하여 이 지역으로 운송되는 화물을 OCP Cargo라 하고 이 화물에 대하여 OCP B/L을 발행한다.

운송계약을 체결한 운송인이 자기의 책임하에 환적을 전제로 전운송구간을 커버하는 선하증권을 발행하고 환적 이후의 구간을 운송할 선사를 수배하여 운송하게 된다. 신용장상에 특별히 환적(換積)을 금지하지 않는 한 은행은 환적선하증권도 수리할 수 있다.[25]

⑦ 약식선하증권(Short Form B/L)

약식 선하증권은 정식 선하증권(Long Form B/L)이 너무 길고 복잡하여 발행을 간소화하기 위해서 생긴 것으로 보통 배면이 백지이다.[26] 약식 선하증권도 만일 분쟁이 생기면 정식 선하증권상의 선주와 화주의 권리와 의무에 따른다.[27]

⑧ 적색선하증권(Red B/L)

선하증권과 보험증권을 결합시킨 것으로서 항해중 사고가 발생하면 이 사고에 대해서 선박회사가 보상해주는 선하증권이다. 선박회사는 보험회사에 화물을 일괄 부보하게 된다.

⑨ 용선계약부선하증권(Charter Party B/L)

화주가 부정기선을 용선하는 경우 화주와 선박회사 사이에 체결된 용선계약에 의하여 발행되는 선하증권을 말한다.[28]

⑩ 집단선하증권(Groupage B/L)

적은 분량의 화물을 모아서 하나의 'Group'으로 선적해 보낼 때 발급하는 선하증권을 말한다. 화물을 주선한 forwarding agent는 선박회사로부터 집단선하증권을 발급받고 개별 화주에게는 'House B/L'[29]을 발급해 준다.

---

25 UCP 600 제20조 c항
26 UCP 600 제19조 a항 v호
27 약식선하증권상에 정식선하증권과 동일한 효력을 갖기 위해 다음의 문언을 보통 기재한다. "All the terms of the carrier's regular long form of bill of lading are incorporated herein with like force and effect as if they were written at length herein. A copy of such bill of lading may be obtained from the carrier, its agent, or the master." 박대위, 전게서, p. 153 참조.
28 제5차개정 신용장 통일규칙(UCP500)부터 신용장상 허용하면 C/P B/L도 수리 가능하다. UCP500 제25조.
29 House B/L은 선적증명서에 지나지 않으며 선하증권이 아니므로 권리증권이 아니다. 은행에서 수리되기 위해서는 이 House B/L의 발행자인 Forwarder가 운송인이나 운송인의

⑪ 지시기일초과 선하증권(Stale B/L)

선하증권의 제시가 지연된 선하증권을 말한다. 모든 운송서류는 발행 후 신용장에서 명시한 기간 내에 제시되어야 한다. 만일 제시기간이 규정되지 않고 선하증권 발행 후 21일이 지난 후 매입은행에 제시하면 은행은 특별히 신용장상에 제시기간 초과 선하증권의 수리를 허용하지 않는 한 수리 거절할 수 있다.[30]

4) 해상선하증권의 수리가능요건

신용장이 해상선하증권을 요구한 경우에 은행은 그 명칭에 관계없이 다음과 같은 서류를 수리하도록 규정하고 있다.

① 운송인의 명의와 함께 운송인, 선장 또는 그 대리인이 서명하거나 기타의 방법으로 인증한 서류
② 물품이 본선적재 또는 선적되었음을 명시한 서류
③ 선적항과 수탁지 및/또는 양륙항과 최종목적지가 다르거나, 또는 지정된 선적항과 양륙항을 명시하면서 '예정된' 선적항이나 양륙항을 명시한 경우에도, 신용장상에 지정된 선적항과 양륙항을 명시한 서류
④ 단일의 원본이나 여러 통의 원본으로 발행된 全通으로 구성된 서류
⑤ 운송에 관한 배면약관이 있거나 또는 그 약관이 없는 약식의 서류
⑥ 용선계약 또는 범선만에 의한 운송이라는 어떠한 명시도 없는 서류
⑦ 기타 신용장에 있는 모든 규정을 충족한 서류는 수리된다.

이를 항목별로 살펴보면 다음과 같다.

① 선하증권을 발행하고 서명할 수 있는 당사자를 명시하고 있는데 지정된 운송인뿐만 아니라 선장 또는 그 대리인이 발행하고 서명 또는 인증한 선하증권도 수리된다. 선하증권상의 모든 서명에는 운송인(carrier) 또

대리인으로 행동한다는 것을 서류상에 나타내지 않는 한 수리되지 않는다. 즉 House B/L 은 발행인의 자격이 수리 여부를 결정하므로 매우 유의하여야 한다. 오원석, 전게서, pp. 192~193.

30 UCP 600 제14조.

는 선장(master)이라는 확인이 있어야 하며 만약 그 대리인이 서명한 경우에도 반드시 운송인이나 선장의 명의와 자격을 병기하여야 한다.

② 물품의 본선적재 조건을 규정하고 있는데 본선적재(on board)란 이미 선하증권상에 표시된 본선적재의 인쇄조항에 의하거나 또는 물품의 본선적재일을 지칭하는 선하증권상의 표기로 증명되어야 한다.

선하증권상 본선적재의 조항을 인쇄해 둔 경우 그 선하증권의 발행일이 선적일로 간주된다. 본선적재의 표기는 정식 또는 약식으로도 할 수 있는데 선하증권을 발행하고 서명한 동일인이 표기하여야 할 필요는 없다. 즉, 본선적재의 표기는 수권된 당사자인 운송인, 선장 또는 그 대리인 중 어느 누구도 할 수 있다. 선하증권을 발행할 때 선박명의 표기 없이 예정된 선박(intended vessel)으로만 기재한 경우 그 예정된 선박에 물품을 적재했더라도 본선적재 서명에는 반드시 적재된 일자와 함께 선박명을 기재해야 한다.

③ 항대항 해상선하증권을 발행할 때 반드시 신용장이 요구하는 선적항과 양륙항을 기재해야 한다. 은행은 약정된 선적항과 양륙항이 기재되지 않는 한 그 제시된 선하증권의 수리를 거절해야 한다.

④ 2통 이상의 원본으로 발행된 선하증권은 원본전통을 제시해야 한다.

⑤ 정식선하증권뿐만 아니라 약식선하증권도 수리된다.

⑥ 용선계약에 의한 운송이라는 조항이 포함된 선하증권은 수리되지 않는다. 그러나 신용장이 용선계약부 선하증권을 특별히 요구하거나 허용한 경우에 용선계약부선하증권은 수리된다.[31]

⑦ 위에 열거한 선하증권의 수리요건에 일치하더라도 신용장의 기타 모든 조건에 일치해야만 수리된다.

환적은 신용장 조건상 별도로 금지되어 있지 않는 한 허용되며 전해상운송이 단일(동일)의 선하증권에 의해 커버되면 환적선하증권은 수리된다. 비록 환적을 신용장조건상 금지하고 있더라도 컨테이너, 트레일러 또는 LASH Barge[32]에 의해 환적될 것이라고 명시된 선하증권은 수리된다.

---

31 UCP 600 제25조 a항 vi호 참조.
32 LASH선이란 부선(lighter)을 그대로 실어 운반하는 선박전용선을 말하며 'LASH'는 Lighters Aboard Ship의 약자이다. 'LASH Barge'는 그 LASH선에 적재된 부선을 가리킨다.

2 비유통성 해상화물운송장

1) 의 의

최근 20여년 동안 운송기술의 발달로 선하증권보다 화물이 먼저 도착하는 사례가 자주 발생되고 있는데 이에 대한 해결책으로 지금까지 화물선취보증장(L/G; Letter of Guarantee)의 사용이 관행화되어 왔다. 그러나 L/G 위조사건, L/G발급에 대한 까다로운 절차와 비용 등으로 선하증권 사용에 대한 문제점이 나타나기 시작하여 이러한 문제점을 보완하기 위하여 선하증권 대신에 도착지에서 물품수령시에 반드시 제시할 필요는 없는 비유통성 해상화물운송장(non-negotiable Sea Waybill: SWB)이 1970년대 후반부터 영국을 중심으로 사용되기 시작하였다.

매매관습인 Incoterms에서도 EXW, DAF 계약조건을 제외한 나머지 11개 정형거래조건에서 비유통성 해상화물운송장을 물품인도의 증빙서류로 인정하였고, 실무적으로 물품의 수령증으로 정착되어감에 따라 UCP 500부터 이를 수용하게 되었다.[33]

국제운송법규에서도 예외적 혹은 명시적으로 그 사용을 인정하고 있으며[34] 이에 국제해사법위원회(Comité Maritime Internationale: CMI)에서는 「해상화물운송장에 대한 CMI통일규칙」(CMI Uniform Rules for the Sea Waybill)을 1990년 6월 제정하게 되었다.[35] 이러한 해상화물운송장에 대하여 UCP 600에서도 신용장이 선하증권 대신에 비유통성 해상화물운송장을 요구하면 비유통성의 해상운송서류를 수리하도록 규정하고 있다.

2) 수리가능요건

비유통성 해상화물운송장의 수리범위는 해상선하증권에 관한 조항을 토대로 작성되었기 때문에 유통가능 해상선하증권의 경우와 거의 대등하다고 해석할 수 있다. 그러나 그 법적성질과 기능은 해상선하증권과 큰 차이가 있으므

---

33 제5차개정 신용장 통일규칙(약칭 UCP500)부터 새로운 운송서류로 인정되어 수리가능하게 되었다. UCP500 제24조 참조.

34 Hague규칙 제6조, Hamburg규칙 제2조 1항 d호, e호, UN국제물품복합운송조약 5조 1항.

35 동 규칙에선 해상화물운송장의 적용범위, 권리와 책임, 운송계약체결 대리권, 운송물의 지배권 등을 총 8개 조항으로 규정하고 있다. SWB를 운송서류로 계약할 경우 동 규칙을 참조조항으로 삽입하는 것이 바람직하다.

표 13-1	해상선하증권 대 해상화물운송장 비교		
NO	항목	해상선하증권	해상화물운송장
1	기능	운송물품에 대한 권리증권	물품 적재사실 통지서
2	운송계약 증거	가능	가능
3	물품영수중	가능	가능
4	운송인제시	물품수령시 제시	제시치 않아도 됨
5	유가증권성	유가증권이며 권리증권임	유가증권도 권리증권도 아님
6	권리행사자	적법한 소지인	수화인(행사할권리사항이없음)
7	유통성	유통 가능함	유통 불가능
8	계약당사자	변경 가능	변경 불가능
9	수화인	변경 가능	변경 불가능
10	결제담보	매입은행 결제의 물적 담보	물적 담보로는 불가 은행은 무담보로 어음 매입
11	사용 용도	전통적 거래, 장거리 운송	소량·견본거래, 본·지사간거래, 근거리운송
12	UCP400	허용	불허
13	UCP500, 600	허용	허용
14	수리요건	제23조에 규정	해상선하증권 수리요건과 거의 유사함, 제24조.
15	신설동기	해당 없음	Inoterms 1990 수용 및 운송업계의 요청

주: 오원석, 전게논문 참조 작성.

로 그 차이점을 정리하면 〈표 13-1〉과 같다.

3 용선계약부 선하증권

1) 의 의

UCP 400까지는 용선계약 선하증권은 수리거절되는 서류였으나 UCP 500을 시작으로 신용장상에서 용선계약 선하증권을 요구하거나 허용한 경우에 은행은 용선계약 선하증권을 수리하도록 하는 조항을 두고 있다.[36] UCP600에서는 제22조에서 이에 관한 내용을 명시하고 있다.

---

36 용선계약선하증권에 관한 조항은 1993년 제5차 개정인 UCP500에서 신설된 조항이다.

2) 수리가능요건

　신용장이 용선계약부 선하증권을 요구하거나 허용할 경우 은행은 선장, 선주 또는 그 대리인이 서명한 용선계약부 선하증권을 수리하도록 규정하고 있다. 그리고 송화인이 용선운송계약에 따른 운송서류를 조달하는 경우에는 운송인을 명기할 필요가 없다는 점을 고려하여, 은행은 운송인의 명의가 기재되지 아니한 용선계약부 선하증권도 수리하도록 하였다. 그 밖의 용선계약부 선하증권의 수리조건은 해상선하증권의 수리조건과 맥락을 같이 하고 있다.

　그러나 은행은 용선계약서를 심사할 의무는 없으며 수리한 용선계약부 선하증권은 은행측의 아무런 책임 없이 다음 당사자에게 송부만 하면 된다고 규정하고 있으므로 은행은 용선계약서에 대해서 심사하고 검토할 의무가 없다.[37] 만약 용선계약서가 제시되면 은행은 이를 심사하지 아니하며 은행측의 책임 없이 다음 당사자에게 송부하면 되는 것이다. 즉 용선계약부 선하증권에 대해서 은행은 용선계약부 선하증권의 기초가 되는 용선계약서와는 무관하게 이를 수리하면 되는 것이다.[38] 용선계약부 선하증권은 해상선하증권의 수리요건과 그 맥락을 같이 하고 있으나 환적에 관한 규정이 없음에 유의하여야 하며 또한 유가증권으로서의 신뢰성이 약하다는 점도 유의해야 한다. 해상선하증권과의 차이점을 간략히 살펴보면 〈표 13-2〉와 같다.

4 전자식 선하증권

1) 의　의

　최근들어 무역자동화 시스템이 구축되어 무역기관들의 컴퓨터시스템이 데이터통신망으로 연결되어 있기 때문에 자동적으로 무역절차를 수행할 수 있게 되었다. 이에 따라 무역관련 서류의 작성도 전자식으로 발행 가능하게 됨에 따라 전자식으로 발행된 선하증권도 수리 가능한지 관심이 집중되어 왔다.

　국제무역거래에서 보편적으로 사용되는 정형무역거래조건으로 계약당사자간의 책임을 보다 간단하게 규정함으로써 상호간의 오해와 분쟁발생의 가능

---

37 이는 용선계약의 당사자도 아닌 은행이 용선계약서의 조건을 심사하고 검토하도록 하는 것은 불합리하다고 보기 때문이다.

38 은행에서 심사하지 않음에도 용선계약서를 제시하는 이유는 운송서류가 용선계약에 관한 참조사항을 포함하고 있으면 매도인이 용선계약서 사본도 제공하여야 하기 때문이다.

표 13-2	해상 대 용선계약선하증권 수리요건 비교		
NO	항목	해상선하증권	용선계약선하증권
1	조항	19조	22조
2	신설여부	UCP400에서 신설	UCP500에서 신설
3	신설동기	해당 없음	원유, 곡물, 목재 등 대량·특수 화물 운송시 특수선박 용선이용사례가 많은 운송업계의 관행과 요청으로 신설
4	발행자	운송인, 선장 또는 그 대리인	선장, 선주 또는 그 대리인
5	운송인표시	표시해야 함	표시하지 않아도 됨(화주가운송인)
6	선적일	예정선박기재시 적재일자와 선박명 기재해야 함	지정선박선적으로 미리 인쇄한 발행일이 선적일로 간주
7	선적·양륙항	지정, 명시해야 함	좌동
8	환적	규정함	규정 없음
9	용선계약서 심사	해당 없음	은행의 심사의무 없음
10	유가증권 신뢰성	법적으로 충분한 보장을 받음	약함(용선료 체불시 선주의 유치권 행사, 선하증권 남발, 사기가능성 등

주: UCP600 19, 22조 비교 작성.

성을 감소시켜 왔던 Incoterms가 1990년에 제5차 개정되었는데 그 개정의 주된 이유는 전자식으로 서류를 전송 또는 수신하는 EDI방식이 확산됨에 따라 상호 교환된 서류가 인정될 수 있는 법적 지위를 보장하기 위해서이다. Incoterms에서는 다양한 서류들, 즉 상업송장, 통관에 필요한 서류 또는 운송서류도 EDI로 대체 가능하도록 규정하고 있다. 최근 일부 선박회사에서는 컴퓨터에 의한 선하증권의 작성을 하고 있는데 화주로부터 선적요청이 오면 선박회사는 컴퓨터의 디스플레이(display)장치를 사용하여 컴퓨터에 선하증권의 자료를 입력하고 전자통신회로를 이용하여 도착지까지 선하증권을 전송할 수도 있게 되었다. 이와 같이 선하증권을 발행하지 않고 선하증권의 내용을 구성하는 정보를 전자식 방법에 의해 운송인의 컴퓨터에 보관하고, 운송인이 부여한 '개인 키'(private key; 비밀번호)를 사용하여 운송인(선박회사)과 송화인(매도인) 혹은 수화인(매수인) 상호간에 EDI메시지를 교환하게 된다. 그 권리의 증명으로서 '개인 키'를 사용하게 된다. 즉, 물품에 대한 지배권 및 처분권을 가진 권리자에 의해 수화인에게 정보가 전송되어지게 된다. 이러한 방식으로 이용되는 선하

증권을 전자식 선하증권이라고 한다.[39]

1990년 6월 국제해사위원회(CMI)는 전송정보의 신속화를 위해 종전의 서면형식의 선하증권을 발행하는 대신에 선하증권의 정보를 전자데이터 통신수단에 의해 전송하는 경우에 있어서 당사자의 권리 및 의무를 규정하기 위해 「전자식선하증권을 위한 CMI규칙」(CMI Rules for Electronic Bills of Lading)을 채택하였다.[40]

2) 수리가능요건

최근 국제무역결제에서 세계 100여개국의 2,000여 외국환은행이 신용장에 관한 모든 통신업무를 SWIFT(Society for World-wide Interbank Financial Telecommunication; 세계은행간 금융전산망)시스템으로 처리하고 있다. 이러한 변화에 맞추어 신용장통일규칙 제5차 개정(UCP500)이 이루어지고 1994년부터 시행되고 있는데(현재는 제6차 개정인 UCP600이 시행됨), 그 주요 특징 중의 하나가 EDI시스템을 신용장과 그 관계서류에도 포괄적으로 적용할 수 있도록 규정하고 있다는 점이다.[41] 이에 따라 EDI에 의해 전자식으로 작성된 신용장 및 선적서류도 신용장에 별도 규정이 없는 한 은행은 원본으로 수리하여야 하며, 전자적 인증방법에 의하여 전자서명된 서류들도 인정된다는 규정을 새로이 추가하였다.[42] 전자식선하증권의 수리요건은 앞서 살펴본 해상선하증권 수리요건에 준해야 할 것이나 그 활용에는 몇 가지 문제점을 내포하고 있으므로 이의 해결 방법이 관심사가 되고 있다.[43]

---

39 양영환 · 오원석, 무역상무론, 법문사, 1994, pp. 144~156 참조.

40 동 규칙은 모두 11개 조항으로 구성되어 있는데 당사자가 합의한 경우에만 적용되므로 전자식 B/L을 운송서류로 채택하는 경우 동 규칙을 참조사항으로 사용하는 것이 바람직하다. 동 규칙의 주요 규정은 EDI표준과 절차, 형식과 내용, 운송물의 지배권 및 처분권, 개인부호사용 및 전자식 자료의 효력 등이다.

41 UCP600 제3조 참조.

42 UCP600 제3조 d항. "A document may be signed by handwriting, facsimile signature, stamp, symbol, or any other mechanical or electronic method of authentication."

43 한남성, "전자식 B/L의 이용에 따른 문제점", 무역상무연구 제7권, 1994, pp. 358~364에서는 ① 소송의 증거로서 법적으로 허용하느냐의 문제, ② 전자식 통신문의 진정성을 증명하는 문제, ③ 전자식 통신문이 법률에서 요구하는 서면(writing) 또는 서명(singature) 등과 같은 요건을 충족시키느냐의 문제, ④ 전자식 선하증권 활용당사자 및 EDI 서비스 제공자간의 책임한계와 위험분담 결정의 문제, ⑤ 전자식 선하증권 관련 자료의 보호 문제 등을 제기하고 있다.

5 컨테이너 선하증권

1) 의 의

오늘날 개품(Unit Cargo)운송의 경우 대부분의 운송이 컨테이너를 이용하고 있으며, 운송서류도 거의 컨테이너 선하증권이다. 운송서류의 명칭이 "Bill of Lading"으로 되어 있어도 이면약관에 컨테이너 관련조항을 포함하고 있는 B/L이 컨테이너 선하증권이다. 신용장통일규칙(UCP600)에서는 "적어도 두 가지의 다른 운송 방식을 표시하는 운송서류(복합운송서류)를 요구하는 경우에는, 그 명칭에 관계없이 제19조의 규정에 있는 요건을 충족하여야 한다."고 규정하고 있다.[44]

2) 수리가능요건

컨테이너 선하증권 그 자체는 보통 컨테이너를 CY Operator에게 인도 후 발급받는 수취선하증권이므로 본선적재 후 선장, 운송인(복합운송의 경우는 복합운송인) 또는 그 대리인의 본선 적재표기(On Board Notation)를 해야만 유효한 선적 선하증권이 될 수 있다. 이 컨테이너 B/L의 발행이 복합운송에서 발행되더라도 은행에서 수리되는데는 문제가 없다.[45]

해상운송에서 컨테이너 선하증권을 발급받으면 그 수리요건은 해상선하증권과 동일한 맥락으로 적용되어진다. 즉 On Board Notation만 표기되면 수리요건은 해상선하증권과 동일하다.

6 운송주선인 발행 운송서류

1) 의 의

현행 UCP 600에서는 운송인, 복합운송인 또는 그의 대리인의 자격없이 운송주선인만의 자격으로 발행되는 모든 운송서류에 대해서는 그것이 FIATA B/L이라 하더라도 은행에서 이를 수리하지 않는다고 규정하고 있다.

---

44 컨테이너B/L의 일반적인 명칭은 UCP400에서는 "Combined Transport Bill of Lading" 또는 "Container Bill of Lading", UCP 500에서는 "Multimodal Transport Document"로 표현하고 있으나, UCP 600에서는 "그 명칭에 관계없이(however named)"라는 단어가 의미하는 것처럼 서류의 표제가 아니라 그 내용이 중요하다고 명시되어 있다.

45 UCP600 제19조 참조.

2) 수리가능요건

운송주선인(freight forwarder)이 운송인, 복합운송인의 자격으로서 또는 그 대리인의 자격으로 서명한 운송서류가 신용장의 제 조건과 일치한 때에는 이를 반드시 은행에서 수리하지만 그러한 자격없이 발행된 운송주선인 발행서류는 서류가 거절됨에 유의해야 한다.[46] FIATA 선하증권뿐만 아니라 운송주선인이 발행하는 모든 운송서류가 수리되기 위해서는 운송주선인 자신이 반드시 운송인, 복합운송인 또는 그의 대리인의 자격으로 발행되었다는 것이 운송서류상에 나타나 있어야 한다.

❼ 선하증권 양식 및 기재사항

선하증권의 양식 및 기재사항은 컨테이너로 운반되는지 혹은 재래선 벌크 형태로 운반되는지에 따라 다소 차이는 있으나 대부분 비슷하며 여기서는 복합 선하증권의 예를 중심으로 한다.

① Shipper

송화인의 성명 또는 상호

② Consignee

수화인

③ Notify Party

착화통지처

④ Ocean Vessel

해상운송 선박명이 기재된다.

⑤ Port of Loading

선적하는 항구명 및 국명이 표시

⑥ Place of Receipt

송화인으로부터 운송인이 화물을 수취하는 장소

⑦ Voyage No.

운송선박의 운송회사나 선박회사가 임의로 정한 일련번호

⑧ Port of Discharge

화물의 양륙항 및 국명

---

46 UCP600 제19조.

① Shipper/Exporter			⑪ B/LNo.		
② Consignee					
③ NotifyParty					
Pre—Carrageby	⑥ PlaceofReceipt				
④ OceanVessel	⑦ VoyageNo.		⑫ Flag		
⑤ PortofLoading ⑧ PortofDischarge ⑨ PlaceofDelivery ⑩ FinalDestination(FortheMerchantRef.)					
⑬ ContainerNo. ⑭ SealNo. Marks&No TotalNo.ofContainersor Packages(inwords)	⑮ No.& KindsofCon- tainersorPa- ckages		⑯ Descri- ptionof Goods	⑰ Gross Weight	Measure- ment
⑱ Freightand Charges	⑲ Revenue tons	⑳ Rate	㉑ Per	㉒ Prepaid	㉒ Collect
㉓ Freight prepaidat	㉔ Freight payable at		㉖ Placeanddateoflssue		
Totalprepaidin	㉕ No.oforiginalB/L		㉘ ABCShippingCo.Ltd. asagentforacarrier,zzzLinerLtd.		
㉗ Ladenonboardvessel					

자료: 한국무역협회, 무역서식기재요령, 2000. 7, pp. 279~283.

⑨ Place of Delivery

운송인이 수화인에게 인도하여 주는 장소

⑩ Final Destination

최종 목적지

⑪ B/L No.

선사가 임의로 규정한 표시번호

⑫ Flag

선박의 등록국적

⑬ Container No.

화물이 적재되는 Container 번호

⑭ Seal No.

Container에 적재된 화물에 봉인을 한 Seal 번호

⑮ No. of CONT or other PKGS

컨테이너 숫자나 기타 포장개수

⑯ Description of Packages and goods

Packing List 및 Invoice에 기재된 상품의 내용을 열거 기재

⑰ Gross Weight, Measurement

등록 검량회사에서 검측된 중량 및 용적. Packing List, Invoice와 일치되지 않는 경우 Remark를 부기하여야 한다. 화물에 이상이 있으면 송화인에게 파손화물보상장(Letter of Indemnity: L/I)을 요구하여 첨부시킨다.

⑱ Freight and Charges

상품의 운송에 따른 제반비용의 명세

⑲ Revenue Tons

운임톤수

⑳ Rate

Revenue tons당의 운임단가 및 C.F.S Charge, Wharfage, B.A.F, C.A.F의 Percent 등이 표시

㉑ Per

용적단위 또는 중량단위로 표시하고 Full Container의 경우는 Van 단위로 표시

㉒ Prepaid, Collect

C.I.F. 조건의 수출일 경우는 Prepaid난에 운임을 계산하여 표시한다. F.O.B 조건의 수출일 경우는 Collect난에 계산 표시한다.

㉓ Freight Prepaid At

C.I.F. 수출조건인 경우 운임이 지불되는 장소

㉔ Freight Payable At

F.O.B 수출조건으로 운임이 수화인 부담인 경우에 수화인의 운임 지불장소

㉕ No. of Original B/L

Original B/L의 발행통수

㉖ Place of Issue

B/L의 발행장소

㉗ On Board Date and Issue

B/L의 On Board 날짜

㉘ Carrier Name

     B/L 발행권자의 Signature

제 3 절   운송인의 책임과 국제해운법규

1   함부르크규칙(Hamburg Rules 1978)

1) 함부르크규칙의 제정

헤이그, 헤이그-비스비규칙이 선진국인 선주 위주로 되어 있기 때문에 貨主에게 불리하다는 주장에 따라[47] UN무역개발회의(United Nations Conference on Trade and Development; UNCTAD)에서 강하게 대두하게 되어 UN국제무역법위원회(United Nations Commission on International Trade Law; UNCITRAL)는 1972년부터 개정작업을 시작하여 1978년 3월 Hamburg에서 해상화물운송에 관한 UN협약(United Nations Convention on the Carriage of Goods by Sea, 1978, 약칭 Hamburg Rules)을 채택하였다. 본 협약은 1992년 11월 1일부터 발효되었으나 그 비준, 또는 가입한 국가는 20여개국에 불과하다.

2) 운송인의 면책폐지

함부르크협약은 40개조와 부속서로 구성되어 있으며 생동물과 갑판적된 컨테이너화물도 물품의 범주에 포함하고 있다.[48] 함부르크협약에서는 해상운

---

47 이러한 주장 때문에 동규칙은 화주에게 유리하게 즉 운송인의 책임이 크게 확대되었으나 바로 이 점 때문에 선진국인 선주국들이 가입을 기피하여 보편화되지 못하고 있다. Hamburg Rules의 발효 초기에는 규칙적용상 혼란이 예상되고 실질적 적용이 확립될 때까지는 상당한 시간이 소요될 것으로 예상되며, 同 Rules의 비준국의 교역량과 선복량이 세계 전체의 4%에도 미치지 못하고 국제교역을 주도하는 대부분의 선진국들이 비준을 않고 있어 Hamburg Rules의 실질적 적용은 당분간 어려울 것으로 예상된다(해운산업연구원, Hamburg Rules의 발효에 따른 해상보험 영향분석, 1993. 12, p. 110).

48 Hamburg Rules 제11조 5항. "Goods' in cludes live animals; where the goods are consoli-dated in a container, pallet or similar article of transport or where they are packed, 'goods'

송구간을 중심으로 약간의 다른 운송수단에 의한 운송까지 포함함으로써 컨테이너운송과 관련하여 집화와 인도를 위하여 해상운송에 인접한 육상운송까지 운송구간에 포함하게 되었다.

헤이그협약의 운송인의 책임구간인 'from tackle to tackle'에서 함부르크협약은 'from port to port'로 확대되었다.[49]

또한 운송인의 책임한도액을 포장당 또는 선적단위당 835SDR로 인상시켰다.[50] Hamburg Convention의 주요한 개정사항은 운송인의 책임증가로 집약되는데, 그 주요내용을 살펴보면 다음과 같다.

① 내항성담보

Hague Rules에는 운송인 내항성담보에 관한 주의의무가 규정되어 있는데 Hamburg 협약에는 이 규정이 없다. Hamburg 협약에서는 운송인은 화물의 멸실, 손상 또는 인도지연의 원인으로 된 사고로 생긴 손해에 대하여 책임을 지지만 사고를 방지하기 위하여 합리적으로 요구되는 모든 조치를 취하였다는 것을 증명한 때는 그러하지 아니하다고 규정하고 있어 과실책임주의의 원칙을 표명하고 있다.[51]

불내항성에 의하여 화물손해가 생길 때에도 이 운송인 책임의 일반원칙에 의하게 된다. 즉 항해 전이나 항해의 개시시에 내항성에 대한 상당한 주의를 기울이는 것만으로는 충분하지 않고 물품이 운송인의 관리하에 있는 동안 항상 내항성에 대한 주의를 계속하여야 한다.

② 항해과실면책의 폐지

Hauge Rules에서는 운송인이 상업과실에 대하여는 책임을 지지만 항해과실에 대해서는 면책되도록 규정하고 있으나 Hamburg Convention에서는 항해

---

includes such article of transport or packaging if supplied by the shipper."

49 Hamburg Rules 제1조 6항. 「Contract of carriage by sea」means any contract whereby the carrier undertakes against payment of freight to carry goods by sea from one port to another."

50 Visby protocol은 667 SDR이다.

51 Hamburg Rules 제5조 1항, "The carrier is liable for loss resulting from loss of or damage to the goods, as well as from delay in delivery, if the occurrence which caused the loss, damage or delay took place while the goods were in his charge as defined in article 4, unless the carrier proves that he, his servants or agents took all measures that could reasonably be required to avoid the occurrence and its consequences."

과실 면책규정을 폐지했다.

③ 화재면책의 폐지

Hague Rules하에서 면책되던 선박내의 화재에 대하여 Hamburg Convention은 면책규정을 두고 있지 않다. 단 화재가 운송인측의 과실 또는 부주의로 발생한 경우, 화재의 진화나 그 결과의 방지를 위해 합리적으로 요구되는 모든 수단을 강구함에 있어 운송인측에 과실 또는 부주의가 있었다는 것을 손해배상청구자, 즉 화주측이 증명하지 않으면 안 된다.[52]

④ 면책 카탈로그 폐지

Hague Rules에 열거된 17개 면책 Catalog도 모두 폐지되어 운송인책임의 일반원칙, 즉 사고로 생긴 손해에 대하여 책임을 지지만 사고 방지를 위해 합리적조치를 취했다면 면책되는 책임의 일반원칙에 따른다.

⑤ 지연손해

Hague Rules에는 지연손해에 대한 명문규정이 없었으나 본 협약에서는 이를 명확히 하였다. 즉 화물이 인도기간의 만료일을 경과한 후 60일 이내에 인도되지 아니한 경우에 화주는 지연손해배상을 청구하는 대신 이를 運送品 不着으로 보아 화물대금 전액에 대하여 배상을 청구할 수 있다.[53]

⑥ 책임한도액 인상

본 협약에서는 화폐단위로 SDR을 사용하고, 책임한도액은 포장단위당 835SDR로 증가시켰다. 이는 Visby Rules의 한도액보다 25% 증액된 것이다.

⑦ 책임기간 확대

Hague Rules의 전통적인 'from tackle to tackle'의 원칙을 철폐하고 'from receipt to delivery'로 운송인의 책임기간을 확장하였다.

---

52 Hamburg Rules 제5조 4항. "The carrier is liable for loss of or damage to the goods or delay in delivery caused by fire, if the claimant proves that the fire arose from fault or neglect on the part of the carrier, his servants or agents".

53 Hamburg Rules 제5조 3항. "The person entitled to make a claim for the loss of goods may treat the goods as lost if they have not been delivered as required by article 4 within 60 consecutive days following the expiry of the time for delivery according to paragraph 2 of this Article."

장소적 한정을 두어 항구의 부두에서 이행된 수령으로부터 양륙항에서 인도가 이행될 때까지로 장소적 한계를 'from port to port'로 확장한 것이라 할 수 있다.[54]

⑧ 보상장 효력규정
송화인과 선박회사간에 편법으로 관행화되어 있는 파손화물보상장(Letter of Indemnity)은 송화인 이외의 선의의 선하증권 소지자에게 대항할 수 없음을 명문화하고 있다.[55]

⑨ 계약운송인과 실제운송인
함부르크협약에서는 계약운송인과 실제운송인을 분리하고 있는데 송화인과 운송계약을 체결하는 운송인이 전운송구간에 대하여 책임을 져야 한다.[56] 실제운송인은 물품이 자신이 관리 하에 있는 동안에는 운송계약 유무와 관계없이 책임을 지게되므로 이 경우 계약운송인과 실제운송인은 송화인에 대하여 연대책임을 지게된다.[57]

2 로테르담 규칙(Rotterdam Rules 2009)

1) 로테르담 규칙의 제정
현재까지 국제해상운송은 다양한 적용 규율과 계약적 원칙에 따라 해상운송에 관한 국제 법제가 통일되어 있지 않기 때문에, 여러 국가에서 수용될 수 있는 국제규칙을 새롭게 제정할 필요성이 생겨났다.[58]

---

54 Hamburg Rules 제4조 1항. "The responsibility of the carrier for the goods under this Convention covers the period during which the carrier is in charge of the goods at the port of loading, during the carriage and at the port of discharge."
55 Hamburg Rules 제17조 2항.
56 Hamburg Rules 제10조 1항. "Where the performance of the carriage or part thereof has been entrusted to an actual carrier, whether or not in pursuance of a liberty under the contract of carriage by sea to do so, the carrier nevertheless remains res−ponsible for the entire carriage according to the provisions of this Convention."
57 Hamburg Rules 제10조 4항. "Where and to the extent that both the carrier and the actual carrier are liable, their liability is joint and several."
58 미국−헤이그규칙(1924년), 한국과 일본−헤이그비스비규칙(1968년) 적용, 중국−함부르크규칙 다수 수용.

UNCTRAL과 CMI는 헤이그비스비 규칙과 함부르크 규칙으로 양분된 국제해상운송규율체계의 통일과 더불어 다음과 같은 두 가지 목표의 달성을 위하여 새로운 국제운송 규칙을 제정하게 되었다. 첫번째 목표는, 이전의 'tackle-to-tackle'과 'port-to-port'의 적용범위를 현대화하고자 하는 것이고, 두번째 목표는 'door-to-door' 운송의 발달과 함께 나타난 운송인의 해상구간, 육지구간, 내수로 구간, 항공 구간 등에 대한 책임범위의 불확실성에 대한 해결책을 제공하고자 하는 것이다.

로테르담규칙은 이전의 헤이그비스비 규칙과 함부르크규칙을 대체하고 현대의 'door-to-door' 운송과 정보통신환경의 필요에 부합하고자 하는 취지에서 2008년의 UN의 규칙 채택, 2009년 9월의 로테르담 개최 서명식을 거쳐 탄생하게 되었다.

2) 로테르담 규칙의 특징

로테르담규칙의 주요한 특징으로는 ① 해상운송을 포함하는 복합운송의 적용, ② 전자식 운송기록물, ③ 계약자유원칙 세 가지를 들 수 있다.

① 해상운송을 포함하는 복합운송의 적용

로테르담규칙은 해상운송을 포함하는 경우 복합운송을 위한 통일된 국제규칙으로서 적용가능하다. 1980년 제정된 UN의 '국제화물복합운송협약(United Nations Convention on International Multimodal Transport of Goods)'은 개도국을 중심으로 한 함부르크 규칙에 기반하고 있기 때문에 선진국들의 냉대를 받고 있다. 그리고 1992년 제정된 UNCTAD/ICC규칙(Unctad/ICC Rules for Multimodal Transport Document)는 복합운송계약에서 이 규칙을 적용하기로 합의한 경우에만 규율이 가능하다는 한계가 있다.

이러한 기존규칙들과 달리 국제복합운송관행에 적용이 가능한 로테르담규칙은 해상운송을 포함하는 복합운송을 규율하는 통일된 규율체계를 제시할 수 있다.

② 전자식 운송기록물

로테르담규칙은 전자상거래를 규율할 수 있는 조항을 제정하였다. 특히 로테르담 규칙은 전통적인 선하증권과 화물운송장이나 전자운송시스템과 같은

기타 운송서류와 기능등가물(Functional equivalence)로 인정하고 있다.[59]

③ 계약자유원칙

로테르담규칙에서는 운송인과 송화인의 동등한 협상력을 고려한 계약자유의 원칙을 수용하는 대량계약(volume contract)을 특히 규정함으로써 본 규칙하에서 운송인과 송화인간 권리와 의무, 책임과 면책에 관하여 그 인상뿐만 아니라 인하하는 당사자들의 계약을 인정하고 있다. 즉, 대량계약의 경우 송화인과 운송인의 합의에 따라 본 규칙을 배제하고 당사자들의 자유로운 계약을 통한 변경을 가능하도록 하고 있다.[60]

3) 로테르담 규칙상 운송인의 책임과 적용범위

① 적용가능한 해상물품운송계약

로테르담 규칙은 헤이그-비스비 규칙과 함부르크 규칙에 비해 적용범위가 확장되어, 선하증권발행을 요건으로 하지 않고, 운송물이 체약국을 출항하는 경우뿐 아니라 입항하는 국가가 체약국인 경우에도 적용이 된다. 그리고 국제해상뿐만 해상구간을 포함한 복합운송에도 적용된다.

② 적용대상이 되는 당사자

적용이 되는 당사자는 각 협약에 따라 다르게 변화해 왔는데 로테르담 규칙은 함부르크규칙의 실제운송인(actual carrier)이란 개념을 배제하고 이행당사자(perfoming party)라는 개념을 도입하고 있다.[61] 그리고 이행당사자에게도 운송인의 책임원칙을 동일하게 부과하여 통일화하고자 하였다. 특히 해상운송이행자(maritime performing party)에게 운송인으로서의 의무와 책임을 부담하며, 운송인의 방어권과 책임제한의 이익을 누릴 수 있도록 하였다.[62]

---

59 조현숙, "로테르담 규칙에서 해상운송인의 책임에 대한 비교연구", 무역학회 제35권 제1호, 2010, p. 338.

60 유병욱, "로테르담 규칙에서 운송인의 책임에 관한 연구", 국제상학 제24권 제4호, 2009, pp. 100~101.

61 Rotterdam Rules 제18조. 운송인에게 고용되거나 위탁을 받고 운송과정의 일부 혹은 전부를 이행하는 당사자들에 관한 운송인의 책임을 규정하고 있다.

62 Rotterdam Rules 제19조 1항.

③ 적용대상이 되는 운송의 목적물

현대의 국제운송관행과의 조화를 추구하는 로테르담규칙은 컨테이너 운송 및 복합운송을 포함하는 현대적 국제운송관행을 고려해 화물에 대해 제한된 규정을 배제하고 있다. 이에 따라 새롭게 규정된 로테르담규칙은 운송과 관련된 목적물에 대한 특별한 규정을 포함하지 않음으로써 기존의 운송대상 물품에 관한 논쟁(동식물화물, 갑판적화물 논쟁 등)에 종지부를 찍고 있다. 다만, 위험물에 관한 특칙에서 위험물의 취급과 관련한 운송인과 이행당사자의 면책규정[63]과 위험물에 관한 송화인의 통지의무와 표시의무를 언급하고 있을 뿐이다.[64]

제 4 절 국제복합운송법규

1 UN국제물품 복합운송협약

1) UN국제물품 복합운송협약의 제정

'국제복합운송'(international multimodal transport)이란 복합운송인에 의하여 국제간의 화물운송이 해상 · 항공 · 육상 중 두 가지 이상의 서로 다른 운송 방식으로 이루어지는 화물운송을 말한다.[65] 복합운송인은 운송을 위한 화물의 수령시부터 인도시까지 전운송과정에 걸쳐 화물의 멸실, 손상 또는 인도의 지연에 의하여 발생하는 손해에 대하여 책임을 지게 된다.[66]

컨테이너 운송의 발달과 함께 복합운송이 활성화됨에 따라 이를 규율하는 통일된 국제협약의 필요성을 인식하여 유엔에서는 1978년의 해상운송에 관한 함부르크규칙에 이어 1980년 「국제복합물품운송에 관한 UN協約」(United Nations Convention on International Multimodal Transport of Goods, 1980)을 제정하였다.

---

63 Rotterdam Rules, 제15조.
64 유병욱, 전게논문, p. 104.
65 UN복합운송협약 제1조 1항 참조.
66 UN복합운송협약 제1조 2항 참조.

복합운송에 관한 법체계를 확립하고자 하는 노력은 1930년대 「사법통일을 위한 국제협회」(International Institute for the Unification of Private Law : UNIDROIT)에 의하여 처음 시도되었다. 1965년에는 국제해사위원회(Comite Maritime International : CMI)가 복합운송에 관한 법제도의 개발을 시작하여 1969년 「동경규칙」(Tokyo Rules)을 제정하였다. 뒤이어 「로마초안」(Rome Draft)을 제정한 UNIDROIT의 후원하에 1971년 TCM 협약초안이 만들어졌다. 그러나 이 협약초안은 기초 입안단계를 벗어나지 못하여 여러 국가가 이를 반대하였다.

1973년 UN경제사회이사회는 국제화물복합운송에 관한 협약의 초안을 만들기 위하여 UNCTAD의 후원하에 정부간준비단체(Intergovern−mental Preparatory Group : IPG)를 설치하고 1975년 말까지 복합운송협약을 제정하여 채택하고자 하였으나 선진국과 개도국간에 경제적인 영향에 관한 의견대립 등으로 협약의 완성이 지연되었다. 이 과정에서 국제상업회의소(International Chamber of Commerce : ICC)가 중심이 되어 국제규칙의 제정이 추진되었으며 1973년 「복합운송서류에 관한 통일규칙」(Uniform Rules for a Combined Transport Document)이 제정되고 이를 보완하여 1975년부터 시행하고 있었다. 그러나 UN경제사회이사회의 IPG는 1973년부터 77년까지 여섯 차례에 걸쳐 회의를 갖고 독자적인 협약초안을 작성하여 1980년 5월 제네바에서 개최된 UN회의에 제출하여 본 협약이 제정되었다. 이 협약의 상당부분은 해상운송에 관한 함부르크협약에 기초하였으며 UNIDROIT의 TCM 협약초안과 ICC의 복합운송통일규칙에도 크게 의존하여 제정되었다.

2) 복합운송인의 책임

UN국제복합운송협약은 과실책임주의를 원칙으로 하고 있다. 그러나 복합운송의 무과실책임을 복합운송인에게 전가하고 있으며 해상운송구간에서의 운송인 면책조항을 두지 않고 있는 대신에 운송인에 대한 책임을 설정하고 있다. UN협약상 복합운송인 책임의 기본원칙은 대화주 전구간 단일책임원칙에 두어 운송인의 면책조항을 인정하지 않지만 운송구간 불명의 화물손상이나 멸실의 경우에는 그 구간의 책임한도액이 협약에 규정된 일반원칙에 의한 제한액보다 적을 경우에는 일반원칙을 적용하는 수정단일책임체제를 택하고 있다.

본 협약의 복합운송인 책임규정은 Hague Rules, Hamburg Rules와 마찬가지로 화주의 이익을 중심으로 하고 있는 강행 규정이다.

본 협약에서 복합운송인(MTO)은 복합운송과정에서 발생한 화물의 멸실 및 손상과 함께 인도지연에 대해서는 자기 또는 그 사용인 기타 이행보조자가 그 방지를 위해 필요한 모든 조치를 취했다는 것을 스스로 증명하지 않는 한 책임지게 된다.[67] 이 복합운송인의 과실책임원칙에는 일체의 예외규정이 없다. 이 때문에 기존 개별운송조약하에서의 운송인의 책임과 큰 차이를 보인다.

UN협약상 복합운송인의 책임제한은 운송구간불명 손실에 대한 일반기준으로서 운송인의 책임은 1포장, 1 운송단위당 920SDR을 초과하지 않는 금액과 멸실 또는 손상화물의 총중량 1kg마다 2. 75SDR 중 많은 금액으로 제한하고 있다.[68] 손실구간판명 손실에 대한 책임기준으로서는 화물의 멸실이나 손상이 어느 한 특정 구간에서 발생하고 그 구간에 관하여 개별 국제협약이나 국내법이 존재하는 경우에는 이를 채용하는 수정단일책임체계를 채택하고 있다.[69]

2 UNCTAD/ICC 복합운송증권규칙

1) 규칙의 제정

본 규칙은 UN국제물품복합운송조약(1980)의 발효에 대비하여 UNCTAD 해운위원회에서 해운관련 국제기구와 협조하여 기존의 국제운송규칙인 Hague Rules(1924), Hague Visby Rules(1968)와 ICC통일규칙 등을 기초로 하여

---

[67] UN복합운송협약 제16조 1항. "The multimodal transport operator shall be liable for loss resulting from loss of or damage to the goods, as well as from delay in delivery, if the occurrence which caused the loss, damage or delay in delivery took place while the goods were in his charge as defined in article 14."

[68] UN복합운송협약 제18조 1항. "When the multimodal transport operator is liable for loss resulting from loss of or damage to the goods according to article 16, his liability shall be limited to an amount not exceeding 920 units of account per package or other shipping unit or 2.75 units of account per kilogram of gross weight of the goods lost or damaged, whichever is the higher."

[69] UN복합운송협약 제19조. "When the loss of or damage to the goods occurred during one particular stage of the multimodal transport, in respect of which an applicable international convention or mandatory national law provides a higher limit of liability than the limit that would follow from application of paragraphs 1 to 3 of article 18, then the limit of the multimodal transport operator   s liability for such loss or damage shall be determined by reference to the provisions of such convention or mandatory national law."

새로운 복합운송증권에 관한 규칙을 제정할 것을 검토하여 1988년 UNCTAD와 ICC의 합동 작업반이 조직된 후 3년간의 작업 끝에 제정된 UNCTAD/ICC 복합운송증권규칙(UNCTAD/ICC Rules for Multimodal Transport Document 1992)이다. 이 규칙은 1992년 1월 1일부터 시행되고 있다.[70]

2) 복합운송인의 책임

본 규칙은 전문과 13개 조항으로 구성되어 있다. 본 규칙은 복합운송계약에서 본 규칙을 적용시킬 경우에만 적용되며 강행법규가 아니다. 그러므로 복합운송계약에 적용되는 국제협약이나 국내법의 강행규정이 있다면 본 규칙보다 우선 적용된다. 본 규칙에서 복합운송인의 책임원칙과 책임체계는 과실책임주의와 수정된 단일책임체계를 원칙으로 하고 있다. 복합운송인의 책임한도액은 포장당 또는 단위당 666.67SDR 혹은 멸실 또는 손상된 물품의 총중량에 대한 매 kg당 2SDR 중에서 높은 쪽의 금액을 초과하지 않는 범위 내에서만 책임을 지게 된다. 또한 복합운송인은 선장, 선원, 선사 또는 운송인 사용인의 항해상의 과실과 운송인의 고의나 과실이 아닌 화재에 대해서는 면책된다.

제 5 절　복합운송인의 책임제도

1 이종책임체계(Network Liability System)

이 제도하에서 복합운송인의 책임은 운송물의 멸실 또는 훼손이 생긴 운송구간을 아는 경우와 이를 알 수 없는 경우로 구분되는데, 운송인의 책임은 운송물의 멸실 또는 훼손이 생긴 운송구간에 적용될 국제조약 또는 강행적인 국내법에 따라 결정된다. 즉 해상, 육상, 항공 등의 운송구간 또는 운송 방식에 따라 각각 고유한 법원칙이 성립되어 적용된다. 멸실이나 훼손 등의 손해발생구간을 알 수 없는 경우 또는 아는 경우라 하더라도 그 구간에 적용할 조약이나 강행법규가 없는 경우 등에는 이종방식에서도 따로 일정한 책임원칙을 둔다

70　오원석, 전게서, pp. 316~317.

(TCM조약 제9조와 제10조). 이 제도에 의하면 화주가 각 운송 방식별 운송인과 개별적으로 계약을 체결한 것과 같이 복합운송내에 각종의 책임제도가 공존하게 되며 복합운송상의 규칙과 기존의 다른 운송규칙과의 법충돌(conflict)을 방지할 수 있다. 복합운송에 관한 ICC의 통일규칙과 FIATA, BIMCO 등에서 공표한 복합운송증권 등이 이종방식에 따르고 있다.

2 단일책임체계(Uniform Liability System)

이 제도에 의하면 복합운송인은 물품의 멸실이나 훼손 등 손해가 발생한 운송구간 또는 운송 방식에 상관없이, 그 발생장소가 밝혀진 손상의 경우나 밝혀지지 않은 손상의 경우에 있어 동일한 책임원칙이 적용된다. 즉 복합운송인은 책임원칙, 책임의 한계에 있어서 단일방식운송(unimodal transport)의 운송인의 경우와는 전연 다른 독자적인 책임제도에 따른다. 이 제도는 간명하기 때문에 당사자들 사이에 분쟁을 줄일 수 있는 것으로 평가되고 있다. 즉 송화인 등 원고(原告)나 운송인으로서는 손해발생의 장소나 시기 등을 고려할 필요가 없으므로 불필요한 소송을 제거할 수 있다. 그러나 복합운송인은 하청운송인에게 구상해야 하는 문제가 있어 오히려 절차가 복잡하고 비용이 증가한다는 반론도 있다.

그러나 이론적으로는 단일책임체계가 일관성이 있고 합리적인 면이 있다. 이종책임체계에 따른다면 운송과정에서 적용될 각종의 국제협약과 국내법에 의한 책임내용을 운송인이 전부 알아야 하는데 이는 매우 어려운 일이다. 하지만 실무적, 상업적 관점에서는 오히려 이종책임체계가 현실적인 것으로 인식되고 있으며 단일책임체계는 다분히 이상주의적인 것이다. 오늘날 사용되는 컨테이너 선하증권 또는 복합운송증권상의 책임제도가 거의 모두 이종책임제도를 따르고 있다.

3 절충식책임체계(Flexible Liability System)

위의 두 제도를 절충한 것으로 복합운송인의 책임체계는 일률적인 책임원칙을 따르고 책임의 정도와 한계는 손상이 발생한 구간의 규칙에 따른다는 책임체계이다. 그러나 이 체계 또한 책임의 한계가 기본책임 하의 한계를 초과했을 때만 적용되는지의 문제가 제기된다. 일반적으로 선진국은 이종책임제도를 개도국은 단일책임제도를 선호하고 있어 UN은 절충적 방식을 선호하고 있다.[71]

제 6 절　복합운송서류

1　의　의

복합운송이란 선박, 철도, 항공기 및 자동차 중 적어도 두 가지 이상의 상이한 운송 방식으로 인도지와 인수지가 다른 국가간에 물품을 운송하는 것을 말한다. 그 복합운송의 계약이행을 증명하기 위하여 복합운송인은 물품 인수 후 복합운송증권을 발행한다. 복합운송인은 자신의 운송수단을 갖고 있지 않아도 전구간운송의 책임을 지고 송화인과의 계약의 주체로서 행동할 수 있다.

복합운송증권은 책임형태에 따라 책임분할형증권과 단일책임형증권으로, 유통성 여부에 따라 유통성 복합운송증권과 비유통성 복합운송증권으로, 작성방법에 따라 지시식과 소지인식으로, 복합운송증권 중 선하증권의 명칭을 지니고 있는 "combined(multimodal) transport bill of lading"과 "combined transport document"로 구분된다. 유의하여야 할 점은 선하증권의 명칭이 사용되지 않은 것도 있다는 것이다.[72]

UCP 600이나 「UN국제물품복합운송협약」에서는 복합운송증권을 유통성증권이 아닌 비유통성증권으로도 발행할 수 있음을 규정하고 있는데, 비유통성 복합운송증권은 유가증권이 아니며 증거증권으로서의 기능을 가질 뿐이다. 비유통성 복합운송증권을 인정한 이유는 항공운송의 경우 화물이 운송증권보다 빨리 목적지에 도달하기 때문에, 운송증권과 상환으로 물품을 인도하게 되

71　방희석, 해상운송론, 박영사, 1995, p. 313.
72　UCP600 제19조에서는 "multimodal transport document"(복합운송서류)라 칭하고 있다. 그러나 복합운송서류의 유통성을 인정하고 있으므로 실무적 이용에는 선하증권과 같은 권리를 가질 수 있다.

면 오히려 신속성이 줄어들기 때문이다. 우리상법에서는 유가증권인 선하증권과 화물상환증 등 두 종류만 운송증권으로 규정하고 있을 뿐이다.[73] 복합운송증권에 관한 TCM조약안은 백지화되었으며, UN국제운송증권에 관한 통일규칙, UNCTAD/ICC의 복합운송증권규칙 그리고 신용장통일규칙의 개정(UCP600) 등으로 실무적으로는 복합운송증권을 선하증권과 마찬가지로 유통시키고 있다.

2 수리가능요건

UCP600상의 복합운송서류에 대한 수리요건[74]은 아래와 같다.

① 운송인이나 복합운송인의 명의와 함께 운송인, 복합운송인, 선장 또는 그 대리인이 서명하거나 기타의 방법으로 인증한 서류
② 물품이 발송, 수취 또는 본선적재되었음을 명시한 서류
③ 선적항과 수취지 및/또는 양륙항과 최종목적지가 다른 서류, 또는 '예정된' 선박, 선적항 또는 양륙항만을 명시한 서류
④ 단일의 원본서류나 여러 통의 원본으로 발행된 전통(全通)으로 구성된 서류
⑤ 운송에 관한 배면약관이 있거나, 또는 그 약관이 없는 약식의 서류
⑥ 용선계약 또는 범선만에 의한 운송이라는 어떠한 명시도 없는 서류
⑦ 기타 신용장에 있는 모든 규정을 충족한 서류 등이다.

신용장의 관습은 운송산업의 변혁과 운송량의 증가에 따른 새로운 환경을 수용해 나가야 한다. 따라서 신용장은 항대항 선적으로 제한된 해상선하증권을 특별히 요구하지 않은 한 은행은 두 가지의 서로 다른 운송 방식에 적용되는 양식으로 발행된 복합운송서류를 수리하도록 하였으며 해상선하증권에 관한 조항 중에서 복합운송서류에도 적용되는 것을 그대로 삽입해 두고 있다. 즉, 운송인 또는 그 대리인의 서명에 관한 요건, 물품의 발송, 수탁 또는 본선적재일

---

73 상법 제128~133조에서의 화물상환증의 발행과 효력을 제820조에서는 선하증권에도 준용됨을 규정하고 있다.
74 UCP600 제19조 참조.

표 13-4	해상선하증권 대 복합운송서류 수리요건 비교	

NO	항 목	해상선하증권	복합운송서류
1	조항	20조	19조
2	발행자	운송인, 선장 또는 그 대리인	운송인, 복합운송인, 선장 또는 그 대리인
3	본선적재표시	본선적재 표시	발송, 수탁 또는 본선적재 명시
4	선적·양륙항	신용장조건 일치해야 함	선적항과 수탁지 및/또는 양륙항과 최종목적지가 다른 서류. 예정된 선박, 선적항 또는 양륙항으로 표시된 서류도 수리 가능
5	약식서류	약식선하증권 수리	약식복합운송서류 수리
6	환적조항	규정	규정치 않음(환적을 전제)
7	환적금지시 수리조건	신용장상 환적금지시라도 '해상선하증권상 환적될 것이다'또는 '환적될 수 있다'라고 명시된 증권은 수리	신용장상 환적금지하더라도 복합운송서류상 '환적될 것이다' 또는'환적될 수 있다'라 명시된 서류는 수리

등을 결정하는 문제, 그리고 용선계약이나 범선만에 의한다는 서류의 배제에 관해서는 해상선하증권에 관한 규칙과 맥락을 같이 하고 있다. 발행인의 자격(복합운송인 포함), 환적조항이 생략되어 있는 점(복합운송은 환적을 전제하므로) 등에 약간의 차이가 있을 뿐이다. 해상선하증권과 그 수리요건을 비교하여 정리하면 〈표 13-4〉와 같다.

제 7 절　정형거래조건 "인코텀즈 2020(Incoterms 2020)"

1 EXW

EXW(Ex Works: 공장인도조건)는 해상운송과 항공운송에서 사용할 수 있다. 이는 매도인이 본인의 공장에서 제품을 만들어 놓으면 매수인이 공장에서 직접 가져가는 조건이다. 매도인은 현지 국내운송, 수출통관, 국제운송을 신경쓰지 않아도 되기 때문에 매도인 입장에서 비용과 위험이 가장 적은 조건이다. 반대로 매수인은 이 조건으로 계약을 한다면 최초 인도시부터 발생될 위험 요소를 확인해야하며 운송비 및 기타 비용을 감안해야 한다. 또한 수입 후 재(再)판매를 하거나 재(再)수출을 할 경우 수입소요기간도 정확히 알고 있어야 한다.

2 FCA

FCA(Free Carrier: 운송인 인도)는 매도인이 자신의 영업구내 또는 기타 지정장소에서 매수인이 지정한 운송인이나 제3자에게 인도하는 것을 의미한다. 당사자들은 지정인도장소 내의 지점을 가급적 명확하게 명시하는 것이 바람직하다. 그러한 지점에서 위험이 매수인에게 이전하기 때문이다. 매도인의 구내에서 물품을 인도하고자 하는 경우, 당사자들은 영업장의 주소를 지정인도장소로 명시해야 한다. 그러나 다른 어떤 장소에서 물품을 인도하고자 하는 경우에 당사자들은 그러한 다른 인도 장소를 명시하여야 한다. FCA 조건에서 해당되는 경우에 물품의 수출통관은 매도인이 하여야 한다. 그러나 매도인은 물품을 수입통관하거나, 수입관세를 부담하거나 수입통관절차를 수행할 의무가 없다.

3 FAS

FAS(Free Alongside Ship: 선측인도조건)는 해상운송과 내수로 운송에만 사용할 수 있다. FAS란 매도인이 선적항에서 매수인이 지정한 본선의 선측(예컨대, 부두 또는 바지선)에 인도하는 것을 의미한다. 물품이 본선 선측에 인도될 때 물품에 대한 멸실과 손상의 위험이 매도인으로부터 매수인에게 이전된다. 그리고 나아가 매수인은 그 시점부터 모든 비용을 부담한다. 계약당사자는 지정선적항의 선적지점을 가능한 한 세밀하게 명시하여야 한다. 왜냐하면 인도지점까지 물품에 대한 위험과 비용이 매도인의 책임이고, 이러한 비용과 관련 수수료는 해당 항구의 관습에 따라 변경될 수 있기 때문이다.

FAS에서 매도인은 지정선적항에서 매수인이 지정한 본선의 선측에 물품을 인도하거나 또는 이미 그렇게 인도된 물품을 조달(procure)하여 매수인에 대한 물품인도 의무를 이행한다. 이때 'procure'의 의미는 전매(string sales)를 의미하는 것으로 전매는 제조물이 아닌 곡물이나 광물 등 'commodity'매매에서 일반적으로 발생한다.

컨테이너 운송의 경우에는 매도인이 물품을 컨테이너 터미널에서 운송인에게 인도하는 것이 일반적이다. 따라서 이 경우에는 FAS 조건을 사용하는 것이 적합하지 않고 FCA를 사용하여야 한다. FAS 조건에서는 매도인이 수출통관을 이행하여야 한다. 하지만 수입통관과 수입관세의 비용부담 의무는 없다.

4 FOB

FOB(Free on Board: 본선인도 조건)는 해상운송과 내수로 운송에만 사용할 수 있다. 여기에서 본선은 선박을 의미하며 선박에 적재되어 있는 상태를 의미하며 견적서 및 계약서에는 항구명을 반드시 명시해야 한다. FOB에서는 매도인이 지정된 선적항에서 매수인이 지정한 본선상에 계약물품을 인도하거나, 이미 그렇게 인도된 물품을 조달하면 된다. 물품의 멸실 또는 손상에 대한 위험은 물품이 본선적재되었을 때 이전된다. 그리고 나아가 매수인은 그 순간부터 모든 비용을 부담한다.

매도인은 계약물품을 본선적재하거나 선적을 위해 인도된 물품을 조달 (procure)하여 매수인에 대한 물품인도의무를 이행한다. 이때 'procure'의 의미는 전매(string sales)를 의미하는 것으로 전매는 제조물이 아닌 곡물이나 광물 등 'commodity'매매에서 일반적으로 발생한다.

FOB는 물품이 선박에 적재되기 전에 운송인에게 넘겨지는 경우에는 적절하지 않다. 예컨대 컨테이너 운송의 경우에는 매도인이 물품을 컨테이너 터미널에서 운송인에게 인도하는 것이 일반적이다. 따라서 이 경우에는 FOB를 사용하는 것은 적합하지 않고 FCA를 사용하여야 한다. FOB에서는 매도인이 수출통관을 이행하지만, 수입지에서 수입통관과 수입관세의 비용부담 의무는 없다.

5 CFR

CFR(Cost and Freight: 운임포함인도)은 해상운송과 내수로 운송에만 사용할 수 있다. CFR에서 매도인은 물품을 본선에 적재하여 인도하거나 이미 그렇게 인도된 물품을 조달하면 된다. 물품의 멸실 또는 손상에 대한 위험은 물품이 본선적재 되었을 때 이전된다. 매도인은 지정된 목적항까지 물품을 운송하기 위하여 필요한 운임과 비용을 지불하고 운송계약을 체결하여야 한다.

CFR의 중요한 특징은 위험의 이전시점과 비용의 분기점이 불일치하는 것이다. 매도인은 물품이 선적항의 본선에 적재될 때까지 물품의 멸실 또는 손상에 대한 위험을 부담하지만 선적항의 본선적재시까지의 비용에 목적항까지의 운임을 추가하여 부담하여야 한다.[75] 운송계약하에서 매도인이 목적항의 특정한 지점에서 양하비용을 부담한다면, 당사자 간에 별도의 합의가 없을 경우에는 매도인이 매수인으로부터 그러한 비용을 회수할 권리가 없다. 매도인은 계약물품을 본선적재하거나 선적을 위해 인도된 물품을 조달(procure)하여 매수인에 대한 물품인도 의무를 이행한다. 이때 'procure'의 의미는 전매(string sales)를 의미하는 것으로 전매는 제조물이 아닌 곡물이나 광물 등 'commodity' 매매에서 일반적으로 발생한다.

CFR은 물품이 선박에 적재되기 전에 운송인에게 넘겨지는 경우에는 적절하지 않다. 예컨대 컨테이너 운송의 경우에는 매도인이 물품을 컨테이너 터미널에서 운송인에게 인도하는 것이 일반적이다 따라서 이 경우에 CFR을 사용하는 것은 적합하지 않고 CPT를 사용하여야 한다. CFR에서는 매도인이 수출통관을 이행하여야 한다. 하지만 매도인에게 수입통관과 수입관세 비용부담 의무는 없다.

6 CIF

CIF(Cost Insurance and Freight: 운임 · 보험료 포함조건)는 해상운송과 내수로 운송에만 사용할 수 있다. CIF에서 매도인은 물품을 본선에 적재하여 인도하거나 이미 그렇게 인도된 물품을 조달하면 된다. 물품의 멸실 또는 손상에 대한 위험은 물품이 본선적재 되었을 때 이전된다. 매도인은 지정된 목적항까지 물품을 운송하기 위하여 필요한 운임과 비용을 지불하고 운송계약을 체결하여야 한다. 그리고 매도인은 또한 운송 중 물품에 대한 멸실 또는 손실의 매수인 위험에 대하여 보험계약을 체결하여야 한다. CIF에서 별도의 합의가 없으

---

75 매수인은 물품이 본선적재된 이후의 모든 위험과 물품이 본선적재된 이후 해상운임을 제외한 모든 추가비용을 부담하여야 한다.

면 매도인이 최소담보로 보험을 부보하면 된다. 만약 매수인이 보다 높은 담보조건으로 보험계약을 원하는 경우에는 매수인이 명시적으로 매도인에게 동의하거나 자신이 추가 보험계약을 체결하여야 한다.

CIF의 중요한 특징은 위험의 이전시점과 비용의 분기점이 불일치하는 것이다. 매도인은 물품이 선적항의 본선에 적재될 때까지의 물품의 멸실 또는 손상에 대한 위험을 부담하지만 선적항의 본선적재시까지의 비용에 목적항까지의 운임과 보험료를 추가하여 부담하여야 한다. 운송계약하에서 매도인이 목적항의 특정한 지점에서 양하비용을 부담한다면, 당사자 간에 별도의 합의가 없을 경우에는 매도인이 매수인으로부터 그러한 비용을 회수할 권리가 없다. 매도인은 계약물품을 본선적재하거나 선적을 위해 인도된 물품을 조달(procure)하여 매수인에 대한 물품인도 의무를 이행한다. 이때 'procure'의 의미는 전매(string sales)를 의미하는 것으로 전매는 제조물이 아닌 곡물이나 광물 등 'commodity'매매에서 일반적으로 발생한다.

CIF는 물품이 선박에 적재되기 전에 운송인에게 넘겨지는 경우에는 적절하지 않다. 예컨대 컨테이너 운송의 경우에는 매도인이 물품을 컨테이너 터미널에서 운송인에게 인도하는 것이 일반적이다. 따라서 이 경우 CIF를 사용하는 것은 적합하지 않고 CIP를 사용하여야 한다. CIF는 매도인이 수출통관을 이행하여야 한다. 하지만 매도인에게 수입통관과 수입관세 비용부담 의무는 없다.

7 CPT

CPT(Carriage Paid To: 운송비지급 인도)는 매도인이 합의된 장소(당사자 간에 이러한 장소의 합의가 있는 경우)에서 물품을 자신이 지정한 운송인이나 제3자에게 인도하고, 매도인이 물품을 지정목적지까지 운송하는데 필요한 계약을 체결하고 그 운송비용을 부담하여야 하는 것을 의미한다.

CPT에서는 매도인은 물품이 목적지에 도착한 때가 아니라 운송인에게 물품을 교부하는 때에 자신의 인도의무를 이행한 것으로 본다. CPT는 두 가지의 분기점을 갖는다. 왜냐하면 위험과 비용이 상이한 장소에서 이전되기 때문이다. 따라서 당사자들은 위험이 매수인이게 이전되는 장소인 인도장소를 가능한 명확하게 지정하는 것이 좋다. 당사자들이 특정한 인도지점에 대하여 합의하지 않은 경우에, 위험은 전적으로 매도인에 의하여 선택되어 매수인으로서는 아무런 통제도 할 수 없는 지점에서 물품이 최초운송인에게 인도되는 때에 이전되는 것이 기본 규칙이다.

또한 당사자들은 합의된 목적지내의 지점을 가급적 정확하게 특정하는 것이 바람직하다. 그러한 지점까지의 비용은 매도인이 부담하기 때문이다. 매도인은 이러한 선택을 정확하게 만족하는 내용으로 운송계약을 체결하는 것이 좋다. 매도인이 자신의 운송계약에 따라 지정목적지에서 양하와 관련된 비용을 지출하는 경우에, 당사자간에 달리 합의되지 않았다면 매도인은 그러한 비용을 매수인에게 구상할 수 없다.

8 CIP

CIP(Carriage and Insurance Paid To: 운송비·보험료지급 인도) 조건은 매도인이 합의된 장소(당사자간에 이러한 장소의 합의가 있는 경우)에서 물품을 자신이 지정한 운송인이나 제3자에게 인도하고, 매도인이 물품을 지정목적지까지 운송하는데 필요한 계약을 체결하고 그 운송비용을 부담하여야 하는 것을 의미한다.

CIP에서 매도인은 물품이 목적지에 도착한 때가 아니라 운송인에게 물품을 교부하는 때에 자신의 인도의무를 이행한 것으로 본다. CIP는 두 가지의 분기점을 갖는다. 왜냐하면 위험과 비용이 상이한 장소에서 이전되기 때문이다. 당사자들은 위험이 매수인이게 이전되는 장소인 인도장소를 가능한 명확하게 지정하는 것이 좋다. 당사자들이 특정한 인도지점에 대하여 합의하지 않은 경우에, 위험은 전적으로 매도인에 의하여 선택되어 매수인으로서는 아무런 통제도 할 수 없는 지점에서 물품이 최초운송인에게 인도되는 때에 이전되는 것이 기본 규칙이다.

또한 당사자들은 합의된 목적지내의 지점을 가급적 정확하게 특정하는 것이 바람직하다. 그러한 지점까지의 비용은 매도인이 부담하기 때문이다. 매도인은 이러한 선택을 정확하게 만족하는 내용으로 운송계약을 체결하는 것이 좋다. 매도인이 자신의 운송계약에 따라 지정목적지에서 양하와 관련된 비용을 지출하는 경우에, 당사자간에 달리 합의되지 않았다면 매도인은 그러한 비용을 매수인에게 구상할 수 없다.

9 DAP

　DAP(Delivered At Place: 도착장소 인도)는 물품이 지정목적지에서 도착운송수단에 실린 채 양하 준비된 상태로 매수인의 처분하에 놓이는 때에 매도인이 인도한 것으로 되는 것을 말한다. 매도인은 그러한 지정장소까지 운송하는데 수반하는 모든 위험을 부담한다. 당사자들은 합의된 목적지내의 지점을 가급적 명확하게 명시하는 것이 바람직하다. 그러한 지점까지의 위험은 매도인이 부담하기 때문이다. 매도인은 이러한 선택을 정확하게 만족하는 내용으로 운송계약을 체결하는 것이 좋다. 매도인이 자신의 운송계약에 따라 목적지에서 양하에 관한 비용을 지출한 경우에, 당사자간에 달리 합의되지 않았다면 매도인은 이를 매수인에게 구상할 수 없다. DAP조건에서 매도인은 해당되는 경우에 물품의 수출통관을 하여야 한다. 그러나 매도인은 물품을 수입통관하거나 수입관세를 부담하거나 수입통관절차를 수행할 의무가 없다.

10 DPU

　DPU(Delivered at Place Unloaded: 도착지 양하 인도)는 기존 인코텀즈 2010의 DAT(Delivered At Terminal: 도착터미널 인도) 조건에서 인도장소에 대한 범위가 확대됨에 따라 인코텀즈 2020에서 새롭게 추가된 조건으로 매도인의 양하의무가 추가되었다. DPU는 매수인이 지정한 장소(터미널 및 터미널외 수입국의 지정된 곳)에서 매도자가 하차(하선, 양하)를 한 후 인계 및 위험분기점이 넘어 간다. DPU 뒤에는 지정 목적지를 기재하며 수출통관 및 비용은 매도인이 수입통관 및 비용은 매수인이 부담하며 DAP 및 DDP 조건과는 물품을 양하하여 소유권을 이전한다는 점에서 차이가 있다.

　DPU는 구매자가 하역인원을 구하기 어렵거나 물건의 개수가 많지 않아 매도인측에서 서비스 차원으로 하역비용까지 책임져 주는 경우 사용된다. 그러나 많은 경우 물건이 많지 않은 경우에는 배송비 절감차원에서 매수인이 직접 물건을 픽업하거나 하역시 발생할 수 있는 파손 및 리스크를 대부분의 매도인이 책임지고 싶지 않아 많이 사용하지는 않는 조건이다.

11 DDP

DDP(Delivered Duty Paid: 관세지급 인도)는 수입통관된 물품이 지정목적지에서 도착운송수단에 실린 채 양하준비된 상태로 매수인의 처분하에 놓이는 때에 매도인이 인도한 것으로 되는 것을 말한다. 매도인은 그러한 목적지까지 물품을 운송하는데 수반하는 모든 위험을 부담하고, 또한 물품의 수출통관 및 수입 통관을 모두 하여야 하고, 수출 및 수입관세를 모두 부담하여야 하며, 모든 통관절차를 수행하여야 하는 의무를 부담한다. DDP는 매도인의 최대의무 조건을 나타낸다.

당사자들은 합의된 목적지내의 지점을 가급적 명확하게 명시하는 것이 바람직하다. 그러한 지점까지의 위험은 매도인이 부담하기 때문이다. 매도인은 이러한 선택을 정확하게 만족하는 내용으로 운송계약을 체결하는 것이 좋다. 매도인이 자신의 운송계약에 따라 목적지에서 양하에 관한 비용을 지출한 경우에, 당사자간에 달리 합의되지 않았다면 매도인은 이를 매수인에게 구상할 수 없다. DDP에서 수입시에 부과되는 부가가치세 및 기타 세금은 매도인이 부담하되, 다만 매매계약에서 명시적으로 달리 합의된 때에는 그에 따른다.

제14장 다국적기업의 국제물류

1 기업 국제화 유형

일반적으로 직접투자가 행해지기 전에 수출이 선행된다. 기업이 새롭게 직접투자를 행할 때, 종래의 수출활동이 저하되는 경우(수출대체적 직접투자)도 있고, 동시에 수출활동도 현지생산에 병행하여 활발하게 행해지는 경우(수출 보완적 직접투자) 그리고 직접투자와 수출이 전혀 관계없는 경우(독립적 직접투자) 등이 있다.

더욱이 기업의 국제 활동이 보다 고차원적으로 발전해가면서 기업은 세계 각지에서 제품개발에서부터 생산·판매 활동에 이르기까지 다양한 활동을 동시에 그리고 체계적으로 전개하고, 수출·수입과 직접투자·현지생산을 종합적으로 결합한 글로벌한 네트워크 경영에 관심을 가지게 되었다.

2 수출·직접투자의 발전 단계

1) 산업 라이프 사이클 모델

산업의 무역 활동과 직접투자의 결합 패턴은 수입 지향형(국내시장에 판매

그림 14-1　기업의 해외활동의 발전경로

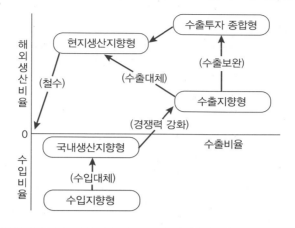

를 목적으로 하는), 국내생산 지향형, 수출 지향형, 수출투자 종합형(수출보완적 직접투자에 의한 종합전략형), 현지생산 지향형(국내 공동화형[空洞化型])의 다섯 가지 형으로 분류할 수 있다.

　　[그림 14-1]은 가로 축에 수출비율, 세로 축 아래는 수입비율(수입의존도), 위는 해외생산 비율로 나타내면서 각 산업의 장기적인 라이프 사이클 움직임을 보여주고 있다. 우선 해외수입에 의존하는 수입지향형에서 시작하여, 수입대체의 진전에 따라 국내생산 지향형으로 바뀌고, 더욱이 국내생산 확대에 따른 경쟁력 강화로 의해 수출화 움직임이 강해져, 수출지향형의 산업으로 발전한다.

　　이어서 수출에서 직접투자로의 전환이 진행되어 해외생산 비율이 상승한다. 이 경우 수출보완적인 직접투자가 행해지면 수출투자 종합형으로 발전하며, 수출대체에 의해 수출 비율이 저하하고 현지생산으로 대체되면 현지생산 지향형으로의 발전을 보인다. 수출투자 종합형도 곧 현지생산으로의 대체가 진행되면, 수출이 후퇴하고 현지생산 지향형에 가까워지게 된다. 해외 자회사가 현지에서 철수하게 되면, 국내생산 지향형으로 전환한다. 산업변화의 장기적인 라이프 사이클은 이렇게 진행된다고 볼 수 있지만, 반드시 이처럼 단순하게 진행되는 것만은 아니다.

2) 기업의 해외 활동 패턴

이상은 산업에 관한 발전 단계의 도식이지만, 기업 활동의 경우도 산업의 장기적인 발전형태 속에서 무역 활동과 직접투자의 발전형태가 똑같이 그려진다.

우선 출발점에서는 국내생산이 곤란한 첨단산업에서 수입활동이 활발하게 행해지고 있다. 제품의 국제화가 가능해지면, 기업은 국내시장 지향의 생산을 하고, 국내시장을 개척한다. 시장수요의 성장에 따라 기계설비의 규모가 확대되면 규모의 경제와 노동의 숙련효과에 의해 가격 · 품질의 양면에서 국제경쟁력이 강해져 수입대체가 행해진다.

어느새 국내시장 지향의 공급을 초과하는 여력이 생기면 기업은 해외시장에서의 판매로 나아간다. 당초는 종합상사와 현지수입 대리점의 유통경로를 통해 현지시장으로의 간접적인 판매활동이 중심이지만, 곧 현지에 판매 자회사를 설립하여 자력으로 시장을 개척한다.

활발한 수출활동을 통해 현지시장에 관한 정보와 여러 가지 국제경영 자원이 기업의 내부에 축적된다. 그러나 해외시장에서는 수출의 대폭적인 증가와 함께 무역마찰의 격화와 현지정부의 수입 제한적인 정책 등에 직면하여, 그 기업은 현지시장의 유지 · 방위에 힘쓴다. 그 때 내부시장에 여러 가지 우수한 경영자원, 특히 기술 · 노하우(know-how)와 국제활동에 관한 무형의 경영자원을 풍부하게 축적하고 있으면 외국시장의 진입장벽을 보다 쉽게 뛰어넘어, 수출에서 현지생산으로의 전환을 추진할 수 있다.

산업발전 단계에서의 다섯 가지 유형은 기업의 국제화 과정의 단계에 대응하고 있다. 수입대체의 국내생산에서 출발한 기업은 다음 단계로서 해외로의 수출을 개시한다. 곧 수출 비율이 상승하면 수출지향형으로 발전한다. 나아가 수출에서 현지생산으로의 대체를 진행하면 해외생산 비율이 상승한다. 세계의

넓은 시장에서 활발하게 수출을 확대하면서 한편으로는 인근 시장에서 출발하다가 그 후 보다 넓은 지역에서 생산거점을 구축한다. 세계 시장의 수출도 현지생산도 커지면 수출투자 종합형으로까지 발전하고, 기업의 내부 시장에 본사의 공장을 포함

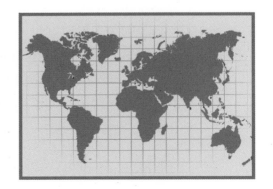

한 글로벌한 생산·판매 네트워크가 형성된다.

마지막으로 아주 멀리 떨어진 시장에서도 수출에서 현지생산으로의 대체가 진행되면, 본국으로부터의 수출 비중이 저하한다. 즉 본국의 본사로부터의 수출 비율은 서서히 작아지고, 세계 각지에 설립된 자회사들의 생산을 중심으로 현지생산 지향형으로 이행한다. 국내의 공장에서는 생산이 감소하여 공동화(空洞化) 현상이 발생하고, 해외로부터의 수입조달이 보다 중요한 역할을 하게 된다. 이것은 글로벌한 물류 네트워크 속에서 생산거점으로서 본국 공장의 지위가 저하한, 국내 공동화 수입 의존형이라고 할 수 있다.

기업의 국제활동의 장기적인 발전을 추적하면, (국내시장 지향의) 국내생산 지향형에서 수출지향형, 수출투자 종합형, 마지막으로 현지생산 지향형(곧 국내 공동화·수입의존형)으로 발전해 갈 것으로 예상된다.

3) 기업의 국제화 과정의 변종

현실적으로 기업의 국제화 발전단계는 일직선으로 진행하고 있는 것은 아니고, 기업에 따라 다양한 변종이 있다. 현실의 움직임을 보면, 다음과 같은 변종을 추측할 수 있다. 수출지향형에서 국내생산 지향형으로 거꾸로 돌아가는 (비교우위 상실에 따른 직접투자 시장으로의 진입 곤란) 사례, 수출지향에서 바로 현지생산형으로 전환하는(수출대체적 직접투자) 사례, 그리고 국내생산 지향형에서 바로 수출투자 종합형으로 발전하는(신산업에 있어서 수출투자 병용의 글로벌한 전략) 사례 등이 있다.

수출에서 직접투자로의 전환하기 위해서는 경영자원의 축적이 필요하다. 해외시장에 관한 무형의 정보와 같은 자원이 충분하지 않은 기업은 비교우위의 상실과 함께 해외활동으로부터 후퇴할 수밖에 없는 경우가 많다. 국내생산 지향형에서 수출투자 종합형으로의 발전은 수출에서 직접투자로의 전환이라 보기는 어렵다. 그러나 첨단적인 연구개발 집약형 기업 가운데는 그 성과를 보다 넓은 시장의 비지니스 활동으로 빨리 회수하기 위해 제품 개발·설계의 단계에서 넓은 지구촌 시장의 니즈를 고려하여 수출과 현지생산을 유기적으로 결합하면서 동시에 행하는 것이 있다. 세계 경제의 상호의존 관계가 긴밀해진 지구촌 사회에서는 새로운 첨단산업의 해외활동은 수출에서 직접투자로 전환하기보다 처음부터 두 가지의 해외 전략을 종합적으로 전개하고 있는 양상이다. 이 문제는 글로벌 경영론의 주요한 과제이다.[1]

제 2 절　산업내 분업 모델과 직접투자 기업내 분업 패턴

산업 내 분업에서는 동일 산업 내의 제품차별화라고 하는 분업과 생산 공정이 다른 중간재의 교환이라고 하는 생산 공정별 분업이 있다. 전자의 산업 내 분업은 부가가치와 기술조건에 차이가 없는 수평적 제품 차별화형의 산업 내 분업과 부가가치와 기술수준 등에 격차가 있는 수직적 제품 차별화형의 산업 내 분업이 있다. 산업 내 분업에서도 수출에서 직접투자로의 전환이 보인다.

기업의 내부시장에 있어 국제거래는 내부거래라고 부르는데, 여러 해외 자회사와 본사 간에 생산의 분담에 의한 제품교환이 행해지고 있다. 내부시장에서의 조직 계층적인 명령 계통 속에서 국제적으로 행해지는 분담 생산과 그것에 의거한 기업 내 거래는 기업 내 분업이라고 불린다. 다른 나라에 진출한 다수의 자회사 간에 생산제품의 조정을 행하고, 그 제품을 서로 내부시장에서 거래한다. 이것은 한 기업 조직 내의 분업생산이기 때문에 일반적으로 기업 내 분업 범주에 속한다.

직접투자에 의해 기업 내 분업이 진전되면 국제무역의 흐름은 크게 영향을 받는다. 아시아에서는 일본 기업을 중심으로 한 선진 외국기업의 기업 내 분업이 지역통합을 촉진하는 엔진 역할을 하고 있다. 특히 동아시아국가연합(ASEAN) 지역의 통합에서는 정부 간 협력에 의한 자유무역지역의 형성은 다국적기업의 기업 내 분업으로의 체제를 더욱더 가속화시키고 있고, 그 결과 이 지역 경제의 상호의존도가 더욱더 상승하고 있다.

1　田中拓男, 『國際貿易と直接投資』, 有斐閣, 1995, pp. 218~221.

1 수평적 제품차별화에 의한 분업과 직접투자

1) 풍부한 제품의 유리성과 광고 활동

연구개발에 의해 제품차별화가 활발히 전개되고 있는 경우에는 품질격차·브랜드 차이에 의한 수평적 제품차별화 분업의 여지가 확대하고 있다. 독점적 경쟁 모델에서는 각사는 각각 하나씩의 차별화 제품을 공급한다고 하는 전제가 주어져 있다. 기업 내 경영자원을 집중시킴으로써 규모의 경제(economies of scale)를 보다 적극적으로 활용할 수 있기 때문이다.

현실적으로 기업은 내부시장의 경영자원, 기술·노하우를 활용하여 보다 다양화된 제품을 개발한다. 비교적 새롭게 등장한 성장 산업에서는 신제품이 등장하는 빈도가 더욱 높다. 그 결과 한 회사에서 다수의 차별화 제품을 생산·판매하고 있다. 종래의 제품 가운데는 진부화하여 시장에서 사라지는 것도 있지만, 신제품에 섞여 판매되는 기존 유형의 제품도 있다.

차별화된 제품의 수가 많을수록 제품의 종류가 풍부해진다. 정보화 시대에 소비 니즈가 다양화되면 차별화된 신제품의 상품 지명도를 높이기 위해 광고 선전을 활발히 행하고, 풍부한 제품의 종류를 통해 판매력에서 경쟁우위를 강화하려고 한다. 광고 활동이 누적되면 소비시장에서 기업 이미지는 향상되고, 다른 종류의 제품 판매에도 시너지 효과가 발생한다. 이렇게 기업은 내부 경영자원을 활용하면서 보다 많은 순수한 차별화 제품을 가지려고 한다.

2) 분업 특화에 의한 규모의 경제

다양한 제품차별화를 뒷받침하고 있는 것은 기업 내부에 축적된 경영자원이다. 하나의 내부시장 속에서 다수의 차별화 제품의 생산 판매가 통일적으로 관리되고 있다. 기업은 각 차별화 제품에 대해 시장에서 각각 독점적인 경쟁력을 지니고 있다. 그러나 자사의 차별화 제품은 일정한 시장의 수요하에서 서로 경합하고, 제품 수의 증가는 하나의 제품이 지배할 수 있는 시장 수요의 크기를 축소시키는 것이 된다. 따라서 제품차별화의 정도와 생산 규모의 관계가 중요한 문제로 부각된다.

각각의 차별화 제품의 생산에서 규모의 경제가 강하게 작동하고 있으면 최적의 최소규모를 초과하는 일정량의 생산 체제가 필요해진다. 소규모 생산으로 자회사의 공장에서 동일한 상품을 경합적으로 생산하면 대량 생산의 이익이 얻어지지 않는다. 따라서 차별화되는 한 가지 제품의 생산은 하나의 자회사에 집중시키는 것이 유리해진다.

다수의 차별화 제품을 생산해내는 경영자원은 기업의 내부시장에 축적되는데, 이는 해외를 포함한 어떤 자회사에서도 자유롭게 이용할 수 있는 클럽재(club goods: 소수의 사람들에게 공동 소비의 대상이 되는 재화)적인 자원이다. 어떤 해외 자회사도 모든 차별화 제품을 생산·판매하는 기술·노하우(know-how)를 활용할 수 있다. 그러나 각각의 차별화 제품에 관해 규모의 경제(economies of scale)를 달성하기 위해서는 내부시장의 조직계층적인 명령 계통에 의해 자회사간 제품생산의 분담을 조정하는 것이 필요하다. 동일한 내부시장에 속하는 자회사간이기 때문에 본사의 글로벌한 경영전략에 따라 생산 분담이 원만하게 이루어진다.

독립성이 강한 자회사간에서는 분담 상품의 쟁탈이나 경합이 일어날 우려가 있다. 그러나 본사는 상품개발의 단계에서 생산 단계까지 본사 내에 축적된 유형·무형의 경영자원을 투입하고, 생산거점 간에 여러 상품의 경합 생산에 의한 손실을 최소한으로 줄이며, 그리고 분담 생산과 교환에 의한 시너지 효과를 최대한으로 하고자 하는 글로벌한 조정 능력을 지니고 있다.

결국 차별화된 제품을 내부시장에 다수 가지고 있는 다국적기업은 수평적 제품차별화 분업의 모델에서 보다 큰 규모의 경제(economies of scale)를 누리기 위해 직접투자에 의한 생산거점의 재배치와 각 공장의 분담생산을 조정한다.

2 수직적 제품차별화에 의한 분업과 직접투자

기업 내에서 다수의 제품이 개발되는 경우, 동일 범주에 속하는 상품이라도 부가가치율과 기술 수준에 기본적인 격차가 있는 제품차별화가 행해지고 있다. 일반적으로 개발연도가 새롭게 될수록 기술적으로 보다 고도화된 제품이 기업 내의 브랜드에 추가되는데, 고부가가치 제품, 중부가가치 제품 등이 동시에 개발되고 있다. 이러한 다수의 차별화 제품을 내부시장에 가지고 있는 경우에는, 다국적기업은 각국의 외부환경(요소부존 상황, 임금률, 숙련노동 공급, 일반적 기술수준, 부품산업의 발달상황 등)에 맞추어 본사가 개발한 차별화 제품들을 분담 생산하기 위해 해외 자회사를 각지에 설립한다. 이것이 수직적 제품차별화에 의한 직접투자인데, 그것에 수반되어 수직적인 제품차별화에 의한 기업 내 거래가 행해진다.

고도의 기술상품, 고부가가치 상품은 선진국의 공장에서 생산되어, 주변국에 수출된다. 기술이 표준화된 중간 수준이상의 제품은 주변국의 생산거점으로 넘어가고, 더욱이 성숙화가 진행된 작업공정이 어렵지 않은 제품은 임금수준이 보다 낮은 제3국의 공장으로 이전하게 된다. 제품의 부가가치와 기술수준에 의해 생산거점이 국제적으로 재편성된다. 아시아에 있어서 기업 내 분업에서는 일본이 고부가가치품, 한국을 포함한 아시아 신흥공업경제지역(NIEs)에서 중부가가치품, 중국 등이 저부가가치품의 생산을 담당하는데, 서로 기업 내 거래가 행해지는 경우가 많다.

한편 임금상승과 환율변동 등 국제시장에 있어서 외부시장의 환경변화가 있으면 기업 내 분업체제도 그것에 적응하지 않으면 안 된다. 그 일환으로서 부가가치율과 기술수준이 다른 제품들의 생산거점을 국제적으로 재편성한다.

또한 내부시장의 경영자원, 특히 연구개발 성과의 축적은 기업내부의 생산제품의 분담을 변화시킨다. 전형적으로는 연구개발로 창출된 고부가가치 첨단제품은 선진국의 공장에서 생산을 시작하고, 그 때까지 생산하였던 제품을 NIEs의 공장으로 이전시킨다. 이어서 NIEs 공장의 제품을 임금이 낮은 중국이나 남아시아의 공장으로 이전시킨다. 국제적인 생산거점의 재편성 과정에 따라 무역흐름이 종전과 다르게 전개되고 있다. 즉, 중진국 공장의 제품이 선진국 시장으로 역수입되고 저개발국에서 NIEs 등의 중진국으로 수출이 확대되고 있다.

3 생산공정별 분업과 직접투자

기업이 생산하는 제품들이 제조공정의 단계에 따라 나누어질 때, 공정별로 분할된 다수의 제품을 각지의 해외 자회사 공장이 분담하여 생산하고 있다. 이 때 수평적인 공정별 분업에서 각지의 공장이 분담 생산하는 부품자재는 기술적으로 동일한 수준의 것인데, 규모의 경제를 달성하기 위해 기업 내 분업이 행해지고 있다. 수직적인 생산공정별 분업에서는 수직적 차별화 제품의 분업과 똑같이 각국 외부시장의 환경에 따라 요소집약도와 기술수준이 다른 부품자재의 생산이 할당되고 있다. 이러한 목적을 위해 각지에 부품자재 생산의 해외 자회사를 설립하는 것이 생산공정별 분업에 의한 직접투자이다.

1) 다품종 부품생산과 규모의 경제

부품재료는 종류가 아주 많아 시장이 세분화되어 있다. 생산에 있어서 규모의 경제가 강하게 작용하고 있는 경우에는 어떤 공장에서 일괄 생산하면 생산비용이 삭감되고 저가격의 부품 공급체제가 정비된다. 다수의 자회사가 각각 어떤 소수의 부품자재 생산을 특화한다. 기업의 조직 계층적인 명령 계통을 통해 필요한 공장으로 생산을 배분한다.

완성품의 생산에는 다양한 부품이 필요한데, 일정한 품질로 납기를 엄수하면서 항상 안정적으로 공급되지 않으면 공장의 본격적인 조업이 곤란해진다. 또한 각지로부터의 부품조달에는 운송비를 포함하여 다양한 거래비용이 든다. 내부시장으로부터의 부품조달에는 이러한 문제가 있는데, 이들 문제를 회피하기 위해 부품의 생산공급 기지를 타국, 예컨대 아시아 지역에서 구축하고 내부시장을 통한 부품거래를 행하게 된다.

한편 나라마다 요소조건, 기술조건 등 외부시장의 환경에 큰 격차가 있으면 그것을 유효하게 활용하도록 생산 거점망을 정비하게 된다. 저임금국의 자회사에서는 보다 노동집약적인 공정의 부품자재를 생산하고, 숙련노동이 풍부한 나라의 자회사에서는 기술수준이 높은 공정의 부품자재를 생산한다. 생산공정별로 그 부품자재의 상품 속성을 1국의 독자적인 환경에 맞추면, 종합적으로 부품조달의 비용이 절감된다. 그 결과 각국에 입지하는 부품 공장은 규모의 경제를 발휘하면서, 기업 전체로서는 내부시장을 통한 기업 내 거래에서 큰 분업의 시너지 효과를 누릴 수 있게 된다. 이렇게 생산공정별로 부품의 국제분업을 행하면, 요소부존의 측면에서, 각국의 경쟁우위성을 기업의 경쟁우위성으로 포함시키고 이를 활용할 수 있게 된다.

더욱이 기업의 체계적인 생산 활동에 필요한 부품 재료의 규모가 커지면, 최적의 최소규모를 고려하면서, 다수 공장에서의 생산체제를 도입한다. 그 결과 한 공장의 돌발적인 공급 중단에 대해서도 기업 전체로서 충분히 대응하는 능력을 강화시킬 수 있다. 보다 안정된 공급체제 속에서 규모의 경제를 달성하기 위해서는 내부시장의 조직계층적 명령에 의해 다수의 자회사활동을 통일적으로 관리하지 않으면 안 된다.

2) 본사의 부품개발과 직접투자

아시아에서는 다양한 부품자재의 공급을 행하는 부품재료 공업, 소위 서

포팅 인더스트리(supporting industry)의 발전이 아주 늦다. 선진국에서도 높은 수준의 부품재료를 공급하는 현지기업은 제한되어 있다.

이러한 상황에서 기업은 타기업에 없는 독자적인 우수한 부품자재를 개발하면, 완성품 시장에서 강한 경쟁 우위성을 확보하게 된다. 외국으로의 수출에서도 이 우위성에 의거하여 강한 경쟁력을 발휘하게 된다.

더욱이 직접투자에 의해 해외로까지 내부시장을 확대시키고, 내부시장을 통해 해외 자회사의 생산부문에 이 우수한 품질의 부품재료를 이전시키면, 기업의 경쟁우위성이 타기업으로 유출되지 않는다. 독자적인 우수 부품재료의 개발이라는 기업의 경쟁우위성은 세계적인 내부조달 네트워크를 통해 보다 높은 경영성과로 연결된다.

3) 내부시장을 통한 글로벌 로지스틱스 전략

기업 내부의 부품거래는 국제적인 조달활동을 어떻게 진행시켜 나가는가 하는 기업의 로지스틱스 문제이다. 세계적으로 전개하는 자회사들의 부품생산 체제를 작동시키기 위해서는 그것을 뒷받침하는 부품자재 조달의 글로벌한 물류 네트워크를 구축하지 않으면 안 된다. 해외의 부품 생산업자는 글로벌한 물류 네트워크 속에서 부품 자재의 국제적인 공급거점으로서 위치하고 있다. 본국에서 공급되는 부품자재가 국제적으로 비싸 해외의 대체적인 공급원을 구하는 경향이 있다. 현지 관련 산업에의 파급효과를 강화하기 위해 도입되는 부품조달의 현지화 요구도 기업의 국제조달 전략에 중대한 영향을 미치고 있다.

부품거래가 내부시장에서 행해지면 다국적기업은 거래가격을 조작함으로써 세금 공제후의 이익을 부풀리거나 축소시킬 수 있다. 각국 세율의 차이가 분업의 패턴 결정에 중요한 영향을 미치므로 조세 회피를 위해 부품의 생산거점을 분산 입지시키는 경우가 있다.

판매와 조달처까지 통괄된 부품의 기업 내 분업은 글로벌한 물류 네트워크 속에서 관리 운영된다. 다양한 수준의 부품조달 네트워크가 구성된다. 기본적으로 해외 자회사는 해외시장과 국내시장에서 원자재를 조달하고, 부품자재를 제품으로 만들어 국내의 관련회사, 해외의 관련 자회사 및 본사에 납품하고 있다. 현지에서는 독립된 부품 생산업자로서 만이 아니라 종종 본국의 해외 자회사들을 통괄한 국제적 하청 시스템하에서 활동하고 있다.

글로벌한 물류 네트워크 속에서 해외 자회사가 생산 분담하는 부품 자재의 종류를 결정하는 것이 글로벌 경영의 중요한 전략이다. 각 자회사에서의 부품 생산의 비용과 기술수준, 그리고 자회사의 생산 상황과 국제적인 물류비용 및 납기의 단축·정확성 등이 생산 분담에 영향을 미치는 중요한 요인이다.[2]

제 3 절 기업내 무역과 네트워크 조직

다국적기업의 기업 내 무역이 세계무역의 중요한 특징이 되고 있다. 기업 내 무역의 중요성 증가는 재고의 감소와 생산효율의 개선과 결합하여, 예컨대 Just In Time과 Just In Place라고 하는 새로운 조직적 형태를 지니는 생산과 무역, 나아가 생산과 운송 업무를 통합하는 새로운 개념을 창출하였다.

국제경영이 기업 내 무역의 네트워크를 형성함으로써 로지스틱스 전략을 글로벌하게 전개하고 있다. 이러한 기업 내 물류의 네트워크에 덧붙여, 소위 계열외의 기업 네트워크형의 무역에서 발생하는 물류 네트워크도 있다. 세계의 다국적기업은 기업 내외에서 형성된 2차원의 물류 네트워크에 의해 상호 결합하는 움직임을 보이고 있다. 계열외의 기업 네트워크형의 무역은, 예컨대 세계의 주요 반도체 기업이 공동으로 연구개발 조직을 개발하면 발생한다. 이처럼 계열외 네트워크형 물류 형성 과정은 세계적 규모에서의 제휴가 가능한 우량 기업을 상호 선택하는 과정이기도 하다.

계열외 네트워크형 물류의 형성과 기업 제휴는 초국가 기업적인 성격을 띠는데, 그 경우 글로벌한 관점에서의 최적의 로지스틱스 논리가 지배할 것이다. 이미 국제 해운업의 분야에서는 10~20년간에 걸쳐 계속해온 국제적 기업제휴를 넘어 글로벌한 규모에서의 제휴(Global Alliance)를 모색하는 움직임이 보이고 있다. 그러한 의미에서 국제 해운업의 분야에서는 국가와 해운의 관계는 어떻게 되어야 하는가 하는 문제를 포함해서 초국가 기업의 자세를 검토하는 것이 긴급한 과제로 등장하고 있다.

조달·생산·판매에서 보이는 제조업의 글로벌한 전개는 국제물류업으로서의 해운업과 항공업에 대해서도 적극적인 대응을 요구하고 있다. 제조업의

---

2 전게서, pp. 260~268.

글로벌한 전개는 생산경쟁의 격화, 제품의 수명주기(product life cycle)의 단축화, 정보 설비의 신속한 갱신 등에서 나타나고 있다. 이러한 제조업은 핵심이 되는 조달과 생산에 자신의 역량을 집중하는 경향을 보이고 있지만, 운송이나 유통과 같은 핵심이 아닌 활동에 관해서는 아웃소싱(outsourcing)이 늘어나는 추세를 보이고 있다. 이 경우, 제공되는 서비스는 가격뿐만 아니라 로지스틱스의 질이 문제가 된다. 운송과 유통은 점점 전문적으로 특화함으로써 로지스틱스 기능의 제고가 필요하게 되었다.

국제적인 로지스틱스의 사슬을 구축함에 있어서 핵심적인 문제는 국내물류와 국제물류를 원활하게 결합하는 것, 특히 이 두 가지 물류의 결절점(node)인 항만의 국제경쟁력을 높이는 것이다. 금후 글로벌한 전략적 제휴를 전개하는 과정 속에서 국제경쟁력이 없는 항만을 가지고 있는 나라에서는 제조업 분야의 일류기업의 투자를 유치하기는 쉽지 않을 것이다.

종합적인 로지스틱스 관리는 효율적인 터미널 운영에 의한 국제복합운송을 위한 결절점을 필요로 한다. 국제항으로서의 필요조건은 해로, 도로, 철도, 항공로, 경우에 따라서는 하천이나 파이프 라인(pipeline)으로써 배후지와의 광범위한 링크를 형성하는 것이다. 그리고 충분조건은 국제경쟁력이 있는 서비스·가격의 유지이다. 선진국 지역에 입지하면서도 국제경쟁력을 유지하고 있는 네덜란드 로테르담항이 좋은 예라고 할 수 있다. 또한 아시아의 유통·물류 거점에 입지하고 있는 싱가포르항의 서비스도 이 분야에서 선구적인 역할을 하고 있다.

제조업, 물류업, 항만업도 범세계적 제휴(Global Alliance) 속에서 자기를 확립해 나가기 위해서는 특화·전문화를 진행해 가면서 서로의 파트너를 한정하지 않으면 안 된다. 물류업 특히 주요 운송인(carrier)들 간의 국제 해운업과 국제 항공업에 있어서의 전략적 파트너쉽과 제조업인 화주와 운송인 간의 파트너쉽의 진행은 운송 수단과 환적기능에서 집중과 소유의 거대화를 초래할 것이다. 이러한 물류시장과 선주·화주 관계에 있어서 구조 변화는 1인당 화주가 이용할 수 있는 운송인의 수와 각 운송사가 이용하는 항만 수의 감소를 필연적으로 야기한다.

운송업은 본래 재화의 질적 형태의 변화에는 관계하지 않고, 기본적으로 재화의 장소와 시간의 변화를 통해 재화의 가치를 증대시켜 왔다. 현재는 오히려 운송활동에 의해 창출된 부가가치가, 관련하는 생산활동보다 크다고 평가

된다. 따라서 운송업은 제조업에서 요구되는 수동적 역할에 한정해서 행동해서는 안 된다. 운송업은 독립된 산업으로 성립되어 있고, 그것은 결코 글로벌한 생산 시스템에서 파생된 수동적 파트너가 아니라 능동적 파트너이다. 생산과 운송을 통합한 로지스틱스 개념은 운송업의 독립 산업으로서의 능동적 파트너십을 요구하고 있다.[3]는 다국적기업은 기업 내 분업을 보다 효율적으로 전개하기 위해 해외 자회사의 국제적 배치 및 제품 계획화의 문제와 관련하여, 기업 그룹 내의 원료, 부품 및 서비스 등의 생산 기지로부터 판매 기지로의 유통을 어떻게 보다 효율적으로 공급할 것인지를 중요한 유통 과제로 생각하고 있다.

다국적기업의 국제물류 담당자가 유의해야 할 사항으로서는 다음과 같은 것이 있다.

1) 합리적인 정보 네트워크에 의한 물류 시스템 각 부분의 비용절감

컴퓨터 시스템의 출현으로 적절하고 적시적인 데이터는 필요 불가결하다. 데이터의 필요 정도와 전달의 빈도는 정보 네트워크에 따라 계획되지 않으면 안 된다. 중요한 것은 제대로 교육된 담당자가 최적의 정보를 수취하여, 필요한 빈도로 적당한 시기에 발주를 예측하지 않으면 안 된다.

2) 물류업무에 관한 지식과 기술수준의 향상

국제물류에서 운송 체제의 강화가 요구되고 있는 것은 기본적으로 국내 물류와 같지만, 국경을 넘어 이동하기 때문에 상당히 복잡한 요인이 있다. 그러므로 물류에 관한 업무의 지식과 기술을 습득하여 정확하게 대응하지 않으면 안 된다.

3) 계획 · 조정을 위한 본부 기능의 확립

본부의 주요 기능은 관리인데 국제물류를 전개함에 있어서 본부 기능은 효율적인 로지스틱스를 수행하기 위해 필요하다. 그 경우 분권화와 집권화라고 하는 모순적인 문제가 발생한다. 더욱이 세계시장을 대상으로 하는 기업 조직에서는 항상 최고 수준의 기술과 전문성이 요구되고, 또한 희소한 경영자원을 유효하고 적절하게 운영하지 않으면 안 된다.

본부 기능을 집권화하고 전체적으로 조정 · 관리하는 것이 필요하다. 세계

---

3 宮下國生, "國際經營のロジスティクス戰略", 「國民經濟雜誌」, 1996年 1月, pp. 15～25.

적으로 광범위하게 분포하는 공장들을 효율적으로 경영하지 않으면, 물류면에서 비효율적인 운송이 증가하거나, 전체적으로 효율성이 떨어지게 된다. 그러나 현지생산이 진행되면 될수록 그에 따라 분권화가 진행되게 된다. 이 경우조직 내의 작업 단위가 반드시 효율적으로 활용되지 않는 경우도 발생하고, 이용되지 않는 경영자원을 증가시키는 결과를 초래하기도 한다. 본부에서는 각생산단위와 판매단위를 연결하는 시스템을 구축하여 전체적으로 경제성과 효율성을 높이는 과정이 필요하다.[4]

제 4 절　국제 로지스틱스 전략[5]

1 국제 로지스틱스의 관리와 조직구조

국제 로지스틱스 부문은 제조업 혹은 유통업의 국제 로지스틱스 활동의 관리 부문인데, 관련업자로서는 운송업, 포워더, 무역업자 등이 있다. 이 부문의 관리 대상은 원자재 공급업자로부터 최종 사용자(end user)까지의 사이에 존재하는 모든 조직이다. 여기서 모든 조직이란 기업 내의 부문뿐만 아니라 외부의 중간업자를 포함하는 조직을 지칭하는 것이다.[6] 분명히 로지스틱스 관리는 거래비용의 수준을 초월하는 기업이윤의 극대화를 목표로 하고 있다. 국제 로지스틱스 비용은 제품 가격의 25~35%에 이른다고 하는데, 이 비용의 관리가 기업의 경쟁력을 결정한다. 이것은 국내의 로지스틱스 비용이 제품가격에서 차지하는 비율이 8~10%인 것과는 대조적이다.

로지스틱스 관리기능은 자재관리(기업과 자재 공급자간의 관계), 생산관리(투입과 함께 시작하는 기업활동), 물류관리(기업과 그 고객과의 관계)라고 하는 세 가지의 관리를 분리해서 행한 경우의 성과보다 통합적인 로지스틱스관리의 성과가 더 크게 됨으로써 달성된다. 개별적 관리의 경우에 생산부문과

4　山上徹, 『國際物流のネットワークと港』, 白桃書房, 1995, pp. 121~125.

5　宮下國生 外, "國際物流システムの展望", 「海運經濟研究」, 1996, pp. 128~133.

6　Buckley, P.J. and Brooke, M.Z. (1992), *International Business Studies*, Basil Blackhall, ch.6.8.

판매부문의 요구를 종합적으로 조정하는 것은 어렵다. 종합적인 관리를 도입함으로써 부문 간의 트레이드 오프(trade-off)가 발생하고, 경영자원의 제약하에서 최소 비용에 의한 최선의 서비스 제공이 가능해진다.

로지스틱스 관리는 기업의 조직구조에 따라 달라진다. 그것은 4가지의 문제와 관련이 있다. 첫째, 대외 기업활동으로서 수출, 라이센스 계약, 대외 직접투자 중 어느 선택이 타당한지를 결정하는 것이다. 둘째, 생산 장소의 입지를 외국 어디로 하는가, 또한 그 활동의 어디까지를 내부화하는가의 문제이다. 셋째, 고객으로부터의 정보를 제조업 스스로가 수집하는가 혹은 중간업자(도매상 혹은 소매상)에게 그것을 맡기는가 하는 문제이다. 넷째, 이들 문제를 해결함에 있어서 해외 자회사간의 네트워크 구축이 유지되고 있는지의 여부이다. 로지스틱스 관리는 이러한 기업의 해외활동의 기본적인 분야에 깊이 관여하고 있다.

로지스틱스 관리의 핵심은 이러한 과정을 통해 구축된 조직구조와 시장부문과의 관계를 아웃소싱의 요소를 도입하면서 통합하는 것에 있다. 우수하고 신축적인 관리시스템이 통합의 성공에 필요하다.

2 국제 로지스틱스 전략의 확립과 유지

국제거래에 종사하는 많은 대기업은 진정한 글로벌 기업이 되고자 노력하고 있다. 그것을 위해서는 글로벌한 로지스틱스 기능을 확립하고 유지할 필요가 있다. 로지스틱스 기능에 의해 통합된 글로벌 기업은 강한 경쟁 압력에 대해 가장 광범위하게 대응할 수 있는 조직의 하나이다. 예컨대 글로벌한 생산 공유 작업을 확립하는 동기는 생산 비용을 절감하고자 하는 욕망이며, 이것에 의해 자국 및 외국의 시장에서 국제경쟁상의 지위를 강화하고자 한다. 같은 동기에 의거하여 많은 제조업이 글로벌한 생산전략을 전개하고 있다. 그렇지만 글로벌한 경쟁 우위를 고려할 때 비교적 복잡하고 광범위한 로지스틱스가 생산 활동을 지원하기 위해 설립되지 않으면 안 된다. 로지스틱스 시스템은 비용 억제의 문제이상으로 중요하며, 기업이 고객 서비스를 위해 경쟁하는 능력에 영향을 미치고 있다.

글로벌한 시대에는 기업은 상호 타국의 기업이 어떠한 로지스틱스 실무를 전개하고 있는지를 이해하지 않으면 안 된다. 선진국의 로지스틱스 실무를 조사하면, 21세기에는 더욱더 유사한 상태를 관찰할 수 있을 것이다. 그것이 글로벌 기업이 경쟁의 압력하에서 성공하는 유일의 방법이다. 로지스틱스 실무를 더욱더 표준화하는 것은 선진국 그룹 내부의 추세이다.

그 계기가 된 것은 1980~90년대에 생긴 국가적 정체성을 뛰어 넘는 기업이 지니는 명확한 시장에 대한 정체성의 확립이다. 기업 자신에 의한 로지스틱스의 개념과 실무가 급속하게 보급되고, 이것이 글로벌화로 향하는 추세와 합쳐져, 경쟁우위를 구하는 전략으로서 선진국 간에 보급되어져 갔다. 그 중심은 매도인과 매수인이 수직통합을 창출하기 위해 완전한 정보의 공개와 협력을 행하는 것에 역점을 둔 일본의 간판(「看板」)방식이다. 이 방식은 적시생산(Just In Time) 방식으로서 미국의 기업에 의해 학습되었으며, 기업과 부품 공급자 사이에 그 때까지는 일반적으로 간주되고 있었던 경쟁관계 대신에 협동관계가 도입되게 되었다. 동시에 미국에서는 1980년대에 행해졌던 운송 산업의 규제완화를 계기로 해서 유럽 기업이 오랫동안 이용하고 있었던 로지스틱스 기능의 아웃소싱의 우수성이 인정받아 그것이 미국에 정착되었다.

그리고 경영환경의 변화에 적응하기 위해 CIM(Computer Integrated Manufacturing) 및 그 통합범위를 더욱더 확대한 CALS(Computer aided Acquisition and Logistic Support; 생산 · 조달 · 운용 지원 시스템)가 나왔는데, 재고 비용의 절감, 리드 타임(lead−time)의 단축 등의 효과가 기대되었다. 초기의 CALS는 JIT와 똑같이 주로 조달 분야에서 달성한 로지스틱스 성과인데 그 후 광속(光速) 상거래(CALS; Commerce At Light Speed)로 이행되었다. 즉 생산 · 조달 시스템과 EDI(Electronic Data Interchange) 등 물류 · 상류(商流)의 시스템을 융합한 국제 로지스틱스 네트워크가 형성되었다. 가상 통합 데이터 베이스를 실현할 수 있는 CALS와 가상 통합 시장 네트워크를 실현할 수 있는 EDI가 일체화됨으로써 전자상거래(Electronic Commerce)가 실현되었다. CALS의 출현에 의해 국제 로지스틱스는 단순한 개념이 아니고, 설계 · 개발 · 제조를 포함한 생산, 판매, 물류관리 등의 기능들을 통합하는 정보 네트워크와 데이터 베이스로써 구체화될 수 있다. CALS의 궁극적인 목적은 단지 재고 비용의 절감만이 아니고, 시장의 움직임을 민감하게 파악하고 판매를 효율적으로 만드는 통합시스템의 구축이다. 더욱이 유럽연합(EU)의 출현으로 글로벌한 공급 체인의 동기화(同期化)가 더욱 촉진되고, 효율적인 국제분업보다도 국제적인 가치의 협동생산이 중요시되고 있다. 국제적 조달, 생산 및 판매의 동기화는 다국적기업 생산 시스템의 정보 네트워크화를 의미한다. 이 경우 자국에서 얼마나 많은 고품질의 상품을 생산하는가보다도 국제적으로 창출된 가치를 얼마나 많이 획득하는가가 더 중요하다. 기업으로서는 물류 · 정보 네트워크를 구축하고 국제적인 가치를 높이는 것이 중요하게 되었다.

기업의 부가가치를 증대하기 위해 단지 자사의 가치사슬뿐만 아니라 구입처로부터 고객의 가치사슬까지 고려하지 않으면 안 된다. 로지스틱스 전략에 의한 차별화의 본질적인 원천은 여기에 존재한다. 마이클 포터(M. Poter)에 의하면 경쟁우위를 위한 차별화 전략의 기초가 되는 것은 매수인의 가치사슬에 있어서 매도인 및 매도인의 제품이 행하는 역할이다.[7] 따라서 매수인과 매도인의 가치 활동의 모든 연결을 포함하여 매도인이 매수인의 가치사슬에 미치는 영향은 차별화의 원천이 된다. 필요한 때에 필요한 장소에 필요한 양만의 부품을 도입하는 JIT 방식은 조달분야에서 달성된 로지스틱스 성과이다. CIM 및 CALS는 조달뿐만 아니라, 설계 · 제조 및 판매까지 가치사슬의 네트워크를 확대하려고 하고 있다. 부가가치는 기계설비와 실험설비의 구입, 원재료 · 부품의 조달, 제조, 판매, 소비에 이르는 전 과정에서의 협력활동에 의해 실현된다.

로지스틱스 전략은 시장의 집중, 생산의 분산, 제품 라인의 다양화가 진행되는 가운데, 국제 업무를 통합하는 수단이라고 평가할 수 있다. 국제적인 전략적 우위를 확보하기 위해 전략적 제 변수를 선택한다고 하는 관점에 보면 로지스틱스는 새로운 미개척 분야이다.

한편 수요의 변화가 급속하기 때문에 로지스틱스 시스템의 시간적인 대응이 중요하게 되었다. 재화는 고객이 요구하는 장소와 시간에 도달하지 않으면 고객 만족도에 영향을 주게 되고 수요에 영향을 미칠 것이다. 더구나 이 재화의 시장 변화 추세는 세계의 선진시장 가운데서 조차도 다른 경향을 보인다. 따라서 기업의 조달 · 생산 · 판매는 날이 갈수록 복잡해지고 있는 실정이다. 따라서 이러한 어려운 현실을 극복하기 위해서는 로지스틱스 시스템 비용을 낮추는 것이 급선무이다. 제조비용은 세계적 규모로 효율성이 증대되고 있으므로, 로지스틱스 비용도 이 시스템의 효율화와 함께 떨어질 것으로 기대되고 있다.

---

7 Porter, M.E.(1985), *Competitive Advantage*, Macmillan, p. 39.

1 SCM의 개요

'공급사슬관리' 또는 '유통총공급망관리'로 불리는 SCM(Supply Chain Management)은 정보통신기술을 활용해 제조와 물류, 유통 업체의 상품 흐름을 한눈에 파악할 수 있도록 하는 총유통공급관리망을 말한다. 제조, 물류, 유통업체 등 유통과정상에 있는 모든 기업이 공동으로 데이터베이스(DB)를 구축함으로써 재고를 최적화하고 납기를 줄이는 전략적 제휴 형태로 운영된다. 이 때문에 성공적인 공급사슬관리 정착을 위해서는 총유통공급망안에 있는 모든 기업들이 전략적인 협력적인 관계를 형성하는 것이 무엇보다 중요하다. 즉 상호협력을 통해 강력한 경쟁 우위를 확보할 수 있다는 신념을 기업들이 가져야 한다.

서로 멀리 떨어져 있는 고객-소매상-도매상-제조업-부품·자재 공급자 등 동적인 공급활동이 실시간으로 파악·전달되는 것으로, 궁극적으로는 공급망 전체에 흐르는 현금흐름(Cash Flow)의 효율을 향상시키기 위함이다. 공급사슬관리는 단순히 데이터를 처리하는 전사적 자원관리(ERP)에 '지능'을 부여하는 것에 비유되곤 한다.

또 공급사슬관리는 생산에서 최종 소비자에게 판매될 때까지 상품의 흐름에 대한 정보를 공유해 불필요한 시간과 경비를 제거하는데 목적을 두고 있다. 소비자의 실제수요에 보다 잘 응할 수 있는 유통공급망을 만들기 위한 기업간 BPR(Business Process Re-engineering)의 일종이다.

공급사슬관리는 제조, 물류, 유통업체 등 유통과정과 관련된 모든 업체가 공동으로 데이터베이스(DB)를 구축함으로써 재고를 최적화하고 납기를 줄이는 전략적 제휴형태를 띠게 된다. 이를 통해 SCM에 관련된 기업들은 비용을 줄이고 가격인하를 통해 소비자 만족을 극대화할 수 있다.

공급사슬관리의 기원으로 미국의 의류제품부문에서 1980년대 중반에 일었던 QR(Quick Response; 신속대응전략)을 들 수 있다. QR의 도입으로 인해 미국에서의 유통업체와 의류업체는 놀라운 매출증대와 더불어 재고량의 감소를 가져오게 되었다. 이후로 1993년에는 식품가공산업 분야에서도 이전까지

관행처럼 여겨졌던 재고의 과다보유 및 많은 반품 등의 문제들이 공급사슬상에 존재함에 따라 이러한 비효율 요소를 제거함으로써 재고량 및 반품율 감소를 이루어 생산성 증대와 산업전반의 경쟁력 향상에 도움이 되었다. 이러한 공급사슬관리는 적용되는 산업별로 달리 표현하는데 의류부문에서는 QR(Quick Response), 식품잡화부문에서는 ECR(Efficient Consumer Response), 의약품부문에서는 EHCR(Efficient Healthcare Consumer Response), 신선식품부문에서는 EFR(Efficient foodservice Response) 등으로 표현되고 있다.[8]

공급사슬관리의 개념이 처음 도입되었을 때 기업들은 수직적 통합을 시도하려고 하였다. 이는 기업들이 공급사슬 전체에 대한 통제력을 행사하려고 공급사슬 내 각 요소들을 소유함으로써 자사에서 기대하는 목표를 달성하고 효율성을 극대화하려는 의도였다.

그러나 SCM 전략은 수직적 통합을 통해 얻을 수 있는 대부분의 이점이 공급사슬 내 독립기업들 간 물류 활동의 조화를 통해서도 얻을 수 있다는 생각을 가지게 되면서 비로소 전략으로 자리잡게 되었다. 즉, 생산과 유통과정에 관련된 모든 업체가 공동으로 데이터베이스를 구축함으로써 재고를 최적화하고, 주문처리 시간을 줄이며, 고객의 요구에 즉각적으로 반응하는 전략을 말한다. 이를 통해 제반비용을 줄이고, 서비스 수준을 높이며 제품의 가격인하를 통해 소비자 만족을 극대화할 수 있다.

공급망은 기업의 네트워크로서 인바운드와 아웃바운드 제품과 산업가치망(industry value chain)에 따른 서비스를 제공하고, 1980년대 이후 조직이론가의 주목을 받고 있다.

또한, SCM은 기업경영의 중요한 요소 중 하나이며, 전체 부가가치망(value−adding chain)에 따른 수요 및 공급의 균형에 책임이 있다. 기업경영에 관한 SCM의 영향은 30%에 이르는 것으로 추정되고 있다.

한편, 국제 SCM(ISCM: International Supply Chain Management)의 장애요인으로서는 지역최적화의 역사, 공급망 파트너간의 불충분한 커뮤니케이션, 공급망의 단기지향성의 강화, 공동목표결핍의 원인 등이 포함된다.

미국이나 유럽 등 선진국에서는 SCM 추진으로 전체 유통과정에서 41%의 재고 감축과 5.7%의 소비자 가격인하 효과를 거둔 것으로 보고되고 있다. 국내서는 다소 늦기는 했지만 1999년 3월말 정부와 학계 제조ㆍ유통업체 관계자가

---

8 오영애 외, 『사례중심 유통의 이해』, 두남, 2015, p. 326.

참여한 가운데 SCM 민·관 합동추진위원회를 발족하고 본격적인 가동에 들어갔다. SCM 민·관 합동추진위원회는 1차년도 사업으로 표준 물류바코드 부착 등 참여 업체들의 유통정보화에 대한 인식을 높이는데 노력하고 있다.

2 SCM의 발전과정

1) 1단계

창고와 수송기능 간의 연관관계에서 시작된다. 물리적 유통관리는 이들 두 기능을 통합하여 더 빠르게, 더 자주, 그리고 특히 더 확실한 수송방법을 이용함으로써 재고감소를 이루며, 더 빠른 창고운용을 통한 더 짧은 주문 응답시간과 더 빠른 수송으로써 예측기간의 길이를 줄이고, 그 결과 예측의 정확도를 증가시키는 것이다. 또 수송과 창고운용을 동시에 고려하는 능력에 중심을 두면서 더 나은 서비스와 더 낮은 총비용을 위해 창고의 위치를 최적화하는 것이다.

물리적 유통관리는 서로 다른 계층의 창고들(공장, 지역 유통센터)간의 개선된 자료교환과 더 복잡한 분석들(예를 들어, 총 창고−수송비용, 수송/창고

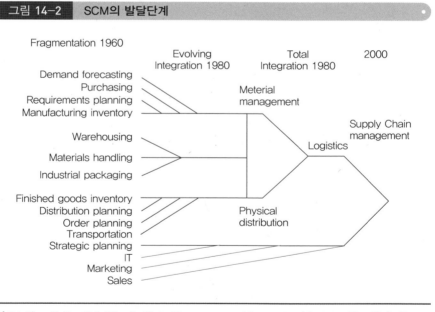

그림 14-2　SCM의 발달단계

자료: Alan, E. B., *Global Supply Chain Management and International Logistics*, New York: Routledge, 2009.

네트워크의 최적화 등)에 의해 가능해진다. 더 나은 자료와 더 진보한 분석 기법들은 더 복잡한 요인들의 집합들 간의 의사결정을 촉진한다. 따라서 모든 개선된 정보교환과 분석은 더 복잡한 의사결정을 하는 능력을 강화시켜준다.

2) 2단계

2단계는 '물류단계'이다. 이는 첫번째 단계에 제조, 조달, 주문관리 기능들을 추가한 것으로 EDI, Worldwide Communications, 자료를 저장하고 분석을 수행하는 컴퓨터능력의 증대 등에 의해 지원된다.

3) 3단계

세번째 단계는 "통합 SCM 단계"이다. 통합된 기능들의 사슬이 연장되어 한쪽 끝에는 공급자가 또 다른 한 쪽에는 고객이 추가된다. 이는 두 가지 기능의 물리적 유통망보다 훨씬 복잡해진다. 이러한 복잡성을 다루기 위해, 전자적 자료, 전자적 자금이동, 최신의 통신, 계획과 실행을 위한 전산화된 의사결정 시스템 등이 필요하게 된다.

4) 4단계

SCM의 다음 단계인 "Super-SCM"는 제품개발, 마케팅, 고객 서비스와 같은 더 많은 기능들을 통합하게 될 것이다. 이는 훨씬 고도화된 통신, 사용자에게 친숙한 전산화된 의사결정지원시스템 등을 통해 가능해질 것이다. 이러한 예들 중의 일부는 벌써 사용되고 있다.

이러한 Super Supply Chain에서의 제품 개발자들은 공급연쇄팀의 일부로서, 더 쉽게 설치할 수 있고 서비스될 수 있는 고객화(customization)된 제품의 개발을 촉진시키며, 사전-주문 정보와 주문정보를 모든 공급 연쇄의 참여자들에게 전달하여 더 빠르고 정확하게 반응하도록 한다. 이러한 통합된 프로세스를 가능케 한 것은, 컴퓨터 기술과 통신기술의 폭발적인 발전, 즉 정보기술 혁명이다.

3 GSC와 GVC

오늘날 글로벌 생산 및 물류 체계에서 GSC(Global Supply Chain : 글로벌 공급망)이라는 표현과 동시에 GVC(Global Value Chain : 글로벌 가치사슬)이라는 표현도 혼용되듯이 사용되고 있다. 최근 국제분업 및 물류시스템이 체계화됨에 따라 물리적 거리의 의미가 퇴색되면서, 학계 및 업계에서도 GVC(글로벌 공급망)이라 표현하는 경우도 빈번히 관측된다.

먼저 가치사슬이란 Mckinsey Consulting에서 최초로 제시된 개념으로서 이후 Michael Eugene Porter 교수가 발전시켰다. 기업이 제품 혹은 서비스를 생산하는 과정에서 원재료, 노동료, 자본 등의 자원을 결합하면서 부가가치가 창출되는 현상을 가치사슬이라는 모델로 정립하였으며, GVC는 이에 세계화가 더해진 개념이다.

즉 상품의 설계, 원재료 조달, 생산, 유통, 판매 등의 세분된 전 과정이 어느 한 국가가 아닌 비용 및 경쟁력 측면에서 유리한 국가에서 이루어지면서 각 단계별로 부가가치가 창출되는 세계교역의 새로운 패러다임을 일컫는다. 구체적으로는 ① 하나의 제품의 생산공정이 2단계 또는 그 이상으로 이루어지고, ② 2국 이상의 국가에서 각각의 생산공정이 진행되며, ③ 일국에서의 생산공정은 타국의 중간재를 사용하여 공정하고 수출한다는 조건에 해당된다. 즉 본 장의 서두에서 다룬 기업의 직접투자와 분업, 그리고 네트워크 조직과 같은 물류+생산의 통합적 개념이 GVC라 말할 수 있다.

GSC와 GVC의 차이점을 굳이 부각하자면 부가가치를 고려함에 있어 GSC는 유통채널 간에 발생하는 매매차익(Margin)에 보다 초점을 맞추고 있으며, GVC의 경우 생산활동으로부터 발생하는 이윤(Profit)에 중점을 두고 있다. 그러나 두 용어 간에 차이는 거의 없으며, 세계화가 진전된 이후 GSC가 많이 사용되었으나 국제기구, 주요국, 학술연구 등에서는 최근 GVC라는 표현을 더 많이 사용하고 있다.

4 SCM 성공사례

아마존은 미국을 대표하는 전자상거래 플랫폼 기업으로서, 최근 들어 두드러진 성장을 기록하고 있다. 지난 2019년 영국의 브랜드 경쟁력 지표에 있어

애플을 제치고 1위를 차지하기도 하였다. 아마존 자체는 전자상거래 기업이지만, 실제 아마존의 핵심 경쟁력은 제품 판매가 아닌 물류서비스에 있다고 해도 과언이 아니다.

아마존은 현재 전 세계 200개 이상의 물류센터를 갖추고, 기술적 측면에서도 선반 운송형 로봇, 수천 대 규모의 자사 트럭, 드론을 활용한 택배 서비스, 장거리 운송을 위한 항공과 해상 물류자원 등을 갖추는 등 지속적인 물류 혁신을 이루어내고 있다. 아마존의 창업자이자 CEO인 제프 베조스(Jeff Bezos) 역시 "아마존은 Logistics company"라고 공언한 바 있다.

아마존의 선진적 SCM 구축을 통한 물류성과 제고 요인 중 하나는 소비자 빅데이터에 기반한 예측배송 시스템에 있다. 아마존은 온라인 판매를 통해 오랜 기간에 걸쳐 축적해온 고객에 관한 데이터를 보유하고 있다. 기존 고객들이 아마존의 온라인 플랫폼을 통해 다양한 상품들을 구매하였고, 어떤 상품의 페이지에 얼마나 머물렀는지, 장바구니에 담고 사지 않은 상품은 무엇인지 등 다양하고 구체적인 데이터를 보유하고 있었다. 아마존은 이를 빅데이터로 발전시켰고, 나아가 이를 배송에 접목시켜 예측배송 시스템을 구축하였다. 아마존은 고객에 대한 빅데이터를 바탕으로 해당 지역이나 고객의 소비 패턴을 파악해 소비자가 무엇을 주문할 것인지를 예측한다. 그리고 고객이 '구매' 버튼을 누르기도 전에 예측한 구매 상품 수량을 가까운 물류창고로 이동시킨다. 그 이후 소비자가 주문을 하면 소비자와 가장 가까운 곳에 있는 물류센터로부터 배송이 시작된다. 그렇게 소비자의 문 앞까지 배송하는 시간을 대폭 단축할 수 있었다.

미리 예측한 주문수량이 실제 주문수량과 맞지 않을 경우, 회수물류와 관련된 비용 및 상품수명(계절성 등)을 고려하여 할인판매 또는 선물로 증정하여 고객충성도를 제고시키는 등 유연한 고객관리 전략을 실시하였다.

소비자의 요구에 탄력적으로 대응할 수 있는 유연한 물류 네트워크 확보가 중요한 경쟁력 요인으로 대두되고 있는 가운데, 아마존은 이미 혼잡한 도시 속에서 새로운 방식의 물류 네트워크를 구축하고자 노력하였다. 2016년 아마존은 택배기사가 아니라 일반 시민들과 차량을 배송에 활용하는 아마존 플렉스(Amazon Flex) 서비스를 개시하였다. 자차를 보유한 21세 이상 성인이라면 누구나 배송자가 될 수 있다. 우리나라의 '배달의 민족'과 'Coupang' 역시 이러한 아마존 플렉스를 벤치마킹하며 일반인 배달기사를 모집하고 있다.

그림 14-3　아마존 플렉스

그러나 아마존 플렉스가 물류의 혁신이라고 불리는 또 다른 이유가 있다. 아마존 플렉스에도 인공지능을 활용하여 배송의 효율성을 높이고 있기 때문이다. 플렉스에 장착된 인공지능은 일정한 시각에 얼마나 많은 운전자들이 필요한지, 특정 방향으로 가는 차량의 위치 등을 파악하고, 택배 물품의 수와 무게가 해당 운전자의 차량에 적합한지 계산한다. 그 후에 주문에 적합한 운전자를 호출하는데, 효율적 배달을 위해 택배 상자를 차량에 넣는 순서까지 추천한다.

아마존의 물류기지 중 일부의 넓이는 축구장의 10배에 가까운 약 9만 2,900 ㎡에 달한다. 이 정도의 공간에 가득 찬 상품들이 주문에 맞춰 순서대로 나가고, 또 빈자리에는 적절한 상품이 다시 입고될 수 있도록 정밀한 재고 및 창고 관리가 필요하다.

아마존은 이러한 관리를 위해 인공지능 장착 로봇 키바(Kiva) 시스템을 물류 창고에 도입하였다. 상품의 입출고 흐름을 통제하고 재고를 확인하는 관리 시스템 WMS에 따라 움직인다. 입출고의 흐름을 방해하지 않도록, 나아가 스스로 가장 짧은 이동경로를 계산하여 인간 작업자에게 상품의 선반(Rack)을 옮겨 준다. 이로 인해 작업자는 직접 상품을 찾아다닐 필요 없이 키바 로봇들이 가져온 상품을 그 자리에서 포장하면 되기 때문에 효율성이 대폭 제고되며, 일정한 시간마다 지정된 충전소에서 스스로 충전하는 스마트 시스템을 갖추고 있다.

그림 14-4   인공지능 창고관리 로봇 KIVA

[그림 14-4]에서 볼 수 있듯이 크기가 그다지 크지 않다. 그러나 운반 가능한 상품의 중량은 모델에 따라 약 453kg~1,360kg까지 운반할 수 있다.

실제로 키바가 도입된 이후 아마존의 물류 순환속도는 기존 90분에서 15분으로 단축되었으며, 재고공간은 50% 이상 높이고 운영비용은 20% 이상 낮출 수 있었다. 이런 키바의 도입은 블랙 프라이데이 때마다 빛을 발한다. 해당 기간에 있어 미국 전체 리테일 매출의 27%에 해당하는 1억 8,000만 개의 상품이 분류 및 배송되는데, 그럼에도 불구하고 아마존의 '2일 배송 원칙'을 관철할 수 있었다.

국제물류와 제4차 산업혁명

제 1 절 제4차 산업혁명

1 제4차 산업혁명의 정의

　　산업혁명의 시작은 18세기 중반부터 19세기 초반까지 영국에서 시작된 기술혁신과 이로 인해 일어난 사회·경제적 변혁 때로 볼 수 있다. 제1차 산업혁명 때는 증기기관을 동력으로 한 기계의 등장으로 인해 공장생산체제가 도입되었고, 제2차 산업혁명을 거치면서는 전기동력에 의한 대량생산체제가 가능해졌다. 다음으로 제3차 산업혁명 시기에는 컴퓨터·ICT 분야의 발전으로 정보화·자동화 시스템이 등장하였다(그림 15-1 참조).

　　한편 2016년 세계경제포럼(World Economic Forum)에서 논의된 제4차 산업혁명은 제3차 산업혁명을 주도한 ICT 또는 디지털 기술을 기반으로 물리학 및 생물학 등 기타 과학 분야의 기술이 상호 교류 및 융합하면서 이전의 산업혁명들과 비교하여 상당히 혁신적이고 새로운 사회경제적 변혁을 발생시킬 수 있을 것으로 기대하였다.

그림 15-1　제4차 산업혁명

1차 산업혁명 (18세기 후반)	2차 산업혁명 (20세기 초반)	3차 산업혁명 (1970년 이후)	4차 산업혁명 (2020년 이후)
• 배경 값비싼 노동력, 저렴한 석탄가격, 과학기술 발전	• 배경 철도/선박 교통수단 발전, 철강대량생산 석유의 발견 및 전기의 발명	• 배경 공작기계, 산업용로봇 도입 컴퓨터 및 인터넷 발전 고객 요구의 다양화	• 배경 IoT AI 기술의 전개 사이버 물리 시스템(CPS) 재생 에너지 혁명
• 전개 증기기관, 방적기 등 기계발명→기계혁명	• 전개 산업혁명전파(미국, 독일 등)→생산혁명	• 전개 공장자동화 및 정보화→소비혁명	• 전개 자율생산 기능의 지능 공장→新제조생태계
• 생산형태 기계를 이용한 공장(가내수공업→공장수공업)	• 생산형태 분업화된 대량생산 공장(공장수공업→대량생산공장)	• 생산형태 부분 자동화 공장 (대량생산공장→ 다품종소량생산공장)	• 생산형태 지능화된 공장 (다품종소량생산공장→ 개인화생산공장)
• 생산통제 사람	• 생산통제 사람	• 생산통제 사람	• 생산통제 기계 스스로

자료: 한현상·김현 (2017), "4차 산업혁명과 지식서비스", KEIT PD Issue Report

2 제4차 산업혁명의 핵심 주도기술

현재 제4차 산업혁명을 주도할 기술들로는 인공지능과 로봇공학, 사물인 터넷, 자율주행자동차, 3D 프린팅, 나노기술, 생명공학, 재료공학, 에너지 저장기술, 유비쿼터스 컴퓨팅 등 다양한 첨단기술들이 거론되고 있다. 이러 한 산업혁명의 핵심 주도기술은 특정 시점에 등장하였다가 사라지는 그런 기 술이 아니라 현재까지도 그 영향력을 꾸준히 끼치면서 소위 범용기술(general purpose technology)의 특성을 지닌다. 이러한 범용기술은 두 가지 특성을 갖고 있다. 첫 번째 특성은 특정 분야에 국한되지 않고 다양한 분야의 기술혁신을 유 발하여 기존 생산양식을 변화시킨다는 것이다. 또 다른 특성은 새로운 기술 패 러다임을 이용하는 다양한 보완적 발명과 혁신이 장기간에 걸쳐 연쇄적으로 나타난다는 것이다. 이러한 범용기술의 예로 제1차 산업혁명의 증기기관과 제 2차 산업혁명의 전기기술을 떠올릴 수 있다.

이러한 측면에서 볼 때 지능정보기술은 제4차 산업혁명의 핵심 주도기 술 중 하나로 볼 수 있다. 지능정보기술이란 인공지능기술(AI)과 사물인터넷 (IoT), 클라우딩(Clouding), 빅데이터(Big-Data), 모바일(Mobile) 기술 등 데이터활용기술군을 융합하여 기계에 인간의 인지 · 학습 · 추론능력을 구현하는 기술군 모두를 지칭한다. 따라서 앞서 세계경제포럼에서 제4차 산업혁명을 논의하면서 거론된 로봇서비스, 드론과 자율주행자동차, 커넥티드 홈과 스마트시티, 비트코인과 블록체인 등 다양한 응용분야는 제4차 산업혁명의 핵심 요소기술인 지능정보기술이 기존의 홈, 도시, 로봇, 무인항공기, 자동차, 금융 분야에 적용되거나 융합 및 확산되면서 나타나는 혁신 성과라고 할 수 있다.

제 2 절　제4차 산업혁명시대 물류산업 환경 변화

1 디지털 기술 고도화

사물인터넷, 플랫폼, 블록체인, 인공지능, 빅데이터 분석, 클라우드 컴퓨팅 등 새로운 디지털 기술들은 현재 물류 산업의 근본적 문제들을 해결하기 위한 원동력이 될 것이다. 여러 정보기술이 산업과 융합되어, 향후 수년 동안 물류를 포함한 전반적인 분야에서 4차 산업혁명을 이끌어갈 정보 기술 기반이 만들어지고 있다[1]. 예를 들어 클라우드 컴퓨팅 기술의 발전과 모바일 스마트 기기의 성능 향상으로 물류 프로세스에서 발생하는 정보를 효율적으로 수집, 저장 및 분석할 수 있다. 또한 이를 통해 물류 제공자와 고객이 공급망 데이터를 실시간으로 분석할 수 있다.

물류 산업의 효율성과 신뢰성을 향상시킬 잠재력을 지니고 있는 사물인터넷은 2016년도 기준 물류산업에서 온도 조절 장치, 원격제어 등 약 10억 개의 기기에 적용되고 있다. 사물인터넷 IoT(Internet of Things) 기술을 통해 물류 프로세스를 구성하는 설비들의 상태 정보를 저비용으로 실시간 파악하는 것도 가능한데 이는 플랫폼 및 블록체인 기술을 통해 서로 다른 기업 간 데이터 공유에 필요한 비용을 최소화 시킬 것이다. 또한 물류 운영의 투명성, 추적성 및 신뢰성을 향상시킬 것이다. 예측하기 힘든 다양한 환경에서의 의사 결정 자동화

---

1 송상화, 『4차 산업혁명과 미래 항만−항만도시 플랫폼 구축방안』, KMI 내부 자문 리포트, 2017.

로 인한 운영 효율성 향상, 불필요한 운영을 제거함으로써 비용 절감을 달성할 수 있다. 그 외에도 운영 프로세스의 실시간 모니터링을 통한 서비스 품질 향상, 자산 활용도 최적화 등 다양한 효과를 거둘 수 있다.[2] 클라우드 컴퓨팅 기술을 통해 필요할 때 필요한 만큼 디지털 기술을 사용하는 것이 가능해졌으며 디지털 기술을 활용하여 실시간으로 확보된 전체 네트워크 상태 정보를 인공지능 및 빅데이터 분석을 통해 지능적 의사결정에 활용할 수 있을 것으로 예상된다.

② 경쟁 패턴 변화에 따른 물류 변화

미래에는 메가시티와 신흥 시장 및 새로운 경로를 중심으로 주요 무역 및 운송 경로에 변화가 생길 것으로 예상되고 있다. 현재 세계 경제의 중심은 유럽−북미 간 대서양에서 아시아로 옮겨오고 있으며 후에는 아시아 지역의 신흥 국가들이 더욱 성장하여 글로벌 물류의 흐름을 변화시키고 새로운 항만 및 물류거점들이 글로벌 공급사슬 네트워크의 중심으로 급부상할 것으로 예측되고 있다. 이에 따라 2009년에서 2029년까지 20년간 아시아 역내 물동량은 4.6배 증가하고, 중국 내 물동량은 5.8배 증가하는 등 세계 경제의 중심이 아시아로 옮겨오는 현상이 가속화될 전망이다. 또한 이러한 경제도시를 중심으로 경제, 사회, 문화가 형성됨에 따라 1백만명 이상이 거주하며 1천억 달러 이상의 GDP를 생산하는 거대 메가시티가 더욱 증가할 것으로 전망되고 있다. 2010년 아시아, 아프리카, 남미 지역의 메가시티는 총 16개였으나 2025년 109개로 급성장할 전망이며, 아시아 지역에서만 83개의 메가시티의 등장이 예상된다.[3]

4차 산업혁명시대의 물류환경은 디지털 기술 혁신으로 글로벌 무역 의존도가 상당 부분 완화되고, 고객 맞춤형 서비스 제공을 위한 속도 중심의 유연한 공급사슬 및 근거리 로컬 물류 네트워크로 변화할 것이다. 이동식 스마트 기기 및 인터넷의 발전으로 세계 시장에 접근할 수 있는 새로운 소비자가 증가했다. 글로벌 중산층이 확대되고 인터넷 네트워크가 확대되면서 전자상거래에 대한 수요가 증가함에 따라 물류의 범위는 신흥 경제 지역, 특히 물류 네트워크에 연결되어 있지 않은 아시아 지역까지 확대되기 시작했다. 소비자들은 점점 더 많

---

2 DHL, 『DHL Trend Research, Logistics Trend Radar』, 2016.
3 송상화, 『4차 산업혁명과 미래 항만−항만도시 플랫폼 구축방안』, KMI 내부 자문 리포트, 2017.

은 상품을 온라인을 통해 구매하고 있으며, 이러한 소비 형태는 물류산업의 라스트마일(last mile) 서비스에 영향을 미쳤다. 소비자들이 전자 상거래나 에어비앤비(Airbnb), 우버(Uber)와 같은 앱을 포함한 디지털 서비스에 점점 더 익숙해지면서, 다른 분야의 서비스에서도 이처럼 뛰어난 질적 및 유연한 서비스를 기대하고 있다.[4]

이제 더 이상 기업들은 제 시간에 물품을 배달하는 것으로는 충분하지 않다. 그들은 개인 고객과 기업 고객 모두에게 다중 플랫폼 서비스를 제공할 수 있어야 한다. 환경오염과 교통 체증이 심한 대도시에서 신속하게 화물을 인도하는 업무, 온도에 민감한 제품을 위한 '콜드 서플라이 체인'과 같은 특정한 서비스에 투자하거나, 소비자들이 좀 더 편리하게 이용할 수 있는 개인화된 '맞춤형 물류가치'를 제공하여야 한다.

3 규제 완화 및 제도 개선 가속화

미래 물류사회에서는 기존의 물류 산업을 규제하던 과거의 제도와 정책들이 새로운 비즈니스 모델의 출현과 맞물려 자유화되는 방향으로 이동할 것이다. 우편 서비스를 민간 물류 기업에 개방하고, 항공자유화, 철도 산업 민영화 등과 같이 운송 산업을 독과점에서 경쟁 체제로 바꾸려는 노력이 가속화될 것으로 전망된다.[5]

국내의 기존 제도들이 개선되고 철폐되는 반면, 4차 산업혁명시대에는 각 나라 간의 무역 조화 및 환경을 위한 규제가 중요한 화두로 떠오를 것이다. 미래 물류시대에는 자유무역, 공정무역과 관련되어 증가하는 규제(화학 물질의 제조, 운송 및 사용과 관련된 EU REACH 규정 등)들을 준수하기 위한 비용 절감 및 기술 개발에 대비해야 한다. 범국가적으로 퍼져있는 세계 환경 문제에 대한 관심과 그에 관한 각종 제도 및 규제는 미래 물류산업에 큰 영향을 미칠 것이다. 변화하는 미래 물류산업에 효율적으로 대응하기 위해서는 보다 친환경적인 운송 수단 선택, CO_2 배출량 저감 및 포장 폐기물 감소 등 지속 가능한 스마트 그린 물류 운영방안을 모색해 나가야 한다.

---

4 World Economic Forum, 『Digital Transformation of Industries : Logistics Industry』, 2016, p. 6.
5 송상화, 전게서.

4 경제 구도 변화 및 불확실성 증가

물류 산업의 가장 기본적 경쟁력인 원가 경쟁력을 확보하기 위해 대기업을 중심으로 인수합병 및 전략적 제휴가 활발해지고 있으며, 보다 거대해진 기업들과 경쟁하는 소규모 기업들은 플랫폼 기업을 통해 거대 물류 기업과 경쟁하고 있다.[6]

이러한 경쟁의 핵심은 전반적인 물류 프로세스에서 발생하는 디지털 정보의 수집과 분석이다. 수집한 정보 분석을 통해 AI, 로봇, 자동화, IoT, 드론 등 핵심 기술을 물리적 환경 및 디지털 환경에 적용하여 물류 공급망 혁신을 통해 경쟁 구도에서 앞서 나가기 위한 상당한 노력이 필요하다.

DHL, Fedex, UPS사 등의 글로벌 물류기업들은 지역별로 분산된 다양한 분야의 물류기업들을 인수하거나 제휴함으로써 네트워크 규모와 범위의 확대를 통해 경쟁력 제고에 힘쓰고 있다. 이러한 경쟁의 핵심은 물류 프로세스 전반에서 발생하는 디지털 정보의 수집과 분석이다. 수집한 정보를 분석하고 AI, 로봇, 자동화, IoT, 드론 등의 핵심 기술을 물리적 환경 및 디지털 환경에 적용하여 물류 공급망을 혁신해야 경쟁에서 앞서 나갈 수 있다. 거대 기업에 비하여 원가 경쟁력이 떨어지는 중소규모의 물류기업들은 플랫폼을 중심으로 통합 및 경쟁하는 전략이 필요하다.[7] 기술 및 공급망 전문 지식이 물류 소프트웨어 내에서 지속적으로 통합될 수 있도록 유도하고, 기존의 지식에 IT 기술을 더하여 소비자들에게 적절한 비용에 질 높은 서비스를 제공할 수 있는 경쟁력을 키워야 한다.

또한 미래 물류사회는 대규모 투자와 기술 혁신이 필요한 상황에서 수요의 변동성과 불확실성이 더욱 증대하고 있고, 지역별·산업별 공급 측면의 불확실성도 증가하여 빠르고 유연한 서비스 경쟁력 확보가 필수적인 상황이 될 것이다.

5 라스트마일 물류 대두

라스트마일 물류(last mile logistics)란 유통업체의 택배 상품이 목적지에 전

---

6 송상화, 전게서.
7 송상화, 전게서.

달되기까지의 모든 과정과 요소를 뜻하는 말로, 유통업체들이 서비스 차별화를 위해 속도보다 배송 품질에 주안점을 두면서 확장된 배송 개념이다. '라스트마일'은 원래 사형수가 집행장까지 걸어가는 거리를 가리키는 말인데, 유통업에 있어서의 라스트마일은 고객과의 마지막 접점을 의미한다.[8] 공급사슬 네트워크 기술의 급격한 성장으로 인해 소비자의 라스트마일 물류에 대한 요구가 점점 더 복잡해지고 있다. 오늘날 소비자는 자신의 라이프 스타일에 맞는 빠르고 유연한 배송을 기대한다.[9] 이에 따라 원하는 때에 주문 물품을 수령할 수 있도록 "스마트 보관함"을 지역마다 배치하는 것과 같은 솔루션이 등장하였고, 2017년에는 전문화된 라스트마일 서비스 제공 업체가 출현하였다. 이러한 업체들은 유연한 주문형 배달 그리드를 구축하여 즉석 예약, 실시간 추적, 당일 배송, 원하는 시간대 배달 서비스 등을 제공한다.[10] 이와 같은 서비스는 위치 추적, 데이터 분석, 모바일 연결 등을 기반으로 한 물류 솔루션이 새로운 비즈니스 기회가 되고 있다.

온라인 쇼핑을 선호하는 소비자들을 위해 온라인으로 주문하고 오프라인에서 바로 물품을 가져올 수 있는 클릭 앤드 컬렉트(Click and Collect)와 같은 서비스 또한 계속하여 확대되고 있다. 즉 제조, 물류, 유통의 경계가 사라지고, 비용 중심의 원가 경쟁력 확보 경쟁에서 고객중심의 서비스 경쟁으로 산업의 핵심 경쟁 요소가 변화하며 물류 역시 라스트마일에 대한 대응 역량을 강화해야 할 것으로 보인다. 미래에는 분산된 지역에서 발생하는 소규모·불규칙 주문에 대응하기 위한 서비스 네트워크 경쟁이 치열해질 것이며, 수요지와 공급지를 직접적으로 연결하는 메시(Mesh) 형태의 네트워크가 앞으로의 고객중심 서비스 경쟁에서 유리할 것으로 예상된다.

6 신(新)유통 채널의 등장

1) O2O(Online to Offline)

O2O란 'Online to Offline'의 약자로 오프라인 매장에서 판매되는 상품 및

---

8 시사상식사전, pmg 지식엔진연구소
9 Logistics Bureau, https://www.logisticsbureau.com/6-key-supply-chain-and-logistics-trends-to-watch-in-2017, 2017.
10 DHL, 『DHL Trend Research, Logistics Trend Radar』, 2016.

서비스를 온라인 소비자와 연결하여 구매를 유도하는 방식을 지칭한다[11]. 초연결 혁명으로 네트워크형 세상을 만든 온라인이 진화를 거듭한 결과 오프라인 세상을 침범한 것이 O2O의 시작이라고 할 수 있다. 협의에서는 전통적 리테일 사업에 온라인 기술을 적용한 것을 의미하지만, 최근에는 보다 넓은 의미에서 온라인과 오프라인이 융합되면서 일어난 모든 혁신, 즉 스마트 홈이나 스마트 공장 등을 포괄하는 의미로 확대되고 있다.

O2O는 온라인에 있는 '유저'를 오프라인에서 실제 구매 행동을 일으킬 '소비자'로 변모하기 위한 일종의 캠페인을 통칭하는 말로, 온라인에서 오프라인 매장용 쿠폰을 제공하거나 소셜 쇼핑에 출품하는 것이 O2O의 시작이라고 말할 수 있다. 스마트폰을 든 소비자는 온라인과 오프라인을 넘나들면서(O2O), 자신을 중심에 둔 옴니채널(Omni-Channel)을 요구하기 시작했다. 일례로 스마트폰을 소지한 소비자의 위치를 기반으로 근처 매장의 할인 정보를 발송하거나 매장으로 유도하는 경우를 들 수 있다. 온라인으로 예약, 주문, 결제 후 오프라인 매장으로 상품 및 서비스를 받거나 이용하는 경우이다.

O2O 서비스의 요점은 오프라인에서의 활동을 온라인에서 지원하는 데 있다. 정의 주체에 따라 차이가 있으나 일반적으로 O2O는 온라인과 오프라인을 유기적으로 연결해 소비자에게 편리한 서비스를 제공하는 비즈니스 측면의 온·오프라인 서비스이다. 소비자 입장에서는 제품과 서비스에 대한 정보를 쉽게 얻을 수 있으며 온라인 상품을 오프라인에서 할인을 통해 구매할 수 있다는 장점이 있으며 기업 입장에서는 자사의 제품과 서비스를 쉽게 홍보할 수 있다. 또한, 소비자가 방문하는 매장의 정보를 DB화하여 지속적인 고객 관리가 가능한 비즈니스로 볼 수 있다. O2O는 고객이 어떤 채널을 통해 접근하더라도 하나의 경험으로 느낄 수 있도록 연결편의성 제공하는 동시에 고객이 어디에 있든지 원하는 시간에 서비스를 바로 제공해 주는 즉시성의 장점이 있다. 또한 IoT, 빅데이터 분석이 적용되면서 문제가 일어나기 전에 미리 알아서 해결해 주는 예측 서비스도 가능해지고 있다.

O2O의 가장 큰 영향력은 메이커무브먼트와 같이 소비자와 생산자 간 영역의 파괴라고 할 수 있다. 제품의 개발, 생산, 마케팅, 유통에 이르는 기존의 가치사슬에 온라인 기술이 가미되면서 가치사슬의 경계가 파괴되고 있다. 온라

---

11 매일 경제용어사전

인 플랫폼을 통한 소비자 협업으로 신제품의 개발과 마케팅이 동시에 가능해
진 것이다. 또한 소비 패턴도 변화하고 있다. 일례로 사치품은 그동안 부자만이
접근이 가능했지만 O2O는 소유 능력이 안 되는 사람도 값비싼 제품에 접근이
가능하도록 해주고 있다.

O2O는 온오프라인 고객접점을 연결해 고객에게 유기적이고, 통합된 형태
의 옴니채널 서비스를 제공해 고객의 이용경험을 향상시키고, 플랫폼 안착시
규모의 경제까지 달성할 수 있어 커머스 사업자들에게는 필수적 경쟁요소가
되고 있다. 최근 O2O는 상품 영역을 벗어나 음식, 식자재 등의 배달과 이사, 부
동산, 숙박, 금융, 세차, 세탁 등 생활 밀착형으로 진화하면서 사업영역이 전방
위적으로 확장되고 있는 상황인데, 이와 더불어 혼자 사는 싱글족들이 스마트
폰을 이용하여 손쉽게 결제하는 성향이 강하다는 점에서 O2O가 뜨거운 감자
로 부상하고 있다.

2) 옴니채널(Omni-Channel)

O2O와 유사한 개념으로 옴니채널(Omni-Channel)이 있다. 옴니채널의 어
원은 '모든 것, 모든 방식' 등을 뜻하는 접두사의 '옴니(Omni)'와 유통경로를 뜻
하는 '채널(Channel)'이 합쳐진 신조어로서 인터넷, 모바일, 백화점, 마트 등이
온·오프라인 매장을 유기적으로 결합해 고객이 언제 어디서든 쇼핑을 할 수
있도록 하는 쇼핑체계를 말한다. 소비자가 온라인·오프라인·모바일 등 여러
채널을 통해 상품을 검색하고 구매할 수 있도록 서비스를 제공한다. 각 유통 채
널의 특성을 결합하여 어디서든지 고객이 매장을 이용하는 것처럼 느낄 수 있
도록 하는 쇼핑 환경을 말한다.

기업은 매장·웹·모바일·소셜 미디어 등 복수의 판매 채널을 통합해 고
객경험관리(Customer Experience)를 최대화하기 위한 전략이다. 채널별로 고
객이 수집·관리하는 데이터를 통합·분석하여 고객에게 최상의 서비스를 구
축하는 것이다. 2000년대 이후 오프라인 매장 외의 웹과 모바일기기가 새로운
판매 채널로 등장하면서 멀티채널 환경이 조성되었고, 채널들을 유기적으로
통합하는 옴니채널이 주목받고 있다. 각 채널이 독립적으로 운영되어 경쟁하
는 멀티채널과 달리 옴니채널은 다양한 채널들이 가진 단점을 보완하고 장점
은 극대화하는 단일 채널의 역할을 한다.

제16장

친환경 녹색물류

녹색물류(Green Logistics)

1 녹색성장의 필요성

세계는 지금 기후변화로부터 야기된 '환경'위기와 고유가로부터 야기된 '자원' 위기에 동시에 직면해 있다. 특히 기후변화는 기상재해로 이어지고, 이는 생태계 질서를 어지럽히며 인류의 생존에 위협이 되고 있다. 지금과 같은 '에너지 다소비 체제'가 계속될 경우 기후변화에 따라 인류가 치러야 할 경제적 손실은 세계 GDP의 5~20%에 달할 것이라는 전망이 나올 정도다. 또한 신흥개발도상국의 경제개발과 지속적으로 증가하는 세계인구로 인해 에너지와 자원의 부족 현상이 야기되는 동시에 이에 따른 가격상승 현상이 나타나고 있다.

선진국들은 이미 자원을 효율적 · 환경 친화적으로 이용하는데 국가의 모든 역량을 집중하고 있다. '녹색산업', '녹색기술'이 국가의 신성장동력으로 되어 가는 것도 같은 맥락일 것이다. 기존의 '요소투입형' 즉, 요소(자원)를 투입하여 성장을 시키는 성장방식은 환경에 부정적 영향을 미칠 뿐 아니라 경제적으로도 한계에 도달했다. 자원가격의 상승으로 인해 이들의 대량투입을 통한 경제시스템은 지속가능할 수 없게 된 것이다.

EU 등 선진국들은 새로운 시장을 선점할 뿐만 아니라, 동시에 일자리까지 창출하기 위해 환경 친화적인 기술의 육성과 환경규제를 통한 관련 산업의 성장을 이끌어내는 등 발빠른 움직임을 보이고 있다. 특히 자동차 분야에서는 저탄소 차량 제작을 위해 하이브리드카, 전기차, 수소차 등을 개발함으로써 치열한 경쟁을 벌이고 있는 상황이다.

한편 우리나라는 세계 10대 에너지소비국이지만 소비하는 에너지의 97%를 해외에서 수입하는 상황이다. 향후 온실가스 감축 의무가 부과된다면, 우리나라 경제가 안게 될 부담은 상당할 수 있다. 국제사회는 점점 강한 규제를 함으로써 심각해지는 기후변화 문제에 대비하기 위해 각국의 탄소배출을 강제할 것이 명약관화하다. 따라서 정부에서 향후 60년의 새로운 국가적 비전으로 '저탄소 녹색성장'을 제시한 것도 이런 세계적 조류 변화에 대비한 선제적 대책인 셈이다. 전 세계적으로 '저탄소 · 친환경'이야말로 신성장동력이라는 인식이 고조되는 상황에서, 이런 흐름에 민감하게 대처하지 않고는 일류 선진국가로 진입이 요원하기 때문이다.

2 기업에서의 환경경영

기업은 끊임없는 혁신을 통해 경쟁의 우위와 새로운 기회를 통한 이익을 창출하기를 원하며, 이를 위해 지속가능한 경영을 목표로 하고 있다. 지속가능한 경영이 이루어지기 위해 지속가능한 개발 비전 수립과 최고 경영자의 리더십이 수반되어야 함은 물론 전사적으로 환경을 보전하고자 하는 추진의지, 지속가능한 개발활동을 비즈니스로 전환하는 능력, 명확한 목표를 통한 행동, 진척상황의 지속적 모니터링, 제품의 라이프사이클 연장, 사회 · 경제 · 환경에 대한 책임, 이해집단과의 커뮤니케이션 등의 노력이 필요하다.

'환경효율'이라는 개념은 1992년 세계지속가능발전 기업협의회의 'changing course'라는 책에서 처음 등장했다.

'환경효율'은 다음의 6가지 개념을 내포하고 있다.

① 물질과 서비스의 생산으로부터 원재료와 에너지의 사용량을 감량 · 삭감
② 유독물질의 확산을 삭감
③ 재료의 효율적인 리사이클
④ 부품과 재료를 지속가능한 방법으로 재사용

⑤ 내구성의 향상

⑥ 제품을 소유하기보다 이용가치를 중시하며 동시에 제품의 라이프 사이클 전체에 걸쳐 환경 효율적인 프로세스 유도

'환경효율'은 환경적, 경제적 측면에서 모두 효율적인 것을 의미하며 환경과 사회 그리고 경제적으로 최적의 조건을 만족하는 것이다. 따라서 제품의 관리, 원재료의 대체, 청정기술, 청정제품을 통하여 환경오염의 발생을 방지하면서 보다 높은 효율을 달성하는 기업 그리고 자원의 효율적인 이용과 회수를 위해 노력하는 기업이 환경효율이 높은 기업이라 할 수 있다.

환경보전을 위한 활동을 하는 것은 기업입장에서 이익을 감소시키는 것이며, 경영효율과 반대되는 것이라고 생각해 왔다. 기업이 자연환경과 사회적 안전을 고려하고 새로운 서비스와 기술을 개발하며, 자본을 투자하는 것은 단기적으로는 자본코스트 부담이 증대되고, 이익에 영향을 미치지만, 장기적으로 보면 사회적 요청에 부합한 시장을 창조해가는 기회가 될 수 있다. 그러므로 기업은 사회와 지구환경을 고려한 지속가능한 경영을 함으로써 장기존속이 가능하다.

지구온난화, 대기오염, 소음·진동 등에 관한 법적규제는 강화되는 추세이며, 또한 지역사회의 환경에 대한 관심이 높아짐에 따라 기업은 환경에 관심을 가지게 되었다. 따라서 기업은 이익과 더불어 환경부하의 저감을 추구하는 환경경영이 이루어져야 한다. 이를 위해 환경경영이라는 목적에 적합한 조직 및 관리시스템을 준비하여야 하며 현장에서 적극적인 단위활동 등이 이루어져야 한다.

환경친화적 경영제도는 기업이 환경규제를 준수하는 것에 그치는 기존의 방식에서 탈피하여, 자율적으로 사업 활동의 전 과정에 걸친 환경영향을 평가하고 구체적인 환경목표를 설정하는 것이다. 이를 위해 국제표준화기구(ISO 14000)는 기업의 환경경영 시스템 활성화를 위하여 인증획득 사업을 벌이고 있으며 이를 통해 환경문제 해결을 유도하고 있다.

또한 환경경영제도로서 에너지 VA(Voluntary Agreement)제도가 있다. 에너지 관리공단이 운영하고 있으며, 이 제도를 통해 협약을 체결하는 기업에게 에너지 절약관련 정보 및 실행계획은 물론 다양한 혜택을 제공하고 있다.

3 녹색물류의 개요

녹색물류란 물류 활동의 모든 단계(정보, 생산, 포장, 상/하역, 수송)에서 환경에 미치는 부정적 영향을 최소화하는 친환경물류 활동을 도출해내고 친환경적으로 개선하는 '물류의 미래'라고 할 수 있다. 환경 친화적인 물류 활동 전체를 지칭하는 단어가 녹색물류(green logistics)라고 할 수 있으며, 생산자로부터 최종소비자에게 제품 혹은 서비스를 제공하는데 필요한 생산, 운송, 보관, 포장 등의 일련의 모든 활동에서 환경부하를 저감하는 시스템이라 할 수 있다.

기업은 최소한의 비용으로 소비자들의 요구를 최대한 만족시키기 위하여 관련 제반 활동들을 통합하는 물류관리활동을 하고 있는데, 과거에는 이러한 물류 활동에서 발생되는 비용들을 순수하게 금전적 의미로 받아 들였으나 환경이 이슈가 되는 현실에서 기업체들은 단순히 비용만이 아닌 기후변화, 대기오염, 소음, 진동, 사고로 인하여 발생하는 외부로부터 발생하는 물류비용을 중요한 요소로 인식하고 있다.

한편 녹색성장이라는 국가적 정책을 효율적으로 추진하기 위하여 중기 실행계획 차원의 '5개년 계획'이 수립되어 추진되고 있다. 5개년 계획은 2009년부터 2013년까지의 중기전략으로, 2050년까지의 장기목표를 달성하는 초석역할을 하였다. 녹색성장위원회는 이와 같은 내용을 골자로 하는 '녹색성장 국가전략 및 5개년 계획'을 발표하였다.

2013년까지의 5개년 계획에서는 3대 전략, 10대 정책과제별 세부사업 및 추진계획을 포함하고 있으며, 저탄소 사회 구축과 관련 5개년 기간 동안 국가의 중장기 온실가스 감축목표가 설정되고 관리되며, 또한 탄소정보의 공개 및 탄소순환운동이 이뤄진다.

특히 녹색경제를 향한 기반을 조성하기 위해 탄소배출권거래제가 단계적으로 도입되고 녹색기술 산업에 대한 정책금융이 활성화되고 있다. 세제 역시 친환경적 세제로 개편되어 환경친화적 자동차 및 친환경상품 세제 혜택을 확대하고 있다.

5개년 계획 기간 동안 그린빌딩, 저탄소 녹색림, 자원순환형 지역개발, 녹색건축물 조성 등으로 이른바 녹색국토 · 교통의 조성을 위한 정책이 추진된다.

녹색성장위원회는 녹색마을을 확대하는 동시에 녹색시민과 녹색가전 육성, 생태관광 모델 개발을 통해 이른바 생활 속의 녹색혁명을 달성한다는 방침

표 16-1 　　　친환경 녹색물류의 개념

구분		친환경 녹색물류정책	
		환경부하의 저감	순환형 사회로의 공헌(정맥물류)
친환경 물류	동맥물류	• 환경부하의 저감을 위한 기술개발 • 화물의 운송 시 교통의 관리	• DFE(Design for Environment)의 향상
	정맥물류	• 공동수송 및 수단 전환 등 물류효율화 • 물류거점의 정비	• 정맥물류시스템의 구축(리사이클 포트 정비)

자료: (사)서울교통환경포럼, 『저탄소 녹색성장을 유도하는 교통물류체계 구축방안 연구: 녹색물류(Green Logistics)와 재택근무의 활성화 방안』, 환경부, 2009, p. 16.

을 갖고 있다.

　　이러한 전 세계적인 흐름에 발맞추어 기업들도 지속가능한 경영활동을 위한 부분으로서 녹색물류의 중요성을 인식하게 되었으며, 이를 통해 외생적 요인으로 인해 발생되는 요소들은 감소시키고 경제성과 환경성, 그리고 사회적

그림 16-1 　　　녹색물류(GSCM)의 개념도

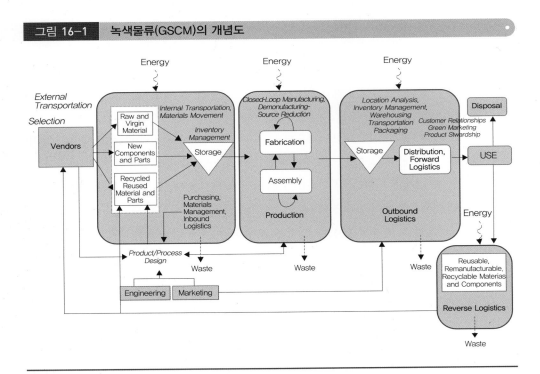

자료: Haervani and Helms(2005), "Performance Measurement for Green Supply Chain Management", *Benchmarking: An International Journal*, Vol. 12 No. 4., p. 335.

표 16-2   광의와 협의의 물류

녹색물류	광의	협의	대기환경	배출가스 규제, 운행제한 제도	화물자동차
			순물류	공동집배송, 친환경물류시설환경 신물류시스템	지속가능성 물류효율화
		역물류		회수물류, 폐기물류	정맥물류

자료: 서울시정개발연구원, 『서울시 대기환경 개선을 위한 그린물류 도입방안』, 2007.

으로 부합이 가능한 목표들의 지속가능한 조화에 노력을 기울이고 있다.

외국에서 일반적으로 사용되어지는 Green Logistics라는 용어는 환경물류, 그린물류 혹은 녹색물류로 혼용되어 해석되어 사용되고 있지만, 본서에서는 최근의 연구들에서 일반적으로 정의·언급하고 있는 녹색물류로 통일하여 기술하고자 한다.

또한 대부분의 선행 연구에서 녹색물류의 개념이 역물류(정맥물류, Reverse Logistics)개념과 혼돈되어 사용되어지는 경우가 많았으나 엄밀하게 역물류는 지속가능한 물류체계의 일부분으로 이해하는 것이 옳다고 보는 측면이 있다.

일반적으로 물류 활동으로 인해 발생하는 환경문제 중에 가장 심각한 부분은 화물의 운송으로 인해 야기되는 대기 오염과 그로인한 기후변화의 문제이므로, 녹색물류의 영역을 역물류에 국한하지 않고 물류 활동의 전 과정 뿐 아니라 환경, 교통 분야에 대한 영향까지 고려하는 것이 적합하다.

즉, 친환경 녹색물류의 개념을 정리하면, "원료, 제조과정, 완성재, 사용 후 상품, 폐기물, 폐기과정 등과 관련하여 원료의 조달에서부터 최종소비자에 이르기까지 모든 과정과 최종소비자의 지점으로부터 생산지점, 재활용 및 재생산, 처분 등의 지점에 이르기까지 모든 과정에 걸쳐 환경유해요소를 제거 또는 최소화하며, 순환자원 및 폐기물에 대해 가치의 재취득 및 적절한 처리 그리고 넓은 의미에서는 순환형 사회의 형성을 위해 효율적이고 비용 효과적으로 계획과 실행, 그리고 통제하는 과정"이라 정의할 수 있다.

녹색물류는 순물류(동맥물류)와 역물류(정맥물류)를 포괄하며 물류 활동의 제반과정에서 파생되는 교통과 환경 분야에 대한 영향을 고려하는 물류의 개념으로 정의한다. 협의의 녹색물류는 물류분야에서 화물운송 시 발생할 수 있는 대기오염 배출가스 저감대책 등 오염물질을 저감·관리하는 활동을 뜻하며, 광의의 녹색물류는 물류 활동에 따른 대기환경에 대한 영향뿐만 아니라 전통적인 순물류와 역물류를 포함하는 물류 활동 전반을 포괄하는 개념이다.

4 녹색물류의 필요성

2005년 2월 교토의정서가 공식 발효되어 온실가스 감축의무를 지고 있는 선진국을 중심으로 배출권거래제도 및 청정개발체제 등 교토의정서 이행 메커니즘을 이용한 온실가스 감축 노력이 가속화 되고 있다. EU는 km당 140g 이상의 이산화탄소를 배출하는 경우 수입을 제한하는 자발적 협약을 발효할 예정이며, 120g/km로 더욱 강화한다는 계획도 가지고 있으며, 기타 수입품목의 경우에도 포장재의 처리에 까다로운 기준을 적용하고 있다.

최초 교토의정서에 비준하지 않았던 미국도 마찬가지여서 캘리포니아주의 경우 2009년부터 차량의 이산화탄소 배출기준을 엄격히 적용할 예정으로 있어 국내 관련 업계의 대책마련이 시급한 상황이다. 한편 한국은 세계 10위의 에너지 소비국이며 석유소비량 세계 7위, 원유 수입은 세계 4위이다. 한국 온실가스 배출량은 세계 11위 정도이고 또한 가스배출 상위 20개국 가운데 가장 높은 증가율을 기록 중이다. 우리나라는 교토의정서 채택 당시 개도국으로 분류되어 온실가스 감축의무를 면제받았으나 OECD 회원국이면서 온실가스도 대량으로 배출하는 우리나라에 대해 앞으로 감축의무에 대한 요구가 거세질 것으로 전망된다. 현재 우리나라의 운송(수송)부문이 국내탄소발생률의 20%를 차지하는 상황을 감안하면 국내 물류 업계는 녹색물류가 필요한 상황에 이르게 되었다. 따라서 정부와 민간차원의 다각적인 환경관련 대응책 마련 노력과 함께 물류부문에서 에너지 효율적이며 자원 재생형인 친환경 물류체계로의 전환이 필요하다.

특히 교통·물류부문에서 환경 친화적인 정책을 추진해야 할 필요가 있다. 우리나라 전체의 이산화탄소 배출량 중에서 운송부문이 차지하는 비중은 2005년도 기준 21.5%이다. 특히 물류비에서 가장 커다란 비중을 차지하는 부분이 운송비인데, 화물자동차로 인한 온실가스배출은 2005년 우리나라 운송부문 전체 배출량의 약 40%에 해당된다.

일본에서도 운송부문은 제조부문 다음으로 이산화탄소 배출량이 많은 부문이며 전체 배출량의 약 20%를 차지하고 있다. 특히 화물자동차운송은 운송부문 전체에서 배출되는 이산화탄소의 약 40%를 차지하여 그 비중이 크다.

따라서 물류부문에서의 정부의 정책, 기업의 다각적 활동을 통한 이산화탄소 배출량을 줄이기 위한 노력들은 그만큼 중요하다고 할 수 있다.

또한 지속적으로 사회경제가 발전하기 위해서는 유한한 천연자원의 보다 더 효율적인 활용이 요구된다. 일본에서는 연간 약 4천만 톤의 폐기물이 매립되고 있으나, 매립처분장은 앞으로 10년이면 고갈될 상황이다. 이처럼 매립처분장의 부족, 천연자원의 유한성 등에 대한 대비와 폐기물의 재활용 등에 의한 자원순환형 사회로의 전환이 과제가 되고 있으며, 이의 기반이 되는 정맥물류 시스템의 구축이 요구되고 있다.

제조과정상 폐기물을 배출할 수밖에 없는 기업들은 상대적으로 리사이클 기술이 뛰어나고 처리비가 저렴한 폐기물처리업자가 있어도 그 처리시설이 멀리 입지하고 있을 경우에는 운송비가 많이 들기 때문에, 운송비용 절감을 위해 근거리에 입지한 시설을 이용할 것이며, 이 때문에 결과적으로 매립에 대한 리사이클, 리사이클제품의 경쟁력약화, 불법투기의 방지 등이 발생하고 있는 실정이다. 그러므로 폐기물과 순환자원의 운송비용 저감, 불법투기의 방지 등 폐기물을 적절하게 처리할 수 있는 물류시스템의 구축이 필요한데, 일본에서 연구되고 있는 정맥물류 시스템이 그러한 대안의 하나로 고려될 수 있다.

한편 사회시스템의 변화에 항상 주목하고 있는 기업측면에서 환경친화적 물류 활동의 필요성도 살펴볼 필요가 있다. 최근 소비자들의 환경에 대한 인식이 고조되면서 환경을 고려하지 않은 제품은 세계시장에서 생존 자체가 위협받게 되었다. 선진국에서는 자국의 환경기준에 못 미치는 상품은 수입을 규제하고 있기 때문에, 기업들이 핵심역량을 제고하기 위해 친환경적으로 공급사슬을 관리하는 것이 중요해지고 있다.

친환경적 공급사슬관리는 기존의 공급사슬관리에 환경 친화적 요소들이 추가되어 전체 공급사슬의 프로세스, 조직, 시스템을 재구성하는 혁신활동이라고 할 수 있다. 친환경적 공급사슬관리에 의해 기업들은 제품생산비 뿐만 아니라 폐기물 발생비용, 환경오염방지시설 및 오염물질 처리비용과 같은 환경비용과 에너지 사용료, 정부 및 이해관계자 민원 등을 감소시킴으로써 경쟁력을 강화할 수 있으며, 환경규제 강화에 따른 배출부과금 제도, 환경오염복원비용 부담제도, 폐기물예치비제도 등으로부터의 부담을 줄일 수 있다.

친환경 녹색물류시스템 구축

    친환경 녹색물류 활동(environmental friendly green logistics system)이란 자재 및 제품이 최종 소비자에게까지 전달되는 과정에서 발생하는 포장 · 수송 · 하역 · 보관과 관련된 전통적 순물류(forward) 활동뿐만 아니라, 일정 기간 사용된 후 최종 소비자로부터 폐기되는 제품 및 자재를 회수하여 각각의 상태에 따라 분류한 후, 필요한 2차 가공 과정(remanufacturing 또는 recycling) 또는 최종 폐기 처분을 위하여 수송 및 재분배하는 과정과 관련된 역물류 활동 전체가 지구 환경에 미치는 부정적 영향을 억제할 수 있도록 설계된 물류 시스템으로서 출하까지의 각 단계에서 다음과 같은 활동들이 이루어져야 한다 (그림 16-2 참조).[1]

그림 16-2   자원 순환형 시스템과 환경 친화적 물류 활동

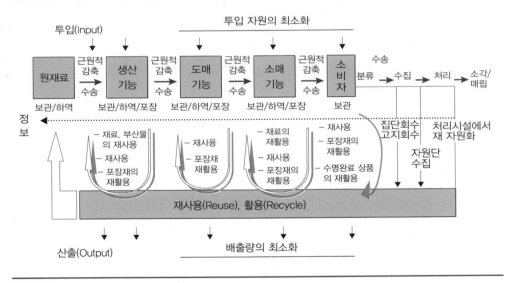

자료: 박석하, "환경 친화적 물류 활동의 실태 분석", 산학경영연구 제18권 제2호, 2005, p. 113.

---

1 박석하, 『녹색물류』, 한국표준협회미디어, 2011, p. 134.

1 친환경 녹색물류의 개념

친환경 녹색물류란 원료의 조달에서부터 최종소비자에게 이르기까지의 모든 과정과 사용 후 폐기 또는 재활용되기까지의 모든 과정에 걸쳐서 환경유해요소를 최소화하며, 순환자원 및 폐기물로부터 가치를 재취득하고 처리를 하는 활동이다.

원재료 또는 재활용 된 재료의 사용으로 제품이 제조되고 그 제품은 유통망을 통해 고객에게 전달된다. 사용이 끝난 제품은 어떠한 형태로든 처분된다. 경제적으로 재활용이 가능한 자재들은 재활용 되고, 또 어떤 자재들은 폐기처분된다. 그리고 수배송, 보관 또는 하역 과정에서 제품이나 자재들을 보호하기 위해 사용된 포장재도 마찬가지의 처리 과정을 거치게 된다.

물류시스템의 여러 측면들 가운데서 운송과 포장은 환경오염의 주요 원인으로 작용하고 있다. 그러나 달리 생각해보면 환경문제를 해결하기 위해 국가의 가용자원 중 하나라고 할 수 있다. 친환경 녹색물류는 자원을 절약하고, 물자의 재활용을 촉진시키며, 친환경 대체제를 사용함으로써 원재료의 보호와 쓰레기를 줄이기 위한 자재의 순환 시스템을 정립시키고 있다. 또 재활용이 불가능한 재료나 생산 부산물과 포장재 등의 친환경적인 처리에도 이바지함으로써 지속 가능한 개발을 촉진시키는 활동이라고 할 수 있다.

2 친환경 녹색물류의 실현을 위한 방법

1) 친환경 자재의 구매 및 조달

친환경 자재의 구매와 조달은 발생 폐기물의 양을 감축시킬 뿐만 아니라 환경적 부담의 근원적 감축, 대체 및 폐기처분 등을 통하여 기업의 이윤 제고, 이미지 개선, 환경규제에 대한 적절한 대응을 가능케 하기 때문에 친환경 녹색물류 활동의 출발점으로 평가받고 있다.

친환경적인 천연자원 및 재생자원의 선택을 통해 제품 또는 생산활동을 수행하는 것은 생산활동 자체적인 환경부담과 생산활동의 결과로 발생하는 기업의 환경적 부담을 근원적으로 감축시켜 줄 수가 있다. 이를 실현하기 위하여 많은 기업의 구매 및 조달업무 관련 부서 및 직원들은, 사용하고 있는 자재들이 환경관점에서 가장 최적인지 여부를 검토하고 친환경 자재들이 사용가능하면, 예상되는 비용 절감효과와 성능의 차이를 비교 · 검토하여 새로운 대체 가능성을 찾고자 노력하고 있다.

2) 회수물류

일반적으로 제조업은 물류의 영역을 크게 조달물류, 생산물류, 판매물류 세 가지로 구분하고 있는데, 최근에는 상품의 생산에서 소비에 이르는 통상적인 흐름과 반대되는 흐름을 총칭한 회수물류를 포함시키게 되었다.

회수물류는 또한 반품, 물류기기 그리고 포장원료의 물류 등 세 가지로 나눌 수 있다. 고객에 대한 서비스가 강화되면서 반품처리를 위한 독자적인 물류 시스템 구축이 활성화되고 있다. 또 팰릿이나 컨테이너 같은 적재용 자재같은 경우 반복 사용을 위한 물류 시스템이 구축되어 있는 상태이다.

미국에서는 최근 공급사슬(Supply chain)에서 제품이 그 수명을 다한 뒤 이를 마지막 사용자로부터 회수하여 재활용(recycling)하고 다시 사용하는(reusing) 추세가 늘어나고 있다. 이를 위해 고객으로부터 반품되는 제품에 대해 광범위한 서비스 네트워크를 구성하여 회수물류의 품질문제를 해결하고 있다. 여기에는 애프터서비스 기능, 유지 보수 서비스 등 고객을 지속적으로 만족시킬 수 있는 활동들이 포함된다. 이 역시 제품과 서비스를 통해 회수물류의 기능을 개선하고자 하는 노력으로 여겨지고 있다.

일본에서는 회수물류를 가리켜 '정맥물류'라고 하고 있다. 마치 피가 심장에서 출발해 동맥을 타고 온 몸을 돌고 난 뒤 정맥을 타고 폐로 돌아오는 것에 비유하여 표현한 것이다. 1997년 「용기포장리사이클법」, 1998년의 「개정폐기물처리법」, 2001년 「가전리사이클법」이 시행되면서 정맥물류가 주목을 받기 시작했다.

3) 친환경 포장

포장은 환경 측면이 가장 직접적이고 가시적으로 부각되고 있는 분야이다. 친환경 포장이란 포장의 고유한 목적과 기능인 내용물의 보호, 하역의 편의, 유니트화, 상품의 구분 표시 등을 유지하면서도 포장재료를 적게 사용하거나 재생원료를 사용하며 재생 · 재활용이 가능하도록 친환경성을 확보하는 활동이라고 할 수 있다.

그동안 포장은 자원의 낭비, 포장 재료의 낮은 순환율, 제품의 환경 정보 표시 누락, 쓰레기 발생량의 증가 등의 문제를 발생시켜왔다. 폐기물 발생률을 높이는 과대포장이나 비효율적인 디자인, 1회 용품 등이 주된 원인이었다.

포장재의 간이화와 완충방식의 개선, 규격의 표준화에 의한 완충재의 사용량 절감이 이뤄지면서 포장으로 인한 환경부하가 감소하는 추세에 있다. 또 팰릿 등의 물류 기기 규격을 통일하여 회수 및 재활용비율을 늘려가고 있다.

국내와 독일, 일본의 여러 기업들은 포장 및 물류 기기의 개선을 통해 포장과정에서 발생하는 폐기물의 양을 줄이고, 비용을 절감하는 효과를 얻고 있다.

4) 재활용

1990년대에는 사용되는 대부분의 물질들이 재활용되지 않고 버려졌다. 대략 모든 알루미늄 제품의 3분의 2, 모든 철강제품과 종이류의 4분의 3, 그리고 더 많은 양의 플라스틱 제품들이 한번 쓰고 버려지는 식이었다.

그러나 2000년대 들어 재활용은 세계적으로 유망한 사업 분야가 되었다. 환경적으로 큰 이익을 가져다 줄 수 있을 뿐만 아니라 재활용 재료의 판매와 사용에서 오는 수익과 함께 고객에게 기업의 긍정적 이미지를 줄 수 있다.

재활용된 자원의 사용이 제품 및 포장의 성능 자체를 약화시키지 않는다면 기업은 제품의 생산에 필요한 자재 및 포장재의 조달에 재활용 자원의 사용가능성을 검토할 필요가 있다. 포장재의 경우는 재활용 또는 재사용 가능여부에 관해 표시를 의무화 함으로써 재활용비율을 높일 수 있도록 해야 한다.

5) 폐기물의 처리

폐기물의 처리는 자원의 재활용, 안전한 수송, 저장 등 많은 부분에 관련되어 있다. 일반적으로 물류과정에서 발생하는 폐기물의 배출량을 줄이기 위해 다음과 같은 노력들이 수반되어야 한다.

첫째, 발생한 폐기물의 재활용 확대 및 처리비용 절감이 필요하다.

둘째, 관리시스템 구축 및 장비 개발이 필요하다.

셋째, 통상적 흐름의 물류 및 회수물류체계의 통합으로 효율성을 제고하는 것이 필요하다.

우리나라는 2003년 「자원의 절약과 재활용촉진에 관한 법률」 개정을 통해 폐기물에 대한 생산자 책임활용제도가 가동되고 있다. EU는 회원국 내에서 폐제품의 회수와 재활용을 의무화하고 있고, 일본은 무로라, 도마코마이, 도쿄,

고베, 기타규슈 등의 항만을 '재활용항만(recycle port)'으로 지정하여 폐기물 처리에 적극적인 자세를 보이고 있다.

6) 운 송

운송활동의 역할은 환경에 미치는 부정적인 영향과 밀접한 관계가 있으며, 최단거리 운송 네트워크 구축은 에너지 낭비를 억제시킬 뿐만 아니라 배기가스 방출을 통한 환경적 피해를 줄일 수 있다.

일본에서는 다수의 기업이 물류시설을 연계하여 공동수송과 왕복수송, 공동 납품, 공동배송을 추진하여 물류비용 절감, CO_2 배출량 감축, 물류서비스의 안정적 공급, 물류서비스 수준의 유지 및 향상을 통한 녹색물류체계의 기반을 구축하는 활동을 다른 나라들에 비해 일찍부터 연구·구축하고 있다.

3 친환경 녹색물류의 효율화 요건

친환경 녹색물류시스템이 원활하게 운영되기 위해서는 다음과 같은 측면에서의 노력이 필요하다.

1) 첨단 지원기술의 활용

기술의 개발은 물류 활동에 있어서도 효율화를 극대화할 수 있게 만들었다. 특히 친환경 녹색물류에 있어서도 이러한 기술의 사용은 긍정적인 효과를 나타낼 수 있다. 이를 위해서는 물류서비스를 개발하고 생산·판매·회수의 공급사슬의 재편성, 물류정보 네트워크의 구축, 운행효율 향상, 수·배송의 효율화, 각종 정보통신시스템의 개발 및 정비가 필요하다.

정보기술의 혁신은 물류 효율화뿐만 아니라 환경부하를 줄이는 데도 도움을 줄 수 있다. ITS(Intelligent Transportation System), 주행지원도로시스템, VICS(Vehicle Information and Communication System), 도로교통정보통신시스템 등 IT를 활용한 다양한 시스템의 개발은 교통정체를 줄이고 자동차의 안전한 운행을 가능하게 할 뿐 아니라 운행효율의 향상에도 크게 공헌할 수 있다.

또 RFID기술을 활용하여 생산에서부터 판매까지 물류와 관련된 정보처리에 큰 효율화를 기대할 수 있다. 바코드에 비해 기록하는 정보량의 증대에 따라 생산·물류·판매정보와 이동의 이력 등이 수시로 기록이 가능하게 된다. 또

낱개포장 단위부터 단품단위의 관리를 전 과정에서 기록할 수 있기 때문에 이를 통해 인력, 비용 등을 절감할 수 있는 것이다.

2) 환경관리 회계시스템

환경관리 회계시스템은 환경관련 비용의 소재와 규모를 정확히 산정, 제품별·공정별로 배분함으로써 기업활동의 경제적·환경적 경쟁력을 제고할 수 있도록 환경관련 지출, 자산, 부채를 재무제표상에 별도로 기재하는 것이다.

1992년 리우회의 이후 선진국의 다국적기업들을 중심으로 환경관리 회계 정보를 공시하는 경우가 잦아지고 있다. EU에서는 역내 기업들을 대상으로 관련제도를 공동으로 적용하는 등 다양한 환경관리 회계 제도가 도입되고 있으며, 다양한 형태의 재무적 압력도 환경관리 회계를 도입하도록 촉진하는 요인이 되고 있다.

기업활동의 경제적·환경적 경쟁력 제고를 목적으로 하는 환경관리 회계는 기업 내부의 관리회계 차원에서 다음과 같은 환경회계의 필요성이 폭넓게 제기되고 있다.

- 환경비용 절감을 위한 의사결정의 지원
- 기존의 간접비 계정으로 애매하게 처리 또는 간과되었던 환경비용의 명확한 규명
- 정확한 원가측정과 가격설정을 통한 공정 및 제품의 환경비용에 대한 정확한 산정
- 잠재적 환경영향을 고려한 투자분석 및 평가절차의 개선
- 전반적인 환경경영체제 개발 및 실행지원 등

환경관리 회계가 도입되고 활성화된 기업에서는 녹색물류 활동에 있어서도 환경 비용 정보를 경영 의사결정에 반영하여 물류 활동을 수행하고 있고, 그 수행결과 및 새로 생성된 환경비용정보를 바탕으로 더욱 개선된 녹색물류 활동을 이끌어낼 수 있다.

환경관리 회계를 통하여 자재의 조달, 상품의 생산 및 판매에서 제품생산비뿐만 아니라 물류의 전과정에서 걸쳐 발생하는 환경요인을 동시에 고려해 기업 활동을 함에 따라 추가적으로 발생하는 환경비용과 에너지 사용료, 정부

및 이해관계자 민원 등을 감소시켜 기업경쟁력을 강화시킬 수 있다.

지금까지 기업의 오염방지 활동은 사후처리에 치중해 왔으나, 최근에는 친환경적 공급사슬관리에 의한 사전적 노력에 관심이 모아지고 있다. 하지만 기존의 전통적인 회계시스템은 기업의 이러한 사전적 노력을 적절하게 반영하지 못하기 때문에, 기업의 환경활동을 보다 효율적인 방향으로 유도할 수가 없다. 사전적 노력이 단기적인 재무제표상의 비용발생으로만 인식되고 미래 발생 가능한 사후적 환경비용은 반영하지 않기 때문에 결과적으로 기업의 수익이 악화되는 요인이 되고 있다. 따라서, 환경회계를 통한 새로운 평가기준을 마련함으로써, 사전적 대응 중심의 친환경적 공급사슬관리에 대한 투자가 보다 유리하게 평가되도록 해야 한다.

3) 기업의 환경개선의식 고양

앞에서 말한 기술적 요인, 환경관리 회계시스템 외에도 현장에서 실제로 작업을 담당하는 담당자들의 의식 개선이 선결되어야 한다. 조직과 개인이 모두 환경에 대한 배려를 하고 지속적으로 실천할 수 있도록 하는 노력이 진행되어야만 한다.

핵심인재를 확보하고 양성하는 것도 중요하다. 기업의 지속적 발전을 담당할 수 있는 핵심 인재야말로 친환경 녹색물류의 구축과 발전에 있어 꼭 필요하기 때문이며, 눈 앞의 이익추구보다 다음 세대의 관점에서 사업선택과 후계자 양성이 연계되어 이루어져야 한다.

그리고 조직의 비전과 인재양성 프로세스에 친환경 녹색물류 구축에 대한 노력이 녹아 들어 있어야 한다. 기업은 지속가능한 녹색성장에 기반을 둔 비전을 설정하고 종업원의 채용, 교육, 업무 내용, 업무추진, 업적측정, 성과의 배분 등에 이를 반영하여 인재양성을 하고, 이러한 비전에 기반한 조직특성, 기업문화를 형성하도록 해야 한다.

4 친환경 녹색물류시스템 사례[2]

1) 현대자동차

현대자동차는 제품의 설계단계에서부터 재활용 용이(DfR: Design for Recycling)와 해체용이 설계(DfD: Design for Dismantling)를 도입하여 재활용률을 높이기 위해 노력하고 있다. 그리고 CATIA 기반 친환경지원시스템(DOROSY: Design for Recycling Optimizing System)을 개발하여 사내 및 협력사의 설계자가 직접 환경성 평가와 개선이 가능하도록 하고 있다.

생산 및 물류에 있어서는, 제품의 원자재 조달, 제조, 사용 및 폐기에 이르는 전 과정에 걸친 환경영향을 정량적으로 평가할 수 있는 LCA(Life Cycle Assessment)를 활용하여 2008년부터 신규 출시된 차종에 대한 평가를 수행하고 있다. 평가결과는 차량의 환경성 개선을 위한 데이터로 활용하며, 홈페이지를 통하여 사내·외 이해관계자에게 정보를 제공하고 있다.

자동차의 설계에서 생산에 이르기까지의 활동에 유해화학물질 사용을 철저히 관리하고 있으며 국내외 모든 생산차량, 부품 및 재료에 4대 중금속(수은, 납, 6가 크롬, 카드뮴)의 사용금지를 자주적으로 준수하는 '4대 중금속 글로벌 스탠더드' 방침을 제정하여 단계를 설정하여 추진하고 있다. EU의 화학물질의 등록·평가·인가·제한에 관한 규칙(REACH 법)[3]에 대응하기 위하여 화학물질 관리 시스템을 구축하여 데이터베이스화하여 관리하고 있다.

2) 홈플러스

홈플러스는 환경보전에 대해 적극적이고 능동적인 자세로 임하고 있다. 제품의 환경에 대한 영향을 고려하여 환경투명성을 확보하려고 하고 있고, 점포별로 고객과 지역단체와의 상호공조체제를 구축하여 지역 특성에 맞는 실질적인 환경보전 활동을 추진하고 있다.

사회적인 책임감을 인식하여 조직 내의 모든 활동에서 주요 환경영향을 식별하여 상품 입고·적재 및 간접 시설의 모든 영역에서 지속적인 환경개선활

---

2 현대자동차와 홈플러스의 사례를 제외하고는 모두 물류신문에 기고된 내용을 재구성한 것임 (출처: 물류신문, http://www.klnews.co.kr/news/articleView.html?idxno=111492).

3 연간 1톤 이상의 화학물질(약 30,000개 물질)을 제조·수입하는 사업자에 대해 사업자별로 당해 물질과 용도에 대해 등록의무를 부과. 등록 및 데이터를 제공하지 않는 경우 제품의 시판을 불허함.

동을 추진하고 있다.

물류측면에서 선진적인 친환경 물류·운영 프로세스를 구축하여 이산화탄소 및 에너지 절감 노력을 적극적으로 펼치고 있다. 또 점포에서 발생하는 폐기물 재활용 비율을 높여 50%까지 확대시켰다.

친환경 운반용기를 사용하고 점포 후방에서의 상품 작업을 최소화해 도심 쓰레기 발생을 줄이는 친환경업무프로세스도 실시하고 있다. 또 대형차량을 운행함으로써 전체 운행차량 대수를 줄일 수 있었고 유류비 절감과 환경오염 감소, 교통량 감소 등의 효과를 거둘 수 있었다.

3) 혼다(Honda)[4]

혼다(Honda)는 공해문제가 심각한 1960년대부터 환경과제를 해결하기 위한 활동을 해왔다. 1992년에는 환경과제의 사고방식을 명문화한 '혼다 환경선언'을 제정하였다. 이를 통해 지구환경보전을 중점과제로 하는 사회의 책임있는 일원으로서 Honda는 모든 기업활동을 통하여 사람의 건강 유지와 지구환경의 보전에 적극적으로 기여하고 그 행동에 있어서 선진성을 유지하는 것을 목표로 하여 그 달성에 노력하고 있다.

① 혼다의 가이드라인

1-우리들은 상품의 연구, 개발, 생산, 판매, 서비스, 폐기라는 라이프사이클의 각 단계에 있어서 재료의 재활용과 자원, 에너지의 절약에 노력한다.

2-우리들은 상품의 라이프사이클 각 단계에서 발생하는 폐기물, 오염물질의 최소화와 적절한 처리에 노력한다.

3-우리들은 기업의 일원으로서 또 사회의 일원으로서 사람의 건강유지와 지구환경보전에 노력하는 것이 중요하다고 인식하고 적극적으로 행동하는 것에 노력한다.

4-우리들은 사업소의 활동이 각각의 지역 사람들의 건강과 환경과 사회에 대하여 미치는 영향에 대하여 인식하고 사회로부터 높은 평가를 받도록 노력한다.

---

4 Honda, www.hondakorea.co.kr.

4) 유한킴벌리[5]

1996년 환경경영을 선포하고 전담팀을 설치하여 지속적으로 기후변화에 대응. 2020년 배출전망치(BAU) 대비 온실가스 30% 감축 및 녹색제품 매출 30% 달성을 미션으로 하는 저탄소 비전에 따라 공정개선과 더불어 온실가스 조기감축 사업, 배출권거래제 시범사업, 물류에너지 목표관리제도에 참여하고 있다.

그림 16-3	유한킴벌리 저탄소 비전 및 로드맵

비전	Vision 2020 지속가능한 미래창조			
미션	온실가스((BAU 대비) 30% 감축, 녹색제품 매출 30% 달성			
핵심가치	Green Operation 운영 저탄소화	Green Product 제품 저탄소화	Green Society 저탄소, 사회실현	Green SCM 공급량 저탄소화
추진 프로그램	• 저탄소경영 시스템 • 탄소성과 관리체계 • 웹 기반 탄소배출량 관리 • 신재생 에너지 사용 • 에너지 최적화	• 저탄소제품 개발 • 탄소라벨링 • 지역자원 사용 • 그린마케팅 확대 • 친환경 자재 사용	• 자발적 탄소 크레딧 • 정부 정책 개발 지원 • 우리강산 푸르게 푸르게 • CDP 참여 • 기후변화 커뮤니케이션	• 공급망 온실가스 • 배출량 정량화 • SCM 거점 최적화 • 그린 파트너십 • 선행 물류/복합 운송활성화

5) 삼성전자[6]

① 녹색경영

삼성전자는 사람과 자연을 존중하는 경영 활동을 통해 인류의 삶과 지구환경 보전에 이바지하겠다는 녹색경영 이념을 바탕으로 친환경 경험의 고객 제공과 지속가능한 미래 선도라는 녹색경영 비전을 선포하고 'Planet First'라는 슬로건을 내세워 녹색경영을 시행하고 있다.

② 전략수립

중대성 평가 결과 도출된 주요이슈를 반영하고 2008년부터 2013년까지의 녹색경영 중기목표(EM 2013)성과를 분석하여 2020년까지의 중장기 전략(Eco-Management 2020)을 수립하였다.

---

5 유한킴벌리, www.yuhan-kimberly.co.kr; 유한킴벌리, 『사회책임 경영보고서』, 유한킴벌리, 2014.

6 삼성전자, www.samsung.com/sec.; 삼성전자, 『지속가능경영 보고서』, 삼성전자, 2014.

그림 16-4	녹색경영 기본이념, 비전, 슬로건

기본이념 ▶ 생명외경 사상을 바탕으로 사람과 자연을 존중하는 기업활동을 통하여 인류의 풍요로운 삶과 지구환경보전에 이바지한다.

비전 ▶ Providing Green Experience, Creating Substainable Future 혁신적인 친환경 제품과 기술을 통해 고객에게 새로운 친환경 경험을 제공하고 글로벌 사회의 지속가능한 미래를 선도한다.

슬로건 ▶ 지구를 최우선으로 하는 경영활동을 통해 기업의 사회적 책임 및 지속가능경영을 추구한다.

③ 중기목표 (Eco-Management 2013) 성과

2009년 삼성전자는 환경에 미치는 영향을 최소화하고 녹색경영의 내실을 다지기 위해 녹색경영선포식과 함께 녹색경영 중기목표인 EM 2013(Eco-Management 2013)을 발표했다. 중기목표의 목표 달성 시점인 2013년 기준, 핵심 목표로 내세운 매출 원단위 기준 온실가스 배출량 50% 저감 및 글로벌 환경마크 인증 수준의 친환경 제품 100% 출시를 모두 달성했으며 녹색경영 투자 및 협력회사 지원도 계획대로 진행하였다.

표 16-3	EM 2013 핵심 KPI 및 성과

부문	항목	기준 (기준년)	2013년 목표	2013년 실적	달성률 (%)
온실가스 저감 (국내)	원 단위 (톤CO_2/억 원)	7.44 (2008)	2.38	2.23	107
친환경제품 개발률	Good Eco Product율 (%)	54 (2009)	100		
	Good Eco Device율 (%)	72 (2010)	100	100	100

표 16-4	녹색경영 투자 및 협력회사 지원
부문	**내용**
녹색경영 투자	누적 6.58조원 투자 (제품 R&D 3.28조원, 사업장 환경설비 3.3조원), 목표 (5.38조원) 대비 22% 초과 달성
협력회사 지원	글로벌 협력회사 대상 환경경영시스템(ISO 14001) 및 온실가스 관리 교육 등 지원

④ 녹색경영 중장기 목표 (Eco-Management 2020)

2013년 녹색경영 중기목표 달성 후 환경변화에 능동적으로 대응하고 미래 녹색경영 리딩 기업으로 도약하기 위해 녹색경영 중장기 계획인 EM 2020을 수립했다. 'Providing Green Experience, Creating Sustainable Future'라는 비전 아래 2008년 기준으로 2020년까지 제품 에너지효율을 50% 향상하고 온실가스 원단위 기준 배출량을 70% 절감할 계획이다. 또한, 친환경제품, 친환경 사업장, 친환경 커뮤니케이션 3개 부문에 대해 전략과제를 발굴해 지속적인 녹색경영을 시행해 나갈 계획이다.

그림 16-5	EM 2020 추진전략

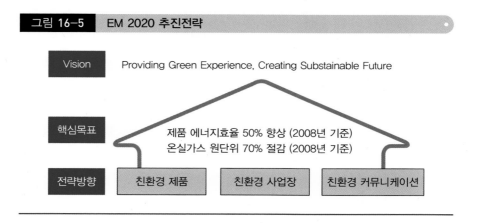

6) 머스크라인(Maersk Line)[7]

머스크라인은 환경 문제를 지속가능한 경영의 주요 과제로 채택해 체계적인 환경보호 정책을 시행하고 있다. 해상운송은 다른 운송수단에 비해 에너지

---

7 Maersk Line, www.maerskline.com ; Maersk Line(2013), *Sustainability Progress Update*, Maersk Line.

효율적이고 친환경적이지만 머스크라인은 NGO 및 여러 국제기구들과의 협력을 통해 이산화탄소 배출에 대한 환경 관련 규제 기준을 제시하고 이를 해운업계에 적용시키고 있다.

2010년에는 업계 최초로 선박별 이산화탄소 배출량 인증서를 받음으로써 이산화탄소 방출 배출량에 대한 신뢰도를 높이는 한편 환경 경영을 추구하는 고객들에게 보다 투명한 서비스를 제공하는 계기를 마련하였다. 이를 통해 2013년, 이산화탄소 배출을 380만 톤까지 감축하는 동시에 사업의 성장을 4.1% 끌어올렸으며, 머스크라인을 이용한 고객사들의 경우 타사 대비 평균 260만 톤의 이산화탄소를 감축하였다. 머스크라인은 2020년까지 25%의 이산화탄소 방출량 감소를 목표로 온실가스와 아황산가스 감량을 추진 중에 있다.

7) IKEA[8]

이케아는 공급 사슬 안에 있는 모든 참가자들이 따라야 하는 IWAY라는 행동방침을 발표하였다. 다수의 항목으로 구성된 IWAY에는 파트너들이 어떻게 행동해야 하는 지, 이에 대해 이케아는 어떻게 보상할 것인지가 명시되어 있다. 이케아가 뛰어난 환경 경영 전략으로 인정받는 이유는 이케아가 자사뿐만 아니라 다른 공급 파트너, 소매점 파트너들에게 환경 방침을 철저히 지키도록 요구하기 때문이다. 이케아는 50여 개가 넘는 국가에 2000개가 넘는 공급 파트너를 가지고 있고, 전 세계 42개국에 345개의 매점을 가지고 있다. 이렇게 많은 파트너들이 이케아와 함께 환경 경영에 나선다면 그 파급효과는 매우 크다고 할 수 있다. 이케아는 IWAY의 실효성과 성공률을 높이기 위하여 WWF, UNICEF, UNDD 등의 국제기구와 함께 협력하고 있다.

8) LG화학[9]

1991년 '전사 환경안전위원회'를 발족시켜 고객과 기업, 환경을 하나로 묶는 기업경영을 추진해 온 LG화학은 RC(Responsible Care)를 전사 차원에서 본격적으로 추진하고 전 임직원의 환경·안전의식을 고취하기 위해 '전사 환경안전 위원회'를 공장·사업본부·지원 부분을 위원으로 하는 환경·안전경영 회의체인 '전사 RC위원회'로 확대 운영하고 있다.

---

8 IKEA, www.ikea.kr.

9 LG화학, www.lgchem.com.

그림 16-6   RC위원회 조직도

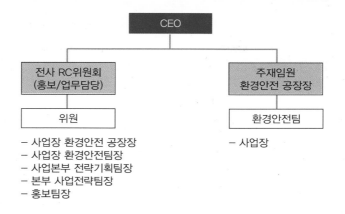

표 16-5   사업장 RC활동 내역

위원회	활동 내역
공장 RC 위원회	환경안전에 대한 핵심사항 논의, 사고재발방지 대책 심의 및 승인, 공통적 환경안전에 대한 개선안 확정, 선진기법 도입 검토 등
단위공장 RC 위원회	해당공장 환경안전에 대한 사항 논의(목표 및 추진방향, 실적 및 계획 공유, EVENT/안전작업절차/자율관리방향)
	설비 문제점 및 개선에 대한 사항 논의, RC 중앙위원회 확정에 대한 정보 공유 및 실행, 기타 환경안전 건의 및 개선에 대한 사항
RC 실무 위원회	공통 단위 공장 현안 문제점 개선안 수립, 환경안전에 대한 의견 취합 및 사고 예방에 관한 사항 등 환경 안전 지원사항, 국내외 동향분석 및 정보전달

반기 1회 개최되는 전사 RC위원회'와 별도로 각 사업장에서는 각종 환경 · 안전관련 회의체가 통합된 'RC위원회'를 운영하고 있다. RC위원회는 환경 · 안전 · 보건 · 에너지 관련 주요 정책의 입안, RC 활동실적의 분석과 평가, 주요 이슈와 정보의 공유, Best Practice 공유 등을 통해 기업 내외의 환경 · 안전 · 에너지 개선 요구에 능동적으로 대처하고 있다.

LG화학은 근로자의 안전보건, 공정안전, 오염방지 및 비상대응 등 4개로 운영되던 RC코드를 '유통', 및 '전과정 책임주의' 2개 항목을 새롭게 추가하였다. 한편, 사업장별 에 따라 RC 제반 요건의 준수 및 실행의 효율성 여부를 자체 평가하여 개선 목표에 반영하고 있다.

1 친환경 녹색운송물류시스템의 필요성

친환경 물류시스템은 국제환경규제의 강화에 대응하기 위한 국가 및 기업 차원의 정책적 대응으로 나온 것이다. 또한 친환경 물류시스템은 물류분야 모든 활동에 있어 환경부하를 저감하기 위한 물류시스템을 말하는 것으로, 그 중 운송부문에서의 친환경 물류시스템 구축은 이를 달성할 수 있는 중요한 수단이 될 수 있다.

온실가스를 가장 많이 배출하는 산업이라고 평가받고 있는 교통 · 물류산업[10]에서 온실가스 배출량이 가장 많은 부문은 운송부문으로, 온실가스 감축에 효율적으로 대응하기 위해서는 운송(수송)부문의 온실가스를 줄이는 것이 관건이라고 할 수 있으며 유럽 등 선진국에서는 운송부문의 온실가스 감축을 최우선 정책 중의 하나로 설정하여 추진하고 있다.

일반적으로 화물 1톤을 1Km 운송하는데 배출되는 단위 CO_2 배출량은 화물차 474.9g/km, 해운 85.9g/km, 철도 35.6g/km으로 화물차로 운송시 온실가스가 가장 많이 배출된다고 평가받고 있다. 따라서 세계 전반적으로 국내 운송부문의 온실가스 배출량의 대부분을 도로운송이 차지하고 있는 현실을 반영하여 단위 CO_2 배출량이 높은 도로운송화물을 연안해운이나 철도운송으로 전환하는 방안인 해운, 철도에의 모달시프트(Modal-Shift)가 운송부문의 환경부하 저감의 주요 대응책으로 제시되고 있다. 그리고 이와 함께 국제환경규제 강화를 지지하고 이를 위한 정책개발에 노력해 온 EU나 일본 등 선진 각국에서는 차량의 대형화, 교점의 집약화, 공동물류 등을 통한 운송부문에서의 탄소저감 노력 또한 다각적으로 모색, 추진하고 있다.

---

10 국가별로 차이는 있지만 대체로 교통 · 물류산업의 온실가스 배출량은 국가 전체 배출량의 40~50%를 차지.

2 친환경 녹색운송물류 관련 국제적 동향

1) EU

EU의 친환경 녹색운송물류 정책은 대표적으로 'Revitalization of Railways'와 'Promotion of Intermodal Freight Transport' 2가지를 들 수 있으며, 도로부문의 수요를 비도로 부문으로 전환하는 것이 주요 내용이다. 'Revitalization of Railways'에서는 유럽의 철도 네트워크 통합을 통한 철도 운송 비중 증대를 위하여 물류시장의 개방 확대와 안전도 인증 등의 전략을 수립하였다. 'Promotion of Intermodal Freight Transport'의 일환으로 EU는 친환경 운송수단의 이용도를 높이기 위해 Marco Polo프로그램을 도입하여 도로운송화물을 철도 및 해상운송으로 전환, 친환경 운송장비 및 물류 장비 개발, 친환경 물류 기술 개발 등을 적극적으로 지원해 오고 있다.[11]

2) 일 본

일본은 2000년 '21세기 종합교통정책 기본방향' 등의 정책을 발표하여 환경개선에 공헌하는 지속가능한 교통체계 구축 및 법제도 정비를 추진하여 왔으며 특히 직접 온실가스를 배출하는 물류장비와 운송수단을 개선하기 위해 새로운 '종합물류시책대강(2009~2013)'을 발표하고 물류의 효율화를 통하여 온실가스를 감축하고자 노력하고 있다. '종합물류시책대강(2009~2013)'의 기본방향은 '효율적인', '환경부하가 적은', '안전·확실한' 물류의 실현이며, 운송부문의 환경부하를 저감하기 위하여 화물차 수송 효율화, 물류 공동화, 철도 및 해운으로의 Modal Shift, 국제해상 컨테이너 화물의 육상 수송거리의 저감 등을 추진토록 하였다.

3) 미 국

미국은 Federal Surface Transportation Planning and Policy Bill(2009)을 발표하여 2030년까지 운송부문 온실가스 배출 40% 저감을 목표로 육상운송 부문 지체도 감축, 자동차 주행거리 감축, 대중운송수단 분담률 증진, 도시 간 철도 분담률 및 비동력 운송수단 이용률 증진을 제시하였으며, 2020년까지 물류 분

---

11 강승우 외, "해외기후변화대응 철도정책 분석을 통한 국내기후변화 대응 철도정책 방향 제시", 「학술대회논문집」, 한국철도학회, 2009. 5, p. 350.

야 Modal Shift 10% 증진, 여객 및 화물의 교통 지체 및 혼잡도 감소 등을 추진하기 위한 정책을 추진하고 있다.

그리고 미국의 주요 환경단체인 미국환경보호국(EPA)[12]은 화물운송의 환경부하를 저감하고자 스마트웨이 운송파트너십(Smartway Transport Partnership)을 실시하여 주요 화물 운송업체, 트럭 회사, 철도, 물류 기업들의 자율적인 대기오염 물질 방출량 감소 및 기타 환경 개선에의 기여뿐만 아니라 참여 기업들의 비용 절감 등을 동시에 추구하고 있다.

③ 친환경 녹색운송물류시스템 구축을 위한 활동

1) 친환경 운송수단으로의 Modal Shift

오늘날 세계 선진 각국은 고효율 친환경 수단인 철도와 연안해운의 수송분담률을 확대하기 위하여 이를 위한 시설투자와 지원책 마련에 많은 노력을 기울이고 있다. Modal Shift를 적극적으로 지원하는 EU, 일본 등의 사례를 보면, 크게 화주에 대한 지원정책, 운송업체에 대한 지원정책, 그리고 양자 공통의 지원정책으로 구분할 수 있다. 먼저, Modal Shift에 있어 화주를 지원하는 정책으로 해운이나 철도를 이용하기 위해 필요한 시설 및 장비 투자에 보조금을 부여하거나 투자에 대한 세액공제와 같은 조세혜택을 부여하는 방안이 가장 많이 활용되고 있다. 또한 도로운송화물을 해운이나 철도로 전환할 경우, 해상운송비 또는 철도운송비의 일부를 보조하는 경우도 있다.

다음으로 운송업체에 대해서는 항만, 부두 또는 선로와 화차 등 인프라를 확충하여 해운과 철도의 운송여건을 개선하는 방안을 활용할 수 있으며, 원가절감을 위해 연료유에 대한 세금을 감면하는 방안을 활용할 수도 있다. 또는 선원이나 승무원의 인건비를 보조하여 원가부담을 줄여 주는 방안도 있다.[13]

정부는 Modal Shift를 촉진하는 지원대책을 다각적으로 모색하여 정부 재정 상태나 사회적 합의 등을 고려하여 여러 가지 지원대책을 동시에 활용하여야 할 것이다.

---

12 EPA: Environmental Protection Agency.
13 전형진 · 고현정, 국가 친환경 물류체계 구축을 위한 Modal Shift 활성화 방안, 한국해양수산개발원, 2008. 12, p. 32.

표 16-6 저공해차량의 특징과 개발현황

저공해차의 종류		압축천연가스 (CNG)차	메탄올 차	하이브리드카	전기자동차
주행원리		압축된 천연가스를 연료로 사용하며 흑연이 전혀 배출되지 않는다. 촉매작용으로 인해 발생하는 유해물질도 적다.	정제된 알코올 가운데 하나인 메탄올을 연료로 사용하며 흑연이 전혀 배출되지 않는다. 촉매작용으로 인해 발생하는 유해물질도 적다.	내연기관과 모터 등의 원동기를 함께 사용하는 방식으로 감속 시의 제동 에너지를 회수 (충전/ 축압)하여 가속시에 엔진을 보조한다.	배터리에 충전시킨 전력 에너지로 모터를 회전시켜 주행하므로 배기가스가 전혀 발생하지 않는다.
환경개선 효과 (가솔린 차량 대비 배출량)	Nox	우수	동일	동일 또는 우수	매우 우수
	흑연, PM	동일	동일	동일 또는 우수	매우 우수
	CO_2	우수	동일	동일 또는 우수	매우 우수
비용	차량가격	1.4~3배	2~3배	1.4~2.6배	2.5~10배
	추가비용	가스용기의 정기 점검 · 정비	부식성 때문에 일부 부품의 손상이 빠름	배터리의 정기 교환이 필요 (전기식)	배터리의 정기 교환이 필요
주행성능 (기존차량=1)	1회 충전 시 주행거리	0.3	0.9	1.1~2.0	0.2
보급대수	2002년 3월말	12,012	135	50,402	3,815

자료: (사)전일본트럭협회, 「일본 트럭수송산업 2003」.

2) 저공해 장비의 도입

운송물류장비를 저공해 장비로 교체하는 것으로 화물수송용 트럭의 경우 천연가스 자동차, 하이브리드 자동차 등 이산화탄소(CO_2)나 유해물질의 배출을 억제한 차량을 도입하려는 움직임이 일어나고 있다.

화물수송용 트럭은 대부분 디젤 차량이 차지하고 있는데 이를 저공해 차량으로 전환한다면 상당한 환경부하의 감축 효과가 있을 것으로 기대되고 있기 때문에 자동차 업체에서는 저공해 차량의 개발을 위해 적극적인 노력을 펼치고 있으며, 국가차원에서도 이를 지원하고 있는 추세이다.

그러나 저공해 차량의 보급을 위해서는 해결해야 할 과제가 적지 않다. 가장 먼저 높은 차량비용을 들 수 있다. CNG차, 메탄올차, 하이브리드카 등의 저공해차량은 일반 자동차 가격의 1.4~3배 수준이며 전기자동차의 경우 최대 10배나 차이가 나는 경우가 있다.

또 다른 과제로는 인프라의 정비를 들 수 있다. LPG나 CNG차는 연료를 보충하는 시설의 설비가 확보되지 않아 이용가능한 지역이 한정되어 있다. 또한 전기자동차의 경우 주행 중 전력이 모두 소모될 위험이 있으며 이 밖에도 견인능력과 주행거리 면에서 제약을 받는다.

따라서 대량생산을 통한 가격의 인하와 함께 구입 시의 조성 · 지원 장치와 함께 기본적인 주유 · 충전 인프라 구축이 함께 수반되어야 할 것이다.

3) 물류 공동화

물류 공동화는 공동 수배송과 물류거점을 여러 업체가 공동 이용하는 공동보관, 정보를 공유하는 물류정보 공동화로 구성되어진다.

공동 수배송은 복수의 트럭을 이용해 배송하는 것을 1대의 트럭에 공동 운송하여, 주행차량의 대수를 줄이고, 온실가스 배출을 저감함으로써 환경부담을 줄일 수 있다. 일반적으로 동업종의 기업이 협력하여 같은 납품처에 대한 배송 또는 물류거점 이용을 제휴해 공동화하는 것을 의미하며 환경부하 저감 효과뿐만 아니라 효율적인 수배송, 보관 정보 공유 등이 실현됨에 따라 기업의 물류비용 저감에도 기여할 수 있다.

그러나 이러한 물류 공동화 실현을 위하여 기업간의 협력이 우선되어야 하고 정보가 공유되어야 하는 어려움이 있어 간선 운송/보관에는 효율적이나 소비자 물류는 그 다양성에 의해 어려움이 있다.[14]

4) 물류 거점 합리화

분산된 물류 거점을 집약하면 대량 수송 및 수송차량의 적재효율을 제고시킬 수 있으며 화물의 대량 집화로 화물처리의 경제성을 높여 물류비용 절감에 기여할 수 있다. 그리고 이와 동시에 화물차의 필요 없는 운행을 줄여, 온실가스 배출량을 저감할 수 있어 제조, 생산 및 물류업체에 있어서의 환경부하 저감을 위한 운송물류시스템 구축을 위한 수단이 되고 있다.

---

14 한국무역협회, 녹색물류 경영전략, 2009, p. 118.

5) 친환경 경제운전을 위한 에코 드라이브

자동차 운전자 스스로 친환경운전, 안전운전, 경제운전 행동을 최적화하여 배기가스감축, 자동차의 수명연장, 에너지절약을 실천하는 신개념의 운전행동으로서 경제속도 준수(시속 60~80km), 불필요한 공회전감축, 신호대기 중 기어중립 등이 그 예라고 할 수 있다. 이를 활성화하기 위하여 에코드라이브 캠페인 및 화물차량 운전자 및 일반인 등을 위한 에코드라이브 교육 등의 활동을 하고 있다.

6) 정보공유 등 운송효율의 향상

운행거리 감소, 적재율 제고 등의 운송효율의 향상을 통하여 연료절약에 노력하는 것으로 화물운송 빈도, 시간의 적정화, 수배송 계획의 검토 등이 있다. 이를 위하여 입출하 시간 정각화를 통한 화물차 대기시간 단축, 화물운송 단위 대형화 서비스제공 업체에 인센티브 제공, 트럭의 대형화 또는 트레일러화를 통한 운행편수 감소, 회송차량에 대한 공차율 감소, 운송 및 거래단위가 작은 물량에 대한 혼재운송 실시 등의 노력을 하고 있다.

참 고 문 헌

1. 국내문헌 및 자료

강승우 외, 해외기후변화대응 철도정책 분석을 통한 국내기후변화 대응 철도정책 방향 제
　　시, 한국철도학회, 2009. 5.

김덕수, "한중 양국 수교에 따른 우리나라 서해안 지역의 자유항설치 가능성", 무역상무연
　　구 제7권, 1994.

김인주, 항공사 전략적 제휴의 글로벌 네트워크 형성에 관한 연구, 한국항공대학교, 2000.

김창호, 배추 한포기라도 포장해야 제값 받는다, 「월간조선」 1997년 11월호.

김현수, 친환경적 물류활동, 우정정보, Vol. 79(2009년 겨울).

김홍섭 역, 자유항의 역할과 선결조건, 한국항만연구회, 1992.

동아시아 학회, 동아시아 연구, 1997.

디지털데일리, "AI 집합체⋯아마존 물류센터는 어떻게 돌아갈까", http://www.ddaily.
　　co.kr/news/article/?no=166852

매일경제 1997년 10월 7일자.

물류매거진 1997년 4월호, 5월호, 6월호 및 7월호, 2008년 9월호.

"물류의 미래 : 아마존에서 답을 찾다", https://brunch.co.kr/@choihs0228/22

박명섭, 교통경제학, 한국학술진흥재단 번역총서 57, 대광문화사, 1988.

＿＿＿, 국제경제사, 형설출판사 1995.

＿＿＿, 국제해운론, 법문사, 1997.

＿＿＿, 부산자유무역항 구축방안, 부산상공회의소, 1995.

부산발전시스템연구소, 투자자유지역 설치에 관한 특별조치법(안), 「부산권의 투자자유지
　　역 설치방안 정책세미나」, 1994. 4.

부산상공회의소, 세미나자료 외국인 투자촉진지역, 1994.

산업연구원, KIET 실물경제, 1997년 9월 24일.

(사)서울교통환경포럼, 저탄소 녹색성장을 유도하는 교통물류체계 구축방안 연구, 2009.

서울시정개발연구원, 서울시 대기환경 개선을 위한 그린물류 도입방안, 2007.

오문갑 · 박정섭, "글로벌화전략에 따른 중국 물류시장 진출 전략에 관한 연구", 물류학회
    지 Vol.21, No.1, 2011.

이동열 역, 물류혁신 전략, 21세기 북스, 1995.

이신모, 『4차 산업혁명시대의 유통물류경영 4.0』, 두양사, 2019.

이언경 외, 4차 산업혁명시대 항만물류산업 고도화 방안 연구, 한국해양수산개발원, 2017.

이정구, 철도수송역할의 제고를 위한 시설 및 경영체제 개선 방안, 교통물류 제15호, 1997.

장대훈 · 남선욱 · 정종화, 현장에서 바라본 중국물류, 이담북스, 2011.

장석인, 제4차 산업혁명 시대의 산업구조 변화 방향과 정책과제, 국토연구원, 2017.

전일수 외, 우리나라 항만 개발 및 투자정책에 관한 연구, 해운산업연구원, 1991.

전형진 · 고현정, 국가 친환경 물류체계 구축을 위한 Modal Shift 활성화 방안, 한국해양수
    산개발원, 2008. 12.

정의광 · 박명섭 외, 부산경제 종합발전 대책연구, 부산발전시스템연구소, 1995.

조선일보 1997년 10월 8일자.

주명건, 서울항을 건설하자, 「월간조선」 1997년 6월호.

중앙일보, "[ONE SHOT] 2019 세계 500대 브랜드 1위는 아마존…한국 기업 순위는?",
    https://news.joins.com/article/23334809

하영석, 국제물류, 두남, 2010.

한형상 · 김현, 4차 산업혁명과 지식서비스, KEIT PD Issue Report 제17-2권, 2017년 11월.

한국무역협회, 녹색물류 경영전략, 2009.

한국해양수산개발원, 해양수산동향, 1997년 6월.

한진교통물류연구원, 교통물류동향 제18호, 1997년 3월 및 1996년 겨울호.

홍정식, 관세법(Ⅱ), 두남, 1996.

환경부, 녹색물류(Green Logistics)와 재택근무의 활성화 방안, 2009.

_____ , 저탄소 녹색성장을 유도하는 교통물류체계 구축방안, 2009. 12.

logi-biz, 환경물류의 실무, 2010. 1.

2. 歐美문헌 및 자료

Baily, E.E. and Graham, D.R., Deregulating the Airlines, The MIT Press, 1985.

Ballou, Ronald H. Business Logistics Management, Englewood Cliffs, N. J.: Prentice Hall, 1973.

Baudelaire, J. G., Port Administration and Management Tokyo : International Association of Ports and Harbour, 1986.

Baumol, W. J. and Vinad, H. D., "An Inventory Theoretic Model of Freight Transportation Demand", Management Science, Vol. 16, No.7, 1976.

_____ , W. J., Panzer, J. C. and Willing, R. D., Contestable Markets and the Theory of Industry Structure, Harcourt Brace Javanovich, 1982.

Bowersox, D.J., Logistical Management, second ed., Macmillan, 1978.

Branch, Alan E. Element of Port Operation and Management, London, 1986.

Buckely, P. J. and Brooke, M. Z., International Business Studies, Brasil Blackhall, 1992.

Button, K., Haynes, K., and Stough, R., Flying into the Future: Air Transport Policy in the Euroupean Union, Cheltenham, UK: Edward Elgar, 1998.

Colon, R.M. and Zerby, J.A., Public Policy in the Liner Slipping Industry, University of South Wales, 1983.

Commitee of Inquiry into Shipping, Report(Rochdale Report), HMSO, 1972.

Davies, G. J. and Closs, D.J., Logistical Management, second ed., Macmillan, 1978.

Davies, G. J. and Gray, R., Purchasing International Freight Services, Grower, 1985.

Davies, J. E., "Pricing in the Liner Shipping Industry", Journal of Transport Economics and Policy, Vol. XX, No.3, 1986.

ECMT, The Cost of Combined Transport, Round Table 64, 1984.

Ellram, L. M., The Use of The Case Study Method In Logistics Research, Journal of Bussiness Logistics, Vol. 17, No.2, 1996.

Emmett, Stuart and Sood, Vivek, Green Supply Chains: An Action Manifesto, Wiley, 2010.

European Union, EU Energy and Tranport in figures, European Commission, Statistical Pocketbook, 2010.

Fabbe-Costes, Nathalie, the Role of Informatics in Future Freight Transport, IATSS Research, Vol. 16, No.1, 1992.

Fortune Magazine, February 13, 1989.

Frankel, E.G., The World Shipping Industry, Croom Helem, 1987.

Frankel, Ernst G. Port Planning and Development, John Wiley & Sons, 1987.

Hanlon, J.P., Global Airlines: Competition in a Transnational Industry, 2nd Edition. Butterworth—Heinemann, London, 1999.

Hayuth, Y., Intermodality : Concept and Practice, Lloyd's of London Press, 1987.

Hershman, M. T., Urban Ports and Harbor Management, Taylor & Francis, 1988.

Humphrey, J. and Schmitz, H., "How Does Insertion in Global Value Chains Affect Upgrading in Industrial Clusters?", Regional Studies, Vol.36 No.9, 2002, pp.1017—1027.

Kasper, D. M., Deregulation and Globalization: Liberalizing International Trade in Air Service, an American Enterprise Institute/Ballinger, 1988.

Khanna, K. K., Physical Distribution Management: Logistical Approach, Himalaya Publication House, 1985.

Lammgard, Cartin, Environmental Perspectives on marketing of Freight Transports, BAS Publishing, 2007.

Lewis, H.T., Culliton, J.W. and Steel, J.W., The Role of Air Freight in Physical Distribution. 1956.

Magee, J.F., Copacino, W.C. and Rosenfield, D.B., Modern Logistics Management, John Willey & Sons, 1985.

Marx, Jr., D., International Shipping Cartels, A Study of Industrial Self Regulation by Shipping Conferences, Princeton University Press, 1953.

Mckinnon, A. C., Physical Distribution System, Routledge, 1989.

_____ , Transport Geography and Physical Purpose of Transport Geography, Geography Study Group, Institute of British Geographers, 1981.

Morrish, S.C. and Hamilton, R.T. Airline alliances—who benefits?, Journal of Air Transport Management 8, 401~407, 2002.

NCPDM and NAA, Warehouse Accounting and Control: Guideline for Distribution and Financial Managers, Ernst & Whinney, 1985.

Nedelko, Zlatko, and Potocan, Vojko, Manager's Attitudes Towards Green Logistics, Logistics & Sustainable Transport, Vol. 2, Issue 1, 2008.

Nijkamp, P. and Reichman, S. eds. Transportation Planning in a Changing World, Gower,

1987.

OECD, Delegulation and Airline Competition, 1988.

OECD, Transport Greenhouse Gas Emissions: Country data 2010, 2010.

Oster, C.V. and Pickerell, D.H., Marketing alliances and competitive strategy in the airline industry, Logistics and Transportation Review 22 (4), 371~387, 1986.

Oum, T. H., Park, J.H., and Zhang, A., Globalisation and strategic alliances: the case of the airline industry. Elsevier Science, London, 2000.

Park, J.H., The effects of airline alliances on markets and economic welfare. Transportation Research E 33, 181~194, 1997.

Pearson, R., "Some Doubts in the Contestability of Liner Shipping Market," Maritime Policy & Management, Vol. 14, No. 1, 1987.

Poter, N. E., Competitive Advantage, Macmillan, 1985.

Pustay, M., Towards a global airline industry: prospects and impediments. Logistics and Transportation Review 28, 103~128, 1992.

Sherlock, Jim, Principle of International Physical Distribution, Blackwell, 1994.

Sletmo, G. K. and Williams, Jr., E. W., Liner Conferences in the Container Age, Macmillan, 1981.

Sletmo, G. K., Demand for Air Cargo: An Econometric Approach, Institute for Shipping Research, Norwegian School of Economics and Business Administration, 1972.

Smykay, Edward W. Physical Distribution Management, 3rd., New York, Macmillan.

The Japan Times, September 26 & November 25, 1997.

Tolley, R. S. and Turton, B. J. eds., Transport Systems Policy and Plaining: a Geographical Approach, Longman, 1985.

Turnbull, P. W., "The Image and Reputation of British Suppliers in Western. Europe", European Journal of Marketing, Vol 19, No. 6, 1985, pp. 39~52.

Waters, Donald, Global Logistics: New directions in supply chain management, Kogan Page, 2010.

Wei, V., Economic Analysis of the Liner Markets and Freight Rates in Canadian Trade, Transport Commission, 1985.

World Economic Forum, Digital Transformation of Industries: Logistics Industry, 2016.

Youssef, W. and Hansen, M., Consequences of strategic alliances between international airlines: the case of Swissair and SAS. Transportation Research 28A (5), 415〜431, 1994.

http://www.bestlog.org

http://www.greenlogistics.org

3. 일본 및 기타 문헌자료

宮下國生, 日本の國際物流システム, 千創書房, 1993.

_____, 國際物流の構造とロヅスティタス戰略, 「國際交通安全學會誌」 Vol. 15, No. 2, 1989 年 6月.

_____, 海運, 晃洋書房, 1988.

関下稔, "企業間国際提携の深部を探る: GVC 論の有効性と制約性", 「立命館国際研究」 第 32巻 第2号, 立命館大学国際関係学会, 2019, pp.197-214.

_____, "資本の世界生産と世界蓄積: 価値創造における時間的・空間的分離と価値実現 における再統合と加速度的資本蓄積の高進−GSCとGVCに関する一視座−", 「立命館 国際研究」 第31巻 第3号, 立命館大学国際関係学会, 2019, pp.165-183.

神祭川經濟研究所, 自由貿易地帶の橫濱港, 1984.

織田政夫, 國際複合運送の實務, 海文堂, 1992.

秋山龍, 發展途上國における 港灣の諸問題, 國際港灣協會, 1973.

野波靜雄, 世界の貿易港制度, 平凡社, 1925.

일본 운수성 화물유통국, 신시대의 물류전략, 1991.

Shanghai Pudong New Area Administration, Shanghai Pudong New Area, 천진경제기술개 발구, 1994.

일본통상산업성, Foreign Access Zone(FAZ)の 概要, 1994.

日通總合研究所 編, 物流の知識, 東洋經濟新報社, 1994.

日通總合研究所 編, 輸送の知識, 日本經濟新聞社, 1997.

和田茂穗, 現代流通産業, 日本經濟新聞社, 1995.

田雁義博, 流通機構の話, 日本經濟新聞社, 1995.

日本經濟新聞社, 物流用語辭典, 日本經濟新聞社, 1995.

三木楯彦, 物流システムの構築, 白桃書房, 1989.

_____, 效率的物流經營のための12章, 白桃書房, 1993.

北岡正敏, 物流システム, 白桃書房, 1990.

中田信哉, 運輸業のマーケテイング, 白桃書房, 1987.

來見田實, (新) 國際航空貨物要論, 白桃書房, 1990.

山野邊義方, 航空業界, 敎育社, 1997.

_____ , 陸運業界, 敎育社, 1995.

阿保榮司, 物流の基礎, 稅務經理協會, 1993.

_____ , 物流からロジステイクスへ, 稅務經理協會, 1996.

小出修三, 國際物流システムと國際複合輸送の展開, 「海運經濟研究」31號, 1997.

市來淸也, 國際物流のキーワド, ファラオ企劃, 1991.

_____ , 國際複合一慣輸送槪論, 成山堂, 1993.

日本運輸調査局, 運輸と經濟, 1993年 8月.

航空政策研究會, 現代の航空輸送, 勁草書房, 1997.

田中拓男, 國際貿易と直接投資, 有斐閣, 1995.

日本關稅協會, 貿易と關稅, 1996年 7月.

三木楯彦, 國際複合輸送とロジステイクス 情報システム, 「海事産業研究所報」 No.344, 1995. 2.

宮下國生, 國際經營のロジステイクス 戰略, 「國民經濟雜誌」, 1996年 1月.

_____ 外, 國際物流システムの展望, 「海運經濟研究」, 1996.

小川武, わが國バルク海運經營と國際競爭力, 「海運經濟研究」 第30號, 1996.

織田政夫, 海運業界, 敎育社, 1996.

杉山武彦, 定期船市場の環境と海運同盟の變質, 「海運經濟研究」 第30號, 1996.

運輸省 海上交通局, 日本海運の現況, 1997.

宮下正房・中田信哉, 物流の知識, 日本經濟新聞社 1996.

中田信哉, 物流のしくみ, 日本實業出版社, 1997.

_____ 外, 物流戰略の實際, 日本經濟新聞社, 1995.

山上徹, 交通サービスと港, 成山堂, 1989.

_____ , 國際物流のネットワークと港, 白桃書房, 1995.

物流と經濟成長研究會, 物流と經濟成長, ぎょうせい, 1992.

谷光太郎, ロジスティクス, 同文書院, 1993.

西澤修, 保管費の會計と管理, 白桃書房, 1987.

平野裕之, 在庫管理の實際, 日本經濟新聞社, 1996.

德田賢二, 流通經濟入門, 日本經濟新聞社, 1997.

柴田悅子, 國際物流の經濟學, 成山堂, 1991.

井本重信, 物流時代とトラックの經營戰略, 白桃書房, 1991.

大阪商船・三井船舶, 國際複合輸送の知識, 成山堂, 1991.

トヨタ自動車, Sustainability Report, 2009.

(社)全日本トラック協會, 일본 트럭수송산업, 2003.

交通運輸部, "分享綠色發展經驗, 探尋港口低碳路徑", 2015.06.26.

彭傳圣, "建立綠色港口認証体系, 推動港口發展轉型", 「港口經濟」, 2012(1), pp. 10~13.

王淑瑞・王遠, "我國綠色生態港口建設現狀及對策", 「世界海運」, 2013(3).

中國民用航空局, 「2008~2013年全國運輸机場生産統計公報」.

[저자소개]

박 명 섭

- 성균관대학교 무역학과 학·석·박사과정수료(ABD)
- 영국 리버풀대학 경제학과(Ph.D)
- 미국 USIS 초청 Summer Institute for U.S. Economic and Public Policy for Foreign University Teachers 과정 수료
- 부산수산대학교 및 부경대학교 교수(1985.3~2002.2)
- 일본 코베대학 경영학부(Japan Foundation Fellow)
- 외교통상부 WTO/DDA(NAMA) 협상회의 정부대표
- 후쿠오카대학 상학부, 오사카시립대 창조도시연구과 객원연구원
- 경제인문사회연구회 기획평가위원·연구윤리위원
- 대한상사중재원 중재인
- 기획재정부 공공기관경영평가위원
- 한국해양비즈니스학회장
- 한국무역학회장
- 현재 성균관대학교 글로벌경영학과 교수

〈주요 저역서〉

국제경제사(형설, 1985), 교통경제학(한국학술진흥재단번역총서 57, 대광문화사, 1988),
IT와 물류가 만났을 때(시대의 창, 2000), 국제해운론(법문사, 1996), 해상보험(우용, 2008),
물류관리론(우용, 2009), 전략물류(아카데미프레스, 2010),
탄소배출권: 거래와 시장(아카데미프레스, 2011), 녹색공급사슬의 설계와 구축(우용, 2011),
녹색무역의 이해(성균관대출판부, 2012),
남중국해: 아시아의 패권 투쟁(한국해양수산개발원, 2016) 외 다수

허 윤 석

- 제주대학교 무역학과 졸업(경영학사)
- 성균관대학교 대학원 무역학과 졸업(경제학 석사)
- 동 대학원 무역학과 졸업(경영학 박사)
- North Dakota State Univ., Center for Agricultural Policy and Trade Studies 객원연구원
- Waseda Univ., Graduate School of Commerce 객원연구원
- Delaware State Univ., College of Business 객원교수
- 제주특별자치도 물류정책위원
- 용암해수인증브랜드 운영위원회 운영위원
- 제주대학교 경상대학 부학장
- 제주대학교 관광과경영경제연구소 부소장
- 현재 제주대학교 무역학과 부교수
  제주특별자치도 일자리혁신위원회 혁신위원

국제물류의 이해 [제5판]

2003년	6월	25일	초판 발행
2009년	7월	30일	보정판 발행
2011년	8월	30일	제3판 발행
2016년	3월	3일	제4판 발행
2021년	9월	15일	제5판 1쇄발행

저 자 박 명 섭 · 허 윤 석
발행인 배　　　　효　　　　선

발행처　도서
　　　　출판　　法 文 社

주 소　10881 경기도 파주시 회동길 37-29
등 록　1957년 12월 12일 제2-76호(윤)
TEL　(031)955-6500~6 FAX (031)955-6525
e-mail (영업) bms@bobmunsa.co.kr
　　　　(편집) edit66@bobmunsa.co.kr
홈페이지　http://www.bobmunsa.co.kr
조 판　(주) 성 지 이 디 피

정가 29,000원　　　　ISBN 978-89-18-91239-4